교육평가 용어사전

KOSEEV Dictionary of
Educational Evaluation

한국교육평가학회 편저

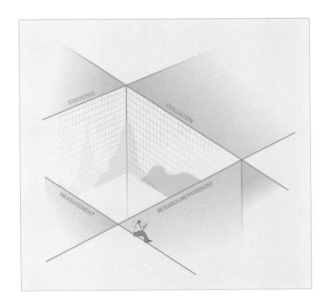

학지사

2판 머리말

『교육평가 용어사전』은 2004년 한국교육평가학회 20주년을 기념하며 학회의 학문적 정체성을 정립하고 학술적 발전을 이루기 위해 발간되었습니다. 용어사전의 초판 발간은 교육평가 관련 학술용어들의 체계화와 학문 간 용어 사용 및 의사소통에 큰 도움이 되었을 것입니다. 그러나 지난 20여 년 동안 평가, 측정, 연구, 통계 분야에서의 새로운 이론과 동향이 태동하였고 이를 통한 각 분야의 이론적 발전이 이루어지고 있는 현실에서 용어사전의 개정판 발간의 필요성이 대두되었습니다. 물론 우리 학회는 2004년 초판 발간 당시부터 『교육평가 용어사전』의 완성도를 한층 더 높이고 학문적인 발전에 따른 학계의 동향을 반영하고자 정기적인 개정을 계획했지만 20년이 지난 이제야 이를 실행하게 되었습니다.

우리 학회가 지나온 20년의 변화를 반영하여 새로운 용어를 포함하고 학문적 소명을 다한 용어를 개정하고자 지난해 용어사전 개정 작업을 시작하였고, 2년 동안 매진하여 학회 창립 40주년을 맞아 개정판을 출판하게 되었습니다. 지난 20년은 그 이전의 20년에 비해 급격한 기술의 발전과 사회적 변화가 있었으며 새로운 이론과 용어들이 폭발적으로 생성되어 대폭적인 개정이 불가피했습니다. 이번 개정판은 평가, 측정, 연구, 통계의 네 영역으로 구분된 이전 용어사전의 기본 틀을 유지하되, 최근 동향을 반영하여 새로운 용어들을 대거 포함하고 기존 용어 중 학문적 소명을 다한 용어들은 과감히 폐기하였으며 보완이 필요한 용어들은 새로운 이론과 동향에 맞게 수정하고 보완하였습니다.

이 용어사전 개정판이 우리 학회를 넘어 교육에 뿌리를 둔 모든 학계와 시·도교육청 및 학교의 교원들에게 평가에 대한 이해도를 높이고 교육현장에 적합한 용어를 제대로 사용하는 데 도움이 되었으면 합니다. 물론 이번 개정에서 모든 용어가 선별되지는 못했을 것이며 정의되어야 할 용어들이 앞으로도 계속 나타날 것입니다. 향후 정기적인 개정이 이루어지기는 어려울 수 있겠으나 변화하는 사회 및 교육환경을 반영할 수 있도록 적절한 시기에 제3판이 발간될 수 있기를 기대합니다.

　이번 용어사전 개정 작업은 20년 동안 새롭게 나타난 용어들을 선별하고 정의하는 것을 넘어, 기존의 용어들을 검토하고 수정·보완이 필요한 용어들을 선정하여 집필하는 과정이었고 그 과정이 만만한 일은 아니었습니다. 예상외로 많은 시간과 노력이 소요된 이 사업을 기획하고 추진해 주신 연구개발분과의 김선, 서민희 분과장님, 김수진, 장윤선, 전경희, 정송, 함은혜 위원님, 반재천 부회장님, 그리고 영역별 편집위원장을 맡아 주신 김경희, 손원숙, 시기자, 이현숙 회원님과 영역별 편집위원으로 함께해 주신 강태훈, 김용남, 김준엽, 류지훈, 박찬호, 양길석, 임현정, 이용상, 정혜경, 최윤정, 최인희 회원님께 학회 회원을 대표하여 진심으로 감사 말씀을 드립니다. 지난 2년간 서로를 도닥이며 격려하고 끌고 당기면서 이 지난한 작업을 마무리할 수 있었습니다.

　집필진으로 개정 작업에 참여해 주신 100여 명의 회원님들께도 진심으로 감사 인사를 드립니다. 그리고 개정 작업의 모든 일정에 필요한 기초자료들을 만들어 주고 정리를 도와주신 학회 간사와 영역별 간사들께도 감사의 마음을 전합니다. 마지막으로 용어사전 개정 작업에 응해 주시고 20년 전 한글판 파일을 제공하며 긴 시간을 기다려 주신 학지사 김진환 사장님께도 깊이 감사드립니다. 그리고 학회에서 진행하는 작업이라 다수의 인원이 참여하여 원고를 수집하고 편집하는 복잡하고 긴 과정에서 적극적으로 도와주신 박선민 편집자께도 감사의 인사를 드립니다.

2023년 12월

교육평가 용어사전 개정위원장

박 정

1판 머리말

어느 학문 분야를 막론하고 개념(concept)을 바탕으로 이론체계가 구성되고, 그것을 중심으로 다양한 연구가 이루어지는 동시에 전문가의 교육–훈련이 수행되는 것이 상례라고 볼 수 있다. 비교적 역사가 깊지 않은 교육평가의 경우에는 여러 인접학문들과의 연계로 인하여 다양한 개념들로 이론체계가 구성되어 있고, 그동안 연구가 활성화되어 새로운 개념과 이론들이 부단히 생성되고 있다.

이에 교육평가 분야의 학문적 정체성을 신속하게 정립하여 그동안 경험했던 혼란과 불편함으로부터 탈피하여 교육평가 관련 교육 및 연구의 활성화를 기할 필요성을 절감하던 차에,『교육평가 용어사전』을 새롭게 편찬할 수 있게 된 것은 여러 면에서 매우 의의 있는 일이다. 우선적으로, 한국교육평가학회 창립 20주년을 기념하여 이루어진 용어사전 편찬 작업은 성장발전 단계에 접어든 학회의 발전에 의미 있게 기여할 것으로 기대된다. 본 학회가 성년기에 진입했기에 학문적 성숙을 위해서는 그 개념 및 이론체계가 정립되어야 할 필요가 있고, 이를 바탕으로 다양한 연구활동과 교육활동이 원활하게 이루어져야 하기 때문에, 용어의 정립 노력에 대한 관심 있는 분들의 기대감은 더욱 크다고 할 수 있다. 또한, 본 용어사전의 발간으로 인하여 교육평가 관련 학술용어의 사용상의 애로가 감소되고 의사소통의 문제가 해소될 수 있어, 교육평가 관련 연구를 활성화하고 후진의 교육 및 훈련을 효율화할 수 있다는 데에서 직접적이며 실용적인 의의를 찾을 수 있을 것이다.

교육평가는 거슬러 올라가면 직접적으로는 교육심리학에 그 뿌리를 두고 교육과정 및 교수이론과 밀접한 관련하에서 발전해 왔으며, 교육평가를 기원으로 성장 및 발전해 오고 있는 프로그램 평가이론의 영향을 크게 받고 있는 실정인 동시에, 심리측정이론이나 통계적 방법논리의 발달로부터 실질적인 영향을 받고 있다. 또한, 심리학이나 사회과학의 방법논리가 된

실험설계논리와 체제이론 등 사회과학적 탐구논리의 적용이 점증해 오고 있는 것으로도 파악되고 있다. 그러므로 교육평가는 다양한 분야와 직접 또는 간접적인 연계하에 성장해 왔다고 판단할 수 있고, 그러한 연유로, 교육평가 용어 및 개념들은 이들 다양한 분야의 영향을 받았거나 또는 영향을 미치기도 한 것으로 정리할 수 있다. 이에, 교육평가 관련 용어의 다양성은 여타 학문에 비하여 보다 심대한 편이므로, 그 용어사전의 필요성과 중요성은 그만큼 크다고 할 수 있고, 그 유용성 또한 매우 클 것으로 예상할 수 있다.

그리고 학회 차원의 책무성을 강조하기 위하여 집필 실명제를 적용하였고 집필자들이 적극적으로 임해 주었기에 계획대로 집필과 출판이 순조롭게 진행될 수 있었다. 그러나 아쉽게도 집필 기간이 제한되어 있고 철저한 준비가 되지 않아 집필 내용에 만족할 수 없고 완벽을 기하기 어려웠다는 점을 자인하지 않을 수 없다. 그렇기 때문에, 본 사전의 내용을 정기적으로 지속적으로 개정해 나갈 수 있기를 간절히 바랄 뿐이다. 이는 교육평가의 부단한 발전에 보조를 맞추어 나가며 수요자의 요구에 부응함으로써 학회(집필진)의 책무를 다해야 한다는 당연한 소망에 입각하여 후학들이 부단한 관심과 노력을 기울여 줄 것이라는 기대를 가지고 있기 때문이다.

끝으로, (주)대교 한국교육평가센터(이화국 원장)의 용어사전 편찬을 위한 투자와 지원에 감사를 드린다. 이와 같은 투자와 지원은 교육평가 관련 교육훈련과 연구활동을 포함한 여러 면에서 단기적 또는 장기적으로 의미 있는 효과를 거둘 수 있을 것으로 기대된다. 또한, 사전의 집필에 직접 참여해 준 한국교육평가학회 회원 여러분께 학회를 대표하여 진심으로 감사를 드린다. 바쁜 중에도 역사적인 사전 편집 작업에 많은 시간과 관심을 쏟아 준 편집진 여러분의 노고에 진심으로 사의를 표하고자 한다. 그리고 이를 출판하고 보급하는 데 기꺼이 참여해 준 학지사 김진환 사장에게도 감사의 말씀을 전한다.

2004년 5월
교육평가 용어사전 편집위원장
배 호 순

차례

가교검사(anchor test)　검사동등화의 목적으로 문항특성과 피험자 능력을 동일한 척도상에 놓는 작업을 할 수 있도록 활용하는 문항의 집합을 가리킨다. 두 검사의 점수 분포는 각 피험자 집단의 능력이나 검사문항의 특성 차이로 인해 다를 수 있다. 두 검사의 곳곳에 가교문항들이 포함되어 있고 이들에 대한 피험자 응답결과가 최종 검사점수에 반영될 때 내부가교검사(internal anchor test)라 하고, 검사점수에는 반영되지 않고 단지 동등화를 위해 사용되는 경우를 외부가교검사(external anchor test)라 한다. 문항반응이론에서는 문항모수들을 공통척도에 위치시키는 데 사용되는 검사로 모수들이 공통척도 위에 놓인 후에 비로소 검사점수의 동등화가 가능하다. 가교검사는 동등화하려는 두 검사의 축소판에 가까울수록 좋다. 문항내용과 문항유형은 물론 난이도와 변별도 등의 문항특성이 같을 때 동등화에 따른 오차를 최소화할 수 있다.

가교문항(anchor item)　가교검사를 구성하는 문항을 의미하며, 공통문항이라고도 한다. 가교문항수에 대한 절대적인 기준은 없지만 대체로 전체 검사의 20% 정도가 되도록 권장되며, 가교문항의 구성은 전체 검사의 축소판이 되도록 지향한다. 가교문항이 전체 검사문항의 내용을 얼마나 대표할 수 있는지와 가교문항의 수는 동등화 결과에 영향을 미치는 매우 중요한 요소이다. 또한 동등화하고자 하는 두 검사 내에서 가교문항의 위치가 달라질 경우, 가교문항의 난이도가 다르게 기능할 수 있어 가교검사 설계 시 주의가 필요하다. 특히 문항반응이론의 사전동등화(pre-equating) 설계에서는 가교문항의 위치가 영향을 주기 때문에 주의할 필요가 있다. 동의어 공통문항

가변수(dummy variable)　변수의 값이 0과 1의 값으로 입력된 변수이다. 회귀분석에서는 질적인 정보를 나타내기 위해 0 또는 1의 값을 갖는 양적변수, 즉 가변수를 사용한다. 주로 이분변수를 나타내는 데 활용되며, 예를 들어 성별을 여자(1)과 남자(0)으로 표시한다. 만약 3개 이상의 범주를 가질 경우, $K-1$(K=범주의 수)개의 가변수를 만들어서 각 범주를 나타낸다.
동의어 더미변수

가설검정(hypothesis testing)　모집단에 대한 가설을 미리 설정하고 이 가설이 표본집단의 자료에 의해 어떠한 상황에 있는가를 판단 및 결정하여 진위를 입증하는 추리 또는 추론 과정이다. 가설검정과 관련된 몇 가지 개념과 원리를 살펴보면, 모집단에 관한 추측 또는 주장을 통계적 가설(간단히 가설)이라 한다. 한 가설을 구성하는 두 하위가설이 있는데, 기각을 전제로 세운 가설을 영가설(H_0), 그리고 영가설이 기각될 때 상대적으로 채택되는 가설을 대립가설(H_1)이라 한다. 표본에 대한 정보를 기초로 하여 주어진 가설을 기각할 것인지 아닌지를 결정할 수 있는 절차를 통계적 검정이라 한다. 가설 'H_0 대 H_1'의 검정에서, 영가설 H_0가 참일 때 이것이 기각되는 오류를 범할 확률을 1종오류(α로 표기)라 한다. 반면, 영가설 H_0가 거짓일 때 이것이 채택되는 오류를 범할 확률을 2종오류(β로 표기)라 한다. 유의수준은 1종오류를 범할 확률의 허용한계를 의미한다. 사회과학에서 일반적으로 5% 혹은 1%의 유의수준을 설정하고, 자료를 통해 산출된 유의확률(p-value)이 사전에 설정된 유의수준 (예: $\alpha = .05$) 미만일 경우 영가설을 기각한다.

〈표〉 통계적 의사결정의 두 오류

실제상황 / 의사결정	H_0 참	H_0 거짓
H_0 채택	올바른 의사결정 $1-\alpha$	2종오류 β
H_0 기각	1종오류 α	올바른 의사결정 $1-\beta$

가설연역적 방법(hypothetical-deductive method)　관찰이나 직관 등을 통해 원리를 생성한 다음, 연역적 추리를 통해 도출한 특정결과를 경험적으로 검증해서 이론을 수정하는 방법이다. 가설연역적 방법은 귀납적 사고와 연역적 사고의 복합체인데, 주의 깊은 관찰이나 과학적인 직관 등을 종합해서 어떤 현상에 관여하는 공준(postulate)을 생성해 내는 귀납적 사고와 이 원리를 토대로 연역적으로 검증 가능한 결과를 예언하는 연역적 사고의 두 부분으로

나눌 수 있다. 이때, 첫 번째 귀납적 사고과정에서 생성된 공준은 확률적인 진술이지만, 두 번째 연역단계에서 도출한 예상결과는 1단계에서 생성한 공준이 참이라면 항상 참인 진술이다. 따라서 독립변인과 교란변인을 조작적으로 정의한 실험 등을 통해 얻은 경험적 자료가 연역단계에서 도출된 예상결과와 일치하게 되면 공준이 참일 가능성이 증가하게 된다. 반면에 경험적인 자료가 예상결과와 일치하지 않으면 공준이 틀렸다는 것을 확정적으로 알려 주게 된다. 그리고 예상결과가 경험적으로 지지되지 않는 경우 공준을 수정하는 방식으로 이론을 변화시켜 나간다. 예를 들어, 학생이 시험에서 앞에 있는 어려운 문제를 푸느라 뒤에 있는 쉬운 문제를 못 푼 이유를 '인정에 대한 공포'와 '이로 인해 시험을 볼 때 책략적 사고를 못하기 때문'이라는 공준을 세운다면, ① 성적을 공표하는 상황에는 자발적으로 참여하지 않을 것이며, ② 자기가 잘하는 것을 아이들 앞에서 발표하게 하면 잘할 것이며, ③ 쉬운 문제부터 어려운 문제 순으로 문제를 배열하여 책략적 사고가 필요 없는 경우에는 성적이 향상될 것이라는 결과를 예상할 수 있다. 만약 세 가지 예상이 다 지지된다면 공준은 수정될 이유가 별로 없다. 하지만 처음 두 가지 예상은 지지를 받았지만 세 번째 예상은 지지되지 못했다면, '인정에 대한 공포로 인해 시험을 볼 때 책략적 사고를 못하기 때문'이 주된 요인이 아니라 '책략적 사고를 하지 못하기 때문'이 중요한 요인이라고 두 번째 공준을 수정할 수 있다는 것이다. 동물 학습을 연구한 심리학자 Clark L. Hull은 가설연역법적 접근을 강력하게 주장한 대표적인 학자이다.

가설유도적 추리(abduction)　　철학에서 사용되는 추리형태 중의 하나로 가설을 설정하거나 규칙과 결과를 통해 어떤 상황을 추리하는 방법이다. Charles S. Peirce는 가설유도적 추리가 가설을 추측해 상정하는 것이므로 일종의 근거 있는 추리이기 때문에 논리라고 보았다. 이 논리는 전제가 참이면 결론이 필연적으로 참인 연역법도 아니고 귀납법도 아닌 것을 지칭한다. 즉, 가설유도적 추리는 일종의 추측이고 대부분의 경우에 옳지만 항상 옳은 것은 아니다. Peirce의 유명한 콩주머니의 예를 통한 연역적 추리, 귀납적 추리, 가설유도적 추리를 비교하면 다음과 같다.

[연역적 추리]
규칙: 이 주머니에서 나온 콩은 모두 하얗다.
사례: 이 콩들은 이 주머니에서 나왔다.
결과: 이 콩들은 하얗다.

[귀납적 추리]

사례: 이 콩들은 이 주머니에서 나왔다.

결과: 이 콩들은 하얗다.

규칙: 이 주머니에서 나온 콩은 모두 하얗다.

[가설유도적 추리]

규칙: 이 주머니에서 나온 콩은 모두 하얗다.

결과: 이 콩들은 하얗다.

사례: 이 콩들은 이 주머니에서 나왔다.

가중평균(weighted mean)　각 관찰값에 대하여 서로 다른 가중치를 주어 산출한 평균이다. 일반적으로 서로 다른 가중치는 관찰의 횟수에 의하여 부여된다. 평균값의 전체 평균을 산출할 때에도 각 평균값의 산출에 사용된 표본수에 의하여 각 평균값이 가중된 후에 전체 평균이 산출될 수 있다. 각각 $w_1, w_2, \cdots, w_n$의 가중치를 갖는 n개 평균값의 가중평균 X_w는 다음과 같이 산출된다.

$$X_w = \frac{w_1 X_1 + w_2 X_2 + \cdots + w_n X_n}{w_1 + w_2 + \cdots + w_n}$$

서로 다른 가중치는 평균의 산출만이 아니라 표준편차의 산출에도 사용될 수 있으며, 통합분산(pooled variance)의 산출을 위하여 두 집단의 분산 각각을 평균할 때에도 사용된다.

가지치기(pruning)　기계학습에서 모형의 효율성과 정확성을 향상시키기 위해 불필요한 요소를 제거하는 기법이다. 이는 모형의 복잡성을 줄이고, 과적합을 방지하는 데 도움이 된다. 예를 들어, 의사결정 나무 알고리듬에서 예측 정확도에 크게 영향을 미치지 않는 가지를 제거함으로써 과적합을 방지하며, 모형의 복잡성을 줄이고 더욱 정확한 예측을 가능하게 한다.

가치탐구방법(value inquiry methods/techniques)　평가대상인 교수학습활동, 교육 프로그램(교육과정), 교육효과 등에 관한 가치를 파악하고 명료화하는 원리나 규범의 선정과 적용을 중시하는 합리적이고 체계적인 방법논리를 말한다. 넓은 의미로는 평가에서 활용되고 있는 대부분의 평가방법 및 기법을 포함한 평가모형들을 가치탐구방법에 포함할 수 있다. 좁은 의미로는 평가대상에 내재하고 있는 본질적인 가치를 포함하여 평가대상(프로그램 등)으로 인하여 유발된 외재적 가치를 확인하고 명료화하는 방법을 포함한다. 가치탐구의 주된 방법으로는 설문지나 전화를 통한 조사나 초점집단면접, 논쟁과 협상을 포함한 민주적 심의, 결정적 고찰방법 등이 사용되고 있다.

가치판단(value judgment)   평가대상의 가치에 관한 판단이나 가치에 관한 주장, 또는 평가적 의사결정을 말한다. 일반적으로 가치판단은 이유나 근거를 바탕으로 이루어지며, 그 이유나 근거는 사실적 근거(자료 및 지표)와 규범적 근거(준거, 원칙, 기준)를 포괄한다. 교육평가의 경우에는 평가대상인 교육활동 전반에 걸친 가치를 확인하고 결정하는 행동으로서, 평가목적을 달성하기 위하여 평가대상에 관하여 관찰하고 측정한 근거자료를 바탕으로 종합적인 판단이 요구되는데 이 경우의 가치판단을 평가적 판단이라고 부른다. 가치판단활동은 평가의 본질적이고 핵심적인 기능으로서, 평가대상에 관한 근거자료(지표)와 그에 관련된 준거 및 기준(원칙)에 입각한 종합적인 판단이 그 핵심을 차지한다.

간명성(parsimony)   다양한 설명, 이론, 모형 혹은 공식들이 모두 동일하게 합당하지만, 단순성의 정도에서 차이가 있는 경우, 가능하면 가장 간명하고 단순한 것을 선택하는 기준이다. 예를 들어, 설명량이 동일한 두 개의 회귀모형이 있다고 가정할 때, 하나의 결과변인을 설명하기 위하여 사용되는 예측변인의 수가 적은 모형이 더욱 경제적이고 간명성이 있다고 할 수 있다. 동의어 절약성

간주관성(intersubjectivity)   집단 또는 개별적 인간 간에 공유된 일련의 이해를 말한다. 인간 개개인은 다양한 현상들에 관해 소속된 집단의 공통된 행위방식과 의미부여 방식을 내면화하면서 성장한다. 그 결과, 세계에 대한 각 인간의 이해는 다분히 공통적인 부분을 지니게 되는데, 이 공통된 이해의 부분을 간주관성이라고 한다.

감마분포(gamma distribution)   연속 확률분포 중 하나로서 양수 값을 갖는 변수들에 대한 분포를 말한다. 다양한 응용 분야에서 사용되며, 주로 사건의 발생률이나 소요 시간을 모형화하는 데에 적용된다. 이 분포는 형태모수와 척도모수를 통해 다음과 같이 정의된다.

$$X \sim \Gamma(\alpha, \beta)$$

α: 형태모수(shape parameter), β: 척도모수(scale parameter)

감마분포는 지수분포의 확장으로 이에 대한 확률밀도함수는 다음과 같이 주어진다.

$$P(X=x)=f(x\,|\,\alpha,\beta)=\begin{cases} \dfrac{1}{\beta^{\alpha}\Gamma(\alpha)}x^{\alpha-1}e^{-x/\beta} & (x>0,\ \alpha,\beta>0) \\ 0 & (x\leq 0) \end{cases}$$

기댓값과 분산은 각각 $E(X)=\alpha\beta$, $Var(X)=\alpha\beta^2$이다.

이때, α가 1이면 지수분포가 되고 α가 정수이면 얼랑분포(Erlang distribution), 그리고 $\alpha=\dfrac{r}{2}$ (r은 양의 정수)이고, $\beta=2$, 즉 $\Gamma(\dfrac{r}{2},2)$는 카이제곱분포를 따르게 된다.

감사(audit)　일반적으로 감사는 조직의 운영, 성과, 회계 등에 대한 자료와 기록을 수집하여 분석한 결과를 보고하고 처리하는 일련의 활동을 말한다. 평가분야에서 감사는 제3자 입장의 평가나 외부 인사에 의한 평가로 사용되고 있으며, 때로는 메타평가의 의미로 사용되기도 한다. 또한 특정 기관이 주어진 회계 지침대로 예산을 집행했는지를 감독 및 점검하거나, 평가의 전반적인 유용도나 평가방법에 관한 감사활동을 의미하기도 한다. 이는 청문회 활동, 확인감독 활동 등과 같은 의미를 포괄하고 있다.

감정(appraisal)　사물의 본질, 성격, 가치, 질적 속성 등에 관하여 전문가가 추정 또는 예측하는 것을 말한다. 특히 예술품이나 프로그램의 가치를 전문성에 따라 감정(鑑定) 또는 감상(鑑賞)하는 데 중점을 두는 평가방법의 하나이다.

강건성(robustness)　어떤 가정이 성립한다는 조건하에 사용될 수 있는 통계적 방법의 특성이 그 가정이 성립하지 않는 경우에도 많이 변하지 않으면 그 통계적 방법은 강건한(robust) 통계적 방법이라 하고, 이러한 가정에 따른 특성의 변화를 통계적 방법의 강건성이라 한다. 예를 들어, 분산이 같은 두 정규 모집단의 평균의 동일성을 검증할 때 사용하는 두 표본 t 검정은 정규분포라는 가정에 대해 강건한 통계적 방법이라는 것은 모집단의 분포가 정규분포로부터 멀어져도 두 표본 t 검정의 1종오류의 크기가 많이 변하지 않음을 의미한다.

강제선택형문항(forced-choice item)　피험자가 두 개 이상의 선택지 중 반드시 하나를 선택하거나 선택지 간 순위를 정해야 하는 문항 유형을 말한다. 선다형문항의 경우 일반적으로 정답이 존재하기 때문에 정답을 모를 경우 오답을 선택하거나 답을 하지 않을 수 있지만, 강제선택형문항에는 정답이 존재하지 않더라도 피험자가 반드시 하나의 답지를 선택하거나 선택지의 순위를 매기는 방식으로 응답을 하게 된다. 즉, 강제선택형문항을 이용하면 피험자를 집단으로 유형화할 수 있으나 단일 기준으로 피험자의 서열을 산출하기는 어려운 단점이 있다. 반면, 사회적으로 바람직한 답변을 하려는 경향을 통제하여 정직한 답변을 이끌어 낼 수 있다는 점에서 인적성검사에 유용하다.

개념화(conceptualization) 개념(conception)과 관련되어 있으며, 개념에 대한 주관화이다. 개념은 사고나 판단의 결과로 형성된 여러 생각의 공통된 요소를 추상하고 종합한 보편적인 관념이다. 물론 개념은 철학적 입장에 따라서 다른 견해가 있을 수 있다. 예를 들어, 경험론에서는 개념을 감각적 자료에 의해서 형성된 경험적 표상들의 공통된 내용을 추상화하여 획득된 것이라 주장하며, 합리론에서는 인간의 이성 혹은 오성의 작용에 의해 개념이 획득된다고 주장한다. 개념이 형성되는 원천에 따라서 경험적(혹은 감각적) 과정을 통하여 획득된 경험적 개념과 경험에는 관계없이 순수한 사유의 과정을 통하여 획득된 순수 개념으로 구별될 수 있다. 그렇지만 개념은 다소 객관적이고 보편적이고 추상적인 특성을 지닌다. Ludwig Wittgenstein에 따르면, 개념은 시간적·공간적 상황에 의존하여 성립된 생각들이 '가족 유사성(family resemblances)'을 이루고 있으며, 개념은 성격상 시간적·공간적 상황을 초월한다는 것을 상정할 때 성립되는 것이다. 개념화는 객관적, 보편적, 추상적인 개념에 대한 행위자의 주관적, 개별적, 구체적인 의미 파악을 일컫는다. **동의어** 개념작용, 개념작용화

개선지향평가(improvement-oriented evaluation) 평가목적을 주로 프로그램의 개선에 두는 평가를 말한다. 평가를 통하여 프로그램의 문제점(단점, 부작용)을 파악하고 이를 개선하는 데 필요한 형성적, 반응적 평가기능을 주로 적용한다. 특히 새롭게 프로그램을 개발하고자 하는 경우나 새로운 프로그램을 실시하는 경우에 주로 적용되는 평가접근으로서 평가 결과가 프로그램 개선 및 개발의 방향이나 기초자료를 제공하는 역할을 하거나 중요한 의사결정의 근거자료로 활용된다.

객관주의(objectivism) 어떤 대상을 관찰하는 사람의 영향을 받지 않는 방식으로 관찰하고 그에 근거하여 지식을 성립시키려는 입장이다. 관찰자의 영향을 받지 않을 때, 객관성을 확보할 수 있으며, 과학적 탐구가 가능하다고 본다. 엄밀한 의미에서의 객관성은 개인의 주관으로부터 완전히 독립적인 성질을 뜻한다. 그러나 완전히 독립적인 속성은 확인될 수 없다. 그러므로 과학적인 탐구를 위한 객관성은 보통 누가 의식하더라도 변화하지 않는 성질, 즉, 모든 사람이 공통적으로 확인할 수 있는 성질을 편의상 객관성이라고 본다.

거시적 평가(macro evaluation)   평가대상이나 그 수행을 거시적 관점이나 총체적인 입장에서 평가하고자 하는 평가적 접근을 말한다. 전체적인 타당도를 중시하고 총괄적 관점에서 평정하는 방법을 주로 활용한다.

검사공정성(test fairness)   검사의 설계, 개발, 시행, 결과 활용 등 검사 전반에 걸쳐 검사와 관련한 모든 이해당사자에게 유불리가 작용하지 않고 검사 문항, 검사 실시, 과정, 결과가 피험자의 배경이나 특성에 영향을 받지 않는 정도를 의미한다. 1999년 AERA, APA, NCME에서 공동 개정한 『교육 및 심리검사의 기준(The Standards for Educational and Psychological Testing)』에서는 검사의 공정성을 판단하는 준거로 다음과 같이 제시하였다. 즉, 피험자가 학습목표, 평가내용, 채점방법 등에 대해 명확하고 구체적으로 알고 있는가, 학생들에게 충분한 학습시간과 적절한 수업 등 학습기회가 공정하게 주어졌는가, 검사가 학생들이 갖고 있지 않은 사전지식이나 기능을 필요로 하는 것을 재고 있지는 않는가, 검사가 학생의 인종, 성, 민족, 신체적 조건, 종교적 배경 등에 의해 유리하거나 불리하게 작용하지는 않는가 등이 검사공정성을 판단하기 위한 주요 준거이다. 검사공정성은 검사 설계 및 개발 단계에서부터 검사 시행 및 결과 분석 단계까지 검사의 전 과정에 걸쳐 면밀히 검토되어야 한다.

검사동등화(test equating)   동일한 구인을 측정할 목적으로 개발한 검사형 유형이 두 개 이상인 경우 검사형 간 점수가 서로 비교 가능하도록 난이도 차이를 통계적으로 조정하는 방법이다. 예를 들어, 공인영어능력(TOEFL) 시험을 서로 다른 시기에 다른 집단이 상이한 검사형에 응시하는 경우, 다소 어려운 검사형으로 시험을 치른 피험자가 다소 쉬운 검사형으로 시험을 치른 피험자보다 불리하지 않도록 검사동등화 기법을 이용한 통계적 조정 과정을 거쳐 상호 비교가능한 점수 형태로 피험자에게 제공된다. 검사동등화를 위해서는 각 검사형은 동일한 내용 및 통계 명세표(contents and statistical specifications)를 기준으로 개발되어야 한다. 동의어 동등화

검사모듈(test module)   소규모의 문항 집합으로, 단계적 적응형검사(multistage adaptive test: MST)에서 검사의 각 단계를 구성하고 있는 소검사를 의미한다. 일반적으로 1단계 이후의 단계는 서로 다른 난이도(E: 하위 난이도, M: 중간 난이도, H: 상위 난이도)를 지닌 복수의 검사모듈을 포함한다. 단계적 적응형 검사의 각 단계마다 하나의 검사모듈이 피험자에게 주어지며, 전체 단계에 걸쳐 피험자가 부여 받은 검사모듈의 집합을 라우트(route) 혹은 패스웨이

(pathway)라고 한다. **동의어** 소검사

검사불안(test anxiety)　검사 수행과정에서 또는 검사가 예상되는 상황에서 피험자가 느끼는 걱정과 두려움 등 검사 수행으로 야기되는 불안이다. 적정 수준의 검사불안은 각성과 집중력을 유발하여 검사를 준비하는 데 도움을 줄 수도 있다. 하지만 지나치게 높은 불안은 피험자를 긴장시키고 정서적으로 불안정하게 하여 제대로 능력을 발휘하지 못하는 결과를 가져올 수 있다.

검사알고리듬(test algorithm)　컴퓨터기반검사에서 피험자의 능력을 추정하기 위해 문항을 선택하고 검사를 시행하는 데 적용되는 규칙과 절차를 의미한다. 컴퓨터화검사의 일반적인 순서는 다음과 같다. 검사가 시작되면 문제은행에서 선택된 문항이 컴퓨터 모니터에 제시되고 피험자의 응답이 기록된다. 이와 같이 문항이 제시되고 피험자가 응답하는 과정은 사전에 설정된 문항 선택 규칙에 따라 계속되다가 시간제한 기준 또는 추정의 표준오차 기준 등의 종료기준에 부합하면 검사가 종료된다. 검사 알고리듬에 따라 검사가 종료되면 곧바로 컴퓨터는 피험자의 응답내용을 채점하고, 그 결과를 분석하고 해석하여 최종적인 검사결과를 보고하게 된다.

검사이론(test theory)　교육 및 심리 측정이론의 한 영역으로 문항 개발 및 분석, 점수화, 결과 보고 등 검사의 설계부터 양호도 분석 및 결과 활용까지 일관성 있게 적용되는 일련의 이론 체계를 의미한다. 예를 들어, 고전검사이론, 문항반응이론, 인지진단이론 등이 있다.

검사점수조정(test score moderation)　서로 다른 검사 청사진(test blueprint)에 의해 제작되고 서로 다른 집단에게 실시되어 얻어진 검사점수를 비교가능하게 하는 절차이다. 통계적 조정(statistical moderation) 방법과 사회적 조정(social moderation) 방법이 있다. 통계적 조정 방법은 검사점수 간 분포를 통계적 방법으로 대응시킨다. 이때 검사동등화에 사용된 공식들을 적용할 수 있다. 사회적 조정 방법은 서로 다른 평가방법이나 도구에 의해 얻어진 점수를 비교할 수 있게 평가기준을 사회적으로 합의해 가는 절차이다. 예를 들어, 서로 다른 집단에게 실시된 서로 다른 수행평가의 수행수준을 합의된 평가기준으로 판단하여 판단의 일치를 추구하는 절차이다.

검사정보함수(test information function)　문항반응이론에서 검사에 의한 피험자 능력추정의 정확성을 나타내는 함수이다. 능력수준 θ에서의 검사정보함수 $I(\theta)$는 문항정보함수 $I_i(\theta)$의 합으로 정의된다.

검사종료규칙(test stopping rule) 검사를 종료하는 규칙으로 주로 컴퓨터적응검사(Computer Adaptive Test: CAT) 또는 단계적 적응형검사(multistage adaptive test)에서 사용한다. 일반적인 검사종료 기준은 ① 추정의 표준오차 수준을 고정하는 방법, ② 최대 검사문항수를 고정하는 방법, ③ 검사시간을 고정하는 방법, ④ 최소 몇 문항 이상을 치르게 하되 최대 문항수를 고정하는 방법, ⑤ 이러한 방법들을 혼용하여 사용하는 방법, 측정의 오차를 이용하는 방법과 최대 검사문항수를 고정하는 방법을 함께 사용하는 방법 등이 있다.

검사특성곡선(test characteristic curve) 피험자의 잠재적 특성 혹은 능력의 수준 θ에 따른 진점수 $T(\theta)$를 나타내는 곡선이다. 진점수 $T(\theta)$는 검사를 이루고 있는 개별문항의 정답확률 $P_i(\theta)$로 개별문항의 문항특성곡선의 합으로 정의된다. 피험자의 능력수준과 검사수행 간 관계를 나타내는 검사특성곡선의 형태는 문항특성곡선과 유사하며 일반적으로 S자 형태를 보인다.

검사–재검사신뢰도(test–retest reliability) 검사를 동일한 집단에게 두 번 실시해서 얻은 검사점수 간의 상관계수를 바탕으로 정의된 신뢰도이다. 검사–재검사신뢰도는 동일한 검사도구를 사용하기 때문에 문항구성에 따른 측정오차는 통제할 수 있으나, 검사 시행 간에 나타날 수 있는 이월효과(carry–over effect)가 발생할 가능성이 있다. 즉, 첫 번째 검사 시행이 두 번째 검사에 영향을 미칠 수 있으며, 두 검사 시행 사이의 시간 간격이나 연습효과도 검사–재검사신뢰도의 추정에 영향을 줄 수 있다. 검사–재검사신뢰도는 검사도구에 대한 응답자의 반응이 얼마나 안정적인가를 측정하기 위해 사용한다는 점에서 안정성계수(coefficient of stability)라고 한다. **동의어** 재검사신뢰도

검정력(power) 대립가설 H_1이 사실일 때 영가설 H_0를 기각하는 확률이다. 대립가설이 사실임에도 영가설을 채택하는 것을 2종오류라고 하며, 이 오류를 범할 확률을 β라고 한다. 따라서 대립가설이 사실인 경우 영가설을 기각하는 옳은 결정의 확률은 $(1-\beta)$이며, 이를 검정력이라고 한다. 예를 들어, 검정하고자 하는 모수를 θ라 하고 영가설이 $H_0 : \theta = \theta_0$으로 주어졌다고 하면 검정력은 모수인 θ값에 따라 변할 것이다. 즉, θ값이 θ_0에 가까우면 검정력은

낮아지고, θ 값이 θ_0 와 차이가 커지면 검정력은 높아진다.

검정통계치(test statistic) 통계적 가설검정을 위하여 확률분포를 결정하는 데 사용되는 통계치이다. 즉, 영가설의 조건에서 관찰되는 추정치가 갖는 표집분포(sampling distribution)가 면적이 1인 확률분포가 되게 추정치를 전환한 통계치이다. 예를 들어, $H_0 : \mu_1 - \mu_2 = 0$ 처럼 모집단에서 두 집단의 모평균이 같다는 영가설을 검정하는 경우를 가정하자. 이 경우 관찰되는 추정치는 $\overline{Y}_1 - \overline{Y}_2$ 이며, 이 값은 추정치의 성질에 따라 어떤 표집분포를 갖는다. 이 표집분포를 면적이 1인 확률분포로 전환하기 위한 식은 다음과 같다.

$$t = \frac{\overline{Y}_1 - \overline{Y}_2}{\sqrt{var(\overline{Y}_1 - \overline{Y}_2)}}$$

이 식에서 t 값의 표집분포는 t 확률분포이다. 모든 검정통계치는 확률분포를 갖는다. 예를 들어, z 분포, F 분포, χ^2 분포 등은 잘 알려진 확률분포이다. 또한 알려진 확률분포를 갖는 검정통계치를 추정치로부터 전환할 수 있으면 확률에 의한 가설검정을 할 수 있다.

검증데이터(test data) 머신러닝의 지도학습 과정에서 최종 모델을 평가하는 데 사용하는 데이터를 의미한다. 훈련된 모델이 검증데이터를 예측하고, 실제 결과와 비교하여 모델의 성능을 판단한다. 모델을 훈련시키기 전에 훈련데이터(train data)와 검증데이터로 구분한 뒤 훈련데이터로 모델을 훈련하고, 검증데이터로 모델을 검증한다. 훈련데이터와 검증데이터의 비율은 7:3 또는 8:2가 일반적이나, 전체 데이터의 크기와 특성에 따라 달라진다.

결과타당도(consequential validity) 검사결과 및 목적과의 부합성, 평가 시행결과의 의도적인 또는 의도하지 않은 영향 등 검사의 결과 관점에서 판단하는 타당도이다. 결과타당도는 검사나 평가방법이 학생, 학부모, 교사, 학교 그리고 사회에 미치는 영향에 대한 분석을 포함하며 평가결과의 긍정적 또는 부정적 결과, 실제적 또는 잠재적 효과, 그리고 의도한 결과와 의도하지 않은 결과를 분석한다. AERA, APA, NCME에서 공동 개정한 『교육 및 심리검사의 기준(The Standards for Educational and Psychological Testing)』의 1999년판 이후부터는 타당도를 확보하기 위한 근거의 하나로 '검사결과에 기초한 근거(evidence based on consequences of testing)'로 분류하고 있다.

결과평가(pay-off evaluation) 평가에서 주로 프로그램 시행결과를 강조하는 것으로 과정평가와 비교된다. 결과평가는 프로그램이 기대하고 있는 결과를 내고 있는지, 고객이 요구하는 결과를 내고 있는지를 평가하는 데 적절하다. 결과평가에서 결과는 프로그램 참여자에게 이득이 되는지의 여부를 말한다. 결과평가는 다음과 같은 일반적인 절차로 이루어진다. ① 주요 평가결과를 진술한다. 평가결과는 조직이 달성하고자 하는 이념, 목적 등이 반영된다. ② 평가결과에서 달성해야 할 것의 우선순위를 정한다. ③ 각 결과에 대한 관찰가능한 측정치, 지표를 구체화한다. ④ 프로그램 시행결과에 따라 혜택받을 고객의 수를 결정한다. ⑤ 이런 지표를 나타내는 데 필요한 정보를 진술한다. ⑥ 효과적인 정보수집 방법을 결정한다. ⑦ 수집된 정보를 분석하고 해석하여 보고한다.

결정계수(R-squared: R^2)　회귀모형에서 사용되는 통계적인 지표로, 종속변수의 분산 중에서 독립변수로 설명되는 비율이다. 종속변수의 전체 분산(Sum of Squares Total: SST)은 회귀모형에 의하여 설명된 분산(Sum of Squares Regression: SSR)과 잔차(residual) 제곱의 합(Sum of Squares Error: SSE)으로 구성되므로, 결정계수는 다음과 같이 정의된다.

$$R^2 = \frac{SSR}{SST} = 1 - \frac{SSE}{SST}$$

　결정계수는 0과 1 사이의 값을 가지며, 값이 1에 가까울수록 모형의 설명력이 높다고 판단한다. 모형에 투입되는 독립변수의 수가 증가하면 결정계수의 값도 증가하므로 해석에 주의가 요구된다.

결합최대우도추정(joint maximum likelihood estimation)　문항반응이론에서 문항모수와 피험자의 능력모수를 동시에 추정하는 최대우도추정방법이다. 1단계에서 피험자의 능력모수치를 알고 있다고 가정하여 문항모수를 추정하고, 2단계에서는 1단계에서 얻은 문항모수의 추정치를 가지고 피험자의 능력모수를 추정한다. 이와 같은 두 단계의 추정과정을 추정치들이 수렴할 때까지 반복한다.

경계모수(threshold parameter)　피험자의 반응이 여러 단계로 구분되는 다분문항 내에서 각 단계가 갖게 되는 난이도이다. 평정척도모형과 부분점수모형의 문항모수는 문항위치모수(item location parameter)와 경계모수로 구성되며, 평정척도모형에서 경계모수가 모든 문항을 위해 고정되어 있는 것으로 가정되는 반면, 부분점수모형에서는 문항별로 경계모수가 다른 것으로 가정된다.

경계선집단방법(borderline group method)　1982년 Michael J. Zieky와 Samuel A. Livingston에 의해 제안된 준거설정방법으로 모든 피험자를 완전학습자, 불완전학습자, 경계선학습자로 분류한 후 경계선집단의 검사점수 분포의 중앙값으로 분할점수를 설정하는 방법이다. 경계선집단을 판단하려면 피험자의 지식과 기술, 수행능력을 판단할 수 있는 전문성을 갖춘 수준설정자를 선정하는 것이 중요하다. 일반적으로 교실에서 실제로 수업을 담당했던 교사들이 학생들의 특성을 잘 파악하고 있기 때문에 교사가 수준설정자로 참여하여 경계선집단에 속할 학생을 선별하는 경우가 많다.

계열적 효과(sequencing effect)　검사에 포함된 문항의 순서가 피험자의 응답 반응에 영향을 주는 현상을 말한다. 이러한 현상은 다음 세 가지 효과에서 비롯된다. 일관성효과는 특정 문항에 대해 앞의 문항과 일관되게 반응하는 경향이다. 피로효과는 지치거나 지루함을 느껴 검사 후반부의 문항에 부정확한 반응을 하거나 어려운 문항에 반응하지 않는 현상이다. 중복효과는 비슷한 문항에 대해 부정확한 반응을 하는 현상이다.

계층분석방법(Analytic Hierarchy Process: AHP)　1970년대 초반 Thomas L. Saaty가 제안한 의사결정분석방법이다. 의사결정이 필요한 문제 상황의 구성요소를 톱-다운(top-down) 방식의 계층구조로 표현한 후, 평가자에게 각 계층을 구성하는 요소가 상대적으로 얼마나 더 중요한지를 쌍대비교(pairwise comparison)하게 하여 이 행렬로부터 얻은 고유벡터(eigen-vector)를 토대로 계층 내 요소들의 중요도를 산출한다. 그리고 전체 계층구조를 고려하여 가중평균한 중요도를 요소의 최종가중치 혹은 우선순위로 삼아 바텀-업(bottom-up)의 의사결정을 한다. 이때 평가자는 논리적 일관성을 갖추고 쌍대비교를 하는 것이 중요한데, 쌍대비교행렬로부터 구한 일관성 지수와 행렬의 차원에 따른 무작위 지수 간 비율인 일관성 비율(consistency ratio)이 엄격하게는 10%(0.1), 완화해서는 20%(0.2)를 넘게 되면 일관성을 잃었다고 판단하고 중요도 산출 시 활용하지 않게 된다. 이와 같은 계층분석방법은 평가지표 체계나 조사도구 개발 시 지표 가중치나 문항별 배점을 할당하기 위한 목적에서도 활발히 활용되고 있다.

고부담시험(high stakes test/assessment)　시험의 결과가 응시자의 삶의 질과 성공에 큰 영향을 미치는 시험을 말한다. 예를 들어, 시험결과가 졸업, 상급학교 진학, 취업, 자격 취득 등에 대한 의사결정의 근거로 사용되는 경우가 고부담시험에 해당한다. 고부담시험에서는 작은 점수 차이가 응시자에게 큰 영향을 미칠 수 있으므로 높은 공정성을 확보해야 하며 동시에 선발 기능을 위한 변별력을 갖추어야 한다. **동의어** 고부담평가

고안된 관찰(contrived observation)　　자연적 관찰(naturalistic observation, uncontrolled observation)이 자연스러운 맥락에서의 행동을 관찰대상으로 하는 반면, 고안된 관찰은 관찰자가 임의로 조작한 환경에서 피험자의 행동을 관찰하여 자료를 수집하는 방법으로서 구조화된 관찰(structured observation)이라고도 한다. 고안된 관찰에서는 모든 피험자가 동일한 조건에 놓이며 반응에 대한 동등한 기회를 부여받는다. 예를 들어, 아동의 위로(comforting) 행동을 관찰하기 위해 연구자가 실험에 참가한 아동들을 인위적으로 구성한 관찰방에 들어가게 한 후, 방 안에 설치된 스피커를 통해 똑같은 아기의 울음소리를 듣게 한다면 관찰자는 실험에 참가한 아동들이 아이 우는 소리에 어떠한 반응을 보이는지를 관찰할 수 있다. 그러나 관찰자의 주관이 개입될 소지가 있고, 관찰자의 편견이나 희망이 반영되어 관찰자 편견(observer bias)이 발생할 가능성이 높다는 문제점을 갖는다. **동의어** 통제된 관찰, 기획된 관찰

고전검사이론(classical test theory)　　한 개인이 검사에서 얻은 검사점수(관찰점수, X)는 진점수(T)와 오차점수(E)로 구성된다는 기본 가정에 기초한 검사이론이다. 고전검사이론에서는 한 개인의 능력이 안정적이며 불변함을 전제한다. 검사점수를 구성하는 진점수는 언제 어디서 검사가 실시되어도 일관성 있게 존재하며, 오차점수는 검사 실시과정 중 무선적으로 발생하여 관찰점수에 영향을 미친다고 가정한다. 고전검사이론에서는 진점수와 오차점수 간의 상관이 0이며, 서로 다른 검사에서 발생되는 오차점수들 간의 상관도 0이라고 가정한다. 고전검사이론은 그 유용성이 경험적으로 입증되어 왔다는 장점을 가지지만, 문항난이도나 문항변별도와 같은 문항통계치가 어떤 피험자 집단에서 산출되었는가에 따라 그 값이 달라지며, 피험자의 능력도 어떤 집단에서 추정되었는지에 따라 영향을 받게 된다는 한계를 지닌다.

고정효과(fiexed effect)　　통계모형에서 특정 예측변수가 종속변수에 대해 고정된 효과값을 가진다고 가정하고, 계수의 분포에 대한 가정 없이 고정된 값으로 추정된 효과를 지칭한다. 예를 들어, 다층모형에서 추정하는 모수 중 고정효과는 상수와 각 수준별로 모형에 투입한 독립변수(설명변수)가 종속변수에 미치는 효과가 일정하다는 가정하에 추정한다.

고차원문항반응이론모형(higher-order item response theory model)　　모든 문항은 특

정 잠재변수의 영향을 받고, 이 특정 잠재변수는 다시 상위요인인 일반적인 잠재변수의 영향을 받는 문항반응이론모형으로 검사 구인의 위계적인 구조를 설명하기 위해 제안되었다. 이요인(bifactor)문항반응이론모형과 달리 문항이 일반적인 잠재변수에 직접적인 영향을 받지 않는다. 다시 말해, 각 영역에 대한 피험자의 능력은 영역 고유의 능력으로 설명하지만, 영역 능력 간의 상관은 피험자의 전반적인 능력에 해당하는 하나의 고차원 능력으로 설명한다.

고차확인적 요인분석모형(higher-order confirmatory factor analysis model) 확인적 요인분석모형 중 잠재요인이 두 개 이상의 층(layer)을 갖는 위계적 모형을 의미한다. 이때 계층의 수준은 원칙적으로 무제한이나, 실제 연구에서는 일반적으로 2차(second-order) 확인적 요인분석모형이 활용된다. 예를 들어, '영어 학습에 대한 불안'이라는 잠재변수가 '말하기 불안'과 '성적에 대한 불안'이라는 잠재요인들로 구성되어 있다는 가설을 검증하고자 할 때 2차 확인적 요인분석모형을 활용할 수 있다.

공리주의적 평가(utilitarian evaluation) 공리주의는 사회의 행복을 최대로 하는 이념을 의미한다. 따라서 공리주의적 평가에서는 대다수의 개인에게 이익을 가져다주는 것이 최대의 선이라는 가치를 전제한다. 공리주의적 평가는 프로그램의 전반적인 영향을 평가함으로써 가치를 결정한다. 평가자는 산출점수의 평균이나 '최대 다수를 위한 최대 선'이라는 공통지표를 사용함으로써 개인보다는 전체집단의 이익에 관심을 갖는다. 공리주의적 평가에 따르면, 가치를 결정하기 위해 선정된 준거에 비추어 볼 때 최대의 이익을 산출하는 프로그램이 가장 좋은 프로그램이다. 전국 규모의 평가나 대규모 비교평가는 본질상 공리주의적 평가에 속한다. 대부분의 공리주의적 평가는 정부나 정부가 위임하는 단체가 시행하는 것이 보통이다. Ralph W. Tyler의 평가모형, Malcolm M. Provus의 불일치평가모형, Daniel. L. Stufflebeam의 CIPP 모형 등이 대표적인 공리주의적 평가에 속한다.

공식적 평가(formal evaluation) 공식적 평가는 법적·제도적 근거를 가지고 평가목적 및 평가절차 등을 사전에 계획하여 실시하는 평가이다. 그러므로 사전에 설정된 평가 준거 및 지침에 따라 자료를 수집하여 평가하고 그 결과를 공개하기도 한다. 외부의 요구로 이루어지는 대부분의 평가가 이에 해당한다. 우리나라의 대표적인 공식적 평가의 예로 대학인증평가, 시·도교육청평가, 초·중등학교평가 등이 있다.

공인타당도(concurrent validity) 새롭게 개발한 검사의 결과와 동일한 구인을 측정하면서 이미 타당성을 인정받는, 즉 공인된 검사결과와의 일치 정도로 판단하는 타당도이다. 예측타당도와 다른 점은 타당도 판단의 준거가 미래의 측정결과가 아니라 현재의 측정결과라는 점이다. 따라서 동일한 시기에 시행된 두 검사결과 간의 상관관계에 의하여 공인타당도를 측정한다. 예를 들어, 검사제작자가 지능검사를 새로 개발하였을 때 이미 널리 사용되고 있는 웩슬러 지능검사 결과를 준거로 삼아 공인타당도를 확인할 수 있다. AERA, APA, NCME에서 공동 개정한 『교육 및 심리검사의 기준(The Standards for Educational and Psychological Testing)』의 1999년판 이후부터 제시하고 있는 5개의 타당도 근거 가운데 '다른 변수와의 관계에 기초한 근거(evidence based on relations to other variables)'에 포함된다. 동의어 동시타당도

공정성(fairness)   평가의 기회, 과정 또는 결과의 차이를 정당하고 합리적이라고 받아들일 수 있는 정도를 의미한다. 공정한 평가는 모든 피험자에게 평가의 기회가 공평하게 주어지고, 평가의 과정이 투명하며, 평가의 결과가 평가받는 역량 이외의 요인(예: 학생이 속한 특정 집단의 특성)에 차별적 영향을 받지 않아야 한다. 평가의 공정성을 확보하려면 타당한 평가도구를 제작하여 적절한 절차에 따라 실시해야 하며, 사전에 확정된 명확한 평가기준에 따라 채점 또는 등급 부여가 이루어져야 한다.

공통문항동등화(common item equating)   두 동등화집단 모두가 치르는 공통문항 또는 가교문항 특성 추정치 간의 관계를 통하여 동등화검사 문항의 특성 및 피험자 능력을 공통척도에 위치시키는 동등화 방식이다. 두 집단이 모두 치른 공통문항에서 얻은 점수의 차이는 곧 피험자 능력의 차이라고 보고, 점수분포의 평균과 표준편차를 고려하여 그 차이만큼 두 검사점수를 교정하는 방식이다. 문항반응이론에서 문항특성은 그 문항에 답한 피험자의 특성과 무관하게 추정될 수 있고, 두 집단(X와 Y)이 치른 공통문항의 난이도와 변별도 모수추정치들 간에는 선형 관계를 유지한다. 난이도 모수추정치 간에는 $b_y = \alpha b_x + \beta$, 변별도 모수추정치 간에는 $a_y = a_x / \alpha$의 관계를 유지한다. α와 β를 연계상수라고 하며 이를 추정하기 위하여 다양한 방법을 사용할 수 있다.

공통척도(common scale)   서로 다른 두 집단에게 서로 다른 두 유형의 검사를 실시하여 얻은 검사문항 특성들과 피험자 능력이 서로 비교가능하도록 만든 척도이다. 각 검사를 치른 집단이 다르고 각 집단이 응시한 검사의 유형도 상이하므로 검사결과를 직접적으로 비교하는 것이 불가능하다. 따라서 검사결과 간 비교가능성을 확보하기 위해 두 집단이 모두 치르

는 가교문항을 포함시키거나, 두 검사를 모두 치른 일부 공통 피험자들의 반응을 활용하여 비교가능한 척도를 개발한다. 공통척도를 개발하는 방법에는 적률방법, 특성곡선/반응함수 방법, 최소제곱방법, 동시추정방법, 고정추정방법 등이 있다.

공통피험자동등화(common examinee equating) 두 검사를 모두 치른 피험자 집단을 활용하여 검사의 특성 및 피험자 능력을 공통척도에 두는 동등화 방식이다. 문항반응이론에서 피험자의 능력은 그들이 치른 검사문항과 무관하게 추정될 수 있고, 동일한 피험자가 서로 다른 두 검사(X와 Y)를 치러서 얻은 능력 추정치 간에는 $\theta_y = \alpha\theta_x + \beta$의 관계를 유지하기 때문에, 이 선형함수의 기울기(α)와 절편(β)을 구할 수 있다. 1-모수모형일 경우에는 $\alpha = 1$이 되며, 2-모수모형 또는 3-모수모형일 경우에는 $\alpha = \sigma_{\theta_y}/\sigma_{\theta_x}$, $\beta = \mu_{\theta_y} - (\sigma_{\theta_y}/\sigma_{\theta_x})\mu_{\theta_x}$이다. 이를 통해 나머지 피험자들의 능력은 물론이고 문항모수추정치들 역시 공통척도에 위치시킬 수 있다.

공통핵심주성취기준(Common Core State Standards: CCSS) 미국에서 유치원부터 고등학교까지(K-12학년) 각 학년에서 습득해야 할 학습목표를 설정한 주 공통의 성취기준을 말한다. 이러한 공통기준의 제정은 근본적으로 미국의 교육 수준을 향상하고 국제경쟁력을 키워야 한다는 문제의식에서 출발하였다. 이전에는 주별 교육과정이 달라 학생이 다른 주로 거주지를 옮기는 경우 교육내용을 따라가지 못해 학력 저하가 발생하기 쉬웠다. 이에 미국의 전국주지사협회와 주교육감협회가 자발적으로 협력하여 2010년 6월에 영어와 수학 교육을 중점으로 공통핵심주성취기준을 발표하였고, 이후 다수의 주가 공통기준을 적용하여 주별 교육과정을 구성하게 되었다. 공통핵심주성취기준 개발의 우선적인 목표는 K-12 교육을 통해 미국 학생들이 대학에서의 학업과 직업 생활을 성공적으로 수행하는 데 필요한 지식과 기술을 습득하고 21세기가 요구하는 국제경쟁력을 갖추게 하는 것이다. 공통핵심주성취기준은 대학과 직업 준비를 위한 최종 기준을 먼저 설정하고, 학년별 성취기준을 하향식으로 추출하여 학습 내용 간의 계열성을 확보하였다.

과정중심평가(process oriented/based assessment) 교육과정의 성취기준을 기반으로 수업과 평가를 연계한 평가 계획에 따라, 교수학습 과정에서 보이는 학습자의 특성과 변화에 대한 자료를 다각도로 수집하여, 학습자의 성장과 발달을 지원하기 위한 적절한 피드백을 제공하는 평가이다. 과정중심평가를 통해 '교육과정-교수학습(수업)-평가'의 연계성을 강화함으로써 학습자의 발달과정을 총체적으로 점검하여 학습자를 충실히 이해함과 동시에 학습자의 성장을 도울 수 있다.

과정평가(process evaluation) 프로그램이 진행되는 과정에 대해 평가하는 것이다. 과정평가는 시행하는 과정에서 시행상의 문제점을 파악하고 그 개선방안을 탐색하는 것을 목적으로 한다. 어떠한 교수 프로그램의 진행과정이 목표를 달성하는 데 적절한지, 그 효율성이 어떠한지에 관한 정보를 모니터링하고 개선하기 위한 것이며, 그 프로그램이 처음 목표한 것처럼 잘 진행되지 않을 경우 그 문제점, 결함 등에 관한 정보를 수집하고, 개선방안을 탐색하는 것이 주된 과제이다. 특히 잠재적인 장애물을 점검하고 예상치 않은 방해에 대해 경고하며, 한편으로는 실제적 과정을 기술하고 담당자들과 지속적으로 접촉하는 등의 방법을 사용하는데, 시행과정을 효과적으로 통제하기 위하여 설계와 절차를 개선하는 데 중점을 두고 실시된다.

과제분석(task analysis) 학습자가 수행해야 하는 과제는 하위 과제로 세분화할 수 있고, 하위 과제들을 습득하면 학습목표에 도달할 수 있다는 가정에 근거한 것으로 여러 개의 하위 목표를 설정하고 상위 목표 달성에 필요한 절차나 과정 등을 분석하는 것을 의미한다. 과제분석은 먼저 설정된 목표와 과제가 무엇이고, 필요한 절차나 과정이 무엇인지에 대해 살펴보며, 마지막으로 이를 달성하기 위해 해야 할 일이 무엇인지에 대해 알아보는 과정을 포함한다. 수업상황에서 이용되는 과제분석에서는 교수자가 학습자들이 수업에서 달성해야 하는 학습목표에 대한 파악을 통해 세부적인 학습목표를 설정하고 각 과제달성에 대한 평가기준을 개발하게 된다. 과제분석은 과제성격에 따라 주제분석, 작업분석, 기능분석으로 구분되고 접근방법에 따라 위계적 분석, 단계별 분석, 시간 및 기능별 분석으로 구분된다.

관찰자 간 신뢰도(inter-observer reliability) 두 명 이상의 독립적인 관찰자들이 동일한 대상에 대해 측정한 결과가 얼마나 일치하는가를 나타내는 계수이다. 자유놀이 상황에서 아동의 공격성을 측정하는 경우와 같이 관찰자들의 주관적 판단이 개입되는 상황에서 주요한 이슈로 등장한다. 관찰연구에서의 신뢰도 측정은 측정방법에 따라 사건기록법의 신뢰도 측정, 등간기록법/시간표집법의 신뢰도 측정, 지속시간/반응지연시간 기록법의 신뢰도 측정 등으로 구분된다. 일반적으로 관찰결과가 점수로 부여될 경우 관찰자 점수들 간의 상관계수를, 범주로 제시될 경우 관찰자 간 일치도 통계 또는 Kappa 계수를 산출하여 관찰자 간 신뢰도를 평가한다. 일치도 통계는 관찰자 간 분류 일치도를 백분율로 나타낸 것이며, Kappa 계수는 우연에 의한 관찰자 간 일치 확률을 제거한 일치도 계수이다. 권장되는 관찰자 간 신뢰도 계수 기준은 상관계수의 경우 .6 이상, 일치도 통계는 .85 이상, Kappa 계수는 .75 이상이다. 동의어 관찰자 간 일치도

관찰점수(observed score)　피험자에게 검사를 실시해서 얻은 점수로, 고전검사이론에서는 관찰점수(X)가 진점수(T)와 오차점수(E)의 합으로 이루어진다고 가정한다. 진점수는 동일한 대상에게 동형검사를 무수히 많이 실시했다고 가정했을 때 기대할 수 있는 점수를 의미하며, 검사를 실시할 때마다 무선적으로 나타나는 오차로 인해 동일한 진점수를 가진 피험자라도 관찰점수는 달라질 수 있다.

관찰점수동등화(observed score equating)　문항반응이론을 활용한 검사동등화의 한 방법으로서 두 검사의 추정된 관찰점수 분포를 활용하여 동백분위동등화를 실시하는 방법을 말한다. 관찰점수동등화는, 첫째, 검사 X의 문항모수와 피험자모수추정치를 이용하여 조건빈도분포를 만든다. 둘째, 주변빈도분포를 만든다. 셋째, 검사 Y를 치른 피험자 반응을 이용하여 첫째와 둘째 단계를 반복한다. 넷째, 동백분위방법을 이용하여 검사점수를 동등화한다. 두 검사의 신뢰도가 동일하지 않을 때 조건빈도분포가 다를 것이고, 주변분포는 집단의 특성에 달려 있기 때문에 동등화는 집단 불변적이어야 한다는 조건에 맞지 않는다는 문제점을 가진다. 그러나 실제로 관찰점수동등화 결과는 진점수동등화 결과와 다르지 않다는 게 대체적인 결론이다. 진점수동등화는 우연히 정답을 맞힐 확률 이하의 점수에 대해서는 동등점수를 찾을 수 없다는 문제점이 있지만, 관찰점수동등화에는 이러한 점이 문제가 되지 않는다.

교과타당도(curricular/curriculum validity)　검사문항들이 교육과정에서 다루는 내용을 얼마나 잘 대표하는가의 정도를 의미하는 타당도로 내용타당도의 일부라 할 수 있다. 교과타당도는 학업성취도 검사의 타당성을 분석할 때 중요하게 다루어지는 것으로, 검사를 개발하는 과정에서 검사문항에 대한 이원분류표를 작성하고 이를 점검하여 교과교육과정과 검사 내용이 일치하는지를 확인한다.

교대처치설계(alternating treatment design)　한 대상자, 또는 대상군에게 여러 가지 처치를 교대로 실시하여 적용된 처치 간의 효과를 비교하는 연구방법이다. 교대처치설계는 체계적으로 처치들 간에 균형을 맞춤으로써 중다기초선설계(multiple baseline design)가 가지

고 있는 내적 타당도 문제와 처치 사이의 전이문제를 해소시킬 수 있다. 이 설계에서는 비교하려는 처치를 한 대상자에게 빠른 간격으로 교대하여 적용하게 되며, 결과를 제시할 때는 각 처치의 효과를 나타내는 선 그래프를 한 그래프 안에 제시하여 시각적으로 그 차이를 보여준다. 동의어 교대중재설계

교란변수(confounding variable)　외재변수의 한 유형으로, 실험의 주 관심사인 독립변수(혹은 원인변수)와 종속변수(혹은 결과변수)에 동시에 영향을 주는 변수를 의미한다. 교란변수는 독립변수와 종속변수 사이에 비인과적인 관련성을 생성하고, 이를 통해 분석결과에 편향이 발생한다. 따라서 독립변수의 인과적 영향력을 확인하기 위해서는 반드시 통제되어야 한다. 동의어 혼재변수

교사평가(teacher evaluation)　우리나라의 교사평가는 「교육공무원 승진규정」에 근거하여 시행되며 승진과 같은 인사 결정의 근거자료로 활용된다. 또한 교사의 자질, 태도, 수행 등에 대한 피드백을 제공하여 교사의 전문성 신장에도 기여하고 있다.

교수타당도(instructional validity)　검사내용이 교사가 학생에게 가르친 수업내용과 일치하는 정도를 의미한다. 즉, 교수타당도는 학생들이 학교에서 배운 지식과 기술을 검사가 얼마나 충실하게 측정하는가를 나타내는 개념이다. 검사내용이 교실 수업의 내용이나 학생에게 부여한 과제물의 내용과 얼마나 부합하는가, 학생들에게 배울 기회가 주어졌는가와 같은 질문에 대한 답을 통해서 추정할 수 있다. 검사내용이 가르친 내용과 일치하는지를 알아보기 위해서는 전문적 판단이 필요하며, 이때 이원분류표의 점검은 필수적이다. 예를 들어, 교사가 어떤 단원을 가르칠 때 사실, 용어 정의, 사건의 일시 등 지식 위주의 수업을 하고 나서 검사에서는 추론과 가치판단을 다루었다면 교수타당도가 낮다고 할 수 있다.

교실평가(classroom assessment)　교실 맥락에서 이루어지는 학생평가(student assessment)로 학급 단위의 학생평가를 지칭한다. James H. McMillan은 교실 맥락에서 교사의 의사결정을 위해 학생의 학습과 동기에 대한 정보를 수집하고 해석하고 활용하는 것을 교실평가로 정의하였다. 구체적인 교실평가는 학생의 강점·약점, 오개념이나 학습 오류 등의 진단, 학생의 숙달 노력과 학습 및 동기, 역량 등의 향상과정 점검과 정도 파악, 학습 기록 및 성적 부여, 피드백 제공 등 교실에서 이루어지는 모든 평가 활동을 의미한다. 교사는 이러한 활동에서 정보를 수집·해석·활용하여 의사결정을 한다. 따라서 교실평가는 수업이 종료된 이후 학생의

성취도를 기록하는 활동만이 아니라 수업과정 전반에 걸쳐 이루어지는 교실 맥락의 공식적·비공식적 모든 평가 활동을 의미한다.

교육감식안(educational connoisseurship)　예술 분야에서 전문가들이 평가할 때 사용하는 방식과 절차를 교육 분야로 접목하여 예술적 접근의 평가를 강조한 Elliot W. Eisner가 제안한 개념이다. 그는 교육 현상에 대한 충실한 이해와 함께 교육에 대한 인식을 확장하고 교육의 질적 수준을 높이는 것, 궁극적으로는 학생의 교육적 삶을 개선하는 것을 교육평가의 목적으로 설정하고, 평가에는 교육감식안과 교육비평(educational criticism)이 작동해야 함을 주장한다. 감식안(connoisseurship)이란 폭넓은 지식과 풍부한 경험을 토대로 한 전문가의 안목을 통하여 평가대상의 본질과 가치를 판단하는 능력을 뜻한다. 예를 들어, 포도주의 맛, 향, 빛깔을 음미하고 관찰하여 포도주의 품종, 제조 지역, 숙성 절차 및 기간 등의 특성을 알아내고 포도주의 질적 차이를 느끼는 능력으로 이를 교육 현상에 적용하여 교육감식안이라 하였다. 즉, 교육과 학습자에 대한 총체적인 이해를 토대로 평가대상이 되는 교육 현상이나 실제 혹은 행동의 본질과 복합 구조를 파악하고 그 질적 수준의 미세한 차이(학습자의 미묘한 변화 혹은 학습자 간 미세한 차이 등)를 판단해 내는 능력을 뜻한다.

교육과정기반측정(Curriculum-Based Measurement: CBM)　특수교육 분야에서 제안된 대안적인 평가로, 학생의 교육과정을 고려하여 평가문항을 작성하며, 평가가 지속적으로 이루어지고 평가결과가 교수에 관한 결정을 내리는 데 활용되는 검사이다. 특히 고전검사이론과 응용행동분석 절차를 검사의 설계·적용·해석에 적용하였으며, 읽기, 수학, 쓰기 등 기초학습기능 영역을 중심으로 개발되었다. 실시상의 간편성, 해석의 용이성, 경제성이 우수하며, 표준화되고 처방적인 측정방식을 통해 학생들의 수준을 측정한다는 특징이 있다.

교육과정평가(curriculum evaluation)　특정 교육과정의 장점, 가치, 중요성에 관하여 체계적으로 기술하고 판단하는 일이다. 교육과정평가는 교육과정 자체가 의도한 바를 제대로 달성하고 있는가, 투입하여 적용하고 있는 교육과정이 제대로 시행되고 있는가를 파악하는 데 중점을 둔다. 또한 교육과정의 지속적인 개선을 위한 질 관리 및 환류의 목적, 그리고 교사를 포함한 교육과정 운영 담당자들이 교육과정을 계획한 대로 운영하고 있는가를 확인 및 점검하기 위한 목적 등을 위하여 실시된다.

교육비평(educational criticism)　교육평가에 대한 예술적 접근법을 주장한 Elliot W.

Eisner가 교육감식안과 함께 제안한 개념으로, 교육감식안을 통해 파악된 평가대상의 특성과 질적 수준을 밖으로 표현하는 능력을 뜻한다. 즉, 평가자의 개인적 수준에 머물러 있는 교육감식안에 의한 가치판단을 사회적·공적 수준의 가치판단으로 표출하는 것으로, 평가대상의 질적 속성을 정확하게 드러내는 기술, 그 기술을 토대로 사회적 맥락과 연계하여 관찰된 현상이나 행위가 지니는 의미와 중요성 및 가치를 논리적으로 설명하는 해석, 그리고 기술과 해석을 통해 드러난 것에 교육적 의미와 가치를 발견하고 질적으로 판단하는 평가적 표현(비평) 등으로 구성된다. 교육감식안은 교육비평이 없이도 수행될 수 있으나, 교육비평은 교육감식안을 거쳐야 성립 가능하다.

교육평가기준연합위원회(Joint Committee on Standards for Educational Evaluation: JCSEE)   교육학·심리학 분야의 평가 관련 전문단체들이 연합하여 만든 기구로서, 질 높은 평가를 수행하기 위한 기준을 개발하고 촉진하는 것을 목적으로 한다. JCSEE는 평가의 질과 관련된 미국과 캐나다의 전문 연합 협회로 1975년에 설립되었으며, 평가의 사용 및 실행에 관심이 있는 평가전문가 및 내용전문가 등으로 구성되었다. 위원회는 지금까지 세 가지 평가 기준을 발표하였고 이러한 기준은 미국과 캐나다 및 세계 각국에서 활발하게 활용되고 있다. 프로그램 및 인사평가기준(제2판)은 1988년에 발간되어 2008년에 개정되었으며, 사업평가 기준(제2판)은 1994년에 발간(제3판은 2008년에 발간)되었고, 학생평가기준은 2003년에 출판되었다. 공동위원회는 민간 비영리조직이며 미국표준협회의 인증을 받은 기준은 미국국가 기준(American National Standards)이며, 평가기준을 설정하는 것 외에도 5년마다 발표된 기준을 검토하고 개정하는 작업도 진행한다. 또한, 정책입안자, 평가자 및 교육자들에게 기준 사용에 대해 교육하며 각종 평가기준 자료들에 대한 정보 센터 역할을 하고 있다.

교차분류다층모형(cross-classified multilevel model)   표준적인 다층모형의 확장된 형태로, 교차-분류 형태의 비내재적 자료구조를 반영한 다층모형이다. 전통적 다층모형은 하위수준(예: 학생)이 하나의 상위수준(예: 학교)에 소속되는 형태의 완전한 내재자료를 분석하는 반면, 교차분류다층모형은 학생이 동시에 둘 이상의 상위수준 구성자(예: 학교와 거주동)에 교차분류된 형태의 자료를 다룬다. 교차분류다층모형은 모형에 포함된 둘 이상의 상위수준 구성자 무선효과를 포함하며, 필요한 경우 상위수준 구성자들 간 무선 상호작용효과를 포함하는 형태로 확장될 수도 있다. 관련된 모형으로 다중소속다층모형(multiple membership multilevel model)이 있다. 다중소속다층모형은, 예컨대 학생-학교의 위계적 구조에서 한 학생이 (전학 등의 이유로) 복수의 학교에 소속된 형태의 다중소속 자료구조를 다룬다.

교차설계(crossed design)　실험설계에서 두 개 이상의 처치가 가해질 때 각 처치의 조건들이 모두 서로 교차하도록 설계하는 방법이다. 예를 들어, 우울증 치료를 위해 상담기법(A1, A2)과 상담기간(T1, T2, T3)의 효과를 실험하기 위하여 다음 그림처럼 두 가지 상담기법과 세 개의 상담기간 조건이 교차하도록 설계할 수 있다. 이러한 교차설계에서는 두 처치 효과의 상호작용도 검정할 수 있다.

교차타당화(cross validation)　연구결과에 대한 타당성을 검증하기 위하여 그 연구에 사용하지 않은 다른 표본을 적용하여 동일한 방법으로 평가해 보는 방법을 의미한다. 연구의 편의상 주어진 표본을 무선적으로 양분하여 한 집단을 교차타당화 목적으로 사용하거나 동일한 모집단에서 표집된 새로운 표본을 사용할 수도 있다.

구간 대 구간신뢰도(interval-by-interval reliability)　행동이 관찰되는 구간이나 발생기회가 분명하게 나누어져 있는 경우, 각각의 구간이나 발생기회에 대해서 두 관찰자 간의 행동 발생에 대한 일치 정도를 의미한다. 두 관찰자는 각각의 행동 발생에 대한 구간(또는 발생기회)에서 행동 발생에 대해서 동의하거나 동의하지 않거나, 또는 행동을 전혀 관찰하지 못할 수도 있다. 구간 대 구간신뢰도는 전체 발생횟수에 대한 신뢰도를 계산하는 방법보다 정확할 뿐만 아니라 행동이 발생한 각각의 구간이나 발생기회에 대한 동의 정도를 평가할 수 있다는 장점을 지닌다. 그러나 관찰자 간 동의 구간 수에는 행동이 전혀 발생하지 않은 구간에 대한 동의도 포함되기 때문에 실제 행동 발생에 대한 신뢰도보다 과장되게 수치가 산출된다는 단점이 있다. 이러한 문제를 해결하기 위하여 행동 발생에 대한 신뢰도와 행동 비발생에 대한 신뢰도를 각각 산출하는 방법이 있다.

구간추정(interval estimation)　표본을 통해 얻은 통계치를 기초로 표준오차를 고려하여 모집단에서의 해당 통계치(=모수치)를 포함하는 구간을 추정하는 것을 말한다. 해당 구간이 모수치를 포함하는 구간일 확률, 즉 신뢰도에 따라 90%, 95%, 99% 등의 신뢰구간을 추정한다. 예를 들어, 50명의 표본자료(n=50)에서 구한 평균($\overline{X}$)이 70, 표본 표준편차(s_x)가 7이라면, 모집단 평균에 대한 90% 신뢰구간($\alpha = 1-0.9=0.1$)은 $\overline{X} \pm z_{\alpha/2} \times \dfrac{s_x}{\sqrt{n-1}} = 70 \pm 1.65 \times 1 = [68.35, 71.65]$로 추정할 수 있다.

구성된 실재(constructed reality)　인간이 인식하는 실재로서 인간의 의식에 의해 적극적으로 구성된 것을 말한다. 이는 구성주의적 인식론을 취하는 현상학, 해석학, 상징적 상호작용론 등에서 규정하는 실재의 개념이다. 구성주의적 인식론에서는 고정적이고 불변적인 실체의 존재를 가정하는 실증주의적·객관주의적 관점을 배격하고, 실재하는 것은 경험에 의해 특정한 방식으로 의미화가 이루어진 것이라고 본다. 인간은 경험을 통해서만 세계를 인식하게 되므로, 직간접의 방법을 통해서도 경험될 수 없는 것은 이미 인식 밖에 있는 것이다. 이 관점에서는 비록 아메리카 대륙과 같이 콜럼버스의 발견 이전에도 존재하는 물리적 실체가 있었을지라도, 그것이 인간에 의해 상상되거나 말해지기 이전에는 그것은 실재한 것이라 볼 수 없다. 인간경험에 내포된 의식의 지향성에 따라 의미가 부여된 것만이 인간에게 실재하는 것으로 인식된다.

구성형문항(constructed response item)　주어진 물음이나 지시에 따라 피험자 스스로 답안을 구성하여 응답하는 문항 형태를 의미하며, 하위 문항 유형으로 괄호형, 완성형, 단답형, 논술형 등이 있다. 최근 기술공학의 발달로 컴퓨터기반검사가 시행됨에 따라 검사문항에 기술공학적 형식을 활용할 수 있게 되었는데, 이러한 새로운 형태의 문항을 기술기반(technology enhanced)형문항이라고 한다. 구성형문항에 속하는 기술기반형문항으로는 그림, 소리, 영상, 설명 등을 디지털 형식으로 활용한 그림구성형문항(figure constructed response item), 생성형문항(generating expression item) 등이 있다. 구성형문항은 피험자의 응답을 제한하지 않고 피험자가 지니고 있는 모든 능력을 발휘할 수 있는 기회를 제공한다는 장점을 지니고 있으나 문항 출제가 용이하지 않으며, 채점의 신뢰도를 확보하기 쉽지 않다는 단점이 있다. <small>동의어</small> 서답형문항

구술사(oral history)　개인이 기억하는 과거 사건과 행위, 그에 대한 해석을 면접과 육성 구술을 통해 기록으로 채록하는 사료수집 방법이다. 나아가 구술기록을 토대로 과거를 연구하는 역사학 방법론을 의미하기도 한다. 구술사는 주로 문서기록에만 의존하던 전통적인 역사 사료의 범위를 일반 대중의 기억까지 전면적으로 확대시킨다. 특히 스스로 문서기록을 남길 수 있는 능력이나 기회를 갖지 못한 민중의 체험과 기억을 역사 담론의 장으로 끌어낸다는

점에서 특징적이다. 실증주의적 역사학에서는 역사를 과거 사실의 객관적 복원으로 보며, 사회과학적 역사학에서는 과거 사실의 합법칙적인 설명으로 보는 데 비하여, 구술사에서는 과거 사건을 체험한 인간의 기억 속에 남아 있는 그 사건에 대한 인식과 해석의 재현으로 본다. 구술사는 역사연구의 주체를 소수의 학문적 전문가에서 다수의 비전문 대중으로 확산시키는 민주적 기능을 지닌다.

구인타당도(construct validity)   인간의 능력이나 심리적 특성을 하나의 과학적 개념으로 다루기 위하여 학문적·이론적 접근을 통한 조작적 정의를 시도할 수 있다. 이와 같은 조작적 정의의 타당성을 경험적으로 검증하기 위한 타당화 증거를 구인타당도라고 한다. 구인타당도의 검증은 연구자가 실제 데이터를 활용하여 검사의 내적 구조를 확인함으로써 경험적 데이터와 이론적 구조가 일치하는지 확인하는 과정으로 이루어지며, 주로 상관계수, 실험설계법, 요인분석 등의 통계적 방법이 사용된다. AERA, APA, NCME에서 공동 개정한『교육 및 심리검사의 기준(The Standards for Educational and Psychological Testing)』의 1999년판 이후부터는 '내적 구조에 기초한 근거(evidence based on internal structure)'로 제시하고 있다.

국가수준학업성취도평가(National Assessment of Educational Achievement: NAEA) 우리나라 학교교육의 질 관리 및 성과 점검을 위해 국가수준에서 시행하는 성취도 평가로 교과에 대한 학업성취도 검사와 교육맥락변인과 학생의 정의적 태도 등을 측정하는 학교장, 교사, 학생 대상 설문조사를 포함한다. 학업성취도검사는 교육과정에서 제시하고 있는 성취기준에 대한 도달 정도를 측정하는 준거참조검사이다. 성취수준별 학생 비율 변화 추이, 교육맥락변인과 학업성취도와의 관계 분석 등을 통해 교육과정 및 교수학습 개선, 교육정책 수립을 위한 기초 자료를 제공하여 우리나라 교육의 질 개선에 기여하는 것을 주요 목적으로 한다.

군집평가(cluster evaluation)   중다현장평가(mutiple-site evaluation)의 세 가지 유형 중 하나로서 하나의 프로젝트를 평가하기 위해 미국의 W. K. Kellogg 재단이 개발하여 사용한 평가방법이다. 이 방법의 주요 특징은 네 가지로 구분된다. ① 상호 확증을 통해 더 큰 의미를 갖는 공통의 줄거리와 주제를 확인하기 위하여 프로젝트군 전체를 평가대상으로 한다. ② 프로젝트군에서 무슨 일이 왜 일어났는지 찾는다. ③ 프로젝트, 재단, 외부평가자 등 모든 당사자에게 가치 있는 일이 되도록 평가과정에 참여하는 공동작업 방식을 취한다. ④ 프로젝트와 군집평가를 실시하는 외부평가자들 간에는 비밀이 유지된다. 군집평가의 평가결과는 개별 프로젝트가 아닌 프로젝트군으로 산출·보고됨으로써 평가결과의 유용성이 증대된다.

군집표집(cluster sampling)　모집단이 군집화된 경우 군집을 표집의 단위로 하는 확률적 표집법 중 하나이다. 층화표집에서는 층 간은 이질적이고 층 내는 동질적인 것과 달리, 군집 표집에서의 군집 간은 동질적인 반면 군집 내는 상호 이질적인 특성을 지닌다. 예를 들어, 서울시 소재 초등학교를 표집단위로 하여 무작위로 학교를 추출하고 추출된 각 학교의 모든 초등학생을 표본으로 구성할 수 있다. 이러한 방법을 1단계 군집표집이라 하고, 만약 무작위로 추출된 각 학교에서 다시 무작위로 한 학급을 선택하여 해당 학급의 학생들만 표본으로 구성한다면 2단계 군집표집이 된다. `동의어` 집락표집

권한부여평가(empowerment evaluation)　향상이나 자기 결단을 강화하기 위해 평가개념과 기술 및 평가 결과를 활용하는 평가모형을 말한다. 1997년 David M. Fetterman에 의해 제안된 권한부여평가는 평가이해당사자 혹은 프로그램 참가자의 권한 부여 또는 능력 강화(empowerment)에 초점을 둔다. 방법에 있어서는 양적 자료뿐만 아니라 질적 자료도 활용하고, 개인만이 아니라 집단의 작업을 강조하여 함께 생각하는 방법을 활용하며, 평가이해당사자가 평가에 참여하는 참여지향평가 방법과 자기평가 방법을 선호한다. `동의어` 능력강화평가

규준(norm)　피험자 간의 상호 비교를 위한 기준이 되는 정보를 의미한다. 검사에서 얻어진 원점수는 그 자체로는 어떤 의미를 지니지 못하며 특정 비교집단의 검사결과와 비교하여 검사점수에 대한 의미가 부여된다. 규준은 원점수의 상대적 위치를 가늠해 보기 위한 자료로서, 한 검사의 규준이 적절한지의 여부는 그 규준집단의 대표성, 규준집단의 사례수, 검사의 목적에 비추어 판단한다. 규준은 대개 모집단을 대표할 수 있는 표본에서 얻어진 점수의 분포로 제시되며, 규준의 형태로는 학년 규준, 연령 규준, 백분위 규준, 표준점수 규준, 국가적 규모의 규준, 지역적 규모의 규준 등이 있다.

규준집단(normative group)　한 개인의 검사점수를 해석하기 위하여 비교 대상이 되는 집단을 가리킨다. 규준집단을 참조함으로써 한 피험자가 얻은 검사점수에 대한 상대적 위치정보를 구할 수 있다. 어떤 중학생의 적성검사 점수가 전국 중학생 집단에서 차지하는 상대적 위치를 알고자 할 때는 전국 중학생이 규준집단이 되고, 전국 중학교 남학생 집단에서 차지하는 상대적 위치를 알고자 할 경우에는 전국 중학교 남학생 집단이 규준집단이 된다.

규준참조검사(norm-referenced test) 규준참조평가를 위해 사용하는 검사를 말한다. 검사의 결과로 원점수, 표준점수, 척도점수, 스테나인 등의 결과가 제공되며, 이 결과는 규준집단의 정보를 이용하여 해석할 수 있다. 규준참조검사를 제작할 때는 다음과 같은 규칙을 따른다. 첫째, 난이도 수준이 다양한 문항을 제작하고, 매우 쉬운 문항부터 매우 어려운 문항까지 다양하게 제작하여 검사점수의 범위를 넓게 한다. 둘째, 문항변별도가 높은 문항을 제작한다. 문항의 변별도가 높아야 피험자들은 능력에 따라 매우 다양한 점수를 얻게 된다.

규준참조평가(norm-referenced assessment) 학생의 평가 결과를 그가 속해 있는 집단의 성취도나 미리 정해 둔 규준(norm)에 근거하여 상대적인 서열 위치를 통해 해석하는 평가이다. 특정 학생이 속해 있거나 속해 있지 않더라도 비교가 되는 집단 속에서 다른 학생들보다 얼마나 잘 성취했느냐 하는 상대적인 비교를 통해서 성적이나 점수를 결정하고 해석한다. 평가결과는 주로 석차, 백분위 점수, 표준점수 등으로 제시되며, 일반적으로 대학입학시험이나 표준화된 성취도평가와 같은 고부담시험에서 자주 사용된다. 그리고 규준참조평가는 같은 학교 학생들뿐만 아니라 서로 다른 학교나 지역의 학생들과의 성취도를 비교하여 상대적인 서열을 결정하는 데도 유용하다. 다만, 규준참조평가는 학생들의 특정한 교육내용이나 기능에 대한 숙달을 평가하기보다는 학생들의 성과를 상대적으로 비교하고 순위를 매기는 데 초점을 둔다. 그래서 규준참조평가는 학생들 간 경쟁을 유발하고 폭넓은 학습보다는 상대적으로 협소한 시험 준비 학습만을 조장할 수 있으며, 개별 학생 학습의 강점·약점을 간과하고, 교수학습 활동의 개선을 위한 의미 있는 피드백을 제공하기 어려운 제한점이 있다.
〔동의어〕 상대평가

규칙장모형(rule-space model) Kikumi K. Tatsuoka가 1983년에 개발한 모형으로 문항반응이론에서 획득되는 피험자의 능력모수추정치와 문항반응유형의 특이성을 이용하여 문제해결 과정을 분석하고 오류 유형을 변별하는 인지심리학적 측정이론이자 모형이라 할 수 있다. 피험자의 실제적 문항반응유형이 이론적으로 정의된 것과 어느 정도 다른지를 나타낸 표준이질성 지수가 추정되며, 피험자의 능력모수와 표준이질성 지수를 두 개의 축으로 한 규칙장이라는 평면공간을 활용하여 피험자의 특이한 문항반응을 통계적으로 분류한 후 인지상태를 진단하여 교정학습에 대한 정보를 제공할 수 있다.

균일분포(uniform distribution) 모든 확률변수에 대해 균일한 확률을 가지는 분포로서,

확률변수 X가 폐구간 [a, b] 내의 모든 영역에서 일정한 확률을 가지는 연속형 확률분포를 의미한다.

확률변수 X의 확률밀도 함수 $f(x)$는 다음과 같다.

$$f(x) = \begin{cases} \dfrac{1}{b-a} , & (a \le x \le b) \\ 0 , & (x < a \text{ or } x > b) \end{cases}$$

확률변수 X가 균일확률변수일 때, 평균과 분산은 다음과 같다.

$$E(X) = \frac{a+b}{2}, \; Var(X) = \frac{(b-a)^2}{12}$$

균형설계(balanced design)　각 집단에 속한 사례수 또는 처치의 횟수가 동일한 실험설계이다. 예를 들어, 한 요인에 J개 집단이 있는 일원변량분석에서 J개 집단의 사례수가 모두 동일한 경우($n_1 = n_2 = n_3 \cdots = n_J$), 이를 균형설계라고 부른다. 두 개 이상의 독립변인을 갖고 있는 요인설계에서는 요인들의 가능한 모든 조합의 항(cell)에서 동일한 사례수를 갖고 있는 경우를 말한다. 비교적 드문 경우이지만, 각 항에서 동일한 사례수를 갖고 있지 않더라도 각 항의 사례수가 각 요인의 수준들에서의 사례수와 다음과 같이 비례적인(proportional) 경우도 있다.

$$n_{jk} = \frac{n_{j.} n_{.k}}{N}$$

여기에서 j행의 사례수를 n_j, k열의 사례수를 n_j, j행과 k열에 위치한 항의 사례수를 n_{jk}, N은 전체 사례수를 말한다. 요인설계에서 각 항의 사례수가 동일하거나 일정한 비율을 유지하고 있지 않은 경우를 비균형설계(unbalanced design)라고 부르는데, 이 경우에는 각 요인의 주효과와 상호작용효과를 독립적으로 검증할 수 없다는 문제점이 있다. 이러한 문제점을 해결하기 위하여, 비가중화된 평균분석(unweighted means analysis)이나 각 통계 프로그램에서 제공하는 위계적 접근법(Type I Sum of Squares)이나 회귀 접근법(Type III Sum of Squares)을 사용한다.

급내상관계수(Intraclass Correlation Coefficient: ICC)　동일 집단/군집 내의 관찰값 간의 유사성 또는 일치 정도를 나타내는 통계적 측정값이다. 일반적으로 관찰값들이 독립적이지 않은 다층구조나 군집 데이터 분석에 활용되며, 집단 내 분산과 집단 간 분산의 합인 전체 분산 대비 집단 간 분산의 비율로 수치화할 수 있다. 분야 또는 맥락에 따라 차이가 있을 수 있으나 ICC 값이 클수록 동일 집단 내 관찰값들의 유사성 또는 일관성이 높다고 해석할 수 있다.

기각역(rejection region)　가설검정에서 유의수준에 따라 검정통계치의 표집분포상에서 영가설이 기각되는 α 부분의 영역을 말한다. 검정통계치가 나타날 가능성이 유의수준 α 보다 작은 경우에 영가설을 기각한다는 것은 곧 검정통계치가 기각역에 속하면 영가설을 기각한다는 것과 같은 의미이다. 기각역은 양측검정일 때는 분포상의 양극단 $\alpha/2$ 에 해당하는 영역을 말하며, 단측검정일 때는 분포상의 좌측 혹은 우측 α 에 해당되는 부분을 말한다.

기관생명윤리위원회(Institutional Review Board: IRB)　인간을 대상으로 하는 연구 등에서 연구참여자의 생명윤리 및 안전을 확보하기 위하여 「생명윤리 및 안전에 관한 법률」 (2013. 2. 2. 시행)에 따라 대학 및 전문연구기관이 자체적으로 운영하는 독립적인 심의기구이다. IRB에서는 연구계획서의 윤리적·과학적 타당성, 연구대상자 등의 연구참여 동의 여부, 연구대상자의 안전과 개인정보 보호 대책, 기타 기관에서의 생명윤리 및 안전에 관한 사항 등을 심의한다. 또한, 수행 중인 연구의 진행과정 및 결과에 대해 조사·감독을 실시하며, 해당 기관의 연구자 및 종사자 교육, 취약한 연구대상자 등의 보호대책 수립, 연구자를 위한 윤리지침 마련 등의 기능을 담당한다. 인간 대상 연구를 수행하고자 하는 연구자는 연구계획서를 작성하여 IRB의 심의(사전심의)를 받아야 하며, 연구수행 과정에서 변경 사항이 발생한 경우에도 심의(변경심의/지속심의)를 받아야 한다. 연구 종료 후에는 종료 보고를 해야 한다.

기관자체평가(institutional self-evaluation)　기관이 평가기준에 맞게 스스로 평가하는 것을 통칭하는 말이다. 기관 외부의 요구에 따른 평가 준비과정에서 기관자체평가를 실시하는 경우가 있을 수 있고 순전히 내부의 필요성에 따라 기관자체평가를 실시하는 경우도 있다. 평가 요구가 외부 또는 내부에 있느냐에 관계없이 필요에 따라 내부인사와 외부인사를 포함하여 기관자체평가단을 구성할 수 있다.

기관평가(institutional evaluation)　평가의 대상이나 단위가 학생 개인이 아니라, 조직이나 기관에 두고 가치를 판단하는 활동을 말한다. 기관평가는 평가대상 기관에서 실시하는 제반 프로그램을 포함하여 전반적인 관리 및 경영, 인사행정, 대중에 대한 서비스, 수요자 만족도 등을 종합적으로 평가한다. 기관평가의 방법은 먼저 자체연구(평가)보고서를 소속기관의 구성원들이 작성하여 제출하고, 이에 대한 서면평가와 현지방문평가를 객관적인 시각에서 제3자인 전문가들이 평가하는 절차로 이루어진다. 기관평가는 기관에서 이루어지는 요소와 부분들의 기능을 철저히 분석하고 평가하기도 하지만, 사회와 환경적 맥락 등의 차원에서 기관 전체의 시스템과 역동성 및 문화 등을 동시에 평가하는 접근을 취한다. 따라서 기관평가는 거시적 접근과 미시적 접근이 동시에 이루어지는 평가활동이라 할 수 있다. 현재 학교기관을 대상으로 하는 인정평가가 기관평가의 대표적인 한 유형이기는 하나, 그것만을 지칭하는 것은 아니다. 기관평가는 교육을 다루는 학교뿐만 아니라 병원, 공장, 회사, 공공기관 등 모든 조직이나 기관이 평가의 대상이 될 수 있다.

기니피그효과(Guinea pig effect)　연구자의 기대에 부응하는 방향으로 연구참여자가 반응하는 현상이다. 연구자가 바라는 것이 무엇인지 인식하게 되면 연구참여자는 그대로 반응하려는 경향성이 있다. 실험자의 의도가 명확히 드러나기 쉬운 실험절차, 사회적 바람직성이 포함된 질문지, 그리고 연구자와의 친근한 만남을 이용한 연구 등에서 기니피그효과가 발생하기 쉽다. 예를 들어, 성교육 관련 영상자료나 유인물 등을 제시한 후에 성에 대한 태도변화를 측정한다고 할 때, 연구참여자는 자신의 실제 태도와는 관계없이 연구자료에서 함의하는 방향으로 반응하기 쉽다.

기대빈도(expected frequency)　이론적으로 기대되는 빈도로, 영가설하에서 무선표집을 무한히 반복할 경우에 나타나는 변수값의 관찰빈도 평균이다. 범주의 비율에 대한 가설검증에서, 각 범주의 기대빈도는 모집단에서 그 범주로 특징지어진다고 가정되는 비율에 표본수를 곱한 것이다. 예를 들어, 주사위를 600번 던질 경우 영가설(=주사위의 각 눈이 나타날 확률은 동일하다)하에서 1의 눈이 나타날 기대빈도는 $(1/6) \times 600 = 100$이다.

기대평균제곱(expected mean square)　분산분석표에서 어떤 한 성분에 대한 제곱합을 자유도로 나누면 평균제곱이 되고 이것의 기댓값을 기대평균제곱이라고 한다. 즉, 분산분석에서 제곱합을 분할한 결과에서 발생하는 특정 통계치들의 기댓값을 의미한다. 이는 각각의 구분된 제곱합은 특정 예측변수의 효과에 기인하며, 해당 분할 내의 각 제곱합은 기대값을 갖는 무선변수(random variable)로, 이 기댓값을 해당 예측변수의 자유도로 나눈 값이 기대평균제곱이 된다. 이 값은 분산분석에서 영가설을 검정하기 위한 F검정에서 분모가 되는 오차항에 어떤 통계치가 사용되어야 하는지를 판단하는 데 사용된다.

기댓값(expected value) 변수 X의 기댓값 $E(X)$는 변수 X에 가중치를 부여하여 구해진 평균(weighted mean)이다. 부여되는 가중치에는 일반적으로 변수 X의 특정 값 X가 나타날 확률 $f(x)$가 사용된다. 변수 X가 이산변수(discrete variable)일 때, 기댓값 $E(X) = \sum x f(x)$ 로 표현되고, 변수 X가 연속변수(continuous variable)이면, 기댓값 $E(X) = \int_{-\infty}^{\infty} x f(x) dx$ 로 표현된다. 예를 들어, 주사위를 던져 짝수가 나오면 1,000원을, 홀수가 나오면 500원을 받는다고 가정하면, 주사위를 한 번 던졌을 때의 기댓값은 $\sum x f(x) = 1,000 \times (3/6) + 500(3/6)$ 로 750원이 된다.

기술연구(descriptive research) 연구자가 탐구하고자 하는 현상을 있는 그대로 관찰 혹은 양적으로 측정하여 기술하는 연구이다. 즉, 어떤 현상의 형태나 구조, 시간에 따른 변화, 다른 현상과의 관계 등을 기술하게 된다. 기술연구에서는 관찰, 의견조사 및 자기보고 방식의 설문지 등 질적 방법과 양적 방법이 모두 사용될 수 있다. 대표적인 기술연구로는 매년 학생들의 학업성취도에 대한 양적 측정치를 보고하는 국가수준의 학업성취도 연구를 들 수 있다. 기술연구는 보통 실험환경이 통제되고 피험자들이 서로 다른 처치를 받는 실험연구와 대비된다.

기술행렬(description matrix) 프로그램을 기술하기 위하여 적용하는 기술체제(framework for description)를 말한다. 기술행렬이란 Robert E. Stake가 그의 안모평가모형에서 사용한 용어이다. Stake는 평가의 두 요소는 기술(description)과 판단(judgment)이라 보고, 이러한 기술과 판단을 위한 체제를 제안하였다. 프로그램을 위한 기술행렬은 프로그램의 '의도'와 '관찰'이 주요 구성요소가 된다. '의도'는 의도된 선행조건, 의도된 실행과정, 의도된 결과로 구성되어 있으며, 프로그램은 이러한 단계 간의 논리적 관련성을 중심으로 기술된다. '관찰'은 관찰된 선행조건, 관찰된 실행과정, 관찰된 결과 단계로 구성되고, 프로그램은 이러한 단계 간의 경험적 관련성을 중심으로 기술된다. 또한 의도된 선행조건, 실행과정, 결과, 그리고 관찰된 선행조건, 실행과정, 결과 간의 일치성에 대해서도 기술한다.

기존집단(intact group) 이미 존재하고 있는 집단을 말한다. 집단의 응집성, 리더십이 수행에 미치는 영향 등을 기존집단을 대상으로 연구할 수 있는데, 이 경우 변인들을 통제하는 것이 어려울 수 있지만 생태학적 타당성을 가진다는 장점이 있다. 대표적인 예가 학급집단인

데, 여기서는 학생 개개인을 독립적 존재로 보기보다는 기존 학급 내 집단의 일원으로 취급되어 연구되어야 한다. 이와는 달리 아무 관련이 없는 사람들로 일시적으로 구성한 최소집단(minimal group)을 대상으로 실험을 할 수도 있다. 동의어 자연집단

기준기반개혁(standard-based reform)　성취기준을 명시하고 학생들의 실제 달성 정도를 확인함으로써 교육의 변화를 유도하는 개혁을 말한다. 성취기준기반개혁에서 교육과 평가는 성취기준을 중심으로 이루어지기 때문에 성취기준을 기반으로 교육이 실행되고 평가되며, 평가결과는 다시 성취기준에 피드백되는 과정을 통해 교육의 개선과 변화를 유도한다.

기준기반책무성(standard-based accountability)　성과평가와 이에 따른 책임제의 한 형태를 의미한다. 기준기반책무성은 학생들이 달성해야 할 구체적인 성취기준을 명시하고 그 기준의 달성 정도를 확인하여 이해당사자들에게 알리는 것이다.

기준기반평가(standards-based assessment)　학생이 목표로 하는 지식과 기술을 획득했는지를 판단하기 위하여 성취기준에 비추어 개인의 점수를 판단하는 평가를 말한다. 성취기준은 해당 학년이나 특정 수준에서 학생들이 알아야 하는 것과 할 수 있는 것을 진술한 것으로 국가단위나 지역단위에 따라 달라질 수 있다. 기준기반평가를 위해서는 측정하는 특성에 관한 기술이 학습목표와 잘 연결되어야 하고, 검사의 측정내용은 명료하고 구체적이어야 하며, 성취기준에 부합하는 난이도의 문항들로 검사를 제작하는 것이 바람직하다. 기준기반평가에서는 보통 전체 검사뿐만 아니라 하위 영역별 점수를 제공하고 상세화된 기준으로 학생을 평가하기 때문에 효율적이고 상세한 피드백이 가능하다.

기초선(baseline)　실험이나 행동수정을 하고자 할 때, 실험 전이나 행동수정 전에 일어나는 행동의 빈도나 강도를 의미한다. 기초선에 비추어 어떤 실험이나 행동수정의 효과를 판단할 수 있다. 예를 들어, 어떤 아동의 과잉행동을 치료하기 위하여 행동수정을 하여 시간당 과잉행동의 빈도가 5회가 되었다고 할 때, 그 효과가 있다고 할 수 있기 위해서는 최소한 기초선이 6회 이상이 되어야 할 것이다. 기초선은 일반적으로 여러 차례 관찰 또는 측정하여 그 속성의 평균적인 측정치로 표현된다. 동의어 기준선

기초연구(basic research)　한 학문분야의 기존 지식체계에 새로운 지식을 추가하는 데 일차적인 관심을 갖는다. 여기에서 새로운 지식은 둘 또는 그 이상의 변인들 간의 관계에 대한

새로운 발견을 의미한다. 연구의 수행과정은 연구문제를 확인하고, 문헌고찰을 통하여 선택된 관련 변인들을 탐색하고, 변인들 간의 관계에 대한 검증가능한 가설을 설정하고, 문제를 탐구하기 위한 연구설계를 하고, 적절한 데이터를 수집하여 분석하고, 변인들 간의 관계에 대한 결론을 도출하는 방식으로 진행된다. 실제적인 문제의 해결에 즉각적인 도움을 줄 수 있는 정보를 제공하기보다는 문제에 대한 모든 관련 변인들을 확인하고 그 변인들 간의 관계에 대한 가설의 설정을 가능하게 하는 모형과 이론의 정립에 초점을 둔다. 결국, 관심 문제에 대한 추상적이고 일반화된 결론을 도출하기 위한 연구라고 할 수 있다. 바로 이러한 점이 특수한 실제적인 문제의 즉각적인 해결에 주된 관심을 두는 응용연구(applied research)와 구별되는 특징이라고 할 수 있다.

난수(random number)   어떤 확률분포로부터 무선적으로 선택이 된 수를 말한다. 분포의 설명이 없을 경우 균일분포(uniform distribution)로부터의 난수를 의미한다. 균일분포에서 난수들은 각기 추출될 동일한 확률을 갖고 하나의 수가 다른 수의 선택에 영향을 주지 않는 독립성을 특징으로 하므로 난수 간의 상관은 없다. 난수를 사람이 계속해서 만들어 내기는 매우 어렵기 때문에 컴퓨터가 난수를 만들어 내는데 이를 유사난수(pseudo-random number)라고 한다. **동의어** 무작위수

내러티브연구(narrative study)   내러티브를 통해 인간의 경험을 이해하려는 하나의 탐구 양식이다. 내러티브연구에서는 내러티브가 인간경험에 초점을 두고 있을 뿐 아니라, 인간경험의 기본적인 구조를 이루고 있으므로 인간의 경험을 이해하고 그것에 의미를 부여하는 가장 좋은 방법이라고 전제한다. 내러티브는 교육학을 포함하여 심리학, 여성학, 역사학, 의학, 철학, 인류학, 신학, 언어학 등 다양한 학문의 분야에 적용되어 왔다. 이것은 내러티브가 우리 삶의 구조와 세상의 구조를 밝히는 문제와 필연적으로 연관되어 있기 때문이다. 내러티브를 이야기 형식으로 표현된 일종의 조직적 도식으로 보는 입장에서 내러티브란 이야기를 만드는 과정, 이야기의 인지적 도식, 그러한 과정의 결과를 의미한다. 여기서는 일반적으로 이야기를 모든 내러티브의 산물로 규정하며 '이야기'와 '내러티브'를 같은 의미로 사용한다. 반면에 내러티브를 현상인 동시에 방법으로 보는 입장에서는 '내러티브에 대한 탐구(inquiry into narrative)'와 '내러티브탐구(narrative inquiry)'는 다른 것이 아니다. 여기서는 단일한 현상을 언급하기 위해 '이야기'를 사용하고 탐구의 방법을 언급하기 위해 '내러티브'를 사용한다. 내러티브연구를 위한 자료는 참여관찰을 통한 관찰일지, 비형식적인 대화, 저널 또는 대화식

저널, 개방적인 면담, 다양한 종류의 형식적·비형식적 문서, 사진, 참여자들의 작품, 자서전적인 글쓰기, 편지 등을 통해 수집된다. 내러티브연구에서는 다른 질적 연구에서와 마찬가지로 많은 양의 자료를 한눈에 볼 수 있도록 응집된 형태로 요약하는 것 자체가 불가능하다. 오히려 내러티브에서 크게 드러나는 주요 인물, 장소, 사건들을 다양하게 묘사하고, 장면과 줄거리들을 폭넓게 기술하여 독자에게 연구에 대한 전반적인 감각을 느끼도록 하고 연구의 맥락을 이해하는 데 도움을 주는 것이 중요하다.

내부평가(internal evaluation) 프로그램 관련 내부인사가 평가를 직접 수행하는 것으로, 외부의 평가전문가가 객관적인 입장에서 수행하는 외부평가와 대비된다. 형성평가에 적합한 평가로 평가자가 프로그램의 내용을 자세히 알고 있어 외부평가에 비해 실제를 정확히 드러내고 파악할 수 있다. 반면, 평가자의 이해관계가 얽혀 있어 객관적이고 공정한 태도를 유지하기가 쉽지 않다.

내부평가자(internal evaluator) 내부평가의 주체를 말한다. 내부평가자는 평가대상의 역사와 전통을 제대로 이해하고 있어 평가 상황과 여건을 정확히 파악할 수 있고, 관련 인사 및 기관과의 의사소통이 원활하여 평가를 효율적으로 수행할 수도 있다. 그러나 평가자 자신이 평가대상과 관련된 내부인사이므로 이해관계로 인하여 편견에 치우쳐 객관적이고 공정한 평가활동을 전개하기가 어렵다.

내생변수(endogenous variable) 변수들의 구조적 관계를 파악하기 위해 설정된 모형에서 다른 변수(들)에 의해 설명되는 변수이다. 내생변수를 설명하거나 내생변수의 원인이 되는 변수는 모형에서 명시적으로 표시되며, 내생변수의 분산과 공분산은 자유모수로 추정될 수 없다.

내용분석(content analysis) 텍스트에 담긴 메시지의 특성, 의도, 구조 등을 과학적 연구방법을 통해 타당성이 높은 유목과 단위에 의거하여 분석하는 기법으로, 커뮤니케이션 연구자들에 의해 처음 개발·활용되었다. 내용분석에서 가장 중요한 과제는 분석유목과 분석단위를 타당한 수준에서 결정하는 일이다. 분석유목은 일반적인 연구의 변인에 해당하는 것으로서, 어떤 기준에 따라 어떤 항목으로 나누어 분석할 것인가를 다룬다. 예를 들어, 음악 교과서의 내용은 시대별, 음악가별, 국적별, 장르별로 나누어서 그 비중을 분석해 볼 수 있다. 이때 분석의 기준이 되는 시대, 음악가, 국적, 장르가 분석유목에 해당한다. 분석단위는 기준과 항목에 따라 분류하고 빈도를 조사할 때 집계하는 내용의 최소단위를 의미한다. 교과서 내용분석의 경우 단어, 구, 문장, 문단, 단원 등이 분석단위가 될 수 있다. 내용분석은 분량이나 빈도와 같은 양적 지표를 통계적으로 처리하는 양적 분석에서 출발하였으나, 최근에 와서는 메시지의 의도, 의미, 전달과정에 주목하는 질적 분석도 활성화되고 있다. 그러나 메시지의 생산과 유통과정을 관찰하지 않고 생산 결과물인 텍스트를 객관적 분석의 대상으로 삼는다는 점에서 질적 연구기법으로는 근본적인 한계가 있다.

내용타당도(content validity) 검사의 내용, 즉 검사문항이 검사가 측정하고자 하는 속성을 제대로 나타내거나 대표하는 정도에 의해 판단하는 타당도이다. 내용타당도는 일반적으로 검사내용전문가의 판단에 의존하기 때문에 수량화되지는 않지만, 평정자 간 일치도를 응용한 모형을 활용하여 내용타당도 지수(Content Validity Index: CVI)를 산출할 수도 있다. AERA, APA, NCME에서 공동 개정한 『교육 및 심리검사의 기준(The Standards for Educational and Psychological Testing)』의 1999년판 이후부터는 '내용에 기초한 근거(evidence based on test content)'로 명명하며 5개의 타당도 근거에 포함된다.

내재모형(nested model) 설정된 모형 A에서 추정되는 모수가 모형 B에서 추정되는 모수의 부분 집합인 경우, 모형 A는 모형 B의 내재된 모형이다. 예를 들어, 동일변수를 바탕으로 설정된 2요인 확인적 요인분석모형에서 요인 간 상관이 있는 모형 A와 요인 간 상관이 0으로 고정된 모형 B의 경우, 모형 B는 모형 A에 내재된 모형이다.

내재설계(nested design) 실험설계에서 적어도 하나의 처치수준이 다른 처치수준들에 내재되어 있고 처치 간에 서로 교차되어 있지 않은 설계방법이다. 내재설계는 자료구조가 위계적이기 때문에 위계설계(hierarchical design)라고 부르기도 하는데, 처치 B의 각 수준이 처치 A의 한 수준에서만 나타날 때 B가 A에 내재되어 있다고 말한다. 즉, 다음의 그림처럼 두 교수방법(A1, A2)의 효과를 실험하기 위해 네 명의 교사들(B1, B2, B3, B4)을 선택한 후 각기 두 명의 교사는 서로 다른 교수방법으로 수업을 진행하도록 설계할 경우 각 교사효과는 교수방법에 내재되어 있게 된다. 이런 내재설계에서는 두 변수 간의 상호작용의 검증이 불가능하게 된다.

내재적 평가모형(intrinsic evaluation model) Michael S. Scriven이 제안한 내재적 평가모형은 평가자 자신의 전문적 배경, 자격 정도, 사태 파악의 민감도 등에 따라 평가행위의 타당성이 확정되며 평가의 방법과 절차가 내재화되어 있다는 특징을 갖는다. 즉, 내재적 평가모형은 프로그램의 내적 일관성과 원리나 법칙의 합리성을 중시하는 평가모형이다. 기계적인 평가절차를 탈피하여 평가실행에 있어서 평가자의 주관성을 허용하는 융통성이 크다. 직관주의-다원주의 철학을 바탕으로 교육활동에 관련된 다양한 관심, 문제, 결과 등을 총체적으로 밝히는 데 초점을 둔다.

내적 일관성신뢰도(internal consistency reliability) 검사를 구성하고 있는 부분(part) 또는 개별문항들에 대한 피험자 반응의 일관성 정도를 의미하며, 검사를 구성하는 개별문항 또는 문항들의 집합으로 구성된 부분검사 간의 일관성을 추정한다. 내적 일관성신뢰도는 검사 문항들이 동일한 구인을 측정하는 수많은 문항들로 구성된 가상적인 모집단에서 표집되었다는 전제하에, 동일한 검사를 구성하는 부분 또는 문항 간에는 일관성이 존재해야 한다고 가정한다. 일관성을 산출하기 위한 분석의 단위를 반분검사로 보는 경우는 반분신뢰도의 방법으로 추정한다. 즉, 하나의 검사를 두 개의 소검사로 나누어 두 소검사 사이의 상관관계를 계산함으로써 신뢰도를 추정한다. 이때 문항의 수가 반으로 줄어든 데 대해 Spearman-Brown공식을 이용한 보정이 필요하다. 반면, 일관성 산출을 위한 분석의 단위를 문항으로 보는 경우는 각 문항들 간의 상관에 기초하여 신뢰도를 산출한다. 문항들의 내적일관성에 기초하여 산출한 신뢰도 지표로는 Cronbach알파, KR-20, KR-21 등이 있다.

동의어 내적 일관성계수

내적 준거(internal criterion) 평가도구의 양호도를 판단하기 위해 사용하는 잣대가 그 도구 자체의 특성이나 조건에 해당하는 기준인 것을 말한다. 평가도구의 타당도와 관련되는 개념이며, 교과타당도, 내용타당도와 교수타당도 등의 판단 준거가 되는 교육목표나 교육내용 등이 여기에 해당한다.

내적 타당도(internal validity) 연구자가 가능한 한 가외변수를 통제하여서, 관찰된 결과를 순수하게 처치효과로 귀인시킬 수 있는 정도이다. 1963년 Donald T. Campbell과 Julian C. Stanley에 의해서 최초로 정의된 개념으로 연구에 사용된 변인들 간에 원인-결과에 대한 타당한 결론을 이끌 수 있는 정도를 말한다. 외적 타당도와 더불어 연구를 평가하는 주요한 기준 중 하나이다. 내적 타당도를 위협할 수 있는 요인들로는 처치효과와는 관련이 없지만 두 개의 실험처치들 간에 발생할 수 있는 여러 가지 사건들, 연구기간 동안 피험자의 특성이 성장 또는 변화하는 경우, 동일한 피험자들에게 동일한 검사를 두 번 실시함으로써 피험자의 기억에 의하여 두 번째 실험결과에 영향을 주는 문제 등을 들 수 있다. 기타로, 통계적 회귀현상, 실험자 및 실험도구의 측정 정확성 정도, 피험자의 소멸 등이 내적 타당도에 영향을 줄 수 있는 요인들이다.

논리실증주의(logical positivism)   분석철학의 한 학파인 비엔나 학파(Vienna Circle)의 철학적 사조로서, 학문에서 형이상학을 제거하려는 입장이다. 논리실증주의는 1931년의 Albert E. Blumberg와 Herbert Feigl이 명명하였다. 논리실증주의는 경험론적 인식론에 근거하고 있으며, '논리적 경험론' '과학적 경험론' '논리적 신실증주의'와 같은 의미로 사용되기도 한다. 논리실증주의에 따르면, 인식되는 모든 문장은 검증원리(verification principle)를 만족시켜야 한다. 검증원리는 문장의 진위를 판별할 수 있는 문장으로 논리적 문장과 사실적 문장이 여기에 속한다. 논리적 문장은 '처녀는 결혼하지 않은 성인 여자이다.'와 같이 주부를 분석하면 술부의 진위를 판별할 수 있는 문장을 의미하며, 사실적 문장은 '오늘 온도는 섭씨 5도이다.'와 같이 경험적으로 진위의 판별이 가능한 문장을 의미한다. 이러한 검증원리에 따르면, 논리적 문장이나 사실적 문장과는 달리, 형이상학적 문장이나 규범적 문장은 진위판별이 불가능하며, 따라서 무의미한 것으로 제외된다. 논리실증주의는 비엔나 학파를 중심으로 발달하였다. 비엔나 학파는 1922년경부터 Moritz Schlick, Rudolf Carnap, Otto Neurath 등이 중심이 되어 활발하게 활동을 진행하다가 1930년대에 나치의 탄압으로 그들이 주로 미국으로 이주하면서 1938년에 해체되었다. 비엔나 학파의 해체는 하나의 강력한 철학적 입장으로서 논리실증주의를 유지하게 어렵게 만들었으나, 비엔나 학파의 아이디어는 Rudolf Carnap와 Alfred J. Ayer 등을 통해 미국의 경험주의 토양과 잘 조화를 이루어 과학철학이론의 형성과 발전에 많은 영향을 미쳤다. 논리실증주의는 그 짧은 활동 기간에도 불구하고 이상언어분석에 치중하는 케임브리지 학파, 일상언어분석에 관심을 가지는 옥스퍼드 학파와 더불어 20세기 철학의 혁명이라 불리는 분석철학의 발달에 중요한 원동력이 되었다. 논리실증주의의 의미론을 통한 논리와 세계의 관계, 수학과 논리명제 이해의 시도 등은 이에 관한 후세대의 작업에 중요한 공헌을 하였다.

논술형문항(essay type item)   서답형문항 유형의 하나로 주어진 질문에 제한 없이 여러 개의 문장으로 응답하는 문항 형태를 말한다. 질문 접근, 정보 이용, 응답 구성 등 문항을 풀이하는 과정에서 제한을 받지 않기 때문에 고차원적 사고, 다양한 자원 활용 능력이나 복합적 인지 기술을 평가할 수 있다. 응답의 길이와 복잡성에 따라 제한된 논술형문항(restricted response essay item), 확장된 논술형문항(extended response essay item)으로 구분되기도 한다. 확장된 논술형문항은 주어진 질문에 제한 없이 여러 개의 문장과 단락으로 답안을 구성하여 글의 완결성이나 주장의 완성도를 갖추도록 요구되는 형태이므로 다양한 정보와 지식을 조직하고 통합하는 능력을 측정할 수 있다. 제한된 논술형문항은 논술의 범위를 지시문에서 제한하거나 글자 수를 제한하는 유형으로 측정할 내용이 많을 때 활용하며 구체적인 내용과 연계시킬 수 있기 때문에 채점이 비교적 용이하다. 짧은 시간 내에 문항을 읽고 답안을 구성하도록 요구한다는 점에서 간단한 논술형문항(short essay, brief response essay item)이라고도 한다. 한 문장 이상의 글을 구성하여 설명, 분석, 해석, 추론 등의 사고력을 측정할 수 있는 서술형문항도 제한된 논술형문항으로 볼 수 있다.

누증표집(snowballing sampling)　눈덩이가 굴러가면서 불어나는 것처럼 극소수의 연구대상을 먼저 표집한 후, 점점 더 많은 연구대상으로 확대해 나가는 표집방법이다. 누증표집은 주로 질적 연구에서 활용하는 방법으로서 쉽게 접할 수 없는 집단의 구성원들을 대상으로 그들이 내면적으로 공유하고 있는 세계를 연구하고자 할 때 활용한다. 누증표집에서 연구자는 먼저 연구하고자 하는 집단과 관련이 있는 사람들 중에서 한두 사람과 면담을 하여 정보를 얻고, 이것을 계기로 삼아 그들로부터 다른 사람들을 소개받아 면담하고, 같은 방식으로 면담대상을 확대해 나가면서 연구를 진행한다. 예를 들어, 조각작품의 감상을 좋아하는 사람으로부터 그가 평소에 알고 지내는 조각가 한 명을 소개받고, 그 조각가로부터 다른 조각가들을 소개받아 조각가들의 세계를 연구하는 경우 이렇게 사람을 표집해 나가는 방식이 바로 누증표집이다. 　동의어　 눈덩이표집

능력검사(ability test)　인지적·정의적·심리운동적 영역에서 피험자의 능력을 측정하기 위한 검사이다. 능력검사는 측정하는 내용과 범위에 따라 다양한 검사가 있으며, 학업 또는 인지적 능력을 측정하는 검사로는 지능검사(intelligence test), 학업적성검사(scholastic aptitude test), 성취도검사(achievement test) 등이 있다. 측정내용에 있어 지능검사는 일반적인 지적 능력을 측정하는 데 반해, 학업적성검사는 학업과 관련한 보편적인 학습능력으로 어휘력, 수리력, 추상적 사고력과 같은 비교적 넓은 분야의 축적된 학습경험과 잠재력을 측정한다. 한

편, 성취도검사는 학습에 의해 달성된 지식과 기술의 현재수준을 측정하는 검사이다.

능력모수추정치(ability parameter estimate)   문항반응이론에 의하여 검사가 측정하는 피험자의 잠재적 능력에 대한 모수를 추정한 값으로 θ로 표기한다. 능력모수는 문항들에 대한 피험자의 응답과 문항모수치에 의해 추정된다. 피험자의 실제 문항반응과 문항반응모형의 이론적 정답확률이 최대한 일치하는 값이 능력모수추정치가 되며 대부분의 능력모수추정치는 −3에서 +3 사이의 값을 가진다.

능력점수동등화(ability score equating)   한 검사에서 얻은 능력 추정치를 다른 검사에서 얻은 능력추정치로 변환하는 작업이다. 문항반응이론에 따르면, 피험자의 능력추정치는 실시된 검사문항에 의해 영향을 받지 않지만, 능력모수 척도의 임의고정 때문에 두 검사로부터 추정된 능력모수는 다를 수 있다. 두 검사 X와 Y로부터 추정된 능력모수(θ_x와 θ_y)의 관계는 $\theta_y = \alpha\theta_x + \beta$이며, 연계상수 α와 β를 추정하여 동일한 척도에 놓을 수 있다.

능력참조평가(ability-referenced assessment)   개인의 능력을 최대한 발휘했는가를 판단하는 평가를 말한다. 개별 능력수준에 맞는 적절한 목표를 설정함으로써 학습동기를 유발할 수 있다. 개인의 능력에 대한 정확한 정보가 없을 때 능력참조평가를 적용하기 어렵고, 평가의 기준이 개별 학생의 능력 정도가 되므로 개별평가에 적합하다.

다각적 현장평가(multi-site evaluation)   중다현장평가의 세 가지 유형 중 하나로, 특정 프로그램을 시행하기 앞서 실행 적합성을 판단하거나 보완하기 위하여 또는 시행 성과를 검증하기 위하여 다양한 관점을 대상으로 자료를 수집하여 평가하는 방법을 가리킨다. 다각적 현장평가는 다각도에서 수집한 자료를 분석함으로써 일반화 가능성을 증대시키고 서로 다른 집단으로부터 제기된 다양한 정치적·사회적 요구를 수용하려는 데 그 목적이 있다. 또한 표본크기를 증대시켜 결과적으로 자료 분석과 결과의 신뢰도와 타당도를 높여 준다.

다국면라쉬모형(many-facet Rasch model)   평정자의 주관적인 해석이 포함되어 피험자에게 부여되는 점수가 달라질 수 있는 평정 상황을 위해 John M. Linacre(1988)가 라쉬모형을 확장하여 개발한 문항반응모형이다. 다국면라쉬모형은 평정척도모형을 기본 형태로 하고 있으나, 문항난이도 이외에 피험자의 점수에 영향을 미칠 수 있는 여러 가지 국면을 모수로 추가하는 것이 특징이다. 다국면라쉬모형에서 문항난이도 이외에 부가되는 모수로서 대표적인 것은 평정자 특성(평정자의 엄격성과 일관성 등)을 들 수 있다. 즉, 동일한 피험자라도 엄격한 평정자가 채점을 하게 되면 능력이 낮게 추정될 수 있으며, 관대한 평정자가 채점을 하게 되면 높게 추정될 수 있기 때문에 평정자의 엄격성을 모수로 포함하여 피험자 능력 추정치를 조정하는 것이다. 예를 들어, 평정자의 엄격성이 모수로 포함되는 2-국면 라쉬모형에서 B의 능력을 갖는 피험자 v가 D의 난이도를 갖는 문항 i에서 F의 경계 중에서 j의 단계를 성공하여 C의 엄격성을 갖는 평정자 l로부터 점수 x를 받게 될 확률은 다음과 같다.

$$P_{vilx} = \frac{\exp \sum\limits_{j=0}^{x}(B_v - D_i - C_l - F_j)}{\sum\limits_{k=0}^{m}\exp \sum\limits_{j=0}^{k}(B_v - D_i - C_l - F_j)}, \quad x = 0, 1, \cdots, m$$

이러한 점수를 받을 확률은 다음과 같이 로그 승산비로 나타낼 수 있다.

$$\ln \frac{P(X_{vilx})}{P(X_{vil(x-1)})} = B_v - D_i - C_l - F_x$$

다국면라쉬모형은 피험자 능력을 추정하는 데 영향을 미칠 수 있는 여러 가지 국면을 모두 고려할 수 있다는 점에서 측정의 객관성과 효율성을 높일 수 있다는 장점을 지닌다.

다면평가(360° feedback process) 직속상사뿐만 아니라 동료, 부하 직원, 고객 등 여러 사람이 여러 각도에서 평가대상에 대한 가치나 장점의 전체적 모습을 판단하기 위한 일종의 인사평가방법이다. 즉, 평가대상 직원과 함께 일하는 사람들, 상급자 또는 감독자, 동료, 부하 직원, 내부고객, 외부고객 등 여러 사람의 의견이나 아이디어를 종합적으로 수집하는 과정이다. 다면평가는 다원피드백(multi-source feedback), 중다평정자피드백(multi-rater feedback) 등의 용어로도 사용되고 있다. 다면평가는 1980년 중반에 미국의 TEAMS 회사에 근무하는 Mark R. Edwards와 Ann J. Ewen이 처음으로 360° 피드백 과정이라는 말을 쓰면서 시작되었다. 종래에 사용해 온 중다평정자 체제(multirater system)에서 대부분의 평가대상 직원들이 평정자라는 용어를 싫어하고 있다는 점을 간파하고 360° 피드백이라는 용어를 제안하였다. 다면평가의 유형은 1° 피드백(자기평가 또는 상급자평가), 90° 피드백(동료평가), 180° 피드백(상향평가) 그리고 360° 피드백(다면평가)으로 구분된다. 360° 피드백은 평가대상 직원의 직무행동을 잘 아는 사람들 모두가 정보를 제공하는 유형이다. 자기 자신을 비롯하여 상급자, 동료, 부하 직원, 내부고객, 외부고객 등이 다양한 관점에서 정보를 제공한다.

다목적평가(omni-purpose evaluation) 여러 가지 목적을 가지고 이루어지는 평가이다. 어떤 평가가 점수를 매기고 학생들을 서열화하기 위한 목적뿐만 아니라 학생 개개인의 학습 상태를 점검하고 수정해 주기 위한 목적으로 실시되었다면, 이 평가는 진단과 동시에 총괄적인 목적을 가지고 있는 다목적평가라고 할 수 있다.

다변량다층선형모형(multivariate multilevel linear model) 단변량(univariate) 위계적 선형모형 또는 다층모형(mulilevel model)의 확장으로, 종속변수가 여러 개인 경우(multivariate)

동시에 분석이 가능한 다층모형이다. 종속변수 간 연관성이 있는 여러 종속변수들에 대해 다변량분석을 수행하는 경우 종속변수의 상관을 고려함으로써 다중검정에 대한 1종오류의 통제가 가능하다. 또한 다층자료 분석에서 각 수준에서의 종속변수 간 상관을 반영하여 분석 가능하며, 단변량 분석과 비교하여 하나의 종속변수에 대한 결측치를 다변량 분석에서는 제거하지 않아도 되는 장점이 있다.

다변량분석(multivariate analysis)　종속변수의 관계성을 고려한 상태에서 여러 개의 단변량분석을 동시에 수행하는 것을 의미하며, 여기에서 사용되는 자료는 일반적으로 다변량 정규성(multiviate normal distribution)이 가정되어야 한다. 이와 같이 여러 개의 독립변수에 대한 여러 개의 종속변수를 동시에 분석해 보는 통계적 방법을 다변량분석이라고 한다. 대표적인 다변량분석기법으로, 변수들 사이의 유사성을 찾아낼 수 있는 요인분석(factor analysis), 이미 설정되어 있는 피험자 집단의 적절성을 확인하는 판별분석(discriminant analysis), 독립변수의 수준에 따라 피험자를 집단으로 구분하는 군집분석(cluster analysis), 여러 개의 종속변수에 대한 분석을 위한 다변량분산분석(MANOVA), 요인분석과 회귀분석의 혼합형인 구조방정식모형(structural equation model), 여러 개의 변수집단들 사이의 상관계수를 추정하는 정준상관계수(canonical correlation coefficient) 등이 있다.

다변량일반화가능도이론(multivariate generalizability theory)　일반화가능도이론이 다변량으로 확장된 것으로, 측정대상의 관찰국면이 두 개 이상일 뿐 아니라 허용가능한 일반화 전집의 관찰점수가 두 개 이상인 경우에 적용가능한 이론이다. 측정점수(종속변수)와 국면(독립변수)이 각각 두 가지 이상일 경우 관찰점수 평균벡터의 일관성과 오차요인을 분석한다.

다변량정규성(multivariate normality)　데이터 세트에 있는 두 개 이상의 변수들이 정규분포를 따른다는 것을 의미한다. 다변량정규성은 다변량분석기법을 적용할 때 중요한 가정 중 하나이다. 구체적으로, 각 변수가 개별적으로 정규분포를 따를 뿐만 아니라, 두 변수에 대한 모든 결합분포는 이변량정규분포를 따른다. 또한 모든 이변량산점도는 선형성과 등분산성 가정을 충족한다.

다분문항(polytomous item)　피험자의 반응을 0과 1의 이분반응 외에 2개 이상의 다양한 범주로 점수화할 수 있는 문항을 말한다. 예를 들어, 리커트 척도 문항으로 구성된 태도검사나 성격검사처럼 피험자의 다양한 반응을 처리해야 하는 경우나 자유반응형문항에서 부분점수를 주어야 할 경우 사용하는 문항을 말한다.

다분문항반응이론(polytomous item response theory) 다분문항반응이론은 문항반응이론을 사용하여 검사 응답 자료를 분석할 때 틀리고 맞음(0,1)과 같은 이분문항 결과만 주로 다루었던 것을 일반화하여 세 개 이상의 다분문항 채점결과를 분석할 수 있도록 한 이론 체계이다. 대표적인 다분문항반응이론모형으로 Fumiko Samejima가 1969년에 발표한 등급반응모형과 R. Darrel Bock이 1972년에 발표한 명명반응모형을 들 수 있으며, 그 외에 1978년에 David Andrich가 발표한 평정척도모형, 1982년에 Geofferey N. Masters가 발표한 부분점수모형과 Eiji Muraki가 1992년에 발표한 일반화부분점수모형을 들 수 있다. 이 외에도 단계모형(step model), 계열모형(sequential model)과 반응시간이나 중복 시도를 고려할 수 있는 모형들이 개발되었다. 다분문항반응이론모형은 조사연구에 사용되는 태도검사, 자기보고 형식의 성격검사, 임상상태를 확인하는 평정척도, 적성검사와 성취검사에서 맞고 틀림 외의 부분점수를 부여해야 할 필요가 있을 때 등 피험자의 여러 반응들을 그대로 사용하고자 할 때 유용하다.

다중공선성(multicollinearity) 중다회귀모형에서 여러 독립변수들 간 높은 상관관계가 있음을 나타낸다. 공선성은 한 변수와 다른 변수 간 높은 상관을 의미하는 반면, 다중공선성은 여러 변수와 또 다른 여러 변수들의 선형결합 간 높은 상관을 의미한다. 다중공선성이 존재하면, 모형 전체의 예측력은 감소하지 않으나 개별 독립변수에 대한 표준오차가 정확하게 추정되지 않아 회귀계수는 비정상적인 값으로 왜곡되어 나타날 수 있다.

다중소속다층모형(multiple membership multilevel model) 전통적인 다층모형이 하위수준의 개체가 단 하나의 상위수준에 속한 순수 위계적 구조를 가정하고 있는 데 비해, 다중소속다층모형은 복수의 상위수준에 속하는 비순수 위계적 자료를 반영한 모형이다. 예를 들어, 중학교 재학기간 동안 한 번 이상 전학 경험이 있는 학생의 경우, 분석기간 동안 복수의 학교에 소속되므로 이를 반영하여 각 학교에 재학기간의 가중치를 반영하여 학교효과를 모형에 반영한다.

다차원다분문항반응모형(multidimensional polytomous item response model) 어떤 문항을 해결하는 데 필요한 능력이 둘 이상이고, 문항의 채점이 셋 이상의 단계 또는 점수로 이루어질 때 적용할 수 있는 문항반응모형이다. 3-모수 또는 2-모수 로지스틱모형이 이분

채점에 해당한다면, 등급반응모형, 평정척도모형, 부분점수모형 등은 다분 채점에 해당한다. 이러한 다분 채점모형 역시 단일차원의 능력 또는 특성을 가정하는 것인데, 여기에 둘 이상의 능력수준을 고려한다면 다차원 다분문항반응모형이 된다. 예를 들어, 일차원다분문항반응모형 중 하나인 등급반응모형을 다차원으로 확대하여 R. J. De Ayala는 다음과 같은 모형으로 표현하였다.

$$P_{x_i}(\theta) = \frac{\exp\left[1.7\sum a_{ih}(\theta_h - d_\xi)\right]}{1 + \exp\left[1.7\sum a_{ih}(\theta_h - d_\xi)\right]}$$

θ_h: 차원 $h\,(h = 1, 2, \cdots, r\,)$상의 능력

a_{ih}: 문항 i가 차원 h에서 갖는 변별도 모수

d_ξ: 문항 i의 범주 x에 해당하는 난이도 모수

다차원문항반응이론(Multidimensional Item Response Theory: MIRT)　어떤 문항을 해결하는 데 두 개 이상의 피험자 능력 또는 특성이 필요할 때의 문항반응이론모형이다. 능력 또는 특성 간의 관계에 따라 보상모형과 비보상모형으로 나누어진다. 보상모형(compensatory model)은 과제수행에서 한 차원상의 취약한 부분이 다른 차원상의 높은 능력으로 보상받을 수 있다는 가정을 한다. 예를 들어, 언어능력을 측정하는 문항에 어휘력과 문장독해력의 두 차원이 고려될 때 낮은 어휘력은 높은 문장독해력으로 보상되어 문항에 답할 확률이 결정된다는 것이다. 반면, 비보상모형(non-compensatory model)은 각 차원의 능력이 서로 별개라는 가정을 한다. 예를 들어, 읽기능력과 수학 계산능력을 필요로 하는 수학 문제해결 문항이 있을 때, 문항을 읽을 수 없는 학생은 계산능력의 높낮이에 상관없이 그 문항에 정답을 할 수 없다. 대표적인 보상모형의 하나인 Mark D. Reckase의 모형을 예시하면 다음과 같다.

$$P(x_{ij} = 1 \mid d_i, \theta_j, a_i) = \frac{\exp\left[\sum_{k=1}^{m} a_{ik}\theta_{jk} + d_i\right]}{1 + \exp\left[\sum_{k=1}^{m} a_{ik}\theta_{jk} + d_i\right]}$$

x_{ij}: i번째 문항에서 피험자 j가 얻은 점수(0 또는 1)

θ_j: j번째 피험자의 능력모수

a_i: 문항변별도 모수

d_i: 문항난이도 모수

k: 차원

비보상모형 중 James B. Sympson이나 Susan E. Whitely가 제안한 모형을 예시하면 다음과 같다.

$$P(x_{ij} = 1 \mid \theta_j, a_i, b_i) = \Pi_{k=1}^{m} \frac{\exp\left[a_{ik}(\theta_{jk} - b_{ik})\right]}{1 + \exp\left[a_{ik}(\theta_{jk} - b_{ik})\right]}$$

θ_j: j번째 피험자의 능력모수

a_i: 문항변별도 모수

b_i: 문항난이도 모수

k: 차원

이 식은 j번째 피험자가 i번째 문항에서 정답을 맞힐 확률이다.

다차원성(multidimensionality)　잠재모형에서 특정 관측값에 복수의 요인들이 관여하고 있는 상태를 의미하며, 일차원성과 대비되는 개념이다. 교육평가 분야에서 다차원성을 기반으로 하는 잠재모형 중 대표적인 예로는 이요인(bifactor)모형, 다차원문항반응모형, 진단분류모형(diagnostic classification model) 등이 있다. 다차원성은 검사 전반의 관점에서 논의되기도 하고, 개별문항 수준에서 분석되기도 한다.

다차원척도법(Multi-Dimensional Scaling: MDS)　다차원 공간에서 측정대상 간 유사성/비유사성 혹은 근접성/거리 정보를 바탕으로 측정대상을 저차원 공간에 기하학적으로 도식화하여 나타냄으로써 측정대상 간 관계를 탐색적으로 살펴보는 통계적 기법이다. 다차원척도법은 다차원 공간에서 유사성이 높은 측정대상은 가깝게 위치하게 하고 유사성이 낮은 측정대상은 서로 멀리 위치하게 한다. 다차원척도법은 유사성을 계산하기 위해 사용된 자료의 척도가 동간척도인 경우 계량적(metric) MDS로, 서열척도인 경우 비계량적(nonmetric) MDS로 부른다. 계량적 MDS와 비계량적 MDS는 이차원 비유사성 행렬표를 이용한다. 이와 달리 응답자별로 비유사성 행렬을 이용하여 분석할 수 있다. 이것을 삼원행렬이라고 하며, 이를 이용한 척도법을 삼원 다차원척도법 혹은 가중 다차원척도법이라고도 한다. 삼원 다차원척도법에서 사용하는 알고리듬으로 INDSCAL(individual difference scaling)이 있으며, 이를 수정하고 보완한 것이 ALSCAL(alternating least square scaling)이다. ALSCAL은 이원 및 삼원 다차원척도법까지 분석 가능하다. 이 외에도 최도우도 다차원척도법, 베이지안(Bayesian) 다차원척도법, 비선형 다차원척도법, 로버스트(robust) 다차원척도법 등이 있다.

다층모형(multilevel model)　위계적(hierarchical) 혹은 내재된(nested) 자료의 구조를 적절히 반영하여 분석하기 위한 통계모형이다. 다층모형이 분석하는 위계적 자료란 상위계층(2-수준)의 관찰단위는 상호 독립적인 무선효과를 갖고 하위계층(1-수준)의 관찰단위는 상호독립성이 보장되지 않는 경우이다. 예를 들어, 학교(2-수준 단위)를 표집단위로 하여 학생(1-수준1 단위)을 표집한 경우에, 동일 학교에 속한 학생들은 많은 경험을 공유하므로 서로 독립적이지 않고, 무선으로 표집된 학교는 서로 독립적이다. 이 경우 학생의 행동을 설명하기 위한 통계모형은 학생 개인의 특성과 학교의 특성을 모두 예측변수로 동원하게 되나, 학생들 사이의 독립성을 가정하는 기존의 통계모형은 예측변수의 효과를 검정하는 데 오류를 범하게 된다. 첫째, 추정치(회귀계수)의 표준오차를 과소추정하여 1종오류를 범하고, 둘째, 개인수준에서 추정한 예측변수의 효과(회귀계수)가 모든 학교에서 동일하다는 비현실적인 가정에 의존하며, 셋째, 학교특성과 개인특성 사이의 상호작용효과를 적절히 검정하지 못하고, 넷째, 개인수준과 학교수준에서 기능하는 공변인(covariate)들을 양쪽 수준에서 효과적으로 통제하지 못하는 문제를 갖고, 다섯째, 학교별로 학생 수가 다른 불균형 자료의 분석에서 비롯되는 문제를 갖는다. 개인을 표집하여 반복측정한 경우에도 이와 동일한 문제가 발생한다. 반복측정치들은 개인에 내재된 구조로서 상호 상관을 가지며, 무선으로 표집된 개인들은 상호 독립으로 무선효과를 갖는다. 동시에 불균형 자료의 분석을 허용하는 다층모형에서는 개인별로 반복측정 횟수나 측정 시점이 모든 개인에게 동일할 필요가 없다. 다층모형은 1-수준에서 준거변수의 분산을 설명하는 일반선형모형의 회귀계수가 2-수준에서 무선효과를 갖는 확률변수이며, 이를 2-수준에서 일반선형모형으로 설명하는 체제를 갖는다. 다층모형이 분석하는 위계적 자료의 유형으로는 수집 자료의 구조가 3개 수준을 갖는 경우, 상위수준의 요인들이 교차하는 경우, 1-수준에서 준거변수와 예측변수가 비선형관계인 경우, 1-수준에서 준거변수가 다변량인 경우 등이 다양하며, 이를 분석하기 위한 다양한 프로그램들이 개발되어 있다.

다층문항반응이론모형(multilevel item response theory model)　문항반응이론모형을 다층모형으로 확장한 모형을 가리킨다. 문항반응이론모형은 그 자체로 문항반응이 피험자에 내재되는 다층 구조를 이루며, 문항반응이론모형에서 피험자의 능력이 시점이나 집단 등의 또 다른 위계적 구조를 지니고 있을 때 이를 다층문항반응이론모형으로 확장할 수 있다. 다층문항반응이론모형을 이용하여 개인의 능력과 관련한 설명변수들을 포함하여 다룰 수도 있으며 학교효과와 같은 집단효과도 추정할 수 있다.

다층성장모형(multilevel growth model)   동일한 개체를 여러 시점에 반복측정한 종단자료를 사용하여 개체의 시간에 따른 성장과 변화를 모형화하는 통계기법이다. 개체에 대해 반복된 관찰치가 각 개체 속에 내재된(nested) 다층구조를 가지므로 다층모형의 틀에서 분석할 수 있으며, 개체의 변화과정을 선형 또는 비선형으로 명세화가 가능하다. 또한 반복 관찰된 개인들이 어느 집단에 속해 있다면, 해당 집단을 포함하여 3-수준 이상으로 확장하여 모형화할 수도 있다.

다층일반화선형모형(multilevel generalized linear model)   일반화선형모형을 다층자료구조로 확장한 통계모형으로, 정규분포를 가정할 수 없는 종속변수의 확률분포 모수치를 지정된 연결함수를 통해 예측변수와 다층 선형결합이 가능하도록 변환하여 다층모형을 적용하는 통계분석기법이다. 종속변수의 생성 메커니즘에 따라 이항 및 다항 로지스틱(이항 및 다항변수), 포아송(빈도변수) 등의 연결함수가 대표적으로 사용된다. 예를 들어, 학생-학교로 구성된 다층상황에서 성공(1)과 실패(0)로 구성된 이분 종속변수 Y_{ij}에 대해 시행의 횟수가 1인 이항분포를 자료의 생성 메커니즘으로 가정하고(표집모형), 이항분포의 모수치, 즉 성공의 확률(ϕ_{ij})을 로지스틱 변환하여(연결함수) 산출되는 연속형 잠재변수 η_{ij}에 대해 다층선형회귀모형을 다음과 같이 적용할 수 있다.

　[표집모형(sampling model)]

　$Y_{ij} \sim \ binomial(1, \phi_{ij})$

　[연결함수(link function)]

　$\eta_{ij} = logit(\phi_{ij}) = \log\left(\dfrac{\phi_{ij}}{1 - \phi_{ij}}\right)$

　[선형회귀모형-1수준]

　$\eta_{ij} = \beta_{0j} + \beta_{1j}X_{1ij} + \beta_{2j}X_{2ij} + \cdots + \beta_{Pj}X_{Pij}$

　[선형회귀모형-2수준]

　$\beta_{pj} = \gamma_{p0} + \gamma_{p1}W_{1j} + \gamma_{p2}W_{2j} + \cdots + \gamma_{pQ}W_{Qj} + u_{pj}, \ \ p = 0, 1, 2, \cdots, P$

다항로지스틱회귀모형(multinomial logistic regression model)   세 개 이상의 범주를 가지는 다분형 종속변수에 대한 회귀분석모형으로, 로지스틱회귀모형의 확장에 해당한다. 종속변수에 총 K개의 범주가 있을 때($K \geq 3$), 특정한 범주를 참조집단으로 하여 나머지 범주($K-1$개)에 속할 로짓(logit)을 예측하는 $K-1$개의 로지스틱회귀모형을 추정한다. 각 범주에 속할 확률의 합은 1이므로, 참조집단에 속할 확률은 1에서 나머지 범주에 속할 확률의 합을 뺀 값이 된다.

다항분포(multinomial distribution)　다항분포는 이항분포를 일반화한 분포로서 세 가지 이상의 결과로 실현될 수 있는 사상들에 관련된 이산분포이다. 이항분포는 단 두 개의 변수, 범주 또는 개체를 포함한다. 모수 n과 $p' = (p_1, p_2, \cdots, p_k)$를 갖는 다항분포는 다음과 같은 결합확률함수로 정의된다.

$$f_{X_1, X_2, \cdots, X_k}(x_1, x_2, \cdots, x_k) = \frac{n!}{\prod\limits_{i=1}^{k} x_i!}\left(\prod\limits_{i=1}^{k} p_i^{x_i}\right)$$

$$x_i = 0, 1, 2, \cdots, n \ , \quad i = 1, 2, \cdots, k$$

여기서 $\sum\limits_{i=1}^{k} x_i = n$이며, $\sum\limits_{i=1}^{k} p_i = 1, \ 0 < p_i < 1$이다.

단계난이도(step difficulty)　다분문항반응이론에서 특정문항에서 현 수준에 머무를 확률보다 다음 수준으로 진행할 확률이 더 높아지는 분기점에 해당하는 로짓척도상의 수치이다. 이는 이분문항반응이론에서 문항난이도가 해당 문항을 틀릴 확률보다 맞힐 확률이 더 높아지는 분기점에 해당하는 로짓척도상의 수치를 의미하는 것과 유사하다. 따라서 $0, 1, 2, \cdots, n$점으로 점수가 부여되는 $(n+1)$수준, n단계 문항의 경우 문항의 단계난이도는 n개가 있게 되며, 첫 번째 단계의 난이도(d_1)란 0점을 받을 확률보다 1점을 받을 확률이 더 높아지는 분기점에 해당하는 로짓척도상의 수치를 의미하고, 차례로 n번째 단계의 난이도(d_n)는 $(n-1)$점을 받을 확률보다 n점을 받을 확률이 더 높아지는 분기점에 해당하는 로짓척도상의 수치를 의미한다. 부분점수모형에서 주로 사용되며 등급반응모형의 범주경계모수와 같은 의미로 사용된다. ▪동의어▪ 단계곤란도, 문항단계모수

단계적 선택법(stepwise selection method)　회귀분석에서 복수의 예측(설명)변수 중 일부를 선택하여 모형을 결정하는 절차 중 하나로, 전진선택(forward selection)과 후진제거(backward elimination)방법을 결합한 방법이다. 전진선택법은 아무 변수가 없는 모형으로부

터 설명력이 높은 변수를 추가시켜 나가는 방법이고, 후진제거법은 모든 변수가 포함된 모형으로부터 설명력이 높지 않은 변수를 제거해 나가는 방법으로, 두 방법 모두 추가 혹은 제거라는 한 종류의 절차만 반복적으로 수행한다. 반면, 단계적 선택법은 각 단계마다 전진선택법과 후진제거법을 모두 적용하므로, 이미 선택된 변수가 나중에 추가된 변수들의 조합에 따라 제거되기도 한다. 설명력이 높은(혹은 높지 않은) 변수 선택 기준으로 p 값 혹은 AIC 등의 모형적합도 지수를 활용한다.

단계적 적응형검사(multistage adaptive test) 컴퓨터적응검사의 한 형태로 복수의 문항이 하나의 검사 단계를 형성하고, 각 단계가 마무리되는 시점에서 추정된 피험자의 능력치를 기반으로 다음 단계의 난이도를 결정하여 시행하는 형태의 검사이다. 전통적으로는 각 단계에서 사용될 수 있는 검사모듈은 다양한 난이도별로 사전 제작하는 것이 일반적이나, 최근에는 문제은행에서 즉석으로 소검사를 생성하는 기법들도 제시되고 있다.

단계적 회귀분석(stepwise regression analysis) 하나의 반응변수(종속변수)를 설명할 수 있는 많은 설명변수(독립변수) 중에서 회귀모형에 사용할 변수를 하나씩 선택하거나 제거하여 가장 좋은 회귀모형을 선택하는 방법으로 전진선택법(forward seletion method), 후진제거법(backward elimination method), 단계적 선택법(stepwise selection method) 등이 있다. 전진선택법은 반응변수와 상관관계가 가장 큰 설명변수부터 시작하여 하나씩 설명변수를 선택하는 방법이고, 후진제거법은 설명변수를 모두 포함한 완전모형(full model)에서 설명력이 가장 작은 설명변수부터 하나씩 설명변수를 제거하는 방법이다. 전진선택법을 사용할 때 한 변수가 선택되면 이미 선택된 변수 중 중요하지 않은 변수가 있을 수 있다. 이러한 단점을 보완하기 위해 전진선택법의 각 단계에서 이미 선택된 변수들의 중요도를 다시 검사하여 중요하지 않은 변수를 제거하는 방법을 단계적 선택법이라 한다. 보통 단계적 선택법에서 선택된 변수들을 포함한 회귀모형을 이용하는 방법을 단계적 회귀분석이라 한다.

단답형문항(short-answer item) 간단한 단어, 구, 절 혹은 수나 기호로 응답하는 문항 형태로, 용어의 정의나 의미를 묻는 문제나 계산 문제에 자주 활용된다. 단답형문항은 제작하기 쉽고, 정의, 개념, 사실 등 넓은 범위의 내용을 측정할 수 있다는 장점이 있고, 추측에 의한 정답 확률을 배제할 수 있으며, 논술형문항에 비해 비교적 채점 신뢰도 확보가 용이하다.

단순무선표집(simple random sampling) 사례수가 N인 모집단으로부터 n개의 사례를 무선적으로 선택하는 방법이다. 단순무선표집에서는 모집단을 구성하는 모든 단위가 표본으로 추출될 확률이 동일하다. 단순무선표집을 하기 위해서는 모집단의 단위에 1부터 N까지 번호를 난수를 통해 무선적으로 부여하고 부여된 숫자에 따라 동일한 간격으로 사례수 n의 표본을 추출하는 과정을 거친다. 모든 $_NC_n$의 표본들이 이러한 방법에 의해서 선택되는 동일한 확률을 가지고 있다. 추출된 숫자는 다음 추출의 모집단에서 제거되기 때문에 비복원무선표집(random sampling without replacement)이라고 불린다. 복원무선표집(random sampling with replacement)도 가능하다.

단순회귀모형(simple regression model) 한 개의 종속변수 Y와 한 개의 독립변수 X 사이의 선형관계를 파악하거나, 한 개의 독립변수의 일정한 값에 대응되는 종속변수의 값을 예측하기 위한 모형이다. 예를 들어, 제품의 가격과 수요 간의 관계를 일차식으로 알아보고, 가격이 변함에 따라 수요가 어느 정도가 될지를 예측하는 것이다. 단순회귀모형은 $Y_i = \beta_0 + \beta_i X_i + e_i$ 이며, β_0과 β_i는 각각 절편과 기울기, e_i는 오차이다.

단일집단사전−사후설계(single-group pretest-posttest design) 통제집단을 두지 않고 실험집단만을 대상으로 실험처치 전후에 검사를 실시하여, 실험처치의 효과를 평가하는 연구방법이다. 이 설계는 사전−사후검사의 차이를 실험처치의 효과라고 단정 짓기 어려워 연구의 내적 타당도가 위협받기 쉽다. 예비연구의 설계방법으로 적합하다.

단일표본z검정(one sample z test) 하나의 표본에서 수집된 자료를 분석하고 특정 값의 분포가 알려진 또는 이론적 모집단 분포와 통계적으로 유의하게 다른지를 검정하는 통계적 절차 중 하나이다. 표준정규분포를 이용하여 모수치에 대해 설정된 가설을 검정하는 방법을 말한다.

단일피험자설계(single subject design) 개별 대상자를 중심으로 중재의 효과를 심도 있게 평가할 수 있도록 계획된 연구설계방법이다. 단일피험자 설계는 개별 개체의 행동과 그 행동에 영향을 미치는 선행사건(antecedent) 및 후속결과(consequence) 사이의 관계를 밝히고자 했던 Burrhus F. Skinner의 연구에서 기원을 찾을 수 있다. 단일피험자설계의 가장 큰 특징은 몇 개의 서로 다른 실험조건하에서 이루어지는 지속적인 측정을 바탕으로 중재효과에 대한 결론을 내린다는 점과, 별도의 비교대상 없이 피험자 자신이 통제집단의 역할을 한다는 점이다. 단일피험자설계는 일반적으로 한 명 또는 소수의 피험자를 대상으로 하고, 겉으로 드러나는 명백한 행동에 대한 평가가 중심이며, 자료의 분석에 있어서 시각적 분석방법(예: 그래프의 경향분석)을 사용하지만, 최근에는 시계열에 따른 개인수준의 변화 경향성을 분석할 수 있는 통계기법이 적용되기도 한다. 단일피험자설계는 개인행동에 미치는 영향이 매우 크기 때문에 윤리적인 측면에 대한 고려를 해야 한다. 동의어 단일대상설계, 단일사례설계

단측검정(one-tailed test)　대립가설이 방향성을 규정하여, '특정값 이상이다 또는 이하이다.'와 같이 한쪽 방향으로 설정되어 있는 경우의 가설검정이다. 한 예로, '표본에서 관찰된 평균치는 $\mu > 5$이다(즉, 실험처치는 종속변수의 값을 증진한다).'의 경우 단순히 평균치가 5와 다르다는 것이 아니고 클 것이라는 것을 규정하고 있으므로 단측검정이다. 단측검정을 실시할 때, 대립가설이 분포의 한쪽 끝에만 임계 영역을 두기 때문에 일방검정이라고도 한다. 한쪽 방향으로 설정되어 있기 때문에 관찰된 통계량이 반대쪽 방향으로 멀리 위치할수록 대립가설을 기각할 가능성은 증대하게 된다. 동의어 일방검정

단편적 평가(fragmentary evaluation)　Michael S. Scriven이 처음 사용한 용어로서 평가자가 종합적인 결론을 내리지 않고 평가를 도중에 중지하는 불완전한 평가의 한 유형을 말하는데 '미완성평가'라고도 한다. 단편적 평가는 대체로 기술과 평가 사이의 중간단계 역할을 수행하고 있다. 경우에 따라서는 단편적 평가가 고객에게 더 유용할 수도 있다. 평가를 중지하는 시점은 평가대상의 차원(dimensions)이나 구성요소(components)에 대한 분석결과를 작성한 후가 될 수도 있으며, 또는 일련의 국면평가(subevaluation)의 결과를 통합하는 마지막 단계의 직전일 수도 있다. 단편적 평가는 주로 평가에 있어서 평가자와 고객 사이에 대립적인 긴장이 발생할 때 그 긴장을 피하기 위해 이루어진다.

담화분석(discourse analysis)　담화라고 일컬어지는 언어활용 단위들의 구조, 유형, 의미, 특성, 소통과정 등에 대한 분석방법을 말한다. 일반적으로 담화는 담론, 언술 혹은 언설이라고도 하는데, 언어학에서 문장 이상의 언어단위를 가리킨다. 따라서 쓰이거나 말해진 것이라면 어떤 것이든 담화분석의 대상이 될 수 있다. 문학작품, 대화, 신문기사, 설교, 인터뷰, 학문적 지식 등이 그 예이다. 담화분석에서의 기술은 크게 텍스트와 맥락의 두 차원에서 이루어진다. 텍스트 차원의 기술은 다양한 수준에서 담화의 내적 구조를 설명하기 위해 이용된다. 이때 기술의 초점은 담화를 지배하는 언어학적 규칙 내지 관습들에 맞추어진다. 맥락 차원의

기술은 담화의 내적 구조를 역사적 사건, 정치경제적 요인, 사회문화적 변동 같은 여러 가지 맥락적 속성들과 연결 짓는 데 이용된다. 동의어 담론분석

답지반응분석(analysis of distractors)　선택형문항에서 모든 답지에 대한 응답비율(정답률, 오답비율, 오답지 매력도 등)을 산출하여 피험자의 응답 경향이나 오류, 문항의 문제점 등을 파악하는 데 활용된다.

대규모평가(large scale assessment)　국가수준이나 지역수준에서 대규모 인원을 대상으로 실시하는 평가를 말한다. 전수 또는 표집평가의 형태로 실시되며, 표집평가로 실시되는 경우에는 모집단의 대표성을 확보하기 위해 체계적인 표집설계가 필요하다. 또한 표준화된 평가도구와 시행·채점·성적통지까지의 절차에서 일관성을 갖추는 것이 중요하다.

대립가설(alternative hypothesis)　가설검정에서 영가설이 기각될 경우 채택하게 되는 가설이다. 예를 들어, 두 평균의 차이에 대한 가설검정에서 영가설은 두 모집단의 평균이 같다($H_0 : \mu_1 = \mu_2$)로 설정되고, 영가설이 기각될 경우 대립가설은 양방검정의 경우 두 모집단의 평균이 다르다($H_1 : \mu_1 \neq \mu_2$)로 설정된다. 일방검정의 경우 어느 한 모집단의 평균이 다른 모집단 평균보다 크다($H_1 : \mu_1 > \mu_2$)는 방식으로 설정된다.

대비집단방법(contrasting group method)　여러 학자에 의해 대비집단을 이용하여 준거를 설정하는 방법이 제안되었지만, 현재 일반적으로 통용되고 있는 대비집단 준거설정방법은 1977년 Michael J. Zieky와 Samuel A. Livingston에 의해 제안된 방법이다. 우선, 피험자전체를 완전학습자와 불완전학습자 중 어느 한 집단에 속하도록 분류하고, 각 집단의 특성을 개념화한다. 검사 시행 후 각각의 피험자들의 검사결과를 활용하여 두 집단의 점수 분포의 교차점을 찾아 분할점수로 설정하는 방법과 '완전학습자 집단'으로 분류된 피험자의 누적분포를 이용하여 누적분포가 50%에 해당하는 점에서 분할점수를 설정하는 방법이 있다.

대안적 평가(alternative assessment)　전통적인 선택형 검사에 대한 대안으로서 자유응답형 과제중심으로 평가하는 방식을 말한다. 선택형문항 중심의 전통적인 평가가 단순한 지식·기술의 측정에 초점을 맞추었던 것에 대한 대안으로서 학생의 학습과정을 이해하고 고차적 사고력을 평가하고자 한다는 점에서 수행평가를 지칭하는 유사 용어로 사용되기도 한다. 이러한 의미에서 전통적인 표준화검사나 선택형문항 중심의 일회성 지필검사만으로 학생

개개인의 성취수준, 능력, 잠재력을 평가하는 것이 불가능하기 때문에 전통적인 평가 방법을 반대하는 일체의 평가 개혁을 총칭하기도 한다. 전통적 평가방법에 대한 보완적인 의미로 선택형중심의 전통적 지필검사와 다른 방법은 어떤 것이든 대안적 평가라 할 수 있으며, 분절된 지식을 수동적으로 찾아내기보다는 학생 스스로 능동적으로 의미를 찾아내고 답안을 구성하는 평가 유형을 의미하기도 한다.

대응집단설계(matched group design)　실험설계에서 실험대상들의 특성이 유사하도록 짝을 구성한 후, 무선적으로 실험집단과 통제집단에 배치하는 설계방법이다. 실험대상의 어떤 특성이 종속변수의 변화에 영향을 줄 것으로 판단하여 비슷한 특성을 가진 실험대상을 함께 표집한 후, 이를 각각 실험집단과 통제집단에 할당하는 것을 의미한다. 이 설계는 교란변수를 통제할 수 있으나, 짝을 이룬 특성이 종속변수에 크게 영향을 주지 않거나 미미한 경우에는 바람직하지 않을 수 있다.

대중적 가치(public values)　일반 대중이 선호하거나 비중을 두는 가치를 의미하는데, 프로그램이나 프로젝트 평가의 경우에 평가자는 프로그램 이해당사자나 대중의 가치를 파악하는 데 중점을 두어야 한다. 프로그램의 목표달성도 및 효과나 영향을 평가하는 경우에 공리적인 기준인 대중의 가치를 중심으로 평가를 설계하고 판단에 임한다. 주된 평가준거 및 기준체계는 대중적 공공가치에 따라 설정하고 그 성취수행에 대한 가치판단도 그 기준에 따라 이루어져야 바람직하다. 대중적 가치를 탐구하는 방법으로 널리 이용되는 방법은 설문지조사나 초점집단면접 등이다.

대체(imputation)　결측자료 분석에서 결측값을 다른 값으로 대신하는 것을 의미한다. 하나의 값으로 대체하면 단순대체(single imputation)로 평균값 또는 중앙값 등으로 대신한다. 여러 개의 값으로 대체하면 다중대체(multiple imputation)로, 결측값을 다른 값으로 대신한 데이터 세트를 여러 개 생성한 후 각각 분석하여 통합된 하나의 결과를 도출한다.

대학교원평가(faculty evaluation)　대학교원의 교수, 연구, 봉사활동 영역에서의 실적에 관한 자료를 수집하여 교원의 업적이나 수행을 평가하는 것이다. 교원평가 결과는 수업의 질 개선, 승진이나 보수와 관련한 인사 결정 등에 활용된다. `동의어` 교수평가, 교원업적평가

대학수학능력시험(college scholastic ability test)　대학에서 수학(修學)하는 데 필요한

능력을 측정하는 시험이다. 대학수학능력시험은 기존의 대학입학학력고사(1980~1992년)가 지나치게 많은 교과목을 대상으로 단편적인 지식이나 이해력을 평가하는 데 치우쳐 고등학교에서 암기 위주의 교육이 이루어지도록 했다는 문제의식을 바탕으로, 고등학교 교육과정의 수준과 내용에 맞추어 고차적인 사고력을 평가하기 위해 1993년(1994학년도 대입)에 도입되었다. 이후 대학수학능력시험은 사회적 요구와 국가 교육과정의 변화에 따라 시험 영역과 과목의 확대, 선택 또는 필수 영역의 지정, 시험 시간과 문항수, 점수 체제 등에서 지속적인 변화를 겪어 왔다. 2024학년도 기준, 시험 영역은 국어, 수학, 영어, 한국사, 탐구(사회 · 과학 · 직업), 제2외국어/한문 영역으로 구분되고, 한국사는 필수 영역으로 모든 수험생이 반드시 응시해야 하며 나머지 영역은 선택해 응시할 수 있다. 시험 성적은 국어, 수학, 탐구 영역의 경우 영역/과목별로 표준점수, 백분위, 등급을 제공하며, 영어, 한국사, 제2외국어/한문 영역은 절대평가에 따른 등급만을 제공한다.

대학입학시험(college entrance examination)　대학입학 지원자들의 학업수행 능력을 측정하기 위한 시험으로, 우리나라의 대학수학능력시험, 미국의 SAT와 ACT, 일본의 대학입학 공통시험, 중국의 가오카오(高考) 등 국가별로 다양한 대학입학시험이 실시된다. 대학입학시험 성적은 일반적으로 고등학교 학업성적, 면접 점수, 추천서 등과 함께 대학입학 전형에서 중요한 평가 요소로 활용된다.

델파이기법(Delphi technique)　쉽게 결정될 수 없는 정책이나 쟁점이 되는 사회문제에 대하여, 일련의 전문가 집단의 의견과 판단을 추출하고 종합하여 집단적 합의를 도출해 내는 기법이다. 델파이기법은 일반적으로 동일한 전문가 집단을 대상으로 3~4회에 걸친 설문지 조사를 통해 진행된다. 각 횟수별 설문지는 이전 설문지의 응답결과를 바탕으로 재구성되며 여기에 이전 설문으로부터 도출된 의견이나 정보, 분석결과 등이 첨부된다. 이와 같은 질문과 결과제시의 절차를 반복 시행함으로써 처음에는 이질적이었던 전문가들의 의견이나 판단이 끝에 가서는 일정한 합의에 도달하게 된다. 이 방법은 연구문제에 대한 아이디어를 그 분야의 전문가 집단으로부터 신속히 수집할 때 효율적인 방법으로, 익명성의 보장을 통해 자유로운 반응을 극대화할 수 있고, 직접적 대면토론에서의 불필요한 논쟁을 피할 수 있으며, 통계적 근거에 의해 합의를 도출할 수 있다는 특징이 있다.

독립변수(independent variable)　연구에서 두 개 이상의 변수가 사용될 때, 그중 다른 것을 설명 혹은 예언해 주거나 원인이 되는 기능을 하는 변수를 말한다. 실험연구에서는 독립변수를 연구자의 의도에 따라 조작할 수 있으며 그에 따라 종속변수가 측정된다. '만약 X이면, Y이다.'에서 독립변수는 X이며 종속변수는 Y이다.

독립표집(independent sampling) 한 모집단을 대표하는 일정한 사례의 표집과정이 다른 모집단을 대표하는 일정한 사례의 표집에 아무런 관련이 없거나 영향을 주지 않는 표집방법이다. 예를 들어, A, B 두 초등학교에서 각각 무선적으로 일정 수의 아동을 표집할 때 서로 아무런 영향을 주지 않고 표집한다면 이는 독립표집이 된다. 참고로, 성별에 따른 지능지수 평균 차이를 알아보기 위하여 남녀 쌍둥이를 표집하는 경우처럼 어느 한편의 표집과정이 상대편의 표집에 관련이 있거나 영향을 미칠 때는 이를 종속표집이라고 한다.

동간척도(interval scale) 변수의 속성을 구분하기 위하여 수치를 부여하는 척도 중 하나로, 척도상에서 수치는 크기나 서열을 의미하는 서열성과 단위의 간격이 동일한 동간성을 지닌다. 다만 동간척도에는 절대영점이 아닌 임의적 영점과 임의적 측정단위가 사용된다. 대표적인 동간척도는 온도로, 섭씨 20도가 10도보다 그리고 10도가 0도보다 온도가 더 높고(서열성), 20도와 10도, 10도와 0도의 간격은 10으로 동일하다(동간성). 그러나 20도가 10도보다 2배 따뜻하다고 해석할 수 없는데, 이는 섭씨 0도가 1기압에서 얼음이 어는점을 의미할 뿐이기 때문이다. 섭씨와 화씨를 비교해 보면, 섭씨 0도가 화씨 32도에 해당하고 섭씨 5도가 화씨 41도에 해당하는 등 서로 다른 임의적 영점과 임의적 측정단위를 갖는다. **동의어** 등간척도

동등화방법(equating method) 검사동등화 과정을 수행하여 동등화된 점수를 얻기 위한 통계적 절차이다. 동등화방법은 매우 다양하며, 여러 가지 기준으로 동등화방법을 분류할 수 있다. 전통적 방법과 문항반응이론을 이용한 방법, 관찰점수를 이용한 방법과 진점수를 이용한 방법, 선형동등화방법과 비선형동등화방법, 공통 모집단을 이용한 방법과 공통 문항을 이용한 방법으로 분류할 수 있다. 이 외에도 공변인을 점수분포 추정에 사용하는 베이지안 비모수적 접근법, 소표본에 적용할 수 있는 동등화방법 등이 있다. 동등화방법은 동등화 자료수집 설계, 동등화 관계 혹은 속성에 대한 정의, 통계적 방법론, 자료의 크기 등 다양한 요소를 고려하여 선택한다. **동의어** 검사동등화방법

동등화설계(equating design) 검사동등화를 위한 검사자료를 수집하는 방식을 의미하는 것으로 동등화 자료수집 설계(equating data collection design)라고도 한다. 단일집단설계(single group design), 동등집단설계(equivalent groups design), 가교문항설계(anchor item design)가 많이 사용되며, 이들 설계를 변형 혹은 혼합해서 사용하기도 한다. 단일집단설계는 한 집단이 동등화할 두 검사를 모두 치르게 하여 자료를 수집하는 방식이다. 동등집단설계는 무선으로 나누어진 동등집단이 동등화할 검사를 하나씩 치르도록 하여 자료를 수집하는 방식이다. 가교문항검사설계는 공통문항설계(common item design)라고도 하며, 능력이 동등하지 않은 집단을 대상으로 가교문항이 포함된 검사를 하나씩 치르게 하여 자료를 수집한다.

동등화오차(equating error)　검사점수 간 난이도 차이를 조정하기 위해 동등화함수를 추정할 때 생기는 오차이다. 동등화를 실시하기 위해서는 수험생들의 검사점수와 같은 자료가 필요하다. 이 자료를 이용하여 검사 간 점수 차이를 통계적으로 조정하는 수리적 함수를 구하는데, 이를 동등화함수라 한다. 자료를 이용하여 동등화함수를 추정할 때 동등화오차가 발생하며, 동등화오차는 무선오차(random error)와 체계적오차(systematic error)로 구분된다. 무선오차는 전체 피험자 중 일부 피험자의 검사점수를 이용하여 동등화를 시행했을 때 발생한다. 체계적오차는 자료수집이 타당하게 이루어지지 않았거나, 사용한 동등화방법의 가정이 위배된 경우, 완곡화(smoothing)를 사용한 경우 등에서 발생한다.

동등화체계적오차(systematic error in equating)　검사 간 난이도 차이를 조정하기 위해 추정하는 동등화함수에 체계적으로 영향을 미치는 오차이다. 체계적오차가 발생하는 원인은 여러 가지이다. 첫째, 자료수집이 적절하게 이루어지지 않았을 때이다. 예를 들어, 무선집단설계를 계획하였으나 실제로 수험생이 무선적으로 두 집단에 할당되지 않았을 경우, 이 자료로 동등화를 수행하면 동등화함수는 체계적오차를 포함하게 된다. 둘째, 동등화를 수행하기 위해 사용된 통계적 방법의 가정이 위배되었을 때이다. 예를 들어, 동등화는 집단 간 차이가 작을 때 타당하게 이루어질 수 있으며, 모든 동등화방법은 집단 간 차이가 작다는 것을 가정하고 있다. 만약 집단차가 매우 클 경우 오차가 체계적으로 동등화에 영향을 미친다. 또한 완곡화(smoothing)를 사용할 때에도 체계적오차가 발생한다.

동료평가(peer assessment)　집단을 구성하는 구성원들이 평가기준에 따라 동료의 수행과정이나 결과, 행동, 특성 등에 대해 평가하는 것을 말한다. 학교에서 동료 학생의 최종 수행 결과가 제출되기 이전에 평가하여 피드백 제공을 목적으로 하는 형성적 동료평가가 있다. 또한 동료의 수행결과, 산출물, 참여도, 기여도 등 평가하는 것을 목적으로 하는 총괄적 동료평가가 있다. 동료평가는 또한 집단 구성원 사이에 형성되어 있는 상호관계를 측정하는 방법으로 사용하기도 한다.

동백분위동등화(equipercentile equating)　두 검사에서 동일한 백분위에 해당하는 점수는 동등하다고 간주하고 대응하는 점수를 찾는 동등화방법이다. 동일한 목적으로 내용과 통계적 특성이 매우 유사하게 개발된 검사라 할지라도 검사의 난이도가 다를 경우, 난이도 차이를 고려하여 검사 간 동등한 점수를 찾아야 한다. 동백분위동등화는 능력이 동일한 집단에 두 검사를 실시한 후, 두 검사에서 동일한 백분위에 대응하는 검사점수를 찾아 동등하다고 간주한다.

동시적 신뢰도(synchronic reliability)　질적 연구에서 수집된 자료의 신뢰도를 나타내는 용어로, 일치성에 관한 신뢰성을 지칭한다. 자료의 내적 신뢰도의 정도를 의미하며 동 시간대에 관찰자나 면접자들이 수집한 자료의 유사성을 기술하는 개념이다. 관찰자 간 신뢰도가 동시적 신뢰도의 대표적인 예가 된다. 양적 자료의 신뢰도와 마찬가지로 두 관찰자 간의 자료의 일치 정도는 상관계수로 나타낼 수 있다. 　동의어　공시적 신뢰도

동형검사(equivalent forms)　검사의 내용 영역, 검사형태, 검사절차, 검사난이도 등 여러 가지 측정학적 요소들을 고려하여 동일한 유형으로 제작한 두 검사를 말한다. 동형검사를 구성하는 문항들의 형태와 내용, 문항수가 동일해야 하며, 문항난이도가 동일하도록 제작한다. 동형검사는 두 검사의 유사성 정도에 따라 다양하게 정의될 수 있는데, 두 동형검사 간에 진점수분산과 오차점수분산이 동일하다고 가정하는 엄격한 평행검사(strictly parallel forms)에서부터, 오차점수분산의 가정을 완화한 타우동형검사(tau-equivalent forms), 이에 더하여 진점수 분산의 가정도 완화한 동류형검사(congeneric forms) 등으로 다양하게 분류된다.

동형검사신뢰도(equivalent forms reliability)　동일한 구인을 측정할 뿐 아니라 측정학적 특성을 동일하게 고려한 두 개의 동형검사를 개발하고 이로부터 나온 점수들 간의 상관관계를 구하여 추정하는 신뢰도이다. 두 개의 검사문항들은 동일한 구인을 측정하는 수많은 문항들로부터 무선적으로 표집된 것으로 가정하며, 이론적으로는 동형검사의 두 관찰점수들이 진점수와 동일한 상관관계를 갖는다고 가정한다. 동형검사신뢰도의 추정은 검사-재검사신뢰도 추정과 두 가지 측면에서 유사성을 갖는데, ① 동일한 집단에 대해 두 번의 검사를 실시하고, ② 검사 참여자의 동기, 피로도, 연습효과 등과 같은 요인에 의해서 영향을 받는다는 것

이다. 또한 두 검사를 구성하는 문항이 완벽하게 동일한 특성을 가지도록 추출하기는 어렵기 때문에 문항 추출상의 오차도 발생할 수 있다. 즉, 피험자들의 능력과는 관계없이 어느 한쪽의 검사에서 더 좋은 점수를 받을 가능성이 있다. 동형검사신뢰도 추정의 가장 큰 어려움은 시간과 경제적인 측면의 제한점인데, 동일한 구인을 측정하기 위해서 두 종류의 검사를 개발한다는 것은 시간과 비용이 많이 드는 작업이다.

등간기록법(interval recording) 한 회기의 관찰 시간을 동일한 간격으로 구간을 나누어 각 구간마다 목표 행동이 나타났는지의 여부를 기록하여, 행동의 발생빈도와 지속시간을 동시에 측정하는 관찰방법이다. 측정치는 발생횟수나 지속시간으로 표시하지 않고, 전체 관찰 단위 수에 대한 관찰된 단위 수의 비로 표시한다. 등간기록법은 관찰의 지속성에 따라 전간기록법(whole-interval recording)과 부분간격기록법(partial-interval recording)으로 나뉜다. 전간기록법은 행동시간을 짧은 간격으로 나누어 행동이 각각의 구간 동안 지속적으로 발생했는지를 관찰하여 기록하는 방법이다. 예를 들어, 목표행동이 그 구간 내내 지속되었다면 (+)로 기록하고, 목표행동이 발생하지 않았거나 그 구간의 일부 동안만 지속되었다면 (-)로 기록한다. 부분간격기록법은 행동관찰시간을 짧은 구간으로 나누어, 목표행동이 각 구간 동안 지속되지는 않더라도 최소한 1회 이상 발생하면 (+)로 기록하고 발생하지 않으면 (-)로 기록하는 방법이다. 부분간격기록법은 짧은 시간이라도 발생 여부가 중요한 행동을 측정할 때 사용한다. 예를 들어, 눈맞춤 행동을 목표행동으로 정하고 10초의 간격으로 관찰시간을 나누고, 각 10초 동안 눈을 맞추려는 행동이 아주 짧더라도 발생하였으면 이를 기록한다. 등간기록법은 비디오로 녹화하여 모든 시간을 관찰하지 않으면 기록하기가 어렵다는 단점이 있다.

등급매기기(grading) 일정한 목표를 가지고 교수학습 또는 교육 프로그램을 진행하는 과정 중이나, 프로그램을 완료한 후 개인이나 집단 등이 성취한 정도를 나타내는 행위를 말한다. 등급(성취한 정도)은 평가의 목적을 고려하여 서열이나 표준점수 등과 같이 상대적 위치를 나타내는 규준참조적 접근과 성취기준에 대한 도달 정도나 성취율 등과 같이 절대적 수준을 나타내는 준거참조적 접근을 선택할 수 있다.

등급반응모형(Graded Response Model: GRM) Fumiko Samejima가 1969년에 다분반응 문항에 대한 피험자의 반응을 모형화할 수 있도록 개발한 것으로, 2-모수 이분반응모형을 확장시킨 것이다. 이분반응모형이 하나의 경계기준값을 기준으로 문항에 대한 반응을 이분화한 것이라면, 등급반응모형은 피험자의 반응 개수보다 하나 적은 경계기준값을 사용하여 피험자의 다분반응을 모형화할 수 있도록 개발한 것이라고 할 수 있다. Samejima는 범주 k에 반응할 확률 $P_{jk}^{+}(\theta)$를 범주 k 이상을 받을 확률로 정의함으로써, 범주 k에 반응할 확률 $P_{jk}(\theta)$을 구하기 위해서는 범주 k 이상을 받을 확률에서 범주 $k-1$ 이상을 받을 확률을 빼는 식을 사용하게 된다.

$$P_{jk}(\theta) = P_{jk}^{+}(\theta) - P_{j,k+1}^{+}(\theta) \geq 0$$

따라서 등급반응모형에서는 두 개의 범주확률함수로부터 원하는 범주확률식을 구할 수 있다. Samejima의 문항범주확률 정의로 인하여 등급반응모형은 서열범주 반응에만 적용가능하고, 범주난이도(범주경계모수)는 서열화된다. 등급반응모형은 서열반응의 특성을 가진 태도검사와 성격검사 및 성취검사의 자료분석에 사용할 수 있다.

등분산성(homoscedasticity)　어떤 통계모형에서 정의된 잔차(오차)항의 분산이 독립변수나 예측변수의 각 관찰값에서 동일한 값을 보이는 성질을 등분산성이라고 하며, 동분산성이라고도 한다. 일반적으로 사용되는 분산분석에서의 등분산성은 분석단위[실험요인이 1개일 경우 집단, 2개 이상 요인일 경우 집단(cell)] 내의 분산이 모든 단위에 걸쳐 같을 것을 의미한다. 일반적으로 사용되는 회귀분석에서의 등분산성은 예측변수(X)의 값에 대응하는 종속변수(Y)의 분산이, 예측변수의 모든 값에 대해서 같을 것을 의미한다.

라그랑주승수검정(Lagrange multiplier test)　구조방정식모형에서 사용하는 모형비교방법 중 하나로, 모형의 적합도를 유의하게 향상시켜 주는 경로를 찾는 방법이다. 원래 모형과 원래 모형에는 포함되지 않았던 경로를 추가한 모형을 비교할 때, 두 모형에서 산출된 모형 카이제곱값의 차이가 통계적으로 유의한지 검정한다. 특히 측정동일성검정에서 특정 경로의 동일화 제약에 대하여 라그랑주승수검정이 유의하게 나오면 그 동일화 제약은 적절하지 못하다고 할 수 있다. 구조방정식의 수정지수(modification indices) 산출에 사용되는 경우가 많다. 　동의어　스코어검정

라쉬모형(Rasch model)　피험자 능력을 추정하기 위해 문항 난이도만을 모수로 포함하는 문항반응모형이다. 라쉬모형은 문항난이도, 문항변별도, 피험자추측도를 모수로 포함하는 1968년 Allan D. Birnbaum의 3-모수 문항반응모형과 달리 기본적으로 문항난이도만을 가지고 피험자 능력을 추정한다는 것이 주요 특징이며, 1960년 Georg W. Rasch에 의해 개발되고 1968년 Benjamin D. Wright에 의해 실용화되었다. 라쉬모형에서 B의 능력을 갖는 피험자 v가 D의 난이도를 갖는 문항 i에서 정답을 할 확률 P_{vi1}는 다음 식과 같다.

$$P_{vi1} = \frac{\exp(B_v - D_i)}{1 + \exp(B_v - D_i)}$$

라쉬모형의 장점으로는 '특수 객관성(specific objectivity)'과 '단순성'을 들 수 있다. 첫째, 특수 객관성은 Rasch가 제시한 용어로서 사용되는 표본에 관계없이 피험자 능력을 측정할 수 있다는 것을 말한다. 일반적인 검사 상황에서 문항들이 어려운 경우에는 피험자 능력이 낮게 추정되거나 반대의 현상이 일어날 수 있는데, 라쉬모형은 이러한 비객관성을 최소화할 수 있

다는 것이다. 둘째, 단순성은 라쉬모형이 문항난이도만을 모수로 포함하기 때문에 모형이 단순하여 자료가 통계적으로 충족시켜야 할 가정이 줄어들며, 모수추정을 위해 요구되는 자료의 수도 적어진다는 것을 의미한다. 라쉬모형은 본래 정답과 오답만을 피험자 반응으로 갖는 이분문항을 위해 개발되었으나, 다분문항을 위해 평정척도모형과 부분점수모형으로 확장되었으며, 수행평가와 같은 평정 상황을 위한 다국면라쉬모형도 개발되어 사용되고 있다.

라틴정방설계(Latin square design) 실험처치의 조합을 행과 열에 균형 있게 안배하여 특정한 실험처치의 주효과를 효율적으로 검증할 수 있는 연구설계이다. 특히 행동과학연구보다는 농학연구 등에 자주 활용된다. 라틴정방설계는 모든 변인의 실험처치 수준이 동일해야 되며, 실험처치 수준이 p개라고 하면 p개의 문자를 각 행과 열에 한 번씩만 나타나도록 $p \times p$ 정방행렬에 배치하는 방식이다. 즉, 모든 변인은 동일한 수준의 수를 가지게 된다. 다음과 [그림]과 같이 정방의 첫 행과 첫 열이 철자 순으로 배열된 경우를 표준형 라틴정방 (standard latin square)이라 한다.

2×2	3×3	4×4	5×5
A B	A B C	A B C D	A B C D E
B A	B C A	B C D A	B C D E A
	C A B	C D A B	C D E A B
		D A B C	D E A B C
			E A B C D

[그림] 표준형 라틴정방의 예

표준형 라틴정방의 수가 Y개인 $p \times p$ 라틴정방에는 최대 $Y \times p!(p-1)!$ 개의 배열이 존재할 수 있다. 예를 들어, 처치수준이 3개인 경우, 3원 요인설계에서는 27개의 실험이 필요한 반면, 라틴정방설계로는 9개의 실험만 실시해도 된다. 그러므로 라틴정방설계는 경제적이고 반복측정설계에서 처치효과의 순서나 이월효과를 상쇄(가외변인 통제)할 수 있다는 장점이 있다. 그러나 실제 변인들 간에 상호작용이 있다면 부정확한 결과가 산출될 수 있는 단점도 있다.

랜덤포레스트(random forest) 다수의 의사결정나무의 결과들을 하나로 통합함으로써 분류 및 예측을 최적화하는 기계학습 알고리듬으로, 대표적인 배깅(bagging) 기반 앙상블 기법에 해당한다. 개별 의사결정나무 구성에 입력 데이터 표집과정과 노드를 구분하는 데 사용되는 변수 집합 선정에 무작위성(randomness)을 부여함으로써, 단일 의사결정나무모형에서 흔히 발생하는 과적합(overfitting) 문제를 해결한다.

로그선형모형(log-linear model)   두 개 이상의 범주형 변수 간 관계를 검증하기 위한 모형으로 카이제곱검정의 확장된 개념이며, 범주의 주변빈도를 이용하여 셀의 빈도를 예측하는 분석이다. 두 변수(A, B) 간의 관계를 탐색한다고 가정할 때, 포화모형은 두 개의 주효과(A, B), 한 개의 이원배치 혼합효과(AB)의 총 3개의 모형성분을 가지게 된다. 이를 로그선형 방정식으로 구현하면 다음과 같다.

$$\ln (F_{ij}) = \lambda + \lambda_i^A + \lambda_j^B + \lambda_{ij}^{AB}$$

F_{ij}: 셀 ij의 예측 빈도

λ: 개별 변수의 상대가중치

로그선형분석은 카이제곱분포를 따르는 우도비율검정을 사용하는데 공식은 다음과 같으며, $\dfrac{O_{ij}}{E_{ij}} = 1$인 경우 완벽한 모형적합도를 의미한다.

$$\chi^2 = 2\sum O_{ij}\ln \frac{O_{ij}}{E_{ij}}$$

O_{ij}: 셀 ij의 관측빈도

E_{ij}: 셀 ij의 예측빈도

로그선형인지진단모형(Log-linear Cognitive Diagnosis Model: LCDM)   Robert A. Henson 등이 2009년에 제안한 인지진단모형의 한 유형이다. 문항이 요구하는 인지요소에 따라서 인지요소의 주효과와 상호작용효과가 결정되며, 이러한 효과모수에 적절한 제약을 가하면 여러 하위모형으로 표현될 수 있는 일반화된 모형이다. 기본적인 구조는 로짓연결함수를 가진 GDINA모형과 동일하다. 문항모수 이외에 잠재집단의 비율을 나타내는 구조모수(혼합비율)를 추정하며, 이 두 모수추정치를 통해 피험자가 특정 잠재집단에 속할 확률을 추정한다.

로지스틱모형(logistic model)   2개의 반응범주를 취하는 이항변수 Y를 예측변수 x로 설명하기 위한 대표적인 모형이다. 예를 들어, 어떤 교육방법에 대한 성공적 결과를 Y=1로, 실패적 결과를 Y=0으로 나타내어 반응변수 Y를 예측변수 x로 설명하고자 한다면, 이 경우의 로지스틱모형은

$$\log \frac{P(Y=1 \mid x)}{P(Y=0 \mid x)} = \log \left(\frac{\pi(x)}{1-\pi(x)}\right) = \beta_0 + \beta_1 x \text{이며,}$$

여기서 $P(Y=1 \mid x) = \pi(x) = \dfrac{\exp(\beta_0 + \beta_1 x)}{1 + \exp(\beta_0 + \beta_1 x)}$ 이다.

그리고 $x_1, x_2, \cdots, x_p$가 연속형 변수를 포함한 설명변수들이라고 하면, 일반적인 로지스틱 모형은 다음과 같이 정의된다.

$$\log \frac{P(Y=1; x_1, x_2, \cdots, x_p)}{P(Y=0; x_1, x_2, \cdots, x_p)} = \log\left(\frac{\pi(x_1, x_2, \cdots, x_p)}{1 - \pi(x_1, x_2, \cdots, x_p)}\right)$$
$$= \beta_0 + \beta_1 x_1 + \cdots + \beta_p x_p$$

로지스틱문항반응모형(logistic item response model)　교육학 및 심리학 분야에서 일반적으로 사용되는 문항반응이론모형으로, 일반화선형모형에서 로지스틱함수를 연결함수로 하는 문항반응모형이다. 일반적인 형태의 2-모수 모형은 다음과 같이 표현할 수 있다.

$$P(Y_{ij} = 1 \mid \theta_j) = \frac{\exp(\alpha_i(\theta_j - \beta_i))}{1 + \exp(\alpha_i(\theta_j - \beta_i))}$$

여기에서 Y_{ij}는 피험자 j가 문항 i를 맞혔는지(1) 틀렸는지(0)에 대한 관찰점수이며, θ_j는 피험자 j의 잠재능력모수이다. 2-모수 모형에서 문항추측도가 추가되면 3-모수 모형이 된다. 문항모수로는 문항난이도(β_i), 문항변별도(α_i), 문항추측도(c_i)가 있으며, 앞의 식에서 모든 문항의 문항변별도가 같으면 1-모수 모형이 되고, 문항변별도가 1이면 라쉬모형이 된다.

로지스틱회귀모형(logistic regression model)　이분형 종속변수에 대한 회귀분석모형으로, 정규분포를 따르는 연속형 변수를 종속변수로 취급하는 선형회귀모형을 확장한 것이다. 독립변수들이 특정한 값을 가질 때 예상되는 종속변수의 값 자체를 예측하는 선형회귀모형과 달리 로지스틱회귀모형은 종속변수의 로짓(logit), 즉 로그 승산(log odds)을 예측한다. 종속변수가 0과 1의 값을 가지고 종속변수가 1일 확률을 p라고 할 때, 로지스틱회귀모형을 수식으로 나타내면 다음과 같다.

$$\ln\left(\frac{p}{1-p}\right) = b_0 + b_1 X_1 + b_2 X_2 + \cdots + b_k X_k$$

로짓척도(logit scale)　이항반응모형에서 성공확률 $\pi(x)$와 x 간의 관계는 선형보다는 비선형 형태인 S형태 곡선에서 더 적합하다. 로지스틱모형이나 로짓모형에서 연결함수는 성공 $\pi(x)$의 로짓변환인 $\log\left(\dfrac{\pi(x)}{1 - \pi(x)}\right)$로 $\text{logit}(\pi(x))$라고 표시하며, 이를 로짓척도라고 한다.

릿지회귀(ridge regression)　선형회귀에서 과적합을 방지하고 다중공선성을 관리하기 위해 사용되는 기법이다. 이는 손실함수에 벌칙 항(예측변수의 계수를 0으로 축소하는)을 추가하여 단일 예측변수가 회귀모형에 지나치게 영향을 주지 않도록 하는 것이다. 예를 들어, 많은 과제 및 퀴즈 점수를 기반으로 기말시험 점수를 예측하고자 할 때 이 기법을 통하여 더욱 균형 있고 정확한 예측을 제공할 수 있다.

마할라노비스거리(Mahalanobis distance)　다변량분포에서 각 변수의 평균으로 이루어진 분포의 중심(centroid)에서부터 각 사례까지의 거리를 나타내는 개념이다. 설명하고자 하는 변수의 수가 많은 다차원 공간에서 두 변수 집합 간의 거리를 측정하는 데 사용되기도 한다.

매개분석(mediation analysis)　원인과 결과 사이의 중간과정(mechanism)을 밝히기 위한 접근으로, 1980년 후반 Reuben M. Baron과 David A. Kenny의 연구로 주목받기 시작하여, 교육학과 심리학을 비롯한 다양한 사회과학 영역에서 활발히 활용되고 있다. 근본적으로 어떤 효과의 존재를 단순히 확인하는 것에 그치지 않고, 그 효과가 어떤 과정을 통해 왜 일어나는지를 이해하기 위한 목적에 부합한다. 전통적인 구조방정식 접근을 넘어 최근에는 인과이론의 도입으로 인해 모형의 선형성, 변수의 유형 등의 제약에 구애받지 않는 매개분석 접근이 제시되고 있다.

매개효과(mediation effect)　특정 매개변수를 거쳐 전달되는 간접효과를 의미한다. 해당 매개변수를 거치지 않고 전달되는 효과는 직접효과라 부르며, 일반적인 매개분석은 총효과를 직접효과와 간접효과(매개효과)로 분리하는 절차로 이해할 수 있다. 특정 매개변수를 통해 전달되는 매개효과의 분석을 통해, 원인과 결과 사이의 인과적 메커니즘을 파악할 수 있고, 해당 원인의 효과가 왜, 어떤 과정을 통해 발생하는지에 대한 이해를 얻을 수 있다.

맥락평가(context evaluation)　프로그램 목표 결정의 정당한 근거를 제공하기 위한 목적으로 이루어지는 평가를 말한다. 프로그램 운영기관이 처한 상황 정의, 프로그램의 대상 집단 확인, 요구분석 및 그 요구를 제기할 수 있는 기회 확인, 요구의 실현에 방해가 되는 문제점 확인, 설정된 프로그램 목표가 그러한 요구를 충분히 수용하고 있는가의 판단 등이 맥락평가의 주요 내용이다. 동의어 상황평가

메타분석(meta analysis)　동일하거나 유사한 주제로 시행된 많은 개별 연구물들의 결과를 객관적으로, 그리고 계량적으로 종합하여 고찰하는 양적 기법이다. 모집단의 효과크기(effect size)에 대한 가설 검정을 실시하며, 고정효과 및 무선효과 분석모형을 통해 개별 연구결과들을 통계적으로 통합 또는 비교하여 포괄적이고 거시적인 연구 결론을 이끌어 낸다.

메타이론(meta theory)　이론 자체의 속성을 연구대상으로 삼는 이론을 말한다. 두 개의 이론 A와 B가 있을 때, A가 B를 대상으로 하여 이론을 전개하고 있을 경우에, A는 B에 대하여 '메타이론'이라고 하고, B는 A에 대하여 '대상이론(object theory)'이라고 한다. 메타이론과 대상이론은 서로 상대적인 관계에 의하여 성립되는 개념들이다. 규범적 윤리학을 대상이론으로 하는 메타윤리학, 물리학이나 생물학 등의 과학을 대상이론으로 하는 과학철학 등이 메타이론의 대표적인 예이다. 과학이 객관적으로 존재하는 세계를 설명하는 이론을 전개하는데 비하여, 과학철학은 그러한 과학을 탐구의 대상으로 한다. 그런 의미에서 과학철학은 '2차원적' 혹은 '고차원적' 이론이라고 일컬어지기도 한다. 현대의 분석철학에 따르면, 철학은 메타이론의 학문이라고 규정되기도 한다.

메타평가(meta evaluation)　일반적으로 평가에 대한 평가, 또는 평가의 평가(evaluation of evaluation)라는 개념으로 인식된다. 하나의 대상을 다양한 상황에서 다양한 방법으로 평가한 결과들을 종합하는 평가라고 할 수 있으며, 평가의 질적 관리를 위해 필요하다. 평가의 실제 자체를 보다 정확하게 이해하고 평가활동의 질적 수준을 향상시키기 위한 목적으로 메타평가를 실시하는데, 이러한 과정을 통하여 평가상의 문제점을 파악하고 확인하여 이를 개선할 수 있다. 메타평가를 실시할 때 고려해야 할 기준으로, 유용성, 실행가능성, 정당성, 정확성의 네 가지 영역 기준이 널리 사용되고 있다.

메타회귀분석(meta regression analysis)　개별 연구에서 회귀분석이 분석단위인 표본들의 독립변수와 종속변수의 관계를 평가하는 것이라면, 메타회귀분석에서는 분석단위가 표본이 아니라 연구수준에서 공분산과 효과크기 간의 관계를 평가하는 것이다. 메타회귀분석에서 독립변수는 주로 연구특징(study characteristics)이고, 종속변수는 분석대상연구에서 계산된 효과크기이다. 메타분석에서처럼, 메타회귀분석에서도 고정효과모형분석(fixed-effect model), 무선효과모형(random-effect model)이 있고, 주로 무선효과모형을 사용한다.

면접(interview)　연구대상이 되는 사람 또는 정보제공자와의 '목적이 있는 대화'를 통해서 자료를 수집하는 것을 말한다. 면접이라는 용어가 면접시험과 같이 주로 공식적인 장면에서 쓰이기 때문에 질적 연구에서는 면담이라는 용어를 선호하는 경향이 있다. 참여관찰(participant observation)을 하는 상황에서 그때그때 옆에 있는 사람에게 궁금한 것을 물어보거나 대화를 나누는 것도 면접에 포함되기는 하지만, 이것은 공식적으로 면접을 하는 것이아니기 때문에 비공식면접이라고 부른다. 일반적인 면접은 시간과 장소를 약속하여 이루어지는 공식적면접으로서, 대부분 서로 얼굴을 맞대고 진행하는 면대면 면접이다. 면접은 면접대상이 몇 명인가에 따라서 개별면접과 집단면접으로 나누어 볼 수도 있고, 면접이 얼마나깊이 있게 이루어졌는가에 따라서 심층면접과 일반면접으로 나누어 볼 수도 있다. 또한 질문제시방식(질문 목록과 질문 순서의 구조화 여부 등)에 따라 구조화면접과 비구조화면접, 반구조화면접으로 구분된다.

명명반응모형(nominal response model)　반응지가 명명척도로 구성된 다분문항에 적용할 수 있는 문항반응이론이다. 예를 들어, 4지선다형문항의 경우 정답지와 3개의 오답지가있을 경우 오답지가 서열화되어 있다고 하기보다는 명명적인 특성의 자료를 분석할 때 사용할 수 있는 모형이다. 1972년 R. Darrell Bock이 명명반응문항의 범주특성곡선을 얻기 위하여 이변인 로지스틱함수를 다변량(multivariate) 로지스틱함수로 확장 적용하여 명명반응모형을 개발하였다. 여러 개의 반응지 중에서 능력이 θ인 피험자가 범주 k를 선택할 확률을 나타내는 명명반응모형은 다음과 같이 표시된다.

$$P_{jk}(\theta) = \frac{\exp[a_{jk}(\theta) + c_{jk}]}{\sum_{k=1}^{m_j} \exp[a_{jk}(\theta) + c_{jk}]}$$

서열모형과는 달리 명명모형을 사용하는 상황에서는 피험자의 반응값들을 합하여서는 안되며, 선택 반응지의 숫자의 크기는 각기 다른 반응을 했다는 분류의 목적 이외에 아무 의미가 없다. 범주특성곡선은 피험자가 구별된 문항반응범주 각각에 반응할 확률을 나타낸 것일뿐이다. 앞의 모형에서 a_{jk}는 문항반응범주의 기울기이며 c_{jk}는 문항반응범주의 난이도이다. 서열반응모형들과의 차이점이라면 a_{jk}인데, a에 있는 첨자가 보여 주듯이 각 문항반응범주는 각기 다른 기울기를 가질 수 있다고 가정한다. 이러한 범주별 기울기 개념은 이질적 등급반응모형(heterogeneous graded response model)에서 사용되는 바와 같다. 따라서 명명
반응모형을 사용하여 선다형문항의 오답지의 서열을 확인한 후에 서열반응모형을 사용할
수도 있다.

명명척도(nominal scale)　변수의 속성을 구분하기 위하여 임의의 수치를 이름처럼 부여
하는 척도로, 수량화하기 어려운 변수에 사용한다. 예를 들어, 성별 변수에서 남자에게는 1, 여
자에게는 2를 부여하는 경우를 들 수 있다. 그 밖에 인종, 직업, 학교 유형 등에서 사용된다.

모수(parameter)　모집단 분포의 특성을 반영하는 정보이며, 표본통계량으로 추정하는 대
상이다. 모수는 흔히 그리스 문자로 표기한다.

모수불변성(invariance of parameter)　문항반응이론에서 모수들이 집단특성에 의해 영
향을 받지 않고 추정되는 특성이다. 고전검사이론에서는 집단특성에 따라 모수치가 다르게
추정되지만, 문항반응이론에서는 집단특성에 관계 없이 모수들이 일정하게 추정된다.

모수추정(parameter estimation)　모집단의 분포를 구할 수 없을 때, 표본집단의 통계량
으로 모집단의 특성을 추리하는 절차이다. 예를 들어, 표본집단의 평균, $X = \sum X_i / n$는 모
집단의 평균인 μ를 추정하는 추정량(estimator)이고, $\sum X_i / n$의 값을 구하는 과정이 모수추
정이다.

모수치분리(parameter separation)　측정을 위해 사용되는 표본의 영향을 받지 않고 모수
치를 추정해 낼 수 있는 라쉬모형의 고유한 특성이다. 모수치분리의 특성은 사용되는 문항
들의 난이도에 관계없이 피험자의 능력을 추정할 수 있는 피험자 모수추정치의 불변성
(invariance of person parameter estimate)과 검사가 실시되는 피험자 집단의 능력과 관계없이
문항의 난이도를 추정할 수 있는 문항 모수추정치의 불변성(invariance of item parameter
estimate)을 포함한다. 이는 라쉬모형을 위한 수식에서도 증명될 수 있다. 다음 식에서 B의
능력을 갖는 피험자 v가 D의 난이도를 갖는 문항 i에서 정답을 할 확률이 $P(X_{vi1})$이며, 오답
을 할 확률이 $P(X_{vi0})$이다.

$$\ln \frac{P(X_{vi1})}{P(X_{vi0})} = B_v - D_i$$

라쉬모형의 수식에서 한 문항에서 정답을 맞힐 확률을 로그승산비로 변환시켰을 때, 피험

자 능력과 문항난이도는 가법적 형태가 되어 두 개의 모수치가 서로 분리되어 추정될 수 있게 되며, 이러한 특성은 측정의 객관성을 확보할 수 있도록 한다.

모의연구(simulation study) 특정한 자료생성모형(data-generating model)을 가정하고, 이로부터 임의의 자료를 생성한 뒤, 연구자의 목적에 따른 결과를 관찰하는 과정을 의미한다. 연구자들은 주로 특정한 통계적 기법이나 접근이 다양한 상황에서 어느 정도의 수행을 보이는가를 확인하기 위해 컴퓨터를 활용한 모의연구를 진행한다. 예를 들어, 문항반응이론에 따라 곤란도와 변별도 등 모수들에 변화를 주어 문항반응함수의 행동을 모의하거나, 특정 조건에서의 최적의 검사정보를 갖는 검사를 구성하는 접근에 대한 연구를 수행할 수 있다. 모의연구는 연구자가 자료 생성과정이나 모수에 대한 참값을 직접 설정하기 때문에, 수행결과를 판단할 수 있는 절대적 기준, 정보가 존재한다는 점에서 유용하게 활용된다. 다만, 복잡한 현실의 구조를 지나치게 단순화할 수 있고, 이로 인해 그 결과의 현실 적용가능성에 제한이 있을 수 있다.

모집단(population) 연구자가 연구의 결과를 일반화하려는 연구의 전체 대상 집단을 말한다. 모집단은 연구자가 어떻게 규정하는가에 따라서 매우 큰 집단이 될 수도 있고 또는 아주 작은 집단이 될 수도 있다. 예를 들어, 연구자가 우리나라 전체 남성의 정치의식에 대하여 조사하고자 할 때 모집단은 우리나라 전체 남성이 될 수도 있고, 나이, 학력, 결혼여부, 거주지역 등을 제한하여 더 적은 수의 집단으로 모집단의 크기를 규정할 수도 있다. 다만, 이때 연구의 결과는 전체 남성이 아닌 제한된 특성을 가진 모집단에만 일반화시켜야 한다. 실제로 연구를 수행하는 데 연구결론의 대상인 모집단을 모두 연구에 참여시키는 것은 연구자의 시간과 노력 그리고 연구예산의 문제 등으로 인해 불가능하다. 따라서 모집단을 대표할 수 있는 모집단보다 더 작은 집단을 추출하여 연구에 참여시키게 되고 이 집단을 표본이라고 한다.
`동의어` 전집

목록별삭제(listwise deletion) 통계분석 시 결측치를 처리하는 방법으로 응답자가 어느 하나의 변수라도 응답하지 않았다면 그 응답자의 데이터 전체가 분석에서 제외된다. 예를 들어, 학생의 성별과 가계소득이 성취도에 미치는 영향을 알아보기 위한 경우에 한 학생의 성별이 수집되지 않았다면 해당 학생 사례(case)를 제외하고, 모든 변수가 수집된 사례에 대해서 분석한다. `동의어` 사례단위삭제

목표중심평가접근(objective-oriented evaluation approach)   교육 프로그램의 목표 달성도를 중심으로 교육 프로그램을 개선하고자 하는 평가접근이다. 대표적인 학자는 1930년대 Ralph W. Tyler이며, 그는 교육 프로그램의 부족한 점을 개선하기 위해 목표와 학습결과 간의 차이를 비교하는 것이 필요하다고 보았다. 구체적으로 ① 목표 설정, ② 목표 분류, ③ 행동적 용어로 목표 정의, ④ 목표 달성도를 측정할 수 있는 평가 상황 탐색, ⑤ 측정기법의 개발이나 선정, ⑥ 수행 자료수집, ⑦ 목표와 수행 자료 비교 단계로 평가가 이루어지며, 마지막에 수행과 목표 간에 불일치가 발견되면 프로그램에서 미흡한 점을 개선하는 평가 순환이 이뤄진다. 목표중심평가접근은 교육목표의 구체화와 측정기법의 고도화를 가져왔으며, 기준기반 교육과정 설계와 학업성취도 평가 시행, 학교 책무성 제고, 정부의 프로그램 관리 기법의 발전 등에 영향을 주었다.

몬테카를로시뮬레이션(Monte Carlo simulation)   반복된 무작위표집을 이용한 모의실험을 통해 불확실한 사건의 결과를 추정하는 방법이다. 주로 수학적으로 도출하기 어려운 복잡한 결과의 근삿값을 알아내기 위해 사용된다. 예를 들어, 어떤 변수의 표준오차를 추정하고자 할 때, 변수가 정규분포를 따르지 않으면 수학적으로 추정치를 구하기 힘들다. 이때, 몬테카를로시뮬레이션을 통해 표준오차의 근삿값을 추정할 수 있다.

무선할당(random assignment)   실험연구에서 피실험자가 각 처치(treatment)에 속할 확률을 동일하게 하는 조치를 말한다. 무선할당은 일반적으로 연구자가 고려하지 못하는 외부 교란변수의 통제를 가능하게 하기 때문에 연구의 신뢰도를 높일 수 있다. 각 집단마다 외부 교란변수의 속성이 같은 정도로 퍼뜨려지므로 이들의 효과가 서로 상쇄되어 없어지게 되어 연구자가 관찰하고자 하는 독립변수의 영향만이 종속변수에 작용하게 된다.

무선화구획설계(randomized block design)   실험설계에서 피험자를 집단별로 무선배치할 때 종속변수에 영향을 미칠 수 있는 독립변수 이외의 변수를 추가하여 구획으로 설정하는 방법이다. 무선화구획설계에서 구획설정은 종속변수와 관련이 높은 구획변수를 통제함으로써 독립변수의 종속변수에 대한 영향력을 정확히 측정하기 위해 사용된다. 이 방법은 집단 내 분산을 구획에 의한 분산과 오차분산으로 분리함으로써 집단 간 차이를 찾아낼 가능성이 높게 된다. 예를 들어, 교수법에 따른 학업성취 차이에 대한 연구에서 연구자가 학업성취에 영향을 주는 변수로 성별을 설정하게 되면 성별이 구획변수가 되고 교수법은 처치변수가 된다. 이에 따라 교수법마다 동일한 수의 남학생과 여학생을 무선적으로 할당하여 성별에 따른 영향이 배제되도록 구획을 설정해서 배치하게 된다.

무선화구획요인설계(randomized block factorial design)　무선화구획설계와 요인설계를 결합한 실험설계의 한 유형으로, 하나 이상의 구획변수와 두 개 이상의 처치변수(요인)를 사용한 실험설계방법이다. 구획변수란 종속변수에 영향을 주는 처치변수 이외의 교란변수로서, 종속변수에 대한 처치변수의 효과를 분석하기 위하여 통제되어야 하는 변수를 말한다. 예를 들어, 성별(구획변수)의 효과를 통제하고 세 종류의 교수법(처치변수)에 따라 국어시험 점수(종속변수)에 차이가 있는지를 밝히는 연구에 보상 여부(처치변수)를 추가하여 국어시험 점수의 집단 차이를 비교할 수 있다. 성별, 교수법, 보상 여부는 모두 독립변수이나 교수법과 보상 여부는 처치변수이고 성별은 구획변수이다. 무선화요인설계는 두 개 이상의 처치변수에 따른 집단 간 차이를 밝히지만, 무선화구획요인설계는 두 개 이상의 처치변수와 더불어 한 개 이상의 구획변수에 따른 집단 간 차이를 밝힌다.

무선화요인설계(randomized factorial design)　두 개 이상의 처치변수(요인)의 주효과(main effect)와 상호작용효과(interaction effect)를 분석하기 위한 실험설계방법이다. 무선화요인설계는 처치변수가 2개 이상이므로 처치변수 간의 상호작용을 분석할 수 있는 장점이 있다. 예를 들어, 세 개의 교수법에 따른 교수법의 효과, 보상 여부, 학급규모에 따른 국어시험 점수의 차이를 보기 위하여 연구를 진행하면 무선화요인설계가 된다. 이 연구의 주효과는 교수법효과, 보상효과, 학급크기효과가 되며, 상호작용효과는 교수법과 보상의 상호작용효과, 교수법과 학급크기의 상호작용효과, 보상과 학급크기의 상호작용효과, 교수법, 보상, 학급크기의 상호작용효과가 있다.

무선효과(random effect)　다층모형에서 추정하는 모수 중 무선효과는 상수와 각 수준별로 모형에 투입한 독립변수가 종속변수에 미치는 효과가 상위수준 단위에 따라 다를 수 있음을 오차 또는 잔차로 명세화하며 이를 상위수준의 분산으로 추정한다. [동의어] 임의효과, 랜덤효과, 변동효과

무작위결측(Missing At Random: MAR)　결측 데이터의 패턴을 설명하는 용어로 특정 변수의 결측이 해당 변수의 값과는 무관하나 데이터 내 다른 관찰변수(observed variable)들의 패턴과 관련이 있는 경우이다. 즉, 임의의 변수 y에서 발생하는 결측 확률은 y로는 예측할 수 없으나, 다른 관찰변수들(예: x, z)로는 예측할 수 있음을 의미한다.

무조건모형(unconditional model)　다층모형에서 독립변수가 모형에 투입되지 않은 기본 모형을 의미한다. 일반적으로 무조건모형의 경우, 종속변수의 분산을 각 수준별로 구분하여 자료의 군집성(의존성)을 확인하는 데 활용된다. 예를 들어, 학생이 학교에 내재된 2-수준 무조건다층모형의 경우, 종속변수의 분산이 1수준인 학생과 2수준인 학교로 구분하고, 총 분산 중 2수준인 학교수준의 분산의 비율을 나타내는 급내상관계수(Intraclass Correlation Coefficient: ICC)를 계산한다.

묵인반응경향(acquiescence response style)　자기보고식 검사도구에서 진술문의 내용에 상관없이 동의하려는 경향성을 말한다. 묵인반응경향을 통제하기 위해 긍정적인 진술문과 부정적인 진술문을 혼합하여 구성하는 방법을 주로 사용한다.

문서분석(document analysis)　문서의 형태로 된 자료에서 연구와 관련된 정보와 그 의미를 분석하는 것을 말한다. 문서분석은 질적 연구의 한 가지 방법으로서 관찰, 면담, 사례연구, 구술사, 상황분석(situational analysis)과 대비되는 방법이다. 질적 연구의 타당도와 신뢰도를 높이고자 다각검증을 할 때, 관찰, 면담, 문서분석의 세 가지 방법으로 자료를 수집하는 경우가 있다. 문서분석은 여타의 방법에 비하여 시간 절약과 효율성 측면에서 경제적이지만, 자료가 한정되거나 편향적인 경우에 문제가 될 수 있다. 문서분석은 대체로 경험적 탐구 전통에 부합되는 관점에서 수행된다. 문서분석에는 연구자가 연구현장에서 수집한 각종 문서에 대한 분석은 물론 사이버 공간에서 수집한 자료에 대한 분석도 포함한다. 법률문서, 입법자료, 공공문서, 과세자료, 저널의 논문, 과학 보고서, 신문, 사진, 예술작품, 학교 벽의 낙서가 문서의 예이다. 동의어 기록물분석

문제은행(item bank/item pool)　다수의 문항들을 개발하여 문항의 특성과 관련한 다양한 정보와 함께 체계적으로 분류·저장·관리·활용하는 문항 집합 체제를 지칭한다. 문제은행은 다양한 문항 유형(단순문자형문항, 멀티미디어문항) 및 특성을 가진 다수의 문항들을 보유함과 동시에 개별문항에 대한 구체적인 정보(내용 영역, 기술통계적 정보, 개발정보 등)를 확보하는 것이 바람직하다. 문제은행의 활용으로 각종 교육 및 심리검사를 신속히 제작할 수 있으며, 상황과 필요에 따라 지필식검사, 컴퓨터적응검사, 혹은 온라인검사의 시행을 용이하게 할 수 있다. 또한 검사 후 사용된 문항들을 필요에 따라 수정·보완하여 다시 문제은행에 저장하거나 삭제할 수도 있어 양질의 문항들을 체계적으로 관리할 수 있다.

문항 간 공분산(inter-item covariance)　문항 간의 관련성, 즉 두 문항이 동일한 속성을 설명하는 정도를 나타내는 통계지표로, 대개 문항 간 공분산행렬로 표시된다. 문항 간의 공분산이 크면 문항 간 관련성이 높은 것으로 해석한다. 문항 간 공분산이 큰 경우 수렴타당도의 증거로 볼 수 있고, 요인분석을 실시하는 경우 같은 구인으로 묶여 나올 가능성이 크다. 즉, 문항들의 일관성이 높으면 동일한 구인을 재는 것으로 볼 수 있다. 문항 간 공분산이 너무 작은 경우는 문항들의 일관성이 떨어지는 것으로 보고 문항을 수정하거나 제거할 수 있다. 반면에 문항 간 공분산이 지나치게 큰 경우는 비슷한 문항이 중복되어 있는 것으로 보고 어느한쪽을 삭제하거나 수정할 것을 고려한다.

문항난이도(item difficulty)　문항의 쉽고 어려운 정도를 나타내는 지수로 고전검사이론 또는 문항반응이론에 근거하여 산출된다. 고전검사이론에 의한 문항난이도는 총 피험자 중 정답을 맞힌 피험자의 비율로 산출되며, 정답률이라고도 한다. 문항반응이론에 의한 문항난이도는 문항의 정답을 맞힐 확률이 중간일 때의 능력수준 척도상의 값으로 정의된다.

`동의어` 문항곤란도

문항내용분석(item content analysis)　문항의 내용타당도를 평가하기 위하여 문항의 내용이 검사의 목적에 적절한지를 검사내용 전문가가 주관적으로 판단하는 방법이다. 검사내용 전문가는 문항제작 과정에서 작성한 이원분류표나 문항정보표와 비교하여 문항의 내용이 적절한지를 평가할 수 있다.

문항단계모수(item step parameter)　이분문항반응이론모형에서의 문항난이도와 같은 개념으로 부분점수모형에서 주로 사용한다. 이분문항반응이론모형에서는 두 개의 문항범주에서 범주를 구분하는 단계가 하나 존재하여 문항단계모수를 문항난이도로 부를 수 있지만, 다분문항반응이론모형에서는 여러 개의 범주들을 구분하는 단계를 나타낼 수 있는 모수가 필요하다. 문항단계모수란 문항의 범주를 구별하는 난이도, 즉 범주의 단계를 넘어서는 난이도를 의미한다. 등급반응모형에서의 범주경계모수와 같은 의미이지만, 모형의 성립과정에서 범주를 구분하는 방식의 차이로 문항단계모수로 불리기도 한다. `동의어` 단계난이도

문항모수불변성(invariance of item parameter)　문항의 특성을 나타내는 난이도모수와 변별도모수는 피험자 표본의 능력분포에 의해 영향을 받지 않고 추정된다는 문항반응이론의 특성이다. 다시 말해, 문항모수는 피험자의 능력수준과 관계없이 동일하다. 능력모수불

변성과 함께 고전검사이론과 구별되는 특성이다.

문항모수추정치(item parameter estimate)   문항반응이론의 문항특성곡선을 결정하는 문항모수, 즉 문항변별도 a, 문항난이도 b, 문항추측도 c의 추정치로 a, b, c 혹은 α, β, c로 표기한다. 문항반응이론으로 주어진 검사 자료를 분석할 때, 문항반응모형에 의한 이론적 정답확률과 실제로 관찰된 정답비율 간 차이를 최소화하는 값들을 문항모수추정치로 얻는다.

문항모수표류(item parameter drift)   검사문항의 특성모수가 시간이 지남에 따라 변하는 현상을 나타낸다. 문항모수표류는 문항반응이론을 활용하여 구축한 문제은행을 장기간에 걸쳐 관리하고자 할 때 반드시 고려해야 할 문제 중 하나이다. 학업성취도검사의 경우 특별히 문제가 되는 문항특성은 난이도이다. 문항모수표류는 문항의 반복 노출에 따른 결과일 수도 있지만, 교육과정의 변화에 따른 결과일 수도 있다. 문항모수표류는 문제은행과 문항반응이론을 활용한 컴퓨터개별적응검사, 검사동등화, 수직척도화 등의 수행에 부정적인 영향을 미칠 수 있다.

문항묶음(item parceling)   구인을 측정하는 여러 개별문항들을 하나 이상의 묶음(parcels)으로 통합하는 것을 말하고, 이러한 묶음은 잠재 구인의 지표변수로 사용된다. 문항묶음을 생성하는 주요 방법으로는 다차원 구조의 경우 동일 요인에 속하는 문항끼리 합산하는 방법과 각 묶음에 요인별 측정 문항들이 모두 포함되도록 합산하는 방법이 있다. 일차원 구조의 경우 문항의 요인계수를 기준으로 각 문항묶음의 요인계수가 유사하도록 할당하는 방법과 문항들을 무작위로 임의할당하는 방법이 있다. 동의어 문항합산

문항반응나무모형(item response tree model)   문항반응나무모형은 응답과정에서 피험자의 세부적인 하위능력이 나무 모양으로 분화된 노드(node)에서 어떻게 작용하는지 시각화하여 분석해 주는 일련의 모형을 지칭한다. 피험자의 응답과정은 내재적 구조, 선형구조 등으로 나눌 수 있다. 문항반응나무모형은 피험자의 응답과정을 시각화하여 보여 줄 수 있다는 장점이 있으며, 피험자의 잠재적 특성과 함께 응답결과에 영향을 미치는 응답양식분석에 널리 사용된다.

문항반응범주(item response category)   다분문항반응이론모형에서 한 문항에 대하여 피험자들의 반응이 나타날 수 있는 가능한 범주의 종류를 말한다. 피험자의 반응이 0부터 k까

지 나타날 수 있다면, 가능한 문항반응 범주의 개수는 k+1개가 된다.

문항반응벡터(item response vector) 각 문항에 대한 피험자들의 반응들을 나열한 것으로, $U = (u_1, u_2, \cdots, u_n)$으로 나타낸다. 여기서 u_i는 피험자가 i번째 문항에서 받은 점수를 가리킨다. 일반적으로 이분문항인 경우 정답이면 1, 오답이면 0으로 표시한다. 예를 들어, 한 피험자가 다섯 문항 중에서 처음 두 문항은 맞히고 나머지 세 문항은 틀렸다면 문항반응벡터는 (1 1 0 0 0)으로 표현된다. **동의어** 문항반응형태

문항반응이론(Item Response Theory: IRT) 검사를 구성하고 있는 개별 문항에 초점을 두고 각 문항의 고유한 문항특성곡선에 기초하여 피험자의 잠재적 특성 또는 능력과 문항의 특성을 추정하는 검사이론이다. 문항반응이론의 핵심요소인 문항특성곡선은 피험자의 잠재적 특성과 문항의 답을 맞힐 확률 간의 함수관계를 나타낸다. 이러한 함수관계를 이용하여 피험자의 잠재적 특성 혹은 능력으로 문항점수를 예측할 수 있다. 문항반응이론은 어떤 능력을 가진 피험자의 한 문항에 대한 응답과 다른 문항에 대한 응답이 상호 독립적이라는 지역독립성을 기본 가정으로 이론을 전개한다. 문항반응이론의 모형은 수리적 접근방법에 따라 정규오자이브모형과 로지스틱모형으로 나뉘고, 고려하는 문항모수의 개수에 따라 1-모수모형, 2-모수모형, 3-모수모형, 4-모수모형으로 나뉜다. 또한 응답의 형태가 맞고 틀림으로 구분되는 이분모형과 3개 이상의 응답이 나타날 때 분석하는 다분모형이 있다. 나아가 문항이 측정하는 잠재적 특성의 개수에 따라 하나이면 일차원모형, 2개 이상일 경우 다차원모형으로 구분된다. 직접 관찰할 수 없는 피험자의 능력은 관찰가능한 피험자의 문항점수로부터 추정하며, 문항반응모형이 그 수단이 된다. 문항반응이론에서 피험자의 잠재적 특성에 대한 추정은 피험자가 응답한 문항들과는 독립적이고, 문항모수는 피험자들의 표본과 독립적으로 추정된다. 그렇기 때문에 문항반응이론은 검사점수를 기본요소로 하는 고전검사이론의 단점, 즉 문항특성에 대한 추정치들은 그 값들이 얻어지는 피험자들의 표본에 좌우되고 피험자의 검사점수는 피험자가 응답한 문항들의 특성에 의존하는 단점을 극복한다. 이와 같이 문항반응이론은 문항모수를 안정적으로 추정하므로 문제은행의 구축, 검사동등화, 컴퓨터화검사 등에 적용된다.

문항범주특성곡선(item category characteristic curve) 다분문항반응이론모형에서 각 문항범주에 대해 문항범주 점수를 받을 확률을 도표화한 것이다. 이분문항반응이론모형의

경우에 문항특성곡선과 같은 것으로 다분문항반응이론모형에서는 범주의 개수만큼 곡선이 그려지게 된다. 예를 들어, 5개의 반응지를 가진 문항이면 다음과 같은 다섯 개의 문항범주특성곡선이 그려진다.

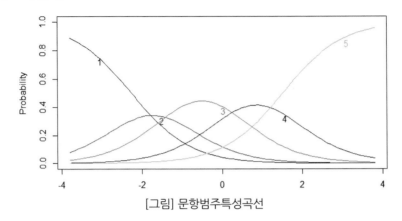

[그림] 문항범주특성곡선

다분문항반응모형에서는 문항의 범주에 따라 여러 개의 특성곡선이 그려지므로, 이분문항반응이론모형에서 사용하는 문항특성곡선이라는 용어 대신에 문항범주특성곡선이라고 부른다. **동의어** 범주확률곡선

문항변별도(item discrimination)   문항이 피험자의 능력을 변별하는 정도를 나타내는 지수이다. 고전검사이론에서는 문항점수와 총점 간 관계를 나타내는 문항-총점상관계수, 양극집단비교 방법 등을 통해 계산할 수 있다. 문항반응이론에서는 문항특성곡선상의 문항의 난이도에 해당하는 능력척도 값에서 문항특성곡선에 대한 접선의 기울기를 의미한다.

문항분석(item analysis)   검사를 구성하는 문항의 특성을 다양한 측면에서 분석하는 과정을 의미한다. 일반적으로 고전검사이론이나 문항반응이론 등의 검사이론과 다양한 통계 및 측정 모형에 근거한 분석이 이루어지는데, 문항 단위에서 난이도, 변별도, 추측도, 오답지 매력도, 편파성 등을 분석한다.

문항선택방법(item selection method)   문항반응이론에 기초한 컴퓨터적응검사를 실시할 때 초기 문항이 주어진 후, 문제은행에 남아 있는 문항들 중에서 피험자의 능력수준에 근거하여 문항을 선택하는 방법을 지칭한다. 일반적으로 사용되는 두 가지 방법은 최대우도추정법을 이용한 최대정보 문항선택방법과 베이지안(Bayesian) 문항선택방법이다. 최대정보

문항선택방법은 피험자의 능력수준이 추정된 바로 그 지점에서 그 피험자에 대해 최대의 문항정보를 제공할 수 있다고 판단되는 문항을 선택하는 방법이다. 반면, 베이지안 문항선택방법은 피험자의 능력 모수치 추정에 있어서 베이지안 사후변량을 최소화할 것으로 예상되는 문항을 선택하는 방법이다. 선택된 문항에 대한 피험자의 응답을 근거로 베이지안추정방법에 의해 피험자의 능력이 재추정되고 그 다음 단계의 문항은 사후변량을 최소화할 문항을 선택하게 된다. 이때 사용되는 능력추정치의 사후확률분포는 정규분포를 가정한다. 이 밖에 검사내용의 균형화(content balance)를 감안하여 각 내용 영역의 문항을 적절하게 고려하여 선정하거나, 선택되는 문항의 빈도 조절, 정답기호의 균형 있는 분포 등을 감안하는 방법들도 고려되고 있다.

문항신뢰도(item reliability)　문항신뢰도는 각 문항이 전체검사 분산에 어느 정도 기여하는지를 보여 주는 지표로, 문항의 표준편차(σ_i)에 문항점수와 전체문항의 상관계수(ρ_{ix})를 곱하여 산출한다. 이분문항의 전체검사 분산은 문항신뢰도계수의 총합을 제곱한 것과 같다. 식으로 나타내면, $\sigma_x^2 = (\sum \sigma_i \rho_{ix})^2$ 이다. 문항신뢰도를 통해서 어떤 문항이 전체검사 신뢰도에 상대적으로 기여하는지 파악할 수 있으므로, 문항선정의 목적이 검사점수의 신뢰도를 개선하는 데 있다면 문항신뢰도가 높은 문항을 선택한다. 또한, 두 문항이 전체점수에 대해 동일한 상관을 가지며 그중 한 문항의 분산이 다른 문항의 분산보다 클 때는 분산이 큰 문항이 전체점수의 신뢰도에 더 큰 영향을 미치게 된다.

문항양호도분석(item quality analysis)　검사를 구성하는 문항이 고유의 측정 목적을 가진 검사에 포함될 수 있는 수준의 적합한 양호도를 갖추고 있는지를 확인하는 작업이다. 문항양호도분석은 질적 평가와 양적 평가로 구분된다. 질적 평가는 문항의 내용타당도를 확인하는 과정으로 문항이 측정 목적에 부합되는지를 검사 내용전문가의 판단으로 실시된다. 양적 평가는 검사이론에 근거하여 문항난이도, 문항변별도, 문항추측도, 오답지매력도 등을 분석한다.

문항적합도(item fit)　개별 문항에 반응한 전체 피험자의 실제 반응유형과 문항반응이론모형에 의해서 추정된 반응 유형 간의 부합 정도를 의미한다.

문항정보함수(item information function)　문항반응이론에서 문항에 의한 피험자 능력추정의 정확성을 나타내는 함수이다. 능력수준 θ에서의 문항정보함수 $I(\theta)$는 다음과 같이 정의된다.

$$I(\theta) = \frac{[P'(\theta)]^2}{P(\theta)\,Q(\theta)}$$

여기서 $P(\theta)$는 문항반응이론모형에서 정의된 정답 확률이고, $Q(\theta)$는 오답 확률, 즉 $1 - P(\theta)$이며, $P'(\theta)$는 $P(\theta)$의 도함수이다. 문항정보함수는 능력수준 θ에 따라 다른 값을 가지며, 일반적으로 능력수준과 문항난이도가 일치할 때 최대이다. 문항정보함수의 그래프, 즉 문항정보곡선의 일반적 형태는 다음 [그림]과 같다.

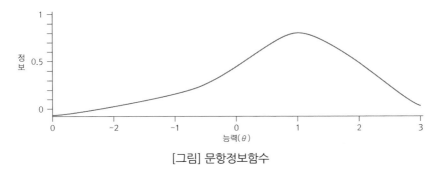

[그림] 문항정보함수

문항제작(item construction)   평가목표에 따라 문항을 개발하는 과정으로 양질의 문항을 제작하기 위해서 문항제작자는 문항제작에 대한 이론과 방법뿐만 아니라 교육목표, 교육내용, 학습원리, 피험자 집단의 발달원리 및 특성에 대한 지식이 있어야 한다. 또한 문항제작자는 문장력도 갖추어야 하며, 편협한 자세가 아닌 열린 마음을 가지고 있어야 한다. 문항제작 단계는 검사문항의 초안 작성, 문항에 대한 질적 검토와 수정, 소규모 시행, 문항의 편집과 인쇄 순으로 이루어진다. 검사문항의 초안은 평가대상의 목표 도달 정도를 파악할 수 있는 수의 2~3배는 되어야 한다. 문항 초안에 대해 내용전문가, 평가전문가, 경험 있는 현장교사가 참여하여 논리적 측면에서 검토와 수정을 한다. 소규모 시행은 10~20명 정도의 집단에 시행하는 것으로 답지반응분포, 소요시간 등을 분석하고 문항을 수정·보완하여 검사문항을 확정한다.

문항추측도(item guessing)   피험자가 문항의 정답을 전혀 알지 못할 때 추측에 의해 정답을 맞힐 확률을 의미한다. 고전검사이론에서는 총 피험자 중 문항의 답을 알지 못하여 추측을 통해 정답을 맞힌 피험자의 비율을 의미한다. 추측도는 0에서 1까지의 범위를 가지며, 문항반응이론에서는 문항특성곡선의 능력모수 최저점에서 기대되는 정답 확률에 해당한다.

문항타당도(item validity)　검사의 각 문항이 본래의 기능을 제대로 수행하고 있는지를 나타내는 문항양호도 지수이다. 즉, 한 검사에서 높은 점수를 받은 피험자가 특정 문항에 정답할 확률이 높다면 검사와 문항이 측정하고 있는 구인과 기능이 유사하기 때문에 문항이 양호하다고 해석할 수 있다. 문항타당도 지수는 일반적으로 문항 점수와 전체 검사점수의 상관계수로 산출한다.

문항특성곡선(Item Characteristic Curve: ICC)　피험자의 잠재적 특성 혹은 능력의 수준 θ에 따라 문항의 정답을 맞힐 확률 $P(\theta)$를 나타내는 곡선이다. 피험자의 능력수준과 문항에 대한 정답 확률 간 관계를 나타내는 문항특성곡선은 문항반응이론의 핵심요소이다. 일반적으로 문항특성곡선은 다음 [그림]과 같이 S자 형태를 띤다.

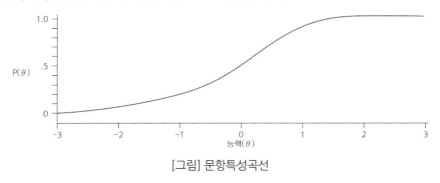

[그림] 문항특성곡선

문항특성함수(item characteristic function)　문항특성곡선을 결정하는 함수 $P(\theta)$를 말한다. 문항특성함수 $P(\theta)$는 능력모수 θ에 대한 단조증가함수로서 능력수준에 따른 정답확률을 나타낸다.

문항편파성(item bias)　문항에 정답할 확률이 검사가 측정하고 있는 능력이 아닌 다른 요인에 의해 영향을 받는 여부 또는 그 정도를 나타낸다. 차별기능문항은 통계적 분석을 통하여 특정 피험자 집단이 다른 집단에 비하여 얻는 이득 또는 불이익 정도를 나타내는 중립적 개념이라면, 문항편파성은 차별기능문항에 대한 사회정의적 맥락에서의 해석까지 포함하기도 한다.

문헌조사(literature review)　연구하고자 하는 문제에 대한 기존의 연구내용들을 검토하는 작업이다. 원래 과학적 연구는 단편적이기보다는 누적적인 특성이 있으므로, 기존의 연구들을 통해 집적된 이론 혹은 경험적 연구결과를 바탕으로 연구가 설계되고 진행되어야만 한다. 만일 모든 연구자가 각기 자신의 연구문제에 접근함에 있어서 기존의 연구결과를 무시하고 서로 독립적으로 움직이려 든다면 단편적이고 파편적인 결과만 난무할 뿐 수많은 연구결과 사이의 유기적 연계를 기대할 수가 없게 된다. 과학적 연구의 발전을 기하기 위해서는 여러 연구결과가 서로 어떠한 연관성을 지니는지, 그리고 그러한 연구결과 간의 구체적인 관계의 양상은 어떠한지를 반드시 사전에 점검할 필요가 있다. 그러므로 연구자는 자신의 연구문제를 본격적으로 접근하기에 앞서 기존 문헌에 나타난 연구결과를 면밀히 검토하여야만 하는데, 이를 문헌조사라고 부른다. 연구의 모든 단계가 문헌조사의 대상이 되지만, 그중에서도 특히 이론과 경험적 결과가 가장 중요한 대상이다.

문화기술법(ethnographic method)   한 민족이나 집단의 문화를 이해하여 기술하는 데 주안점을 두는 연구법을 말한다. 문화기술법은 인류학에서 발전시켜 온 연구방법으로 연구하고자 하는 집단에서 어떤 일이 어떻게 진행되고 있는가를 세세하게 파악하고, 이를 토대로 집단 구성원들이 공유하고 있는 문화를 추론하고, 이러한 작업의 누적과 비교연구를 통하여 문화이론을 형성하는 데 유용하다. 문화기술법은 부분적인 현상에 집착하지 않고 관련된 현상들이 전체적으로 어떻게 작동하는가에 주목하는 총체적 접근을 시도한다. 또한, 연구하고자 하는 현상을 연구설계에 따라 인위적으로 조작하지 않고 자연 상태 그대로 연구하는 자연주의적 접근을 취한다. 더 나아가 연구자는 자신의 존재 자체가 집단 내부자들에게 영향을 미칠 수 있다는 점을 부정하지 않으며, 오히려 연구자 자신이 그들에게 어떻게 받아들여지고 있는가에 대해 민감하게 주목한다. 문화기술법은 또한 누구에게나 적용되는 일반적인 가치판단의 준거를 부정하고 연구하고자 하는 집단 구성원들의 시각으로 그들이 살아가는 세계를 이해하는 문화상대주의적 관점을 취한다. 이러한 연구논리에 따라 대표적인 두 가지 기법인 참여관찰과 심층면접이 활용된다. 동의어 민족지법

문화내부적 접근(emic approach)   문화기술적 연구에서 관련 개념, 범주, 자료 등을 당사자 집단의 논리와 맥락 속에서 이해하고 해석하는 접근법이다. 연구대상의 고유한 관점, 기준, 지식, 요구 등을 밝히고 이해하기 위해 이 접근법이 응용되고 있다.

문화일반적 접근(etic approach)   비교문화적 연구에서 수집한 자료를 학술적 분류체계나

여러 문화에 일반적으로 통용되는 기준, 용어, 도구 등을 활용하여 분석하는 접근법이다. 언어학자 Kenneth Pike가 문화내부적 접근(emic approach)과 대비되는 용어로 사용하였으며, '에믹'과 '에틱'의 구분을 언어뿐만 아니라 인간행동의 구조를 연구하는 모든 학문에 일반화하였다. 교육학(특히 교육인류학 분야)에서도 연구대상의 독특한 문화를 다른 문화들과의 일반적 관계 속에서 설명하고 평가하기 위한 방법으로 사용되고 있다.

미국교육학회(American Educational Research Association: AERA)   미국에서 교육학 관련 학술적 연구와 교육현장에서의 실제적인 적용을 촉진하기 위해 1916년에 설립된 교육전문가 학술단체이다. 주요 활동은 연례 학술활동, 전문지식 전파 및 전문가 양성이다. 2023년 기준 교수 및 교육전문가, 행정가, 연구자 및 대학원생을 포함해서 전 세계 85개 국가의 약 2만 5천 명의 회원이 활동하고 있고, 총 12개 분과(divisions)와 150개 이상의 관심그룹(Special Interest Group: SIG)으로 구성되어 있다. 홈페이지는 www.aera.net이다.

미시적 평가(micro evaluation)   평가대상에 관하여 분석적으로 접근하는 평가적 접근을 말한다. 평가대상의 부분이나 요소에 관하여 분석적으로 평가하되, 거시적·총체적 평가방법과 조화롭게 연관되어야 종합적인 평가결과를 얻을 수 있다. 미시적 평가는 구성요소평가와 차원평가로 구분될 수 있다. **동의어** 분석적 평가

바닥효과(bottom effect/floor effect)　측정도구가 측정하려는 특성의 하위수준에 속한 사람들을 변별하지 못하는 현상이다. 바닥효과는 도구 자체의 점수범위가 제한적일 경우에도 발생할 수 있고, 검사가 너무 어려운 경우에도 발생한다. 측정의 하한선(바닥)이 높게 책정되어 있거나 검사가 너무 어렵다면 일정 수준 이하에 속한 사람들의 차이를 변별할 수 없을 것이다. 검사의 어려움은 측정대상에 따라 상대적이다. 예를 들어, 일반학생들은 잘 변별하는 측정도구가 학습부진학생을 판정하는 경우에 바닥효과를 야기할 수 있다. 바닥효과는 연구결과의 신뢰성을 떨어뜨린다.

반론중심평가접근(adversary-oriented evaluation approach)　재판과정과 청문회 방식을 적용하여 교육 프로그램을 포괄적으로 이해하고자 하는 평가접근이다. 교육 프로그램에 대한 찬성과 반대 의견을 주장하는 평가팀이 관련 증거와 의견을 제시하면 배심원단이 청취하고 평결을 내리는 절차로 진행된다. 1973년 Thomas R. Owens의 법률적/사법적 평가모형(legal/judicial evaluation model)이 대표적이다.

반복측정설계(repeated measure design)　반복측정설계는 서로 다른 집단이나 사람들을 서로 다른 처치조건에 할당하는 대신 같은 피험자에게 모든 처치조건에 할당한다. 따라서 실험처치의 효과가 다른 집단들의 차이로 나타나기보다는 같은 사람의 실험이 수행되는 동안 발생하는 변화로 나타나는 것이다. 이 설계의 가장 큰 장점은 적은 수의 피험자만으로 연구가 가능하다는 점이다. 그러나 이 설계는 잔여효과(carryover effect)를 보인다는 약점이 있다. 즉, 한 조작의 여파가 다음 조작이 이루어지고 있을 때도 나타날 수 있다는 것이다. 또 다른 단점으로는 피험자가 다양한 처치조건에 노출되면서 실험의 의도를 눈치챌 수 있다는 점이다. 이런 경우, 피험자가 실험의 의도를 눈치채지 못했을 때와는 전혀 다른 행동을 보일 수도 있다. 만약 반복측정설계에서 독립변인의 제시순서가 영향을 줄 수 있는 경우 라틴정방설계(latin square design)가 유용하게 쓰일 수 있다.

반분신뢰도(split-half reliability)　검사의 내적 일관성을 추정하는 신뢰도의 한 종류로서 검사를 두 부분으로 나누어 두 부분 검사점수에 대한 측정의 일관성을 추정하는 방법이다. 한 번 실시한 검사를 두 부분 검사로 나누고 반분된 검사점수들 간의 상관계수를 계산한 후, Spearman-Brown 공식에 의하여 전체 검사의 신뢰도를 추정하게 된다. 검사를 반분하는 방법으로는 검사문항을 홀수와 짝수 문항으로 나누어 각 개인들의 홀수문항점수와 짝수문항 점수의 상관을 구하는 홀짝법, 문항특성에 따라 전후로 반분하는 전후법, 무작위로 분할하는 방법 등이 있다. 문항수가 줄어듦으로 인한 전체 신뢰도의 과소추정을 교정하기 위하여 Spearman-Brown 공식을 적용하며, 그 공식은 다음과 같다.

$$\rho_{XX'} = \frac{2\rho_{jj'}}{1 + \rho_{jj'}}$$

여기서 $\rho_{jj'}$는 반분검사의 신뢰도, $\rho_{XX'}$는 전체 검사의 신뢰도를 의미한다. 반분검사신뢰도는 검사를 두 번 시행하지 않고 신뢰도를 추정할 수 있다는 장점을 지닌다.

반사실(counterfactual)　주어진 사실에 '반(counter-)'한다는 의미에서 '반사실'로 번역되는 용어로, 인과추론이론에서 많이 사용되는 표현이다. 관찰가능한 정보를 중심으로 인과에 접근하기보다, 현실에서 실현되지 않은 반사실을 전제하고, 이에 근거하여 인과를 정의하려는 접근을 의미한다. 예를 들어, 어떤 학생이 특목고에 진학했고 대학진학에 성공했다고 할 때(사실), 특목고 진학의 인과적 효과는 '이 학생이 만약 특목고에 진학하지 않았더라면 대학진학이 어떠했을까?'에 관한 반사실을 '특목고 진학 후 대학에 진학했다.'는 사실과 비교함으로써 정의될 수 있다. 만약, 특목고에 진학하지 않았을 때도 대학진학에 성공했다면 사실과 반사실 모두 결과가 같으므로 특목고 진학의 인과효과가 없는 것이며, 만약 특목고에 진학하지 않았을 때 대학진학에 실패한다면 사실과 반사실의 결과가 다르므로 특목고 진학의 인과효과가 있다고 할 수 있다. 즉, 특목고 진학의 인과적 효과는 사실과 반사실의 결과를 비교함으로써 정의된다.

반응세트(response set)　응답자가 문항이나 검사의 내용과 관련 없이 일관된 방식으로 검사에 응답하는 경향을 의미한다. 대표적인 예로는 사회적 바람직성(social desirability), 무선적 응답(random responding), 가장(dissimulation) 등이 있다. 초기 연구에서는 반응세트의 오차분산의 원천이 ① 일시적인 상황, 특정한 검사 형태, 동기적인 요인에 의해 기인하는 경우와 ② 개인의 일관적이고 지속적인 특성에 기인하는 경우로 보았다. 이후 Douglas N. Jackson과 Samuel J. Messick은 후자에 기인한 것을 반응양식(response style)이라고 명명하였다.

반응적 평가(responsive evaluation)　1970년대 초 Robert E. Stake가 주창한 질적 연구방법 기반의 프로그램 평가이론으로, 프로그램 안에서 실제 생활하는 사람들의 활동, 경험, 우려나 관심을 이해하는 것을 중시하는 프로그램 평가이론이다. Stake는 표준화된 측정도구와 기준에 기반한 기존 평가의 한계를 지적하고, 프로그램 평가자는 프로그램의 이해관련자의 활동, 경험, 우려 등에 적극적으로 '반응'하여야 한다고 보았다.

반응지연시간기록법(latency recording)　지속시간과 같이 시간중심의 관찰기록방법으로, 자극(언어적 지시나 과제 제시)이 주어진 때부터 반응이 일어난 때까지의 시간을 기록하는 방법이다. 즉, 반응속도에 대한 지표로서 과제의 이해능력이나 운동능력을 측정할 때 사용된다. 예를 들어, 지시어("고개를 드세요.")가 끝난 순간부터 수행, 즉 고개를 들기 시작하는 순간까지 걸리는 시간을 측정하여, 언어이해 과정의 속도나 운동능력을 측정할 수 있다.

반증사례연구(negative case study)　어떤 일반적인 명제나 보편적으로 인정받는 원리에 위배되는 한 개의 사례를 제시함으로써 그것이 옳지 않음을 증명하는 방법이다. 예를 들어, 모든 화성인은 세 개의 머리를 갖고 있다는 것이 현시대 사람들의 보편적인 믿음이라면, 믿을 수 있는 관찰자가 한 명일지라도 두 개의 머리를 가진 화성인의 존재를 증명할 경우 이 믿음은 무너지게 된다. Thomas S. Kuhn은 반증사례연구를 통해 한 시대에서 보편적으로 인정받는 원리가 다른 믿음으로 대체되는 방식에 의해 과학적 발전이 이루어져 왔다고 주장한다.

발달적 평가(developmental evaluation)　아동발달의 여러 측면을 조사하여 발달상의 현재 위치 확인 및 발달의 지체 또는 장애를 조기에 감별해 내는 평가이다. 발달적 평가를 통해 아동의 현재 발달수준이 어느 정도인지, 아동이 특정한 교육경험을 위한 준비는 되었는지 또는 특정 교수과제의 내용을 다룰 수 있는지 등을 판단하는 데 유용한 정보를 얻을 수 있다. 아동을 대상으로 하는 대표적인 발달적 평가로 덴버발달검사(Denver Developmental Screening Test), 베일리 유아발달척도(Bayley Scales of Infant Development), 게젤 발달검사(Gesell Developmental Schedules) 등이 있다.

배깅(bagging)   의사결정나무는 데이터의 최적화된 동질 집단을 제시해 줌과 동시에 동질 집단들을 결정짓는 변수를 제시해 준다. 그러나 수집된 데이터, 혹은 어떤 변수가 처음 선택되느냐에 따라서 그 의사결정나무는 영향을 받는다. 이로 인해 단일 의사결정나무는 데이터나 변수 선택에 의존적이다. 보다 안정적이며 예측력 높은 의사결정나무를 위해 배깅(bagging)과 부스팅(boosting)의 두 가지 앙상블 방법이 활용된다. bagging(bootstrap+aggregation)은 수집된 전체 데이터가 아닌 그 일부를 독립적이고 반복적으로 활용하여 여러 의사결정나무를 생성하고, 최종적으로 이들을 통합하여 하나의 의사결정나무를 제시하는 방법이다.

배치검사(placement test)   학습자의 능력수준이나 적성을 고려하여 적합한 교육을 받을 수 있는 집단에 배치하기 위해 실시하는 검사이다. 배치검사 결과는 학습자 특성에 맞는 개별화된 교육을 제공하기 위한 의사결정 과정에 활용되며, 이를 통해 효과적인 학습을 도모할 수 있다.

백분위(percentile rank)   특정 점수 아래 전체 사례 중 몇 %의 사례가 분포되어 있는지를 나타내는 점수이다. 예를 들어, 어느 학생의 원점수가 60점, 백분위가 75라면 이 학생이 받은 60점 아래에 전체 학생의 75%가 있다는 의미이고, 이 학생은 상위 25%에 해당하는 것으로 해석할 수 있다. 원점수 X에 대한 백분위 $PR(X)$는 다음 공식에 의해 계산할 수 있다.

$$PR(X) = \frac{100}{N}\left[Cf_a + \left(\frac{X-LL}{i}\right) \times f_o\right]$$

N은 전체 사례수, Cf_a는 점수 X가 포함된 바로 전 급간까지의 누적빈도, X는 백분위를 구하고자 하는 점수, LL는 주어진 백분위 점수 X가 들어 있는 급간의 정확 하한계, i는 급간의 크기, f_o는 주어진 점수 X가 포함된 급간의 빈도이다. 백분위는 기본적으로 서열척도의 특성을 가지는 점수로 상대적 위치 비교는 가능하나, 동간성이 없으므로 평균이나 표준편차 산출이 불가능하다. 따라서 백분위의 차이에 대한 해석에 유의하여야 한다.

백분위수(percentile)　백분위수란 자료를 크기 순으로 정렬하였을 때 백분율로 나타낸 특정 위치의 값을 말한다. 예를 들어, 많은 값을 가진 자료에서 30 백분위수는 하위 30%에 해당하는 값을 의미하며, 50 백분위수는 중앙값과 같다. 백분위수와 유사한 용어로 백분위(percentile rank)가 있는데, 백분위수는 전체 자료에서 특정 위치(몇 번째 수)에 어떠한 값이 있는지를 나타내는 반면, 백분위는 특정 값이 전체 자료에서 어느 위치에 있는지(몇 %에 해당하는지)를 나타낸다.

범위(range)　관찰된 자료가 흩어져 있는 정도를 나타내는 통계치이며, 최댓값에서 최솟값을 빼준 값이다. 범위를 R이라고 표현하면, R= 최댓값−최솟값＋1로 나타낼 수 있다. '1'을 더하는 이유는 최댓값 상한계에서 최솟값 하한계까지의 거리가 범위가 되기 때문이다. 예를 들어, 2, 6, 8, 9의 네 점수가 있는 경우 범위는 R=9−2+1=8이 된다. 범위의 장점은 계산하기에 간편하고 쉽게 이해할 수 있다는 것이며, 단점은 최댓값과 최솟값에 의해서만 범위가 결정되므로 그 사이에 존재하는 값들이 어느 정도 퍼져 있는지를 알 수 없다는 것이다.

범주경계모수(category boundary parameter)　이분문항반응이론모형에서의 문항난이도와 같은 개념으로 등급반응모형에서 주로 사용한다. 이분문항반응이론모형에서는 두 개의 문항범주에서 범주경계가 하나 존재하여 범주경계모수를 문항난이도로 부를 수 있지만, 다분문항반응이론모형에서는 여러 개의 범주들의 경계를 나타낼 수 있는 모수가 필요하다. 범주경계모수란 문항의 범주를 구별하는 난이도를 의미한다. 부분점수모형에서의 문항단계모수와 같은 의미로 사용된다.

베르누이시행(Bernoulli trial)　베르누이시행은 성공(S)과 실패(F)로 일컬어지는 두 가지의 결과 중 하나를 얻는 시행이다. 여기서 각 시행에 대한 성공의 확률은 동일하며, 그 시행들은 각각 독립적임을 가정한다. 한 시행에서 성공의 확률은 다른 시행들의 결과에 영향을 받지 않는다. 예를 들어, 동전 던지기에서 앞면과 뒷면이 나올 확률은 각각 1/2로 독립적이다.

베이즈정리(Bayes theorem)　서로 배반적인(exclusive) n개 사건 $A_1, \cdots, A_n$이 $\sum_{j=1}^{n} P(A_j)$ ＝1을 만족할 때, 어떤 사건 E가 일어났다는 가정에서의 조건확률(conditional probability)에 $\mathrm{P}(A_i|E)$에 관한 정리이며, 다음 식과 같다.

$$P\left(A_i \mid E\right) = \frac{P(E \mid A_i)\,P(A_i)}{\displaystyle\sum_{j=1}^{n} P(E \mid A_j)\,P(A_j)}$$

조건확률 $\mathrm{P}\left(A_i \mid E\right)$를 사건 E가 일어났다는 정보를 바탕으로 구해진 사후확률(posterior probability), $\mathrm{P}\left(A_i\right)$는 사전확률(prior probability)이라 한다.

베이지안추정(Bayesian estimation)　모수의 분포에 대한 사전 정보와 우도함수를 결합하여 모수를 추정하는 방법으로 베이즈정리가 베이지안추정의 핵심 기반이다. 최대우도추정은 우도함수만을 이용하는 데 비해 베이지안 추정은 우도함수와 사전확률분포를 이용함으로써 문항이나 피험자가 적을 때 최대우도추정보다 안정적으로 모수를 추정할 수 있다. 모든 문항을 맞히거나 틀린 피험자의 능력도 추정된다.

벤다이어그램(Venn diagram)　전체 집합을 직사각형으로 나타내고, 그 안에 부분 집합을 원으로 표시하여, 전체 집합과 부분 집합의 관계나 부분 집합 사이의 관계를 설명하기 위한 그림이다.

벤치마크검사(benchmark test)　벤치마크검사는 학생들의 학업성취도를 측정하여 학생의 현재 성취수준을 목표치와 비교하기 위해 활용되는 평가를 말한다. 벤치마크검사는 사전에 설정한 목표치에 대한 도달 정도를 측정하고 교수학습 또는 교육 프로그램의 성과를 지속적으로 모니터링하기 위해 사용된다. 예를 들어, 미국 대다수의 주(state)에서는 벤치마크검사로 미국의 전국교육향상도평가(NAEP)를 활용한다. 각 주에서는 NAEP에서 제공하는 성취수준별 학생 비율을 기준으로 삼아 학생들의 성취수준을 파악하고 학습 향상을 도모하며 교육 프로그램을 개선한다.

변별타당도(discriminant validity)　검사에서 측정하는 변인과 특성이 다른 변인과의 차별성 정도에 의해 판단하는 타당도이다. 서로 다른 특성을 동일한 방법으로 측정하여 얻어진 검사점수들의 상관이 낮다면 검사의 타당한 근거로 변별타당도가 높다고 할 수 있다. 변별타당도와 대비되는 개념인 수렴타당도가 있다.

변수(variable)　연구를 통해 밝히고자 하는 사물이나 사람, 집단의 특성을 말한다. 이러한 특성은 개인이나 개체, 개별 집단에 따라 달라지고, 일정한 값을 갖지 않는다는 특징이 있다.

예를 들어, 키는 사람에 따라 다르고, 개인을 구별짓는 특성 중 하나이다. 키 외에도 개인은 많은 특성을 지니고 있는데, 몸무게, 머리색깔, 인종, 성별, 지능, 성격, 운동기능, 학업성취도, 신앙심 등 수없이 많은 특성을 고려할 수 있다. 이러한 특성 중 연구자가 관심을 갖고 연구를 통해 밝히려고 하는 특성을 변수라고 한다. 예를 들어, 한 연구자가 개인의 자아정체감이라는 특성에 관심을 갖고 연구를 진행한다고 가정하자. 이 연구자는 자아정체감에 영향을 주는 다른 특성들이 무엇일까 고찰한 후, 신앙 성숙도가 영향을 줄 것이라는 가설을 세우게 되었다. 이 경우, 신앙 성숙도와 자아정체감은 모두 개인의 특성인 동시에, 이 연구자의 연구에서는 변수가 된다. 연구에 대한 정의 중 하나는 변수 사이의 관계를 밝히는 과정이라는 정의이다. 특히 변수 사이의 관계가 영향을 주는 변수와 영향을 받는 변수로 구분될 수 있을 때, 영향을 주는 변수를 독립변수(independent variable), 영향을 받는 변수를 종속변수(dependent variable)라고 한다. 많은 연구는 독립변수와 종속변수 사이의 관계를 밝히려는 목적을 갖고 진행된다. 독립변수, 종속변수로는 분류되지 않지만, 연구에서 중요하게 고려되는 변수 중에는 방해변수(또는 잡음변수, 가외변수) 등이 있다. 이 변수는 연구자가 관심을 갖고 밝히려고 하는 독립변수에는 포함되지 않지만, 종속변수에 영향을 줄 수 있는 변수를 의미한다. 따라서 독립변수와 종속변수의 관계를 보다 명확히 밝히려고 하는 연구자는 가능한 한 방해변수의 영향력을 통제하려고 한다. 동의어 변인

변환점수(transformed score) 어떤 점수의 해석력을 높이기 위해서 원점수를 변환시킨 점수를 말한다. 점수의 변환은 선형 혹은 비선형으로 이루어지며, 이를 각각 선형변환점수와 비선형변환점수라고 한다. 선형변환점수는 일차함수를 이용하여 변환한 것이다. 예를 들어, 원점수를 평균 100, 표준편차 20이 되도록 선형으로 변환하였다면, 이는 선형변환이다. 비선형변환점수는 원점수를 비선형 방식으로 변환하는 것을 말한다. 비선형변환점수의 예로 정규화된 표준점수가 있다.

보조변수(auxiliary variable) 원자료에 있으나 주요 분석에는 포함되지 않는 변수 중 불완전한 데이터를 기반으로 통계치를 추정하는 데 도움이 되는 변수이다. 일반적으로 결측자료 분석에서 결측값을 대체할 때 결측된 변수와 관련이 높다고 판단되는 변수를 보조변수로 설정하거나, 혼합모형에서 잠재계층 분류 시 외부요인인 예측변수 또는 결과변수를 보조변수로 설정한다.

부가가치모형(value added model)　학생의 향상된 성취를 기반으로 교사(또는 학교, 프로그램)의 효율성을 평가하기 위한 방법으로, 학생의 성취 향상에 대한 교사의 순수한 부가가치를 추정하고자 하는 다양한 통계적 모형이다. 예를 들어, 학생의 성취에서 지능, 가정의 사회경제적 수준과 같이 교사가 통제할 수 없는 배경 요인의 영향을 분리하거나, 학생의 사전 성취를 기반으로 추정된 예측 점수와 실제 점수 간 차이를 통해 부가가치를 산출한다.

부분상관(partial correlation)　셋 이상의 변수들이 상호 상관을 갖는 상황에서 다른 변수들의 영향을 준거변수와 해당변수에서 모두 제거하고 난 후 잔차 사이의 상관이다. 세 변수 Y, X_1, X_2가 모두 상관을 갖는 경우에 변수 Y와 X_2의 부분상관은 개념적으로 다음과 같이 정의된다.

$$r_{(Y|X_1)(X_2|X_1)} = Corr(Y_i - \widehat{Y}_{1i}, \ X_{2i} - \widehat{X}_{2|1i})$$

여기서 $\widehat{Y}_{1i} = b_0 + b_1 X_{1i}$를 지칭하며, $\widehat{X}_{2|1i} = b_0 + b_1 X_{1i}$이다. 부분상관은 회귀분석에서처럼 여러 예측변수가 상호 상관을 가지면서 준거변수와도 상관을 갖는 경우에 다른 변수들의 영향을 배제한 상태에서 준거변수와 갖는 고유상관이라고 할 수 있으며, 회귀계수의 추정에 사용된다. **동의어** 편상관

부분점수모형(Partial Credit Model: PCM)　Geoffrey N. Masters가 1982년에 제안한 모형으로, 검사문항을 '맞힘' 혹은 '틀림'과 같이 이분법적으로 채점하는 경우뿐 아니라 부분점수를 부여하여 여러 수준으로 채점할 경우에도 적용할 수 있는 문항반응모형이다. 부분점수모형은 문항을 여러 수준으로 나누어 채점하는 경우에 적용한다는 점에서 평정척도모형과 비슷하나, 검사에 포함된 문항들의 단계별 난이도의 상대적 거리가 동일하다는 가정을 만족시키지 않을 경우에도 사용할 수 있다는 점에서 평정척도모형과는 차이가 있다. 어떤 문항(i)이 ($m_i + 1$)개의 수준과 m_i개의 단계로 되어 있을 경우, 각 수준별 부분점수를 연속적인 정수로 나타내면 0, 1, 2, $\cdots$, m_i가 되고, 문항의 각 단계별 난이도 D_{ij}로 나타낼 수가 있다. 부분점수모형을 이용하여 이와 같은 자료를 분석할 때, B의 능력을 갖는 피험자 v가 D의 난이도를 갖는 문항 i에서 특정점수 x를 받을 확률 P_{vxi}는 다음과 같다.

$$P_{vxi} = \frac{\exp\left[\sum_{j=0}^{x}(B-D_{ij})\right]}{\sum_{k=0}^{m_i}\exp\left[\sum_{j=0}^{k}(B-D_{ij})\right]}$$

(단, $D_{i0} \equiv 0$이므로 $\sum_{j=0}^{0}(B-D_{ij})=0$이고, $\exp\sum_{j=0}^{0}(B-D_{ij})=1$)

부분점수모형은 모든 자료가 동일한 형태가 아닌 복합형 검사(예컨대, 어떤 문항은 2수준으로 채점하고, 다른 문항은 4수준 혹은 5수준으로 채점하는 경우)에도 그대로 적용할 수 있다는 특징이 있다. 복합형 검사의 자료를 분석할 때 부분점수모형을 많이 활용하는 이유 중 하나는 다른 다분문항반응이론들, 예컨대 문항의 단계별 변별도 계수(a_i)를 고려하는 등급반응모형이나 일반화된 부분점수모형에 비해 부분점수모형에서 추정해야 하는 모수들의 수가 상대적으로 적다는 점에서 보다 간명한(parsimonious) 모형이기 때문이다.

부수적 모수(incidental parameter)　　서로 독립인 무선확률변수 $X_1, X_2, \cdots, X_j$의 분포가 문항모수 τ와 능력모수 θ_j에 의해 결정될 때, 피험자 j에 관계없이 일정한 τ와 달리 피험자 j에 따라 변하는 θ_j를 부수적 모수라 한다. 한편, 이때 τ를 구조적 모수라 한다. 문항반응이론에서 문항모수와 피험자 능력을 동시에 추정할 때, 피험자 능력모수는 부수적 모수이고 문항모수는 구조적 모수이다. 모수추정 과정에서 문항모수는 검사 길이에 따라 고정적인 데 비하여 능력모수는 피험자 수에 따라 변화하기 때문에 모수추정치가 수렴하지 않는 문제를 발생시키기도 한다.

부스팅(boosting)　　부스팅은 앙상블 방법으로 전체 데이터의 일부를 사용하여 하나의 의사결정나무를 만들고, 또 다른 일부의 데이터에 그 의사결정나무를 적용한 오차를 통해 가중치를 적용한 뒤, 수정된 의사결정나무를 만든다. 부스팅은 이를 반복함으로써 여러 개의 의사결정나무가 만들어지고, 이들을 통합하여 최종 의사결정나무를 구축하는 방법이다.

부적 변별문항(negatively discriminating item)　　능력이 상대적으로 높은 피험자 집단에서 능력이 낮은 피험자 집단에 비해 정답률이 낮게 나타나는 문항을 의미한다. 문항점수와 총점 간 상관계수에 의한 문항변별도가 음수를 나타내는 경우 부적 변별문항에 해당한다. 이러한 부적 변별문항은 문항에 오류가 있거나 검사에서 측정하고자 하는 내용 또는 구인과 다른 것을 측정하고 있다는 신호일 수 있으므로 검사 개발 및 수정 단계에서 부적 변별문항을 확인하는 것이 중요하다.

부지통제기법(blindfold technique)　연구참여자가 연구의 내용을 모르게 하여 처치효과의 왜곡을 방지하기 위한 통제기법 중 하나이다. 연구참여자가 실험의 내용을 알게 될 경우 연구자의 기대나 실험상황의 요구특성 등의 영향을 받아 연구결과의 내적 타당도를 위협할 수 있다. 실험에서 연구자의 기대가 처치결과에 영향을 미칠 수 있는 경우에는 연구자 자신도 실험의 목적이나 내용을 모르게 하는 이중부지통제기법을 사용할 수도 있다.

부트스트랩우도비검정(Bootstrap Likelihood Ratio Test: BLRT)　혼합모형에서 부트스트래핑으로 우도비통계량의 표본분포를 추정하여 K개 모형과 K-1개 모형을 비교할 때 활용한다. χ^2분포에 기반하며, p값이 유의하면 K개 모형이 K-1개 모형보다 상대적으로 적합하다고 해석한다. 부트스트래핑 대신 우도비통계량을 활용하는 것은 LMR우도비검정이며, BLRT와 같은 방식으로 활용하고 해석한다.

부호검정(sign test)　표본들이 서로 관련되어 있는 경우, 짝지어진 두 개의 관찰치들의 크고 작음을 (+)와 (-)로 표시하여 그 개수를 가지고 두 개의 분포의 차이가 있는가에 대한 가설을 검증하는 비모수적 방법이며, 기호검증법 혹은 사인검증법이라고도 한다. 이때 (+)나 (-)가 나올 확률이 동일하다는 가정하에 이항분포를 이용하여 가설을 검정한다. 만약 두 부호 중 어느 한쪽이 지나치게 많이 나오면 영가설은 받아들일 수 없게 된다. 부호검정의 특별한 장점은 적용하기가 쉽고, 가정들이 그다지 제한적이 아니라는 점이다. 단점은 이 방법이 원점수들에 담겨 있는 특정한 정보들을 무시하기 때문에, 약간의 민감성을 잃게 하는 것이다. 정규분포가정이 위반되었을 경우 t 검정 대신 사용할 수 있다.

분산(variance)　자료가 흩어져 있는 정도를 나타내며 편차점수 제곱의 평균으로 정의된다. 평균을 중심으로 자료의 변산도(variability)를 수량화하기 위해, 쉽게 고려할 수 있는 것은 개별점수와 평균의 차이인 편차점수이다. 그러나 이 편차점수의 합은 '0'이 되어, 편차점수의 평균을 변산도의 지표로 사용할 수 없다. 대안적으로 편차점수를 제곱한 후, 이를 평균내어 자료의 변산도를 나타내는데, 이것이 분산이다. 분산에 제곱근을 취해 구해진 값은 표준편차가 되고, 표준편차는 개념적으로 어떤 특정 자료가 평균으로부터 얼마만큼 떨어져 있는지를 나타낸다.

분산공분산행렬(variance–covariance matrix)   여러 개의 변수를 동시에 고려할 때, 각 변수의 분산과 변수 사이의 공분산을 요소로 구성된 행렬을 말한다. X_1, X_2, $\cdots$, X_k와 같이 k개 변수를 고려하면, $k \times k$분산–공분산 행렬을 생성할 수 있다. 이 행렬의 대각선 행렬 값은 각 변수의 분산이고, 대각선 이외의 행렬 값들은 변수 사이의 공분산이다. 분산–공분산 행렬은 각 변수의 분산이 들어간 대각선을 중심으로 대칭행렬(symmetric matrix)을 이룬다.

분산분석(ANalysis Of VAriance: ANOVA)   Ronald A. Fisher가 1923년에 보고한 분산의 근원을 밝히고 분할하여 통계적 유의성을 검정하는 방법으로, 변량분석이라고도 한다. 명목척도로 구성된 독립변수와 등간척도 이상으로 구성된 종속변수가 있는 경우, 세 개 이상의 집단 평균을 비교하기 위해 분산을 사용하는 통계적 기법이다. 따라서 분산분석은 각 집단의 분산을 분석하나 실제로는 각 집단의 평균이 동일하다는 가설을 검정하는 것이 된다. 독립변수의 수에 따라 일원분산분석(one-way ANOVA), 이원분산분석(two-way ANOVA) 등으로 구분된다. 각각의 모집단은 정규분포를 따르고, 분산은 모두 동일하다고 가정한다.

분산성분(variance component)   총제곱합을 구성하는 요인별 제곱합의 추정치로, 총제곱합 중에서 특정 분산성분이 차지하는 비율을 통해 해당 요인의 기여도(영향력)를 추정할 수 있다. 특히 다층분석에서 총제곱합을 수준별 분산성분으로 분해하여 각 수준별 개체 간 변산도(variability)를 추정할 수 있다. 예를 들어, 학생–학교 수준으로 구성된 2수준 다층모형에서 총제곱합 중 학교수준 분산성분의 비율은 전체 분산의 몇 %가 학교 간 차이에 기인한 것인지를 나타낸다.

분산팽창요인(Variance Inflation Factor: VIF)   다중회귀모형에서 i번째 독립변수의 회귀계수(β_i)의 분산인 $[s^2/(n-1)\widehat{var}(X_i)] \times [1/(1-R_i^2)]$ 중 $1/(1-R_i^2)$를 의미한다. 이는 i번째 회귀계수의 VIF가 1이라면 디자인행렬의 i번째 열과 다른 디자인행렬이 직교(orthogonal)하고, 1보다 큰 경우는 직교하지 않음을 의미한다. 따라서 다중회귀분석에서 다중공선성의 심각도를 측정할 수 있고, 일반적으로 10보다 큰 경우 심각한 다중공선성이 있는 것으로 판단한다.

분석적 채점방법(analytic scoring method)   서답형문항에 대한 응답이나 수행을 채점할 때, 채점요소별로 채점을 한 뒤에 이 점수들을 총합하여 점수를 산출하는 채점방법이다. 분석적 채점방법은 채점자 간의 차이를 줄일 수 있기 때문에 채점의 객관성을 높일 수 있다는 것과 각 요소별로 학생들의 강점이나 약점을 파악할 수 있기 때문에 학생의 수준과 특성을 파악하기에 적절하다는 장점이 있다. 반면, 각 구성요소별로 채점을 해야 하기 때문에 총체적 채점방법에 비하여 시간이 더 소요되고 응답이나 수행을 통합적으로 판단하지 못할 수 있다는 단점이 있다.

분석적 평가(analytical evaluation)   평가할 세부 구성요소들을 정해 놓고 각각의 내용을 분석하여 점수를 부여한 후 합계를 내는 방식의 평가를 말한다. 총체적 평가나 거시적 평가와 대비되는 개념으로 분석적·미시적 접근방법을 사용하는 평가이다. 분석적 평가는 구성요소 평가와 차원 평가로 구분될 수 있는데, 전자는 평가대상의 구성요소 및 성분을 미시적으로 분석하는 평가방법을 말하며, 후자는 평가대상이 지닌 속성이나 차원을 중심으로 분석하는 평가를 의미한다. 분석적 평가는 총괄적 평가보다 신뢰도 확보가 쉽지만, 평가항목을 어떻게 선정하느냐에 따라 타당도가 높아질 수도 낮아질 수도 있다. 동의어 미시적 평가

분지전략(branching strategy)   컴퓨터를 이용한 적응형검사(adaptive test)에서 피험자의 수준에 따라 개별적으로 문항(혹은 문항세트)을 제시하기 위한 전략을 말한다. 예를 들어, 처음에 중간 수준의 문항을 제시한 후 피험자가 정답을 하면 그 다음에는 좀 더 어려운 문항을 제공하고, 오답을 하면 좀 더 쉬운 문항을 제공하는 것과 같은 방식이다. 분지전략은 정답 여부에 따라 다음 문항을 미리 정해 놓는 고정문항 분지전략과 추정된 피험자의 능력에 따라 다음 문항을 선택하는 변동문항 분지전략이 있다. 이러한 분지전략을 통해 개별 피험자는 자신의 수준에 맞는 문항들을 제공받아 효율적이고 정확한 검사를 받을 수 있다. 검사 시행자 입장에서는 개별 피험자의 능력 추정에 필요한 문항수를 줄일 수 있다.

분할구획요인설계(split-plot factorial design)   집단 내 효과와 집단 간 효과를 모두 검증하는 혼합설계이다. 두 개 이상의 집단 간 차이뿐 아니라 동일 집단에 속한 피험자들의 시간에 따른 변화 역시 검증할 수 있다. 예를 들어, 한 연구자는 서로 다른 상담기법이 우울에 미치는 효과를 비교하고자 한다. 우선 피험자를 통제집단(상담기법을 적용하지 않음)과 실험집단(상담기법 적용)으로 구분한다. 또한 각 피험자의 우울수준에 대해 상담기법을 실시하기 전(사전검사), 그리고 상담기법이 적용된 이후(사후검사)에 반복측정한다. 상담기법은 집단 간 변인(한 피험자는 통제 또는 실험집단 중 한 집단에만 속함)이 되며, 사전-사후검사는 집단 내

변인(한 피험자의 우울수준은 두 시점 모두에서 측정됨)이 된다.

분할점수(cut-off score)　피험자들을 몇 개의 집단으로 구분하기 위해서 설정하는 어떤 척도 위의 특정 점수를 말한다. 교육과정이나 교수학습에서 미리 설정한 준거에 도달했는지의 여부나 정도를 판단하기 위해 평가척도에서 설정한 준거점수를 의미한다. 특정한 목적의 검사에서 피험자들을 실패/성공 또는 도달/미도달 등의 두 집단으로 구분하려면 하나의 분할점수가 필요하며, 학업성취도검사에서 피험자들을 기초/보통/우수의 성취수준으로 구분하려면 두 개의 분할점수가 필요하다. 단위학교의 학생평가에서 학생의 성취정도에 따라 A/B/C/D/E로 구분한다면 4개의 분할점수가 필요하다. 　동의어　준거점수, 통과점수

분할함수성장모형(piecewise growth model)　잠재성장모형의 한 형태로, 발달의 경향성을 하나의 함수로 나타내기 어려운 경우에 서로 다른 함수를 이어 붙여서 발달의 경향성을 보여 주는 성장모형이다. 분할함수성장모형을 사용하기 위해서는 최소한 다섯 개 시점의 자료가 필요하다. 예를 들어, 5개 시점의 자료를 수집하였고 세 번째 시점을 전후로 분할된 성장모형을 만들고 싶다면, 1~3시점에서는 무성장모형을 설정하고 이어서 3~5시점에서는 직선 형태로 성장하는 모형을 설정할 수 있다.

불일치평가모형(discrepancy evaluation model)　Malcolm M. Provus가 제안한 평가모형으로, 평가를 이정표(milestone)에 비유될 수 있는 평가목표와 수행과의 차이에 대한 판단으로 본다. 즉, Provus는 평가를 프로그램 관리를 하는 감시자의 역할을 하거나 건전한 의사결정을 통하여 프로그램 발달을 돕는 행정의 보조로서 계속적인 정보관리 과정으로 보았다. 불일치평가모형은 다음의 5단계에서 불일치를 평가한다. ① 정의단계는 프로그램의 불일치를 판단할 준거를 세우는 단계로서 평가자는 프로그램의 구체적인 준거를 세우고 이 준거가 이론적, 구조적으로 건전한지를 판단한다. ② 설치단계에서는 정의단계에서 세워진 준거와 실제 프로그램의 설치단계에서의 실행이 일치하는지를 검증하여 불일치가 나타나면 준거를 변경하거나 설치단계에서 조정한다. ③ 과정단계에서는 참여자의 행동이 목표한 만큼 변화하였는지를 결정하기 위해서 참여자의 발전에 대한 자료를 수집한다. ④ 산출단계에서는 프로그램에 대한 최종적인 목표가 달성되었는지 여부를 평가한다. 또한 ⑤ 선택적인 단계로서 비용-효과분석을 제안한다. 불일치평가모형에서는 모든 불일치가 제거되지 않고는 다음 단계로 진행되지 못하도록 규제함으로써 프로그램의 개발을 효과적으로 전개해 나갈 수 있도

록 한다. 불일치가 발견되면 프로그램 진행자와 평가자가 협동적인 문제해결 과정을 통하여 불일치를 제거해야 한다는 데 중점을 두고 있다.

비개입측정(unobtrusive measurement)   연구참여자가 사회적으로 바람직한 방향으로 수행하거나, 연구자를 도우려는 행동을 하는 것을 예방하기 위해 자신의 행동이 측정되고 있다는 사실을 인지하지 못한 상태에서 이루어지는 측정을 의미한다. 비개입측정에서 연구자는 연구상황에 드러나지 않으므로 연구참여자들의 자연스러운 행동을 측정할 가능성이 높아지는 반면, 수집할 수 있는 정보의 종류와 양은 제한적일 수 있다. 비개입측정의 예로 이차분석(secondary analysis), 내용분석(content analysis), 간접측정(indirect measures) 등이 있다. 이차분석은 양적 자료를 재분석하는 것이며, 내용분석은 양적 또는 질적인 방법으로 문서를 분석하는 것이다. 간접측정은 형식적인 측정절차에 의하지 않고 자연적인 상황에서 자료를 수집하는 방법이다. 간접측정 과정에서 사생활 침해 등 윤리적 문제가 발생하지 않도록 유의해야 하며, 간접측정에 적합한 유형의 신뢰도와 타당도 정보도 제공해야 한다.

동의어 무관여측정, 불간섭측정

비공식적 평가(informal evaluation)   공식적인 절차와 근거를 갖지 않지만, 의사결정자의 필요에 따라 특별한 목적을 가지고 수행하는 평가로서 엄격한 평가 준거와 방법을 요구하지 않는다. 따라서 비공식적 평가는 직관적이고 인상적이며 사적인 것이 특징이다. 교실에서 이루어지는 형성평가의 맥락에서 교사가 사전에 계획하지는 않았으나 수업 중 이루어지는 교사의 관찰이나 질문 등을 비공식적 평가 또는 비형식적 평가로 부른다.

비교문화연구(cross-cultural study)   다양한 집단에 존재하는 사회적 행위의 의미와 패턴을 찾아내어 인간행위의 다양성과 본질적 유사성을 이해하고자 하는 연구이다. 비교문화연구에서는 기본적으로 문화상대주의를 취한다. 문화상대주의에서는 특정한 문화적 내용을 각각의 집단이 처해 있는 특수한 환경과 상황 속에서 오랜 기간에 걸쳐 축적된 결과물이라고 본다. 또한 연구자가 연구대상자들의 의미세계를 파악하는 일은 그들과 동일한 세계에 참여함으로써 가능하다는 점을 중시하여 현지 조사방법을 사용한다. 비교문화연구는 인류학 영역에서 주로 시도되어 왔으나 오늘날은 정치학, 경제학, 종교학, 언어학, 미학, 교육학 등 광범위한 학문 영역에서도 유용한 연구방법으로 채택하고 있다. 교육학에서 비교문화연구는 다문화교육에 관한 관심이 증대하면서 활발하게 이루어지기 시작하였다. 캐나다 콰키우틀

(Kwakiutl) 마을의 한 초등학교에서 수행된 한 비교문화연구에서는 문화적 배경과 의사소통 방식의 유형이 수업참여도와 학업성취도에 큰 영향을 미치고 있음을 발견한 바 있다. 교육 장면에 대한 심층적인 이해를 추구하고 있는 비교문화연구들은 적절한 교육평가를 위한 제 안으로서 가정환경, 인지도식, 전통, 습관 등 학생들의 문화적 배경을 총체적으로 이해하고 이를 기반으로 하여 평가척도를 설정하는 일이 필요하다는 점을 지적한다.

`동의어` 통문화연구, 범문화연구

비교집단(comparison group)   실험연구에서 처치(실험)집단과는 다른 처치를 받은 모든 집단을 의미한다. 통제집단을 포함하여 처치집단과의 비교를 위해서 형성된 집단을 지칭한다. 칭찬의 효과검증을 위해서 A 집단은 칭찬을, B 집단은 비난을, C 집단은 아무런 처치를 하지 않았을 경우에 B 집단과 C 집단을 비교집단이라고 한다.

비교평가(comparative evaluation)   특정 대상이나 프로그램을 대안적 대상이나 프로그램과 비교하여 효과와 가치를 판단하는 평가를 말한다. 비교평가와 탈비교평가를 구분한 Michael S. Scriven은 여러 가지 대안의 상대적 장점에 대한 비교정보를 제공하여 합리적인 의사결정에 도움을 주는 비교평가를 가장 기본적인 평가 형태로 간주했다. 비교평가는 특정 프로그램이 대안적 프로그램보다 상대적으로 우수한 원인을 명쾌하게 설명할 수 없다는 지적이 있다. 이에 대해 비교평가 관점에서는 대안들에 대한 비교정보만 있으면 합리적인 의사결정을 내릴 수 있기 때문에 설령 특정 프로그램이 대안적 프로그램보다 우수한 이유를 분명하게 설명할 수 없더라도 프로그램에 대한 의사결정을 내리는 데는 아무런 문제가 없다고 본다. 비교평가에서 특정 프로그램이 대안적 프로그램보다 우수하다는 판단은 통계적 유의성이나 효과크기를 기준으로 이루어진다.

비동등통제집단설계(nonequivalent control group design)   준실험설계에서 무선할당으로 집단을 구성하는 것이 어려울 때, 기존집단(intact group)을 그대로 사용하여 한 집단에는 실험처치를 가하고, 다른 집단에는 실험처치를 가하지 않는 조건에서 집단을 비교하는 연구설계방법이다 즉, 무선할당이 가능하지 않을 때 이미 형성되어 있던 동질적이지 않은 두 집단을 실험집단과 통제집단으로 활용하기 때문에 두 집단 간에는 근본적으로 차이가 있다. 처치효과를 산출하기 위해, 실험집단과 통제집단 간 사전검사의 차이를 고려하여 두 집단 간 사후검사의 차이를 계산한다. 또는 사전검사의 점수를 활용하여 집단 간 차이를 통제하고 사후검사점수를 비교할 수 있다.

비모수통계(nonparametric statistics) 분석자료가 분포의 정규성, 분산의 동질성 등과 같은 모집단에 대한 통계적 가정을 따르지 않을 때 적용가능한 통계적 기법이다. 분포무관 방법(distribution-free method)이라 하며, 통계결과는 모수통계에 비해 강력하지 못하지만 표본의 수가 작을 경우 유력하게 사용될 수 있다. 비모수통계로는 Mann-Whitney U검정, Wilcoxon 순위합검정(Wilcoxon rank sum test), Kruskall-Wallis 검정 등이 있다.

비무선결측(Missing Not At Random: MNAR) 비무선결측(MNAR)은 결측 데이터의 패턴을 설명하는 용어로 특정 변수의 결측이 해당 변수의 값과 직접적으로 관련이 있는 경우이다. 즉, 변수 y에서 발생하는 결측 확률을 y의 값을 이용하여 예측할 수 있음을 의미한다. 결측 데이터가 MNAR인 경우 다른 변수들만으로 결측을 예측하거나 대체하기 어렵고, 해당 변수의 결측 패턴에 대한 정보가 필요하다.

비용효과분석(cost effectiveness analysis) 정책이나 프로그램이 주어진 목표를 달성하는 데 투입된 비용과 그로 인해 얻어지는 성과나 효과를 비교하는 분석적 기법이다. 이는 프로그램에 대한 투입과 산출의 관계를 나타내는 효율성을 평가하는 방법으로 프로그램의 주어진 목표 달성 정도를 파악하는 효과성을 평가한다. 비용효과분석은 활용가능한 자원이 제한적인 상황에서 다양한 대안 중 가장 효과적으로 목표를 달성하는지를 평가하고 의사결정에 도움을 주는 대안을 선택하기 위해 사용된다. 이 방법은 비용편익분석과 마찬가지로 비용 대비 한 단위의 효과라는 비율로 분석결과를 나타내지만, 비용편익분석과 달리 비율의 편익 부분이 금전적인 용어로 표현되지 않고 프로그램에 의해 기대되는 성과 단위로 표현된다. 비용은 자원의 사용량, 금액, 시간, 기회비용 등으로 측정하며, 효과는 목표 달성 정도를 나타내는 교육의 질 개선, 학습능력 향상 등과 같은 성과로 측정할 수 있다. 이런 비용과 효과를 비교하여 비용 대비 얼마나 많은 효과를 얻을 수 있는지에 관심을 두고 분석한다. 또한, 비용효과분석은 할인율과 기간을 반영한 미래 가치를 고려하여 현재와 미래의 비용과 효과를 비교하기도 한다. 비용효과분석은 크게 두 가지 접근법이 있는데, 하나는 같거나 유사한 효과를 달성할 수 있는 다양한 대안들을 비교하여 가장 비용이 적게 드는 것을 찾는 방법으로 동일한 교육목표 달성을 위해 고려되는 전일제 교육과 시간제 교육의 비교, 인터넷 수업과 강의실 수업의 비교 등을 예로 들 수 있다. 다른 하나는 비슷한 수준의 비용을 지출하는 두 개 이상의 대안들을 비교하여 가장 효과적으로 목표를 달성하는 것을 찾는 방법으로 지출 비용이 비슷한 교육 프로그램이나 학교를 서로 비교하여 가장 높은 성과를 보인 것을 찾는다. 결국, 비용효과분석은 동일한 목표를 달성하기 위해 고려되는 다양한 대안 간의 비교를 통해 어떤 대안이 비용 대비 효과적으로 목표를 달성하는지를 평가함으로써 의사결정에 도움을 준다.

비율척도(ratio scale)　변수의 속성을 구분하기 위하여 수치를 부여하는 척도 중 하나로, 수치의 크기 비교가 가능한 서열성과 단위의 간격이 동일한 동간성을 지닐 뿐만 아니라 몇 배 등의 언급이 가능한 비율성도 지닌다. 비율척도는 절대적 영점을 갖는 특징이 있으며 사칙연산이 가능하다. 비율척도를 사용하는 대표적인 변수는 키 또는 물건의 길이로, 100cm는 90cm보다, 90cm는 80cm보다 더 길고(서열성) 100cm와 90cm, 90cm와 80cm의 간격은 10으로 동일하다(등간성). 또한 0cm는 전혀 길이가 없는 상태인 절대적 영점이므로 100cm는 50cm보다 2배 길고, 40cm는 80cm의 1/2에 해당하는 길이로 해석할 수 있다. 그러나 길이를 측정하기 위한 유일한 절대 단위가 존재하는 것이 아니라 cm 또는 ft와 같이 길이를 사용하는 집단에서 합의에 의해 정한 임의적 단위를 사용한다.

비정형데이터(unstructured data)　사전에 정의된 구조없이 저장된 데이터를 통칭하는 용어로, 텍스트로 구성된 문서뿐 아니라 이미지, 음성, 동영상 등의 데이터가 포함된다.

비조작적 독립변수(non-manipulative independent variable)　실험연구에서 사용된 독립변수 중에서 연구자에 의해 조작되기 어려운 경우의 변수이다. 실험연구에서는 대체로 실험처치가 사용되지만, 성별, 사회경제적 배경, 지능, 태도, 인종 등과 같이 조작이 불가능한 독립변수가 사용되기도 한다. **동의어** 배경변수, 분류변수, 속성변수

비중심카이제곱분포(noncentral chi-square distribution)　확률변수 X_1, X_2, $\cdots$, X_n이 서로 독립적이고 각각 표준정규분포를 따를 때, 확률변수 $Y = X_1^2 + \cdots + X_n^2$의 분포를 자유도가 n인 χ^2분포 또는 중심 χ^2분포라고 하는데, 이때 $E(Xi) = \mu_i \neq 0$인 경우 정의한 Y의 분포를 비중심카이제곱분포라고 한다.

비지도학습(unsupervised learning)　기계학습의 유형으로 레이블(결과값)이 지정되지 않은 자료에서 숨겨진 규칙과 구조를 발견하는 방법이다. 이는 이전에 식별되지 않은 유사한 행동이나 성과 추세를 공유하는 집단을 발견하는 데 사용할 수 있다.

비참여관찰(non-participant observation)   연구자가 관찰대상의 활동에 참여하지 않고 관찰을 진행하는 방법이다. 피관찰자의 행동을 일방경(one-way mirror)이나 녹화를 통해 관찰함으로써 피관찰자가 관찰되고 있음을 거의 감지하지 못하는 실험실 상황뿐 아니라, 수업 상황과 같이 자연적 상황에서 활동에 참여하지 않고 관찰하는 방식도 포함한다. 후자의 경우 피관찰자가 관찰되고 있음을 의식하게 되어 초기에는 평소와 다른 행동을 할 수 있는 단점이 있다.

비확률적 표집(non-probability sampling)   연구대상의 표집확률을 사전에 알지 못한 상태에서 표집의 용이성이나 연구대상 특성에 대한 전문가의 지식 등을 바탕으로 연구자의 주관적 판단에 의해 임의적으로 표본을 선정하는 표집법이다. 일반적으로 모집단에 대한 정보가 부족할 때 표본 추출의 편의성에 따라 무작위로 표본을 선정함으로써 시간과 비용을 줄일 수 있으나 표집오차를 객관적으로 평가할 수 없다. 비확률적 표집의 종류에는 편의표집, 판단표집, 할당표집, 눈덩이 표집 등이 있다.

빅데이터(big data)   통상적인 데이터베이스에서 저장·관리·분석할 수 없을 정도로 용량이 크고, 다양하며, 데이터 생성·유통·소비 속도가 빠른 데이터를 의미한다. 빅데이터에는 정형·반정형 데이터뿐 아니라 소리(sound), 이미지(image), 텍스트(text), 센서(sensor) 자료 등의 비정형 데이터(unstructured data)도 포함된다.

빈도(frequency)   특정 값이 나타난 횟수이다. 자료를 분류하거나 요약하기 위하여 측정치를 순서대로 정리하거나 일정 크기의 급간으로 묶었을 때, 특정 값의 개수 혹은 특정 구간에 속하는 값의 개수를 뜻한다. 따라서 도수가 크면 특정 구간에 속한 자료의 사례수가 많음을 의미한다.

사건표집법(event sampling)　관찰연구에서 사용하는 표본추출방법의 하나로 특정 행동의 출현을 확인하고 행동이 일어나는 순서를 기술하기 위해 Mary C. Jones가 1925년 유아원 아동들의 정서에 관한 실험연구에서 최초로 사용하였다. 사건표집법은 흔히 나타나는 행동을 관찰하는 데도 적용할 수 있고 비교적 드물게 나타나는 행동에도 적용이 가능하다. 시간표집법에서는 측정의 단위가 주어진 기간 동안에 나타나는 행동의 출현 여부인 것과 달리 사건표집법에서는 행동 자체이다. 사건표집법은 행동과 행동이 일어난 맥락에 대한 자세한 기술을 할 수 있어서 실용적이며, 행동과 상황이 발생하는 자연적 현장을 구조화시킬 수 있고, 설화적 기술과 부호화기법을 동시에 적용하여 자료수집을 할 수 있다는 장점을 가지고 있다.

사교회전(oblique rotation)　사교회전은 다변량 자료에서 차원을 축소하여 새로운 변수를 만들기 위해 자료의 축을 회전시키는 방법 중 하나이다. 차원축소 방법에서 축을 회전시키는 다른 방법인 직교회전(orthogonal rotation)은 회전된 요인들 간의 독립성을 가정하는 데에 비해, 사교회전의 경우 요인들 간의 독립적이지 않고 상관이 존재하는 방법으로 오블리민(oblimin), 프로맥스(promax) 등이 있다. **동의어** 사각회전

사람중심접근(person-oriented/person-centered approach)　개인을 하나의 역동적 시스템으로 간주하여 분석의 단위로 삼는 접근방법이다. 전체 표본 중 하위집단별로 공유되는 전형적인 유형을 규명하기 위한 통계분석방법과 그래픽분석이 활용된다. 변수를 핵심적인 개념 및 분석의 단위로 삼는 변수중심접근(variable-oriented/variable-centered approach)과 구분된다. **동의어** 개인중심접근

사례연구(case study)　구체적인 현상이나 사회적 단위, 즉 사례(들)에 대해 상세하고 심층적인 자료수집을 하고 이를 집중적으로 탐구하는 연구이다. 여기서 사회적 단위나 사례는 특정한 교육 프로그램, 사건, 교사나 학생, 학교, 기관, 특정 집단 등이 될 수 있다. 사례연구에서는 현상이나 사회적 단위를 총체적으로 기술하고 설명하려고 노력한다. 사례연구는 현상이나 사회적 단위의 특성들이 맥락을 떠나서는 이해될 수 없는 상황에 적합한 연구방법이다. 사례연구를 수행하기 위해서는 사례를 선택하기 위한 합리적인 기준을 설정해야 한다. 사례의 수가 많아질수록 깊이 있는 연구수행에 한계가 있기 때문에 사례수는 보통 네 개를 넘지 않는다. 사례연구에서 자료의 수집은 다른 질적 연구방법처럼 인류학과 사회학에서 사용하는 참여관찰, 면담, 저널, 각종 문서, 시청각 자료 등과 같은 다양한 정보원을 통해 광범위하게 이루어진다. 이렇게 수집된 자료를 가지고 사례 전체를 분석할 수도 있고 사례의 특정한 측면만을 분석할 수도 있다. 연구자는 분석된 자료를 가지고 사례가 존재하는 맥락 내에서 심층적으로 기술하고 해석하고 이론을 생성한다. 연구결과는 내러티브의 형태로 제시된다. 사례연구의 내러티브가 대리경험의 기회를 제공할 때 독자는 자신에게 어떠한 일이 일어났는가를 기억하게 되며, 이러한 과정에서 경험적 지식을 얻게 된다. 사례연구의 특정한 사례로부터 배우고 지식을 구성하는 과정을 Robert E. Stake와 Deborah Trumbull은 자연주의적 일반화(naturalistic generalization)라고 부른다.

사법적 평가모형(judicial evaluation model)　Robert L. Wolf가 제안한 것으로, 본래 배심원단에 의한 법정심리와 행정청문회 형식을 평가에 도입하여 교육적 의사결정에 활용하려는 평가모형이다. 사법적 평가모형은 의사결정자가 복잡한 프로그램을 평가하는 것을 돕기 위해서, 그리고 프로그램에 대해 두 가지 반대되는 관점을 가지고 해석함으로써 이용가능한 정보를 모두 제시하기 위해서 개념화한 것이다. 평가절차는 다음과 같다. ① 쟁점생성 단계로, 논쟁거리가 될 만한 쟁점을 확인하고 개발한다. ② 쟁점선정 단계로, 논쟁거리가 될 만한 쟁점을 선정하고 발전시킨다. ③ 논쟁준비 단계로, 서로 반대되는 두 주장이 제시하는 논쟁거리를 발전시키기 위해 증거를 수집하고 이전의 평가자료를 종합한다. ④ 심리단계로, 양측 주장의 증거와 논거에 대해 평가를 하고 배심원이 최종 결정한다. 사법적 평가모형의 장점은 교육평가에서 비전문가의 참여기회를 제공한다는 점, 전통적인 평가에서 간과되기 쉬운 정보를 밝혀 준다는 점, 일반 청중과 효과적인 의사소통을 할 수 있다는 점을 들 수 있다. 그러나 소송사건의 준비에 포함되는 비용, 시간, 노력이 많이 든다는 점, 책임감 있고 공정한 준거설정자를 찾기가 어렵다는 점, 연설조의 기능과 제안으로 불공정 가능성이 있다는 점을 단점으로 들 수 있다.

사분상관(tetrachoric correlation) 두 변수의 관계가 선형적이라고 가정할 때 사용하는 상관분석방법의 하나로, 두 변수가 원래는 연속변수이지만 인위적으로 양분(높다/낮다, 정답/오답 등)된 경우에 해당한다. 연속변수를 이분변수로 만드는 과정에서 정보의 정확성이 낮아지는 제한점이 있다.

사분위수(quartile) 자료를 크기 순으로 배열하고, 누적 백분율을 4등분한 각 점에 해당하는 값을 말한다. 제1사분위수는 누적 백분율이 25%에 해당하는 점수이고, 제2사분위수는 50%, 제3사분위수는 75%, 제4사분위수는 100%에 해당하는 점수이다. 특히 제2사분위수는 누적 백분율이 50%이므로 개념적으로 중앙값과 동일하다.

사분편차(semi-interquartile range) 자료들의 분포가 어떤 모양인지를 쉽게 알아보기 위한 것으로 Q라고 표시하며, 분포의 중앙 50%에 포함된 점수에만 의존한다. Q는 제1사분위와 제3사분위 사이의 거리의 1/2로 산출한다. 자료의 분포가 평균을 중심으로 대칭일 때는 중앙값과 같으며, Q와 중앙값과 차이가 클수록 분포는 비대칭이다. 사분편차는 표준편차보다 극단의 값에 덜 민감하다.

사전검사(pretest) 특정 실험처치(experimental treatment)가 주어지기 전에 실시되는 검사이다. 사전검사의 결과를 사후검사의 결과와 비교함으로써, 연구자들은 처치의 효과에 대한 증거를 확보하게 된다. 참고로, 사전검사라는 용어는 경우에 따라서 예비연구(pilot study)의 하위개념으로 사용되기도 한다. 즉, 본 연구(main study)의 도구 및 검사 일부분만을 미리 실시해 보는 과정을 의미하기도 한다.

사전비교(a priori comparison) 연구자가 원하는 일련의 평균비교들을 사전에 계획하여 수행하는 것을 말하며, 계획비교(planned comparison)라고도 한다. 연구자가 계획하는 특정한 비교들만을 수행하므로 전체적 F 검정(overall F test)을 수행할 필요가 없다. 그러나 여러 개의 비교를 동시에 수행하는 중다비교이므로 유의수준의 개념으로 여러 개의 영가설이 각각 참일 때 적어도 한 가설을 부당하게 기각할 확률로 정의되는 복합개념인 실험군 오차율을 적용하는 것이 바람직하다.

사전-사후검사통제집단설계(pretest-post test control group design)　피험자를 무선적으로 실험집단과 통제집단에 배치하고, 두 집단에게 사전검사를 실시하여 이를 사후검사와 비교하는 진(순수)실험설계(true experimental design)의 한 방법이다. 사전검사를 실시하므로 무선적으로 할당된 두 집단의 동질성을 확인할 수 있다. 예를 들어, 한 연구자가 개발한 새로운 교수법의 효과를 구하기 위해서는 실험집단의 사후검사(O_2)와 사전검사(O_1)의 차이를 구하고, 통제집단의 사후검사(O_2)와 사전검사(O_1)의 차이를 구하여 비교한다.

사회경제적지위(socioeconomic status: SES)　가정이 보유한 부 혹은 수입과 같은 경제적 요인과 교육 정도, 직업의 명망과 같은 사회적 요인을 조합하여 산출되는 사회경제척도(socioeconomic scale)상의 위치이다. 사회적 특권, 권력 및 자원에 대한 접근의 불평등과 관련되어 교육 및 사회학의 주요 연구주제로 다루어진다. 예를 들어, OECD의 국제학업성취도 평가연구인 PISA에서는 문화적 요인을 추가한 경제사회문화지위(Econonic, Social and Cultural Status: ESCS) 지표를 활용하고 있는데, 부모의 교육수준과 직업지위, 가정의 보유 자산 및 소유한 도서의 수 등을 결합하여 산출한다.

사회계량학(sociometrics)　Jacob L. Moreno가 개발한 집단 내 개인의 사회적 관계를 측정하는 정량적 방법으로 사회 네트워크 분석의 기원이다. 주로 관찰, 면담, 지명법 등의 방법으로 특정 집단의 사회적 구조와 집단 내 개인의 사회적 위치 파악에 사용되며, 소시오그램(sociogram)을 통해 시각화한다. 예를 들어, 집단 내 역학관계를 개선하거나 사회적 관계가 개인행동에 미치는 영향을 연구하는 데 사용한다.

사회적 바람직성(social desirability)　자기보고식 검사나 설문에 응답할 때 응답자 자신이 사회적으로 바람직한 특성을 가지고 있는 것으로 자기묘사(self-description)를 하는 응답자의 경향성을 말한다. 자기보고식 설문에 응답할 때 응답자가 특정한 성향을 가지고 반응하는 현상을 반응세트(response set)이라 하는데, 대표적인 예로 사회적 바람직성이 있다. Delroy L. Paulhus는 사회적 바람직성을 이기적 편향성(egoistic bias)과 도덕적 편향성(moralistic bias)으로 구성되어 있다고 보았다. 사회적 바람직성은 자기보고식 성격검사나 태도, 가치관검사 등에서 반응결과에 왜곡을 초래하는 변인으로 간주되기 때문에 많은 자기보고식 검사들에서 사회적 바람직성 측정문항을 포함시켜 그 결과가 일정 수준보다 높을 경우 그 개인의 검사결과는 신뢰할 수 없는 것으로 간주한다. 이러한 반응경향성은 연구결과를 왜곡시키기 때문에 자기보고식 설문지나 측정도구를 사용할 때는 사회적 바람직성에 대한 처리방안을 미리 강구해야 한다.

사회적 지표(social indicator)　사회현상과 관련된 변수를 측정하기 위해 개념적으로 조작화된 지표이다. 경험적 분석에서는 수많은 사회현상이 각기 독립된 변수로 취급되는데, 이러한 변수들은 대체로 고도의 개념적 추상성을 지녀서 그 자체로는 측정을 쉽사리 허용하지 않는다. 측정이 가능하기 위해서는 각 변수가 지니는 개념 영역을 적절히 대변해 줄 수 있는 조작화된 구체적 지표들을 찾아내어야만 하는데, 이러한 지표를 사회적 지표라고 부른다. 예를 들어, 사람들의 사회경제적 지위(SES)는 흔히 교육수준, 직업, 수입 등의 지표를 바탕으로 측정되는데, 이 경우 교육수준, 직업, 수입이 사회적 지표에 해당된다.

사후검사(posttest)　특정 실험처치(experimental treatment)가 주어진 후에 실시되는 검사이다. 사전검사의 결과를 사후검사의 결과와 비교함으로써 처치의 효과를 측정한다. 예를 들어, 학업성취도에 대한 새로운 교수법의 효과를 검증하기 위하여 새로운 교수법을 실시하기 전-후로 학생들의 학업성취도를 측정한 경우, 새로운 교수법 실시 후 시행되는 학업성취도 검사가 사후검사가 된다.

사후검사통제집단설계(posttest only control group design)　실험처치가 가해진 실험집단과 실험처치가 가해지지 않은 통제집단 간의 사후검사만을 통해 비교하는 연구설계방법이다. 사후검사통제집단설계는 사전검사의 편파로 인해 사전검사를 사용하지 않을 때, 두 집단 간의 차이가 있는지 연구하기 위한 설계이다. 예를 들어, 무작위로 배치된 두 흡연집단 중에서 한 집단은 금연 프로그램을 수강했고 다른 집단은 금연 프로그램을 수강하지 않았을 때 두 집단 간의 금연 프로그램의 효과를 검증할 수 있다.

사후비교(a posteriori comparison)　분산분석에서 J개의 모평균이 동일하다는 영가설 ($H_0 : \mu_1 = \mu_2 = \cdots = \mu_j$)을 검정하는 전체적 F검정(overall F test)이 기각되었을 때 어느 평균 간에 유의한 차이가 있는지를 밝혀 내기 위하여 수행하는 사후분석(post hoc comparison)이다. 이러한 사후비교방법으로는 모든 가능한 짝비교가 주로 수행된다. 즉, J개의 처치평균이 있을 때 가능한 짝비교의 수는 $[J(J-1)]/2$개이다. 예를 들어, 3개의 처치평균을 포함하는 실험연구에서 전체적 검정이 기각되었을 때 모든 가능한 짝비교의 수는 $[3(3-1)]/2 = 3$개이고, 그 세 개의 짝비교는 집단1 대 집단2, 집단1 대 집단3, 집단2 대 집단3이 된다. 이와 같은 중다비교검정에서 유의수준의 개념으로 여러 개의 영가설이 각각 참일 때 적어도 한 가설을 부당하게 기각할 확률로 정의되는 복합적인 개념인 실험군 오차율을 적용하는 것이 바람직하다.

사후연구설계(ex post facto design) 연구대상에 독립변수가 이미 발생한 후에 나타난 종속변수를 분석하는 연구설계방법이다. 실험설계와 다르게, 이미 독립변수가 발생했기 때문에 연구자가 독립변수를 조작할 수 없거나 연구대상을 실험조건에 따라 배치하기 어려운 경우에 사후연구설계가 사용된다. 즉, 집단 간의 비교에서 실험조건을 직접통제하기보다는 실험 전 여러 특성들을 가능한 동질화시키기 위해 피험자의 과거 역사적 기록을 통해 집단을 비교하게 되므로 후향적 연구(retrospective study)라고도 한다. 예를 들어, 교육수준이 경제활동에 미치는 영향을 연구하기 위해 연구자가 독립변수인 교육수준을 조작하여 종속변수인 경제활동에 대한 영향을 파악하는 것은 불가능하다. 이 경우, 현재 대학 졸업자와 고등학교 졸업자들이 어떤 경제활동을 하고 있는지 조사를 통해 분석하는 것이 교육수준과 경제활동과의 관련성을 연구하는 데 더 적절하다. [동의어] 사후실험설계

산점도(scatter plot) 두 개 이상 변수의 동시분포에서 각 개체를 점으로 표시한 그림이다. 예를 들어, 표본집단에 속한 학생들의 키와 몸무게를 잰 후에, x축은 키의 값을, y축은 몸무게의 값을 나타내는 변수로 하여 좌평면상에 모든 학생의 두 변수의 값을 점으로 표시하면 산점도가 된다. 산점도는 두 변수의 관계를 시각적으로 검토하거나 변수들 사이의 관계를 왜곡시키는 이상치(outlier)를 확인하는 데 유용하다. [동의어] 산포도

산출평가(product evaluation) 프로그램의 종료단계와 실시 도중에 산출된 결과를 측정하고 해석하기 위한 목적으로 실행되며, 차기 계획과 순환을 위한 의사결정에 도움을 주기 위한 평가이다. 산출평가에서는 산출정보를 목표, 상황, 투입 및 과정에 대한 정보와 관련시키는 데 중점을 둔다. 목표와 연계된 준거를 조작적으로 정의하고 측정하며, 측정결과를 사전에 결정된 기준이나 준거와 비교하며, 산출결과를 상황, 투입 및 과정에 대한 정보와 관련지어 해석하는 방법론을 활용한다. 또한, 프로그램의 지속, 종료, 수정, 재강조 등을 결정하거나 다른 변화와 관련된 문제를 결정하는 데 필요한 정보를 제공하기 위하여 실시된다. 즉, 프로그램의 결과로서 파악된 프로그램의 장점 및 가치에 관한 정보를 제공하며, 프로그램의 제거, 수정, 유지, 보급 등에 관한 의사결정을 할 수 있도록 하는 것이 산출평가의 역할이다.

삼각화(triangulation)   동일한 문제에 대해서 다양한 연구방법, 다양하게 생성된 자료, 연구에 참여한 다수의 조사자, 활용가능한 다양한 이론 등 여러 유형의 검증원을 사용하여 분석하는 기법을 말한다. 삼각화는 이미 알고 있는 두 장소에 세워진 안테나를 사용하여 멀리 떨어져 있는 방송국의 특정한 위치를 찾아낼 수 있다는 간단한 기하학적 원리에 입각해 있다. 이러한 원리를 확장하여 삼각화는 다양한 출처의 자료를 사용하고 다양한 방법을 동원하고 많은 조사자가 동일한 결론을 보고하고 여러 이론의 지지를 받는다면 그 연구의 타당성이 높다고 보는 입장을 취한다. 삼각화는 질적 연구의 타당성을 확보하는 가장 일반적인 방법의 하나로 사용되고 있다. 동의어 다각화

상관계수(correlation coefficient)   표준화된 두 변수 간의 공변하는 관계를 나타내는 통계량이다. 일반적으로는 영국의 통계학자 Karl Pearson이 개발한 피어슨 적률상관계수(product moment correlation)를 가리키는 명칭이다. 이것은 선형적 관계를 나타내며 그 값이 -1과 $+1$ 사이에 있고, 다음의 공식으로 계산된다.

$$r_{XY} = \frac{s_{XY}}{s_X s_Y} \text{ 또는 } r_{XY} = \sum Z_x \cdot Z_y / n$$

상관계수는 상관되는 변수들의 성질에 따라 종류가 다양하다. 피어슨의 적률상관계수는 두 변수가 연속변수일 때 사용한다. 그러나 두 변수 모두 자연적 이분변수일 때의 파이계수(phi coefficient), 두 변수가 모두 자연스러운 다분변수일 때의 스피어만 서열상관(Spearman rank order correlation), 하나의 연속변수와 다른 하나의 자연스러운 이분변수 간의 점이연상관(point-biserial correlation), 연속변수와 자연스러운 다분변수 간의 점다연상관(point-polyserial correlation)은 모두 피어슨 적률상관계수의 공식을 간편화시켜서 계산하므로 피어슨 상관계열이라 부른다. 피어슨 상관계열이 아닌 특수상관은 -1과 $+1$의 범위를 벗어나며, 사분상관(tetrachoric correlation), 이연상관(biserial correlation), 다연상관(poly-serial correlation) 등이 있다.

상관연구(correlational research)   상관분석을 사용하여 변인들 간의 관계를 밝히는 모든 종류의 연구를 의미한다. Francis Galton이 부모의 키와 자식의 키의 관련 정도에 대한 유전 문제를 연구하는 가운데 상관이란 개념을 사용하기 시작하면서 발전하였다. 상관분석은 한 변인의 변화와 다른 변인의 변화 간 관계의 정도와 방향을 측정하고, 변인들 간 관계의 정도는 상관계수(correlation coefficient)로 표시한다. 상관계수의 제곱을 설명된 변량(explained variance) 또는 결정계수(coefficient of determination: R^2)라고 하는데, 예컨대 '두 변인 간의 상관계수가 0.30이면, A(B) 변인은 B(A) 변인의 변량의 9%를 설명한다.'라고 해석할 수 있다. 실험연구와 달리 상관연구에서는 연구자가 주어진 상황을 조작·통제하지 않고 자연조건하에서 변인 간의 관계를 규명하는 것으로 변인 간 인과관계를 직접적으로 규명할 수 없다는 점을 유의해야 한다. 관찰된 변인 간의 관계에 영향을 미칠 수 있는 다른 변인이나 관계에 내재된 메커니즘이 존재할 가능성이 있기 때문이다. 그러나 변인 자체의 신뢰도가 높고 변인 간 관련성이 높은 경우 이 결과를 실제 예언에 사용할 수 있다. 즉, 상관연구는 변인 간 관계의 분석 또는 예측을 통해 특정 현상을 기술하거나 설명하는 것을 목적으로 한다. 한편, 교육 분야 연구문제들은 두 변인뿐만 아니라 세 변인 이상의 관계를 연구하는 경우가 많다. 이 경우 상관분석을 기초로 하여 중다회귀분석, 중다변량분석, 경로분석, 요인분석, 판별분석, 구조방정식모형 등의 방법을 사용한다. 최근 연구는 좀 더 복잡한 상관기법을 사용하고 있으나 상관연구의 질은 설계나 상관기법의 정교함보다는 연구설계를 이끄는 구인에 대한 이론적·논리적 깊이에 의해 결정된다.

상대도수(relative frequency)　수집된 자료를 요약하는 방법의 하나로 자료를 오름차순이나 내림차순 크기의 순으로 정리한 후 적절한 크기의 급간으로 묶었을 때 각 급간에 속하는 자료의 도수를 전체 자료의 사례수로 나눈 비율 값을 말한다. 비율 대신 퍼센트로 상대도수를 표기하기도 한다. 상대도수는 한 집단 내에서 각 급간에서의 도수비교뿐만 아니라, 전체 자료의 사례수가 각기 다른 집단에서 동일 급간에서의 집단비교를 할 때 유용하게 쓰인다.

상대주의(relativism)　모든 인식·지식·가치를 상대적인 것으로 보는 입장을 상대주의라고 한다. 인식론적 상대주의는 인식하는 주체와 무관한 진리, 즉 객관적이며 절대적인 진리는 존재하지 않는다고 주장한다. 즉, 인식의 객관성을 보장하는 중립적 방법론은 존재하지 않으며 모든 인식은 맥락과 관심에 영향을 받는 상대적인 것으로 본다. 철학사적으로 볼 때 상대주의는 "인간은 만물의 척도이다."라고 언명한 고대 그리스의 철학자 프로타고라스(Protagoras)로부터 시작된다. 이런 인식론적 상대주의는 형이상학적 독단을 비판하는 데 유용한 시각을 제공해 주지만 객관적 진리를 부인한 결과로 불가지론과 회의론에 빠지기 쉽다. 타 문화를 그 문화의 맥락 속에서 이해할 것을 주장하는 문화적 상대주의나 보편타당한 도덕적 규범이나 윤리적 가치를 부정하는 윤리적 상대주의는 인식론적 상대주의에 뿌리를 두고 있다.

상대주의적 평가(relativist ideology in evaluation) 객관적 실재의 존재를 전제로 누구나 편견이 없는 평가절차를 활용할 수 있다는 실증주의적 평가관을 반대하는 평가관점이다. 실증주의는 논리실증주의와 과학적 연구방법론을 적용하여 평가를 가치중립적 행위로 규정한다. 따라서 평가를 평가대상에 관한 객관적 정보를 수집하는 활동으로 한정하여 평가대상에 대한 가치판단을 유보한다. 반면, 상대주의적 평가관점에 따르면, 모든 실재는 인위적으로 구성된 것으로서 상대적이며 객관적 진리란 존재하지 않는다고 본다. 그러므로 상대주의적 평가관점은 다원적 관점, 다원적 준거, 다원적 척도, 다원적 해답을 제안하고 있다. 상대주의적 평가관점은 평가대상의 가치를 객관적으로 정확하게 기술하거나 결정하는 가능성까지도 부정하는 극단적인 경우가 있기도 하며, 평가결과에 대한 가치결정이 얼마나 중요한 의미를 지니고 있는지를 간과하는 단점도 있다. 따라서 특정 평가대상에 대해 단일의 타당한 기술이나 설명만이 존재한다는 가정은 비판할 수 있으나, 그렇다고 해서 객관적 실재가 존재한다는 생각조차 부정할 수는 없기 때문이다.

상쇄균형화(counterbalancing) 피험자 내 요인설계(within-subject factorial design)에서 처치의 제시 순서를 피험자들에 따라 다르게 하여, 순서효과(order effect)를 통제하는 방법이다. 예를 들어, 어떤 연구자가 A, B, C 세 가지 종류의 조명이 피험자의 읽기능력에 미치는 영향을 연구한다고 가정하자. 만약 모든 피험자가 처음에는 A 조명, 두 번째는 B 조명, 마지막으로 C 조명 아래에서 읽기능력을 검사받았다고 하자. 이런 경우 C 조명에서는 피험자들이 피로를 느껴서 수행이 감소되거나 A와 B 조명 아래에서 경험한 연습의 효과에 의해서 수행이 향상될 수도 있을 것이다. 이런 경우 조명 유형과 제시순서가 혼재(confounding)되는데, 연습 및 피로의 효과를 상쇄시키기 위하여, 조명 유형과 제시순서를 여러 가지 방식으로 조합할 수 있다. 상쇄균형화의 규칙은 모든 조명 유형이 모든 순서에 같은 횟수로 놓여야 한다는 것이다. 모든 조명 유형이 각 순서에 한 번씩 위치하게 된다. 즉, A, B, C 조명은 첫 번째, 두 번째, 세 번째 중 어디에든 단 한 번씩 제시된다. 따라서 이러한 설계에서는 실험조건과 제시순서가 혼재되는 것을 통제할 수 있다.

상자그림(box plot) 최댓값, 최솟값, 중앙값, 사분편차를 사용하여 자료의 측정값들이 어떤 모양으로 분포되어 있으며, 극단값들은 어떠한지 등을 쉽게 알 수 있도록 하는 그림이다. 자료들이 비대칭으로 분포되어 있을 경우에는 상자그림을 그려 극단값의 개수, 비대칭 여부 등을 파악할 수 있으므로 측정값들의 중심 위치와 산포 정도를 알 수 있다.

상징적 상호작용론(symbolic interactionism)   사회라는 구성체의 근본 의미는 사회적 행위자들 간의 다양한 상징을 매개로 한 소통과정에서 반성적 성찰을 통해 구성된다고 보는 사회심리학 이론이다. 즉, 사회란 다양한 상징을 조작하는 인간행위의 교환으로 구성된 것이며, 인간과 사회와의 관계는 사회적 행위자들 간에 발생하는 상징적인 의미협상의 과정이라고 본다. George H. Mead에 따르면, 인간은 여러 의미 있는 타자들과의 상징적 행위관계 속에서 각 행위의 의미를 자신의 내적인 성찰을 통해 구성하고 재구성하는데, 이를 통하여 자아상을 발달시키고 사회적 구성원으로서 자신의 역할과 타인과의 관계의미를 타협적으로 형성해 간다. 이 이론은 ① 인간은 복잡한 상징조작의 동물이라는 점, ② 인간 구성원들의 자발적인 사회적 상호작용을 통해 사회의 복합적인 의미가 구성된다고 보는 점, ③ 생물학적·심리학적 차원으로부터 사회의 의미를 조명했다는 점이 특징이다.

상호인과관계(reciprocal causation)   두 개 이상의 변수 사이의 인과관계가 양방형(bi-directional)인 경우를 말한다. 즉, A 요소가 B 요소의 원인이 되고, 이것이 다시 A 요소를 발생시키는 원인이 될 때 존재(이 반대도 성립)하며 이러한 피드백은 잠재적으로 반복되게 된다.

상호작용효과(interaction effect)   두 변수의 결합효과로서, 한 변수의 효과가 또 다른 변수의 값(혹은 수준)에 따라 달라질 때 발생하는 효과를 말한다. 예를 들어, 어떤 연구자는 남학생의 성적과 여학생의 성적을 비교한다거나 혹은 두 가지 교수방법, 즉 강의방법과 토론방법을 적용할 때의 성적 차이를 각각 비교할 수도 있다. 이때 그는 성별과 교수방법이라는 변수의 효과를 따로 분리시켜 주효과를 분석하고 있는 셈이다. 그러나 이러한 두 가지 독립변수들이 상호 간에 조합되는 방식에 따라 각각 다른 효과를 얻게 될지도 모른다는 상호작용효과에 관한 가설을 세울 수 있다. 즉, 남학생은 토론방법보다는 강의방법에 의해서, 그리고 여학생은 강의방법보다는 토론방법에 의해서 더욱 높은 성적을 올릴 것이라는 가설을 세울 수 있고, 이는 상호작용효과에 해당한다.

생존분석(survival analysis)   특정 사건(예: 사망, 퇴학, 퇴원 등)의 발생에 대한 분석방법이다. 특정 사건을 사망이라고 한다면, 생존시간 추정에는 Kaplan—Meier 추정법, 생존 관련 설명변수의 계수 추정에는 Cox의 비례위험모형(Cox proportional hazards model), 집단 간 생존시간 비교에는 로그순위법(log-rank test)을 활용할 수 있다. `동의어` 사건사분석

생태학적 타당도(ecological validity)   통제된 실험실 상황 또는 이와 유사한 상황에서 연

구결과가 실제 세계의 맥락에서 일반화되는 정도이다. 실험실-실제 세계의 관계 외에도, 측정-실제 세계의 관계에서 생태학적 타당도를 정의하기도 한다. 후자의 경우에 생태학적 타당도는 측정상황에서의 측정결과가 실제 세계에서의 삶에 적용되는 정도이다. '학교의 우등생=사회의 열등생'이라는 공식이 정말로 성립한다면 학교에서 시행하는 측정의 생태학적 타당도는 매우 낮다고 할 수 있다. 실험실이나 측정상황에서의 피험자의 반응은 자연스러운 상황에서의 반응과 다를 수 있다. 생태학적 타당도를 높이기 위해 가장 좋은 방법은 실제 세계와 유사한 자연스러운 상황에서 실험하거나 측정하는 것이다. 윤리적인 문제에도 불구하고, 연구에서 속임수가 쓰이는 이유 중 하나는 자연스러운 반응을 얻기 위해서이다. 연구자는 연구설계 시에 생태학적 타당도에 영향을 미칠 수 있는 호손효과(Hawthorne effect), 신기성효과(novelty effect), 실험자효과(experimenter effect), 측정도구효과(measuring instrument effect) 등의 영향을 고려해서 통제해야 하며, 그렇지 못하면 연구의 제한점으로 제시해야 한다.

서열척도(ordinal scale)　　변수의 속성을 구분하기 위하여 순서/순위 또는 상대적 서열을 부여하는 척도로, 명목적 속성과 서열적 속성은 있지만 단위의 간격이 동일한 동간적 속성은 없다. 그래서 '높고 낮음'이나 '크고 작음' 같은 대상 간의 서열은 비교 가능하나 서열 간 간격은 어느 정도인지 알 수 없다. 대표적인 서열척도는 성적 순위로, 성적 순위 1등은 2등보다, 3등은 4등보다 높지만(서열성), 1등과 2등 간 성적차이(간격)는 3등과 4등 간 성적차이와 같다고 보기 어렵다.

석차9등급(nine-grade system)　　학생의 교과 성적을 원점수 석차에 따라 9개의 등급으로 산출·표기하는 점수체제이다. 석차9등급은 2004년 10월 교육부가 발표한 2008학년도 대입제도 개선안에 따라 기존 절대평가인 '수·우·미·양·가' 평어체제의 성적 부풀리기 문제를 해소하고 학생부 성적 반영 비중을 높이고자 고등학교 교과 성적 산출에 도입되었다. 원점수의 석차 백분율에 따라 상위 4%까지 1등급, 이하 7%인 상위 11%, 상위 23%, 상위 40%, 상위 60%, 상위 77%, 상위 89%, 상위 96%, 100%까지 2~9등급을 부여한다. 각 등급별 비율은 4%, 7%, 12%, 17%, 20%, 17%, 12%, 7%, 4%로 스테나인의 비율을 준용하여 9등급제를 취했다는 점은 수능9등급제와 동일하나, 중간석차백분율을 사용한다는 점에서 수능과 차이가 있다. 중간석차란 동점자의 수를 고려한 것으로, '석차+{(같은 석차 명수-1)/2}'의 계산식을 따른다. 100명 집단에서 1등이 6명이었다면 '1+{(6-1)/2}'=3.5등이 되어 100명의 4%(4명) 이내에 있기 때문에 1등급을 부여받는다. 만일 100명 집단에서 1등이 8명이었다면 '1+{(8-1)/2}'

＝4.5등이 되기에 1등급이 아닌 2등급을 받게 된다. 반면, 수능9등급제에서는 앞의 두 가지 사례 모두 1등급을 부여한다.

선다형문항(multiple choice item)　선택형문항 유형 중 가장 일반적으로 사용되는 문항 유형으로, 두 개 이상의 답지가 부여되어 그중 정답이나 최선답을 선택하는 문항 형태를 의미한다. 일반적으로 답지가 세 개, 네 개 또는 다섯 개로 이루어지며, 진위형(true-false type)의 경우 주어진 질문에 대하여 맞고 틀림을 결정하는 문항으로 이 문항 역시 두 개의 답지가 제공된 선다형문항 중 하나의 예시로 볼 수 있다. 선다형문항은 주어진 시간 내에 많은 문항으로 검사를 실시할 수 있으며, 채점이 용이하고, 넓은 영역의 학업성취도를 파악할 수 있어 검사도구의 내용타당도를 증진시킬 수 있다는 장점이 있다. 반면, 피험자의 창의력, 분석능력, 문제해결 능력 등을 측정하기 어렵고, 추측에 의한 정답 확률이 존재한다는 단점이 있다.

선발－성숙상호작용(selection-maturation interaction)　피험자 선발요인과 성숙요인 간의 상호작용에 의해 실험처치의 결과가 영향을 받는 현상이다. 표본선정에 편파가 있고 집단의 정신적·신체적 발달이나 변화, 즉 성숙속도가 다를 경우, 실험의 측정결과에 선발－성숙상호작용이 포함되어 순수한 처치효과를 파악할 수 없으므로 연구의 내적 타당도가 위협받게 된다. 선발－성숙상호작용을 통제하기 위하여 피험자를 각 집단에 무선할당하거나 가급적 동질적인 집단이 되도록 여러 변인을 고려하여 짝을 지어 할당하는 등의 설계방법을 적용할 수 있다.

선별검사(screening test)　교육적 선발이나 분류가 필요한 상황에서 피험자의 능력을 정해진 기준에 따라 구분하기 위한 검사이다. 임상 상황에서는 질병, 장애, 위험 인자 등을 조기에 발견하여 특정 치료나 처치의 필요 여부를 판단하는 과정에서 활용된다.

선택편의(selection bias)　연구에 참여하는 집단 간에 차이가 있어서 결과(해석)에 영향을 미치는 것을 말한다. 실험처치를 가한 후에 두 집단의 결과변수(혹은 종속변인)의 수준을 측정하여 차이가 발생한 경우, 그 차이를 실험처치(혹은 독립변인)에 의한 것으로 보는 게 일반적이지만, 경우에 따라서는 실험처치를 가하기 전부터 두 집단이 이질적이었기 때문으로도 볼 수 있다. 즉, 실험처치 이전에 두 집단이 동질적이라는 증거가 없다면 결과변수의 차이를 실험처치에 의한 것이라고만 단정을 짓기 어려우며, 이때 연구의 내적 타당도가 위협받을 수 있다. 예를 들어, 교수방법 A와 B의 효과를 비교하는 실험연구에서 이 두 교수방법에 배정되는 피험자를 지능지수에 기초하여 짝을 지어 동등하게 배정했다고 하더라도 우연히 두 집단의 성별이 다를 수 있다. 이 경우 교수방법 A가 B보다 효과적이라고 단정 지을 수 없다. 왜냐하면, 성별 차이, 즉 선택편의로 인한 결과일 수도 있기 때문이다.

선택형문항(selection type item) 주어진 답지 중에서 정답을 선택하는 문항 유형을 포괄하는 문항 유형으로 일반적으로 용어, 사실, 개념, 원리, 이론 등에 대한 지식을 측정할 때 사용된다. 하위문항 유형으로는 선다형, 진위형, 양자택일형, 연결형 등이 있다. 최근 다양한 기술공학의 발달로 컴퓨터기반검사가 도입되면서 기술기반(technology enhanced) 문항 유형이 개발되었는데 그리드형(grid item), 끌어놓기형(drag and drop item), 콤보박스형(combobox item) 등이 선택형문항 유형에 속하는 기술기반 문항이다. 선택형문항은 학습 영역의 많은 내용을 효율적으로 측정할 수 있고 채점의 객관성을 확보할 수 있다는 장점이 있으나 주어진 답지 가운데 정답을 선택하는 과정에서 창의력, 분석능력, 문제해결 능력 등의 복합적 인지능력을 평가하기 어렵고 추측에 의해 정답할 확률이 존재하는 단점이 있다.

선형동등화(linear equating) 검사 X와 검사 Y의 점수가 평균과 표준편차만 다르고 동일한 분포를 가지며, 점수대에 따라 난이도에 차이가 있을 때에 사용되는 동등화 방법이다. x는 검사 X의 특정점수, y는 검사 Y의 특정점수, $\mu(X)$는 검사 X의 평균점수, $\mu(Y)$는 검사 Y의 평균점수, $\sigma(X)$는 검사 X 점수의 표준편차, $\sigma(Y)$는 검사 Y 점수의 표준편차를 나타낸다고 할 때, 선형동등화는 각 검사의 동일한 표준점수를 갖는 점수를 동일한 점수로 간주하는 방식으로 수행된다. 즉, 선형동등화에서는 $[x - \mu(X)]/\sigma(X) = [y - \mu(Y)]/\sigma(Y)$의 관계가 설정되며, 이로부터 검사 X의 점수는 검사 Y의 점수로 $l_Y(x) = y = \sigma(Y)[(x - \mu(X))/\sigma(X)] + \mu(Y)$와 같이 변환된다. 예를 들어, 검사 X의 평균점수가 72점이고 검사 Y의 평균점수가 77점, 검사 X의 점수의 표준편차가 10, 검사 Y의 점수의 표준편차가 9라면 $l_Y(x) = y = 9[(x - 72)/10 + 77 = 0.9x + 12.2$의 관계를 갖게 된다. 이 경우 어떤 학생이 검사 X에서 80점을 받았을 때 검사 Y의 척도로 변환된다면 $0.9 \times 80 + 12.2 = 84.2$점이 된다.

선형변환(linear transformation) 자료의 분포 모양을 그대로 유지하면서 점수 혹은 측정치를 일정 규칙에 따라 다른 점수 혹은 척도로 바꾸는 것으로, $Y = aX + b$ 형식의 일차방정식으로 정의된다. 즉, 어떤 변수에 상수를 더하거나 빼거나 곱하거나 나누어서 다른 값으로 변환하는 것이다. 어떤 점수를 선형변환하였을 때, 변환된 점수의 분포는 원점수의 분포와 동일하다. 점수범위, 평균이나 표준편차의 값 등이 달라지기는 하나, 원자료의 분포가 편포였으면 편포, 정규분포이면 정규분포 그대로 분포의 모양을 유지한다. 그리고 변환 전 점수와 변환 후 점수 간 상관은 1이고, 다른 어떤 변수와의 상관계수의 크기는 변환 전 점수일 때나 변환 후 점수일 때나 동일하다. 그 예로, 온도의 섭씨(℃)를 화씨(℉)라는 척도로 변환하거나 길이 단위인 km를 cm의 척도로 변환하는 것, 그리고 50점 만점 체제의 점수에 2를 곱하여 100점 만점 체제의 점수로 변환하는 것 등을 들 수 있다.

설명적 설계(explanatory design)　혼합설계방법의 하나로서 먼저 정량적 방법을 사용하고 나서 정성적 방법을 적용하는 설계방법이다. 정량적 방법을 통하여 수집한 정량화된 자료를 바탕으로 정성적 방법을 적용하여 기술하고 설명하는 데 중점을 두는 설계방법이며, 통계적 검증결과를 보완하여 설명함으로써 관련된 가치나 의미를 명료화하는 데 유용하다. 이와는 반대로 탐색적 설계는 정성적 방법을 먼저 적용하고 그 결과에 근거하여 정량적 방법을 적용하는 설계방법을 의미한다.

설문지(questionnaire)　조사하고자 하는 주제에 관한 일련의 질문이나 진술에 대한 조사대상자의 답이나 반응을 통해 자료를 수집하는 문서형식의 자료수집 도구이다. 조사대상자의 지적 능력보다는 사실, 의견, 흥미, 태도 등이나 대상자의 개인 신상에 관한 배경변수 등을 조사하는 것이 목적이다. 질문의 형식에 따라 응답자의 반응이 다양한 형태로 나타날 수 있는 개방형과 반응이 이분형이거나 이미 주어진 반응 속에서 선택해야 하는 비개방형으로 나눌 수 있다. 잘 활용하면 짧은 시간 내에 적은 비용으로 많은 자료를 얻을 수 있는 장점이 있는 반면, 우편으로 조사하는 경우 회수율이 낮아 조사결과에 왜곡이 있을 수 있으며, 응답자가 솔직하고 성실하게 반응하지 않거나 자기 생각이 아니라 사회적으로 바람직한 방향으로 반응할 가능성이 있는 등의 단점이 있다.

성과지표(outcome indicator)　궁극적인 목표달성 수준이나 정도 또는 어떤 영향변인으로 인해 나타나는 수준이나 정도를 의미하는 지수나 척도를 말한다. 체제적 관점에서 교육지표를 크게 투입지표, 과정지표, 성과지표, 환경지표로 구분할 수 있는데, 이 경우에 교육이라고 하는 영향변인(여기서는 투입변인, 과정변인, 환경변인)의 결과로 나타나는 학생의 최종적인 인지적 영역의 성취점수가 성과지표의 예가 될 수 있다. 성과지표는 정의적 특성, 심동적 특성도 될 수 있으며, 목표가 무엇인가와 어떤 영역을 포함할 것인가에 따라 그 준거가 달라진다.

성과평가(outcome evaluation) 프로그램의 최종적인 결과로 나타난 성취나 변화 등의 현상에 대하여 가치를 부여하는 활동을 말한다. 체제적 접근의 투입-과정-산출모형에서는 산출요소가 성과에 해당한다. 성과의 종류는 양적 성과와 질적 성과, 인지적 성과와 정의적 성과, 단기적 성과와 중장기적 성과로 구분할 수 있다. 예를 들어, 교육기관의 경우 교수학습 활동의 최종적인 결과는 학생이 성취한 수준을 의미한다. 따라서 학업성취도, 취업률, 직업지위의 획득, 개인능력의 변화와 발달 등이 성과평가의 대상이 될 수 있다. 제품을 생산하는 회사나 공장의 경우에는 생산제품의 양과 질이 성과평가의 중요한 척도일 수 있으며, 얼마나 판매하여 수익을 창출하였는가가 성과평가의 척도가 될 수도 있다. 따라서 성과평가에서는 목표에 비추어 보아 성과를 무엇으로 보느냐가 중요한 핵심과제이다.

성장참조평가(growth-referenced assessment) 개인의 초기 능력수준에 비추어 얼마나 성장하였는지를 판단하는 평가를 말한다. 성장참조평가는 특정 처치(또는 프로그램)가 시작되기 전의 능력수준을 나타내는 사전점수와 해당 처치(또는 프로그램)가 완료된 시점의 능력수준을 나타내는 사후점수 간의 차이를 평가결과 해석의 기준으로 삼는다. 개인의 성장과 변화의 정도에 관심을 가지며, 교수적 기능이나 상담적 기능이 강조되는 개별화 학습의 평가에 적합하다.

성장혼합모형(Growth Mixture Modeling: GMM) 다양한 변화 양상을 반영하기 위해 개발된 잠재성장모형의 확장된 모형이다. 잠재성장모형은 단일 모집단에서 도출된 하나의 성장 궤적만을 추정하므로, 궤적 간에 존재할 수 있는 이질성을 고려하지 않는다. 반면, 성장혼합모형은 유사한 성장 궤적을 잠재계층에 기반하여 분류하며 잠재계층별 성장요인의 평균과 분산 및 공분산을 추정할 수 있다.

성찰성(reflexivity) 연구자의 주관성과 맥락이 연구의 전 과정에 걸쳐 연구와 연구에 참여한 사람들에게 어떠한 영향을 주는가를 연구자가 지속적이고 비판적인 태도로 의식하고 평가하는 성찰적 실천을 의미한다. 구성주의 및 비판적 실재론의 틀에서는 사회과학분야에서 생산되는 지식이 인간의 주관성에 의존할 수밖에 없는 연구의 현실을 오롯이 인정하기 때문에 연구자의 주관성을 존중하고, 연구자의 성찰성을 연구의 전 과정에서 매우 중요하게 다룬다. 연구자의 성찰성은 연구자의 개인적 요소(연구자의 독특한 관점이 연구에 어떠한 영향을 미치는가), 연구참여자와의 관계적 요소(연구자와 연구참여자 사이에 어떠한 관계가 형성되어 존재하고 이것이 연구에 어떠한 영향을 미치는가), 연구방법론적 요소(연구자가 취하고 있는 연구방법론적 가정과 결정들이 연구에 어떠한 영향을 미치는가), 맥락적 요소(연구가 진행되고 있는 맥락은 연구와 연구에 참여하는 사람들에게 어떠한 영향을 미치는가) 등의 측면에서 발휘되고 고려된다.

성취기준(achievement standard)　해당 학년이나 영역에서 학생들이 성취할 것으로 기대되는 것을 진술한 것이다. 즉, 학생이 알아야 하는 것과 할 수 있는 것을 진술한 것으로 특정 수준(또는 학년)이나 과정에서 학생에게 필요한 지식, 기술, 태도를 교육과정에 명시한 것을 말한다. 성취기준은 내용기준(content standard)과 수행기준(performance standard)으로 구분되기도 한다. 내용기준은 특정 내용 영역에서 학생들이 성취할 것으로 기대되는 결과로서 학생들이 획득하여야 할 지식과 기술 등을 서술해 놓은 것이고, 수행기준은 학생들이 할 수 있는 능력 및 태도를 구체적으로 제시한 것이다. 우리나라 교육과정에서는 7차 교육과정부터 성취기준을 개발해 왔고, 2022 개정 교육과정에서는 성취기준을 교육과정 문서에 고시하였다. 참고로, Robert Wood와 Colin N. Power는 기준(standard)의 의미를 성취해야 할 것(처방적인 것)과 성취한 것(기술적인 것)으로 분류하여 성취해야 할 것을 의미할 때는 '성취기준', 이미 성취한 것을 기술한 것을 의미할 때는 '성취수준'으로 구분하였다.

성취도검사(achievement test)　특정 영역에서 피험자가 학습에 의해 성취한 지식, 기술, 태도의 현재 수준을 측정하기 위한 검사이다. 즉, 일련의 학습이나 훈련을 통해 습득한 능력을 평가하는 데 중점을 두는 검사로 잠재적 능력(innate potential)을 측정하는 적성검사(aptitude test)와는 구별된다.

성취수준(achievement level)　학생들이 성취기준에 도달한 정도를 몇 개의 수준이나 단계로 구분한 것이다. 준거참조평가에서는 일반적으로 성취수준을 통해 개별 학생의 성취도에 대한 정보를 제공하는데, A-B-C-D-E, 우수-보통-기초, Pass 또는 합격 등 다양한 형태의 성취수준이 사용될 수 있다.

성취평가제(achievement standard-based assessment system)　2014년부터 적용되고 있는 우리나라 중등학교 학생평가제도이다. 성취평가제는 국가 교육과정에서 과목별로 정해 놓은 성취기준을 근거로 하여 학생의 성취 정도를 평가하는 제도이다. 성취평가는 학생의 성취수준을 절대적인 성취기준 달성도에 의해 평가한다는 점에서 준거참조평가로 구분될 수 있다. 이는 학생의 성취수준을 비교 집단에 비추어 상대적으로 평가하는 규준참조평가와 대조되는 것으로서, 학생이 해당 과목에서 달성한 절대적인 성취수준을 판단할 수 있기 때문에 학생이 '무엇'을 '어느 정도' 알고 있는지를 파악하여 학습 성장을 지원할 수 있다는 장점이 있다. 또한, 학생이 최소 성취수준에 도달했는지를 확인할 수 있다는 점에서 교육의 책무성 강화에도 도움을 줄 수 있다. 성취수준을 나타내는 '성취도'를 과목에 따라 5개(A, B, C, D, E) 또는 3개(A, B, C)로 구분하여 사용하고 있다.

소검사모형(testlet model)　　시험에서 동일한 읽기 지문, 표, 그래프와 같은 자료를 공유하는 문항 집합이 존재하는 경우 이를 소검사(testlet)라 하며, 이러한 소검사가 포함된 검사자료를 분석하기 위한 모형을 소검사모형이라 한다. 소검사, 즉 소규모 문항집합 내에서 개별 문항들의 응답이 완전히 독립적이지 않고 연관성을 가지는 현상이 나타날 수 있으며, 이러한 소검사 효과로 인해 소검사 내 문항 간 지역 독립성 가정이 위배되는 상황에서 피험자 반응을 모형화할 수 있도록 일차원 문항반응이론모형을 확장시킨 것이다. 소검사모형은 주요 구인에 대한 피험자의 능력모수 이외에 각 소검사 내에서 문항들 사이의 상관성을 고려하는 무선효과모수를 사용하여 피험자의 반응을 보다 정확하게 측정할 수 있다.

소급적 평가(retroactive evaluation)　　평가기능을 의사결정과 관련된 전진적(prospective) 기능과 책무성과 관련된 소급적 기능으로 구분할 때 평가대상 프로그램(프로젝트, 정책 등)의 개발자 및 관리자들의 책무성을 과시하거나 제고시키기 위한 목적으로 프로그램이 종료된 후 프로그램에 대한 총괄적 평가기능에 중점을 두는 평가기능을 말한다. 프로그램이 종료된 후에 그 장점, 가치, 중요성을 판단하여 얻은 평가결과를 활용하여 프로그램 이해당사자들이 프로그램 관리 운영에 대한 자신들의 과거 행동들에 관한 책무를, 평가 시기를 기준으로 소급시켜 인정받으려는 경우에 주로 활용한다.

소비자중심평가접근(consumer-oriented evaluation approach)　　소비자가 교육 프로그램을 현명하게 선택 혹은 구매할 수 있도록 도움이 되는 정보의 제공을 강조하는 평가접근이다. 대표적인 학자인 Michael S. Scriven은 교육 프로그램의 잠재적 소비자 집단에 주목하고, 프로그램의 의도된 목표뿐 아니라 의도되지 않은 목표나 부수적 영향을 포함하여 프로그램의 가치를 총체적으로 판단할 것을 주장하였다. 구체적으로 정부 또는 정부 후원의 교육 프로그램에 대한 평가기준으로 '상품 체크리스트(product checklist)'를 제안하였는데, 이 체크리스트는 ① 소비자의 요구, ② 잠재적인 시장, ③ 일반적인 효과성, ④ 고객 관점의 성과, ⑤ 통제집단과의 비교, ⑥ 프로그램 종료 후 효과 지속, ⑦ 부수적 영향, ⑧ 윤리성 증거, ⑨ 효과성에 대한 통계적 검증, ⑩ 전문가 판단 등 교육적 유의미성 검증, ⑪ 비용-효과, ⑫ 부가적 지원 계획 등의 교육 프로그램에 대한 평가기준을 제공하고 있다.

속도검사(speed test)　제한된 시간 내 상대적으로 많은 수의 문항을 활용하여 피험자의 능력을 측정하는 검사이다. 정해진 시간 내 피험자가 가능한 한 많은 문제를 해결해야 높은 점수를 받는다. 시간적인 제약을 고려하지 않는 역량검사(power test)와 구별된다.

솔로몬4집단설계(Solomon four group design)　4집단을 사용한 진실험설계로 내적 타당도를 확보하기 위한 실험설계이다. 즉, 4개의 집단에 피험자를 무작위로 할당하고 두 집단은 사전검사를 실시하고, 나머지 두 집단은 사전검사를 실시하지 않는다. 사전검사를 실시한 두 집단 중 하나의 집단과 사전검사를 실시하지 않은 두 집단 중 하나의 집단에 실험처치를 가한다. 솔로몬 4집단설계는 사후검사통제집단설계와 사전사후검사통제집단설계를 통합한 설계로 다음 표와 같은 4집단으로 구성된다.

집단 (무선할당)	사전검사	처치	사후검사
A	○	○	○
B	○	×	○
C	×	○	○
D	×	×	○

(○: 실시, ×: 미실시)

솔로몬 4집단설계에서 얻은 자료를 통계적으로 분석하는 방법은 다양한데, 실험효과, 사전검사효과, 사전검사와 실험처치 간의 상호작용효과를 검증할 수도 있으며, 사전검사를 공변인으로 하여 사후검사점수의 공분산분석을 할 수도 있다.

수렴집단(convergence group)　프로그램에 대한 평가이해당사자들의 의견을 정확하게 수집하고 의견을 수렴·종합하기 위한 목적으로 구성한 집단이다. 이 집단에서는 다양한 입장을 가진 이해당사자들의 의견을 수렴 및 총괄하여 일반화된 합의점을 도출하는 데 중점을 둔다.

수렴타당도(convergent validity) 검사에서 측정하는 변인과 특성이 동일한 변인과의 동질성 정도에 의해 판단하는 타당도이다. 동일한 특성을 상이한 방법에 의하여 측정하여 얻어진 검사점수들의 상관이 높다면 검사 타당성의 근거로 수렴타당도가 높다고 할 수 있다.

수사학적준거(rhetorical criterion) 질적 연구를 수행한 평가보고서의 질을 판단하는 준거 중의 하나로서, 전반적인 통일성, 조직화, 단순성, 명료성을 갖춘 형태나 구조와 관련된 준거이다. 그 밖에도 기저가 되는 가정에 따라 연구가 진행되어야 한다는 공리적 준거, 보고서를 읽은 독자가 그 내용에 따라 행동할 수 있도록 자극해야 한다는 행동준거, 보고서를 읽은 독자가 자신의 상황에서 추론을 끌어낼 수 있게 하는 정도에 관한 응용준거 등이 있다.

수업주도측정(instruction-driven measurement) 측정주도수업에 대비되는 개념으로 교육활동에서 목표로 하였거나 진행하고 있는 교육과정 및 교육 프로그램에 기반하여 평가(또는 측정)하는 것을 의미한다. 수업주도측정의 관점에서는 교육목표에 근거하여 교수학습을 먼저 설계한 후 이를 기반으로 평가를 계획한다. 반면, 측정주도수업은 평가를 먼저 설계한 후 교육과정 및 교수학습을 진행함으로써 평가가 교육과정 및 교육내용의 변화를 유도할 수 있다고 본다.

수정결정계수(adjusted R-squared) 회귀모형에 투입되는 독립변수의 수가 증가할수록 결정계수 역시 증가하는 문제점을 보완한 계수이다. 수정결정계수는 전체 사례수(n)와 독립변수의 수(k)가 고려된 자유도를 사용하여 결정계수를 교정한 값이다.

$$Adjusted\,R^2 = 1 - \frac{\dfrac{SS_{Error}}{n-k-1}}{SS}$$

수정결정계수는 결정계수보다 항상 작은 값을 가지며, 결정계수와 마찬가지로 값이 1에 가까울수록 모형의 설명력이 높다고 판단된다.

수정지수(modification index) 본래 모형에서 고정된 모수를 자유모수로 추가하여 추정하였을 때 감소하는 카이제곱검정 통계량 값의 추정치이다. 모수의 추가는 이론적 타당성에 근거하여 이루어지며, 수정지수는 탐색적 목적으로 활용한다. 즉, 이론적 타당성을 검토하고 추가되는 모수추정에 따라 감소되는 카이제곱검정 통계량이 통계적으로 유의한 경우(1개의 모수가 추가될 때 χ^2이 3.84 이상 감소), 모형을 수정할 수 있다.

수직척도화(vertical scaling)　동일한 특성이나 구인을 측정하고 있지만 피험자 집단의 능력 수준과 검사 난이도가 서로 다른 검사의 점수를 연계하기 위한 측정학적 방법으로 수직동등화라고도 한다. 예를 들어, 학생들의 학년별 학업 성장과 변화를 측정하기 위해 설계된 교육종단연구에서 각 학년별 검사점수의 변화를 능력수준의 변화로 해석하기 위해 학년별 점수를 하나의 척도상에서 비교할 수 있는 공통척도를 개발할 필요가 있다. 이때 공통척도의 개발과 각 학년별 성취도검사의 척도점수와의 관계 정보를 구하는 작업인 수직척도화가 수행된다. 대표적인 수직척도화 방법으로는 Thurston 방법과 문항반응이론에 의한 방법 등이 있다.

수행수준기술(performance level description)　특정 수준에 해당하는 학생들에게 기대되는 수행 특성을 구체적으로 진술한 것으로, 성취도 평가 맥락에서는 성취수준기술(achievement level description)이라고도 한다. 수행수준기술 또는 성취수준기술은 교육과정이 투입되기 전에 미리 기술하여 교수학습활동의 준거로 활용하고 준거 설정 및 평가 결과 해석 과정에서 평가자들의 판단 근거로 활용한다.

수행준거(performance criteria)　학습을 통해 성취한 정도나 수행능력을 평가하는 데 사용되는 기준 또는 조건을 의미하는 용어로, 어떠한 수준의 성취나 수행 특성이 기대되는지를 나타낸다. 예를 들어, 학생들의 작문능력을 평가할 때 문법, 논리성, 명료성의 수행준거에 의해 점수를 부여하며 이 경우 수행준거는 채점준거나 채점요소라 한다.

수행평가(performance assessment)　교사가 학생이 학습과제를 수행하는 과정이나 결과를 보고 학생이 보여 준 지식, 기능, 태도 등에 대해 전문적으로 판단하는 평가방식이다. 산출물을 만들어 내거나 답안을 구성 또는 발표하는 과정에서 학생에게 능력이나 기술을 보여 주도록 요구하여 이를 평가한다. 수행평가는 학생이 수행해야 할 과제와 이를 평가할 채점기준으로 구성된다. 수행이 강조되므로 학생의 능력과 기술을 직접적으로 측정할 수 있고, 복합적 능력과 기술도 측정할 수 있으며, 학생의 수행과정도 평가할 수 있다는 장점이 있다. 전통적 평가방법과 다른 다양한 방법을 활용한다는 측면에서의 대안적 평가, 실생활에서 마주치는 과제를 수행할 수 있는 능력을 평가한다는 측면에서의 참평가, 학생이 과제를 수행하는 과정에서 능력과 기술을 활용하는 것을 직접 관찰하여 평가할 수 있다는 측면에서의 직접평가와 혼용되기도 한다. 흔히 사용되는 수행평가의 방법으로는 서술형·논술형 평가, 토론, 실기, 실험·실습, 관찰, 자기평가, 동료평가, 연구 보고서, 프로젝트, 포트폴리오 등이 있다.

숙달검사(mastery test) 특정 학습 주제나 내용에 대해 학습자가 완전하게 이해하고 정해진 학습목표에 도달하였는지를 평가하기 위한 검사이다. 따라서 숙달검사를 통한 점수는 사전에 설정된 준거(criterion)에 비추어 학습자가 성취한 정도에 대한 정보를 제공하며, 세분화된 내용 영역 또는 교수학습 상황에서는 학습목표의 충족 여부 등을 점검하는 데 유용하게 활용될 수 있다.

순서형회귀모형(ordered regression model) 종속변수가 서열척도인 회귀모형으로 이분형 로지스틱회귀의 일반화된 모형이다. 예를 들어, 수행평가 점수가 1점에서 4점까지 4개의 범주로 측정되었으나 각 범주 간 등간성이 확보되지 않은 경우, 순서형 회귀모형을 활용한다. Y가 J개의 범주가 있는 종속변수일 때, $P(Y \leq j)$는 Y가 j 또는 그 이하의 값일 누적확률이다. 이에 대한 로짓을 모형화한 순서형회귀모형은 다음과 같다.

$$\log Y(P(Y \leq j)) = \beta_{j0} - \beta_1 x_1 - \cdots - \beta_p x_p$$

순서형회귀모형은 종속변수가 1단위 변화할 때 독립변수가 종속변수에 주는 영향이 동일하다는 평형성 가정에 기초한다.

순서효과(order effect) 피험자 내 설계에서 피험자에게 제시되는 실험처치의 순서가 종속변인에 영향을 미치는 현상이다. 대부분 연구의 목적은 실험처치 제시순서의 효과를 파악하는 것이 아니라, 실험처치 자체의 효과를 분석하는 것이다. 이 점을 고려한다면, 특정 처치를 접한 후 발생하는 연습, 피로, 이월(carryover), 민감화(sensitization) 등 순서효과를 발생시킬 수 있는 요인들을 고려하여 실험을 진행해야 한다. 순서효과를 방지하는 적절한 방법은 피험자 간 설계를 적용하는 것이다. 피험자 내 설계를 사용해야만 하는 상황에서는 순서효과를 통제하기 위해서 피험자마다 처치의 순서를 달리하여 순서효과의 작용이 모든 피험자에게 균등하게 나타나도록 조작하는 상쇄균형화 방법을 적용할 수 있다.

순위상관계수(rank-order correlation coefficient) 순위로 주어진 두 변수들의 상관 정도를 측정한 값이다. 두 변수가 연속적인 양적변수가 아니라 서열척도에 의한 비연속적인 양적변수일 때 사용한다. 가장 많이 사용되는 두 가지 지수는 Kendall의 타우(τ)와 Spearman의 로우(ρ)이다. 특히 Spearman 로우(ρ)의 계산식은 Pearson 적률상관계수의 계산식을 간편화한 것이다. 순위상관계수의 해석은 상관계수의 해석과 동일하다. **동의어** 등위상관계수

스크리검사(scree test)　요인분석을 할 때 분석되는 상관행렬로부터 추출할 요인의 수효를 결정하는 방법 중 하나이다. 분석상관행렬의 고유치(eigen values)를 살펴볼 때 앞의 고유치들에 비해 현저하게 차이가 나면서 작은 값으로 평준화되는 현상을 보이면, 평준화되기 직전까지의 고유치들의 수효만큼 요인을 추출하기로 결정하는 방식이다.

스탠퍼드-비네지능검사(Stanford-Binet intelligence scales)　대표적인 개인용 지능검사의 하나로, 비네(Binet) 지능검사를 1916년 스탠퍼드 대학의 심리학자 Lewis M. Terman이 개정한 것이다. 1916년에 제1판이 제작된 이후, 1937년에 L형과 M형이 개발되었고, 2003년 제5판(SB5)이 Gale Roid에 의해 개정되어 개인의 다차원적 능력을 측정하는 데 활용되고 있다. 2세부터 전 연령에 이르기까지 실시가 가능하며, 언어 영역과 비언어 영역에서 5개의 요인[유동적 추론(Fluid Reasoning: FR), 지식(KNowledge: KN), 양적추론(Quantitative Reasoning: QR), 시각-공간 정보처리(Visual-Spatial processing: VS), 동작기억(Working Memory: WM)]을 측정하는 10개의 하위검사로 구성된다. 하위검사는 평균이 10, 표준편차가 3으로 표준화되었으며, 검사결과는 각 하위검사를 평균이 100, 표준편차 16으로 표준화하여 5개의 요인지수, 언어 IQ, 비언어 IQ 및 총검사 IQ 등으로 제시된다.

스테나인(stanine)　스테나인은 스탠다드(standard)와 나인(nine)을 합성한 약자로 표준점수의 일종이며, 9등급 혹은 9단계 점수체계를 갖는다. 가장 낮은 점수에서부터 1, 2, 3, … 등급으로 부여하여 가장 점수가 높은 상위 4%에 해당하는 등급은 9등급이며, 반대로 가장 점수가 낮은 하위 4%에 해당하는 등급이 1등급이 된다. 스테나인 등급에 따른 비율(%)은 다음과 같다.

스테나인 등급	1	2	3	4	5	6	7	8	9
비율(%)	4	7	12	17	20	17	12	7	4
누적비율(%)	4	11	23	40	60	77	89	96	100

스튜던트화범위분포(studentized range distribution)　스튜던트화범위 q 검정통계량(studentized range q statistics)의 표집분포를 말한다. Tukey의 HSD는 스튜던트화범위 q 통계량의 표집분포에 근거하며, q 검정통계량은 다음과 같다.

$$q = \frac{\overline{Y}_{largest} - \overline{Y}_{smallest}}{\sqrt{\dfrac{MS_W}{n}}}$$

여기서 $\overline{Y}_{largest}$는 J개의 처치수준의 평균값 중 가장 큰 값이고, $\overline{Y}_{smallest}$는 가장 작은 값이며, MS$_W$는 오차분산의 추정치이다. q 표집분포는 유의수준, 오차분산과 관련된 자유도 및 처치수준의 평균의 수에 따라 달라진다. 즉, 처치평균의 수가 증가할수록 임계값은 증가한다.

승산비(odds ratio)　두 집단의 이항변수에 관한 승산(odds)의 비를 가리킨다. 예를 들어, 이항변수가 '성공'과 '실패'로 구성된다면 승산비는 한 집단이 다른 집단에 비해 성공할 승산의 비에 대한 측정량이 된다. 각 집단의 성공에 대한 승산이 동일하다면 승산비는 1이 될 것이다.

시간불변공변인(time-invariant covariate)　종단자료 수집 및 분석의 맥락에서 시간에 따라 변화하지 않거나 시간에 따라 변화할 확률이 낮은 공변인(covariate)이다. 분석모형에서 단일시점 측정값을 가지는 변수, 시점별 값이 일정하게 유지되는 변수라고 할 수 있다. 성별이나 사회경제적 지위 등의 개인배경 특성뿐만 아니라 기질이나 성격 등의 비교적 안정적인 심리적 특성이 포함될 수 있다.

시간표집법(time sampling)　관찰대상을 표본으로 추출하는 방법의 하나로 관찰상황에서 한 대상에 대한 관찰을 계속 진행하지 않고 관찰할 기간을 선정하여 주기적으로 기록하는 방법으로 미네소타대학 아동발달연구소의 Willard C. Olson이 1920년경에 고안하였다. 관찰대상이 정해진 짧은 시간 동안 관찰되고 그 시간에 관찰된 행동을 평상시 행동으로 간주하는 방법이므로 대상행동에 대한 분명한 정의가 사전에 이루어져야 한다. 시간표집법을 사용하는 대상행동은 자주 일어나는 대표적 행동이어야 한다. 시간표집법에서 적용하는 관찰회기는 행동의 발생 정도에 따라 몇 초에서 15분 정도로 다양하다. 일반적으로 한 아동에 대한 관찰지속시간은 대체로 3분 정도가 적절하다고 보지만 연구의 내용이나 목적, 관찰상황에 따라 조정할 수 있다. 시간표집법은 비교적 자주 발생하고, 눈에 쉽게 보이는 먹기, 놀기, 사회적 상호작용하기 등 아동들의 일상적인 행동들을 대상으로 할 때 적절한 방법이다. 시간표집법을 사용할 때는 미리 행동에 대한 조작적 정의를 분명히 해 놓아야 하며, 관찰의 목적을 분명히 해서 관찰대상의 수, 개인 혹은 집단관찰 여부, 대표적 표본을 얻기 위한 관찰횟수 및 간격 등을 결정해야 한다. 시간표집법은 비교적 짧은 시간 안에 다양한 상황에서 많은 관찰대상자의 행동을 표집할 수 있게 해 준다는 점과 관찰자가 관찰상황에 계속해서 머물러 있지 않아도 된다는 장점이 있다. 비교적 자주 나타나는 행동들에 대해서만 사용이 제한되며 행동의 발생여부나 빈도, 지속시간에 대해서 알 수 있지만 행동의 원인이나 질적 속성에 대해서는 알 수 없으며 행동의 맥락이 배제되기 때문에 상황판단이 어렵다는 단점이 있다.

시계열분석(time-series analysis) 시간에 따라 순서화된 관찰값들의 집합을 시계열이라고 하는데, 이런 시계열 자료들을 가지고 예측(forecasting)이나 최적 제어(optimal control) 등과 같은 목적을 위해 수행하는 분석을 시계열분석이라고 한다. 시계열은 시간의 흐름에 따라 연속적으로 관측되며, 관찰값들 사이의 시간은 동일한 간격을 이룬다. 시간 $\{t_i, i = \cdots, -1, 0, 1, \cdots\}$에 대응하여 확률변수 $Y(t)$를 갖는 시계열을 이산시계열(discrete time series)이라고 한다. 시계열자료는 일반적으로 독립이 아니며, 시간순서에 따라 분석을 해야 한다. 시계열은 4개의 성분으로 분해되는데, 장기적 변화인 추세(Trend: T), 계절변동(Seasonal fluctuation: S), 비계절적 변동을 의미하는 순환(Cyclic: C), 그리고 불규칙적 오차(Random error: R)가 그 성분들이 된다.

$$Y = T + C + S + R$$
$$Y = TCS + R$$

이러한 성분들에 대한 수학적 모델링을 통해 시계열 혹은 추세의 특성이나 숨겨진 구조를 파악하고 예측하는 것이 시계열분석의 목적이라 할 수 있으며, 자기회귀이동평균모형들을 포함한 다양한 평활방법(smoothing)들이 사용된다.

신뢰도(reliability) 측정하려는 것을 얼마나 안정적으로 일관성 있게 측정하였는가를 나타내는 지표이며, 검사도구가 정확하게 오차 없이 측정한 정도를 의미한다. 즉, 동일한 검사 또는 동형의 검사를 반복 시행할 때 개인의 점수가 일관성 있게 나타나는 정도이다. 신뢰도 계수는 이론적으로 관찰점수 분산 중에서 진점수 분산이 차지하는 비율로 정의된다. 신뢰도 계수는 그 추정방법에 따라 검사-재검사신뢰도, 동형검사신뢰도, 내적 일관성계수인 반분신뢰도와 문항내적 일관성계수인 KR-20 계수, KR-21 계수, Cronbach알파, Hoyt신뢰도 등으로 분류된다.

실질적 유의성(practical significance) 실질적 유의성이란 통계적 유의성과 더불어 연구자가 반드시 고려해야 할 개념으로 연구결과가 실질적으로 의미 있는 정도를 말한다. 연구자는 연구질문에 대한 잠정적인 해답을 진술한 통계적 가설을 영가설과 대립가설로 구분하고, 연구에서 얻은 검정 통계치 값이 일어날 확률이 연구자가 이미 정해 놓은 유의도 수준보다 작으면 영가설을 기각하고 표본결과가 통계적으로 유의하다고 말한다. 만약 두 변수의 상관이 없다는 영가설이 기각되어 통계적으로 유의한 결과를 얻었다고 하자. 그러나 두 변수 간의 표본상관이 0.1로 낮은 수준이라면 이 상관에 대한 실제적 의미에 대해서 검토해 보아야한다. 특히 표본의 크기가 큰 연구에서 통계적 유의성이 있다는 연구결과를 얻기가 쉬워지기때문에 통계적 유의성과 함께 실질적 유의성도 반드시 고려해야 한다.

실행가능성기준(feasibility standard)　프로그램 평가 시 적용하는 네 가지 기준 영역(정확성, 유용성, 실행가능성, 정당성)의 하나로 평가의 효과성과 효율성 측면에 대한 것이다. 평가전략의 효과성, 평가절차의 실용성과 현실성, 자원 사용의 효과성과 효율성, 평가이해관련자의 문화적·정치적 요구에 대한 평가자의 인식·점검·균형이 하위기준으로 포함된다.

실행연구(action research)　교육현장에서 프로그램의 실행(action)과 그것의 변화와 개선을 위한 이해와 지식을 얻기 위한 연구를 동시에 순환적으로 수행하는 연구방법의 한 형태라고 할 수 있다. 이것의 주요한 특징은 프로그램의 실행과 프로그램의 효과에 대한 연구의 반복적이고 지속적인 순환에 있다. 즉, 프로그램의 실행과정에서 발생하는 여러 가지 문제와그에 대한 해결방안의 반성적인 탐구의 결과가 프로그램의 개선과 재실행에 계속적으로 재투입되는 과정을 반복하게 된다. 프로그램의 실행과 연구의 결과에 직접적인 영향을 받는 것은 교사나 학생을 포함하여 연구에 관여된 사람 자신들이며, 그로 말미암아 프로그램에 대한이해가 그들 사이에 폭넓게 공유되면서 변화의 실행에 대한 공동의 추구가 확산되게 된다. 이런 점에서 교육현장의 모든 구성원이 자신들의 문제를 해결하기 위하여 직접 참여하는 연구 공동체를 이루고 있다고 할 수 있다. 연구자가 참여하고 있는 현장에서의 교육실천의 개선이 그 일차적인 목적이라고 할 수 있으며 연구결과를 다른 교육현장의 집단에 일반화시키는 것은 이 연구의 목적과 관계가 없다. 즉, 표집에 의하여 대표되는 이론적인 전집의 상태보다는 연구가 이루어진 특정 집단의 변화에 주로 관심이 주어진다. 바로 이러한 점이 엄격하게 통제된 설계과정을 통하여 변인들 간의 인과적 관계의 발견과 그 일반화에 주로 관심을두는 실험 또는 유사실험 연구들과 다른 성격을 갖게 하는 것이라고 할 수 있다.

실행평가(implementation evaluation)　프로그램의 목표를 달성해 가는 과정에서 발생하는 실제적인 문제와 그 장단점을 규명하고자 하는 평가방식이다. 실행평가에서는 프로그램수행과정에서 변화와 적응이 불가피하므로 실제 프로그램 운영이 처음의 계획 및 기대와 어떻게 달라졌는지를 밝히는 데 역점을 둔다. 교수학습 과정에서 새로운 교수 프로그램이 학습자들의 발달단계나 언어수준에 적합하게 구성되어 있는지와 프로그램의 목표가 얼마나 타당성이 있는지 등을 평가할 수 있다. 실행평가는 이상과 현실을 좁히려는 노력을 기울이는 데 초점을 둔 평가접근으로 실제성과 유용성 측면에서 현상을 분석하는 특징이 있다.

동의어 이행평가

실험설계(experimental design)   타당한 결론을 얻기 위하여 과학적 실험에서 따라야 하는 실험의 개요 혹은 계획을 말한다. 이 설계에는 연구참여자 선정, 변인조작, 자료수집, 분석방법 및 외재변수의 영향력 통제 등에 대한 내용이 포함된다.

실험연구(experimental research)   이론에 근거한 가설을 검증할 목적으로 행해지는 연구로 변인의 효과를 측정하기 위해서 연구자가 의도적으로 처치, 자극, 환경 조건을 조작 혹은 통제하여 연구대상이나 물체에 어떤 변화가 있는지를 분석함으로써 인과관계를 밝히는 연구를 말한다. 실험연구에서 연구자는 의도적으로 독립변수(처치변수)에 변화를 유도하고, 이로 인해 종속변수(반응변수)에 어떠한 변화가 초래되었는지를 관찰하고 측정한다. 독립변수 외에 종속변수에 영향을 미칠 수 있는 변수를 외재변수라고 하며, 실험연구의 주요한 목적은 외재변수의 영향을 통제한 상태에서 독립변수의 조작이 종속변수의 변화를 초래한 정도를 나타내는 처치효과를 검증하는 것이다. 처치효과를 검증하기 위하여 사전검사를 실시한 후 처치를 가하고 사후검사를 실시하여서 두 검사 간의 변화된 양이 처치에 기인했다고 분석하는 방법과 통제집단과 처치집단을 두어 집단 간 비교를 실시하는 방법이 있다. 실험연구에서는 두 조건에 참여자를 무선적으로 배치하는 무작위 대조군 연구(randomized controlled trials)가 자주 적용된다. 이처럼 사전-사후검사 방법과 무작위 대조군 연구방법을 적용하는 이유는 검사 간 혹은 집단 간 차이가 실험 처치 전에 이미 존재하는 특성(외재변수)의 차이에서 기인한 것이 아니라 온전히 독립변수의 처치에 의해서 발생한 것이라는 것을 확실히 하기 위함이다. 실험상황통제의 엄격성 정도에 따라 실험설계와 준실험설계로 구분된다. 실험실연구 등이 실험설계에 포함되나 실제 교육현장에는 연구대상의 철저한 통제가 힘들기 때문에 대부분 자연적 상태에서 처치를 가해 결과를 얻는 준실험설계방법을 사용한다.

실험자효과(experimenter effect)   실험에 참여하는 실험자의 성격이나 행동이 실험효과에 영향을 주는 현상이다. 자료조사 또는 실험연구에서 연구자의 인식이나 기대 등과 같은 실험자 특성이 실험의 결과에 영향을 주는 것을 의미한다. 예를 들어, 교수법효과 연구에서 실험자인 교사가 특정 교수법에 긍정적인 기대를 한다면, 그 기대가 연구결과에 영향을 미치게 된다. 조사연구에서도 다수의 실험자가 자료를 수집하는 경우, 각자 다른 자료수집 행동이 수집된 자료에 영향을 미칠 수 있다.

실험통제(experimental control)　실험연구에서 연구자가 관찰하고자 하는 독립변수 이외의 변인이 종속변수에 영향을 미치지 않도록 외재변수들을 통제하여 실험을 설계하는 것을 말한다. 실험연구에서 교란변수에 대한 통제가 이루어지지 않으면 독립변수와 종속변수 간의 인과성을 확신할 수 없게 된다. 실험통제는 독립변수 이외의 변수의 영향을 없애고 피실험자의 실험상황을 같게 만들기 위하여 무선할당(randomization), 매칭(matching), 상쇄균형화(counterbalancing) 등의 방법을 사용하여 실험환경을 조작하거나 실험설계를 달리함으로써 이루어진다.

심동적 영역(psychomotor domain)　근육의 발달과 사용 그리고 신체의 운동을 조절하는 신체능력에 관한 인간행동을 지칭한다. 구체적으로는 Benjamin S. Bloom 및 그의 동료들이 제시한 인지적 영역, 정의적 영역과 함께 교육목표분류체계를 구성하는 하나의 영역으로서, 인간의 조작적 기능·운동기능·신경근육의 발달 정도나 숙련 정도, 신체의 운동기능을 사용하고 조절하는 능력과 관련된 행동능력을 의미한다. 신체와 관련된 대부분의 운동기능·신경근육과 관련된 기능 및 지각활동 등이 모두 여기에 포함된다.

심리측정학(psychometrics)　심리학의 한 영역으로 비가시적인 심리적 구인(예: 지능, 불안감, 적성 등)을 관찰가능한 속성 또는 현상으로 연결하는 방법을 연구하는 학문 분야이다. 심리측정학의 주요 영역으로 검사이론, 측정도구 개발, 점수화, 척도화를 들 수 있으며, 통계학과 밀접한 관련이 있다.

심층면접(in-depth interview)　면접자와 면접대상(제보자)이 연구에서 다루고자 하는 일정한 범위의 주제나 논제에 대하여 자유롭고 개방적인 대화를 통해 자료를 수집하는 연구방법이다. 연구자가 직접 관찰할 수 없는 것들을 발견하거나, 제보자의 감정, 생각, 의도, 행위 주체자들이 행위에 부여하는 의미와 주변세계를 해석하는 방법을 이해하고자 할 때 사용한다. 크게 반구조화 면접과 비구조화 면접으로 그 유형을 구분한다. 반구조화 면접은 탐색할 쟁점과 일련의 질문은 정하되 명확한 표현이나 질문의 순서는 미리 정하지 않고 진행하는 반면, 비구조화된 면접은 연구주제만을 염두에 두고 아무것도 사전에 정하지 않고 진행한다. 반복하기가 불가능한 과거 사건에 관심이 있거나 외부자의 관찰을 회피하는 행위들에 대하여 알고자 할 때도 유용한 방법이다.

쌍별삭제(pairwise deletion) 통계분석 시 결측치를 처리하는 방법으로서, 각 분석에서 필요한 변수들에만 응답했다면 다른 변수에 결측치가 있더라도 삭제하지 않고 분석에 활용한다. 예를 들어, 학생의 가계소득과 학업성취도 간 상관계수를 산출할 때, 한 학생의 성별 기록이 누락되었더라도 해당 학생의 사례는 분석에 포함한다. 각 분석에서 데이터를 최대한 활용할 수 있지만 각 통계치는 다른 사례들을 기반으로 산출되므로 유의해야 한다.

안면타당도(face validity)　검사의 외적인 형식이나 평가자의 주관적인 인상과 느낌에 의해 검사의 타당도를 판단하는 것을 의미한다. 실제로 검사가 의도한 목표와 구인을 얼마나 정확하게 측정하는지 또는 도구의 내적인 특성과 유효성에 대한 평가가 아닌 평가자 또는 사용자의 주관적인 인상과 관련한 타당도 개념이다.

안모평가모형(countenance evaluation model)　Robert E. Stake의 「교육평가의 안모(countenance of educational evaluation)」란 논문에서 제안된 것으로, 평가는 교육의 전체적인 모습을 드러내고 판단해야 함을 강조하는 평가모형이다. 전체적인 모습에는 선행조건, 실행과정, 산출결과가 있으며, 이런 측면에 대한 평가자의 기술적 행위와 판단적 행위가 필요하다. 따라서 의도한 결과인 목표와의 일치뿐만 아니라 목표달성 과정에서 나올 수 있는 부수적 효과나 우발적 결과에도 관심을 가져야 하고, 객관적이고 양적인 자료뿐만 아니라 주관적인 판단과 기술자료 등의 질적 자료도 활용해야 한다. 체계적인 평가를 위해서는 다양한 자료원을 사용할 필요가 있다. Stake는 이런 다양한 자료원을 자료행렬로 제시하였는데, 이는 안모평가모형만이 갖는 독특한 특징이다. 자료행렬은 기술행렬(description matrix)과 판단행렬(judgement matrix)로 구분되며, 각 행렬은 세 가지 국면인 선행조건(antecedents: 투입변수, 출발점 상태), 실행과정(transactions: 상호작용, 교류), 산출결과(outcomes: 성과, 성취업적, 효과)로 분류된다. 특정 프로그램에 대한 적절한 평가를 위해서는 프로그램에 대하여 충분히 기술하고 판단할 필요가 있으며, 이런 기술과 판단을 위해서는 다양한 평가자료가 필요하다.

안정성계수(coefficient of stability)　검사-재검사신뢰도계수가 가지는 특징을 명료화하기 위해 사용된 개념으로, 동일한 검사도구를 동일집단에게 두 번 실시하여 산출되는 두 점수 간 상관계수를 의미한다. 안정성계수는 그 검사도구가 얼마나 안정성 있게 재고자 하는 특성을 재고 있는지를 나타낸다. 만약 두 검사결과에서 검사점수의 상대적 위치에 큰 변동이 없다면 안정성계수는 커지지만 변동이 심하다면 안정성계수는 작아진다.

알파요인분석(alpha factor analysis)　요인분석 중 공통요인분석의 한 방법이다. 대각선이 1인 상관계수행렬은 각 변수의 표준편차에 의해 표준화된 것이다. 이것에 각 변수의 공통분(communality, 공유치)을 이용하여 다시 표준화하면 새로운 상관행렬을 얻는다. 이 변환된 상관행렬을 분해하여 기초구조를 구하는 것이 알파요인분석이다. 이때 분해의 기준은 자료에 담겨 있는 내용을 전집(universe)에 일반화시킬 수 있도록 요인을 추출하는 것이다. 즉, 공통요인의 전집과 최대의 상관관계를 가지는 공통요인의 집합을 표본자료에서 추출한다는 것이다. 각각의 요인이 최대의 일반화가능도(검사이론의 신뢰도가 확대된 개념)를 가질 때 이 기준이 달성될 것이다.

양식효과(mode effect)　동일한 검사임에도 그것이 시행되는 매체나 환경의 차이로 인해 검사결과에 영향을 미치는 효과를 말한다. 예를 들어, 지필로 시행하던 기존의 검사를 컴퓨터기반검사로 전환하면서 바뀐 검사 양식(mode)이 문항의 기능, 학생들의 응답 양식, 검사점수 등에 영향을 주는 정도를 의미한다. 현재에도 검사가 컴퓨터, 태블릿, 스마트폰, 지필 등과 같이 다양한 형태로 진행되는 경우 검사점수의 비교 가능성 확보를 위한 증거 수집을 위해 양식효과 분석이 이루어지며, 그 결과가 검사 타당성 증거의 일부로 포함되기도 한다.

동의어 매체효과

양적 연구(quantitative research)　숫자로 양화될 수 있는 자료를 사용해서 이루어지는 연구이다. 경험적 연구는 자료의 성격에 따라 크게 양적 연구(quantitative research)와 질적 연구(qualitative research)로 구분되는데, 양적 연구는 조사 및 실험연구의 통계자료와 같이 계량화된 자료를 분석하여 수행된다. 설문조사를 통해 성별과 음주량에 대한 자료를 수집하고, 관련성을 수치화해서 분석하는 연구를 예로 들 수 있다. 양적 연구와 계량적 통계분석을 통해 연구결과의 객관성을 확보할 수 있다는 장점이 있으나, 피상적인 연구결과만을 제시할 수 있다는 단점도 있다. 양적 연구와 질적 연구의 장단점은 상반되기 때문에 상호 보완적인 관계에 있다.

억제(suppression) 회귀모형에서 예측변수 X의 회귀계수 절댓값이 X와 준거변수(Y)와의 단순상관보다 크거나 부호가 X와 Y의 단순상관과 서로 다를 때 억제효과가 있다고 해석한다. 억제변수(suppressor)가 회귀모형에 포함되지 않았을 때, 다른 변수의 회귀계수가 감소하고, 억제변수를 모형에 투입하면 해당 회귀계수는 증가하게 된다.

에타제곱(eta square) 표본에서 독립변수에 의해 설명될 수 있는 종속변수 분산의 비율을 나타내는 지수이다. 즉, 집단 간 분산제곱을 전체 분산제곱으로 나눈 비율이다($\eta^2 = \dfrac{SS_B}{SS_T}$). 에타제곱은 실험효과의 강도를 나타내는 측정값 중의 하나로서 처치효과가 실제로 종속변수의 분산을 설명하는 정도를 나타낸다.

엔트로피(entropy) 자료의 불확실성을 의미하며, 혼합모형에서 분류의 질을 판단하는 데 주로 활용된다. 각 개인이 하나의 잠재계층에 속할 확률이 1에 가깝고 나머지 잠재계층에 속할 확률은 0에 가까울수록 값이 커진다. 값은 0과 1 사이의 범위를 가지며, Bengt Muthén(2004)은 1에 가까울수록 분류가 확실하고, 0.8 이상이면 좋은 분류라고 해석하였다.

여론조사(poll) 각종 사회적 문제나 정책·쟁점 등에 대한 사회 구성원의 신조·견해·태도·의향 등을 파악하기 위한 사회조사방법이다. 여론조사를 위해서는 조사목적에 따라 조사대상의 범위(universe)를 정하고 이에 해당하는 모집단(population) 속에서 실제로 조사할 적당수의 표본(sample)을 일정한 기준·절차에 따라 선정한다. 이를 표집(sampling)이라 하는데, 표본에 따라 모집단의 여론 추정의 정확도가 달라지기 때문에, 확률론에 근거하여 정교하고 치밀한 표집방법이 적용되고 있다. 조사방법은 우편, 면접, 전화 등으로 다양하며, 각각 고유한 장단점이 있으므로 조사의 목적·대상·시간적 제약 등 여러 조건을 고려하여 적합한 방법을 선택해야 한다. 여론조사에서는 조사가 진행되는 과정에서 질문의 내용이 모든 조사대상에게 같게 제공되어야 하므로 미리 인쇄된 설문지 등을 준비한다.

역량검사(power test) 수행 시간에 제한을 두지 않고 피험자가 지닌 능력을 최대한 발휘하여 검사에 응시할 수 있는 조건에서 피험자의 능력을 측정하는 검사이다. 상대적으로 수행 시간이 제한적인 속도검사(speed test)와 구별된다.

역사사회학적분석(sociohistorical analysis) 역사적 사실을 사회학적인 차원에서 고찰하는 연구방법을 말한다. 역사사회학적 분석은 넓게는 사회학과 역사학의 교차 지점에 있으며, 좁게는 사회학 안에서 사회사와 유사하다. 역사사회학적 분석은 크게 세 가지 방법론으로 구분된다. 첫째, 이론지향적 방법으로 이는 역사적 경험을 설명하기 위해 기존의 사회학적 이론 또는 모델을 적용하는 것을 의미한다. 이 방법은 구체적인 역사적 사례를 통해 추상적인 사회학 이론의 타당성을 입증할 수 있다는 장점이 있다. 하지만 적용이 다분히 자의적으로 이루어짐으로써, 대안적 이론의 타당성이나 다른 사례에 의한 경험적 반박의 가능성이 봉쇄될 수 있다는 단점이 있다. 둘째, 개념의존적 방법으로 해석적 역사사회학이라고도 불리는데, 특정한 개념을 활용하여 역사적 사례에 대한 사회학적 이해를 높이려는 접근법이다. 이 방법은 다양한 역사적 현상들을 비교하고 대조하는 데 효과적이다. 특히 적절한 개념을 선택하고 이용한다면, 과거에 일어났던 일과 현재의 관심을 의미 있게 매개할 수 있다. 반면, 사회구조와 과정의 인과관계를 드러내는 일반이론의 수립에 이바지하지 못한다는 한계가 있다. 셋째, 거시인과적 비교분석방법으로 분석적 역사사회학이라고도 일컬어지는 이 접근은 역사에 일정한 인과적 규칙성이 존재한다고 가정한다. 따라서 연구는 그 규칙성을 발견하기 위해 역사적 사례들의 다양한 측면을 선택적으로 비교하고 대안적 가설들을 탐구하는 형식을 띤다. 거시인과적 비교분석은 단순한 개별기술적 역사연구와 과도한 사회학적 일반화를 모두 지양하면서, 복수의 개별사로부터 공통의 인과관계를 발견함으로써 이론의 제한된 일반화를 추구하고 있다. 이 접근은 역사사회학적 분석에 있어서 가장 유망한 방법으로 평가받고 있으나, 비교분석 단위의 타당성, 적절한 비교맥락의 결여, 역사적 검증을 위한 가설들의 자의적·목적론적 이용가능성 등이 문제점으로 지적되고 있다.

역사연구(historical research)　비교적 장기간에 걸친 사회현상의 변화를 분석하기 위하여 역사적 자료를 활용하는 방법이다. 사회과학에서 일반적으로 사용되는 조사연구(survey research)는 현재 시점의 사회현상에 대한 분석으로서 연구자가 얻고자 하는 자료를 대상자로부터 직접 수집하는 방식을 사용한다. 그러나 이미 사라진 사회현상에 대해 분석하고자 할 때에는 조사연구를 시도할 수가 없다. 이 경우 연구자는 당대에 남겨진 여러 가지 기록물들(예: 고문서, 예술작품, 각종 통계치 등)을 자세히 검토함으로써 해당 사회현상에 관한 연구를 시행하게 된다. 역사연구는 수집되는 자료가 주로 질적 자료인 경우가 많아 질적 연구의 특성을 지니며, 분석하고자 하는 사회현상이 다양한 사회에서 어떠한 차이를 나타내는지를 비교할 목적으로 이루어지는 경우가 많으므로 비교역사분석(historical comparative study)이라고 불리기도 한다.

연구윤리(research ethics)　연구 설계 및 계획, 연구수행, 연구결과 보고 및 발표 등 연구의 전 과정에서 연구자가 지켜야 할 원칙이나 행동 양식을 의미한다. 연구윤리 범위는 학문 분야 및 기관의 성격에 따라 차이가 있으나 연구부정행위와 관련된 규정을 공통적으로 포함하고 있다. 연구 부정행위(research misconducts)에는 위조(fabrication), 변조(falsification), 표절(plagiarism), 부당한 저자표기(유령저자, 강요저자, 명예저자/선물저자, 상호지원저자 등), 부당한 중복게재(자기표절, 이중게재 등), 연구부정행위에 대한 조사방해행위 등이 포함된다. 국내에서는 2008년 「연구윤리 확보를 위한 지침」 제정 이후, 「생명윤리 및 안전에 관한 법률」(2013. 2. 2. 시행), 「국가연구개발혁신법」(2021. 1. 1. 시행)이 적용되면서 연구윤리의 범위는 연구부정행위를 방지하기 위한 윤리에서 학술지 투고, 학회 참석 등 학문교류에 관한 윤리, 이해충돌 예방 및 관리, 인간 대상 연구 및 동물 실험에 관한 윤리, 연구자의 권익 보호 등 건전한 연구실 문화 조성을 위한 윤리로 확장되고 있다.

연령 – 기간 – 코호트 모형(Age-Period-Cohort model: APC)　코호트가 종속변수에 미치는 고유한 효과를 측정하기 위해 나이에 따른 연령효과, 기간이 미치는 효과, 코호트의 특성으로 인한 효과(연령–기간–코호트) 각각의 독립적인 효과를 구별해 내는 코호트 분석법을 말한다. 완전한 선형적 의존관계(코호트＝기간–연령)로 인한 모형 식별문제(identification problem)를 해결하기 위해 개발된 분석법이다.

연속변수(continuous variable)　길이, 무게, 온도 변화와 같이 연속적인 모든 실수값을 가질 수 있는 변수를 말한다. 즉, 사람, 대상물 또는 사건을 그들 속성의 크기나 양에 따라 분류할 수 있는 것을 의미한다. 연속변수는 그 값이 변할 수 있는 한계 내에서는 어떠한 값이라도 가능하다.

연수평가모형(training evaluation model)　연수과정이나 프로그램의 효과를 탐구하고 분석하는 모형을 말한다. 대표적 연수평가모형으로 Donald L. Kirkpatrick이 1975년에 제안한 4단계 모형과 Jake J. Phillips의 5단계 모형을 들 수 있다. Kirkpatrick은 연수효과를 반응, 학습, 행동, 결과라는 네 가지 수준으로 개념화하였다. 반응평가는 교재나 교수자, 시설, 방법, 내용 등을 포함한 참여자가 프로그램에 대해 생각한 것으로 정의된다. 학습평가는 프로그램에서 제시된 사실, 개념, 원리, 기능과 관련된 학습의 정도를 측정한다. 행동평가는 직무의 수행 정도를 측정한다. 결과평가는 조직의 향상과 관련시키는 수준을 의미한다. Phillips 는 Kirkpatrick의 4단계 수준에 투자회수효과를 추가하여 연수효과를 반응과 계획된 행동평가, 학습평가, 현업적용평가, 경영성과평가, 투자회수효과와 같은 다섯 가지 수준으로 세분화한 5단계 평가모형을 제안하였다.

연습효과(practice effect)　검사나 특정 처치가 가해지는 연구상황에서 같은 검사 또는 처치를 같은 피험자에게 반복 시행함으로써 피험자의 수행이 향상되는 현상이다. 첫 번째 시행에서의 경험을 토대로 두 번째 시행에서 실제 능력보다도 더 나은 수행을 보이는 것을 연습효과라 한다. 검사신뢰도를 사용하는 경우, 연습효과에 의하여 재검사신뢰도가 왜곡되어 산출될 수 있다.

영과잉모형(zero-inflated model)　임의의 기간 동안 발생한 사건의 수를 기록한 자료를 가산자료(count data)라고 하며, 이 중 청소년의 가출 빈도나 학교폭력 피해 빈도와 같이 특정 기간 동안 발생한 사건의 빈도가 영(0)인 사례가 과도하게 높은 자료를 영과잉 가산자료라고 한다. 일반적인 가산자료는 포아송분포나 음이항분포를 따른다고 가정되나, 영과잉 가산자료는 분산이 평균보다 커지는 과대산포 현상으로 인해 분포의 가정에 위배된다. 영과잉모형은 영과잉 가산자료의 특성을 고려하여 영과잉에 대한 부분을 설명하기 위한 모형과 0을 포함한 다른 빈도의 발생을 분리해서 설명하기 위한 혼합모형의 접근을 취하며, 대표적인 예로 영과잉 포아송모형, 영과잉 음이항모형 등이 있다.

영향평가(impact evaluation)　교육활동이나 교육 프로그램 실시로 유발되는 효과, 특히 산출결과, 변화 등에 초점을 두는 평가를 말한다. 교육목표로 의도한 바를 어떤 교육활동(처치)을 통하여 달성 및 성취하는가를 원인과 결과 간의 관계를 중심으로 규명하는 평가논리를 취하고 있다. 교육활동을 포함한 교육 프로그램(독립변인)이 학생들에게 어떤 영향을 어느 정도 미쳤는가를 검증하는 것, 즉 의도한 바로서 목표를 특정 준거(종속변인)에 비추어 그 영향을 측정 및 평가하는 데 중점을 두고 있다. 프로그램의 효과로서 산출된 성과를 프로그램 목표 차원에서 분석적으로 측정하고 그를 프로그램이 미친 영향으로 간주하는 접근논리로 프로그램에 투자한 경비에 대한 투자효과를 평가하기 위한 방법으로부터 발전한 다양한 방법을 적용하고 있는 바, 정량적 방법과 더불어 정성적 질적 방법도 적용되고 있다.

예비연구(pilot study)　본 연구 또는 본 조사가 실시되기 전에 연구 절차 및 도구를 검토해 보고, 문제점을 알아내기 위해 고안된 소규모의 사전연구이다. 본 연구의 실행가능성을 점검하고 추가적으로 수정·보완해야 할 사항을 탐색하기 위한 목적으로 수행된다. 또한 예비연구는 해당 연구주제에 대한 유용한 기초자료를 제공하고 추후 연구를 위한 시사점을 제공할 수 있다. 동의어 사전연구

예비평가(preliminary evaluation) 본 평가에 앞서 내재적 기준(타당도와 신뢰도 등)과 외재적 기준(평가가 미치는 효과 등)에 비추어 평가의 적합성, 실행가능성 등 성공적 요건을 사전 검토하고 보완하기 위하여 실시하는 평가이다. 예비평가 시에는 평가목적에 대한 충실도, 평가를 위한 연구설계, 평가기준의 타당도, 평가척도의 타당화, 평가도구의 측정학적 특성 등을 고려하여야 한다.

예측변수(predictor variable) 변수들 사이의 상관에 기초하여 준거변수의 값을 예언하는 데 사용하는 변수이다. 예측변수와 준거변수와의 함수관계를 이용하여 아직 관찰되지 않은 준거변수의 값을 예측하는 경우에 특별히 예측변수 또는 예언변수라고 하며, 설명변수(explanatory variable), 독립변수와 혼용된다.

예측타당도(predictive validity) 검사결과가 미래의 행동을 얼마나 잘 예측할 수 있는가에 의해 판단하는 타당도이다. 공인타당도와 다른 점은 타당도 판단의 준거가 현재의 측정결과가 아니라 미래의 측정결과라는 점이다. 예를 들어, 비행사 선발 적성검사에서 높은 점수를 받은 사람이 선발 후 비행사 과업을 성공적으로 수행할 때 비행사 선발 적성검사는 예측타당도가 높다고 할 수 있다. AERA, APA, NCME에서 공동 개정한 『교육 및 심리검사의 기준(The Standards for Educational and Psychological Testing)』의 1999년판 이후부터 제시하고 있는 5개의 타당도 근거 가운데 '다른 변수와의 관계에 기초한 근거(evidence based on relations to other variables)' 중 검사준거 관련성(test-criterion relationships)에 포함된다.

오답지매력도(attractiveness of distractors) 선다형문항에서 피험자가 오답지를 선택할 확률을 나타내며, 오답지에 대한 응답 비율에 의하여 결정된다. 이때 오답지의 응답 비율이 전문가에 의해 선정된 기준보다 높으면 매력적인 답지로 평가할 수 있다.

오자이브모형(ogive model) 표준정규분포를 이루는 변수에 대하여 누적도수분포를 구하여 그래프로 나타내면 S자 모양의 단조증가함수를 나타내는데, 이러한 모양으로 이루어진

모형을 일컫는다. 오자이브모형의 가장 큰 장점은 표준정규분포의 특성을 이용하여 특정점수의 아래 또는 위에 위치한 사례수가 전체 사례수 중에서 얼마나 되는가를 쉽게 파악할 수 있다는 것이다.

완성형문항(completion form item)　문장의 끝에 빈칸을 제시하여 질문에 응답하게 하는 문항 형태를 의미한다. 문장의 끝에 응답을 하므로 문장을 완결한다는 의미에서 완성형문항이라 한다.

완전무선결측(Missing Completely At Random: MCAR)　결측 데이터의 패턴을 설명하는 용어로 특정 변수에 대한 결측이 다른 변수와 상관없이 완전히 무작위(random)로 나타나는 경우를 의미한다. 즉, 임의의 변수 y에서 발생하는 결측 확률은 데이터 내 다른 변수(x, z)로 예측할 수 없다. 이는 결측이 발생한 이유가 외부적인 요인이나 특정 변수와 관련이 없으며, 결측이 발생함에 있어 특정한 패턴을 찾을 수 없는 경우에 해당한다.

완전정보최대우도법(Full Information Maximum Likelihood: FIML)　최대우도법 계열의 추정방법 중 하나로, 모수를 추정하기 위하여 모형에서 사용가능한 모든 정보를 활용하는 방식이다. FIML은 추정상의 특징 때문에 결측치 처리 방식으로 분류되기도 하는데, 누락된 값을 대체하지 않고 추정과정 중 분석모형 내에서 처리한다. 구조방정식모형이나 다층모형을 비롯하여 결측치가 자주 발생하는 종단자료를 분석할 때 결측치 처리 방식으로 FIML이 사용된다. 동의어 완전정보최대가능도방법

왜도(skewness)　분포의 비대칭 정도, 즉 분포가 기울어진 방향과 그 기울어진 정도를 나타내는 척도이다. 단봉분포에서 긴 꼬리가 왼쪽에 있으면 음(negative)의 왜도, 그 반대의 경우 양(positive)의 왜도를 가지며, 왜도가 0이면 좌우대칭분포를 의미한다. 왜도의 절댓값이 클수록 분포의 비대칭 정도가 크다.

외부평가(external evaluation)　평가대상과 직접 관련이 없거나 제3자인 평가자가 수행하는 평가를 말한다. 예를 들어, 수업의 질을 평가할 때 직접 수업을 진행한 교사가 아니라 다른 학교의 교사 또는 외부 연구기관의 연구원 등이 평가자가 되는 것이다. 내부평가에 비해 객관적이고 공정하며, 의도하지 않은 성과도 찾아낼 수 있다는 장점이 있다.

외부평가자(external evaluator)　외부평가의 주체를 말한다. 대체로 외부평가자는 평가

에 대한 전문지식이 풍부하여 전문적이면서도 체계적인 평가를 기획·수행할 수 있으며, 다른 업무에 대한 부담 없이 평가 활동에만 전념할 수 있다. 또한 평가결과에 대해서 직접적인 이해관계가 없기 때문에 공정하고 객관적인 태도로 평가에 임할 수 있다. 그러나 프로그램이나 기관을 이해하는 데 많은 시간이 필요하고 관련 인사와의 의사소통이 용이하지 않아 평가 수행에 어려움을 겪을 수 있다.

외생변수(exogenous variable)　변수들의 구조적 관계를 파악하기 위해 설정된 모형에서 가설화된 원인을 포함하지 않는 변수이다. 모형 내 다른 변수(들)에 의해 설명되지 않으며, 외생변수의 분산은 자유모수로 추정되어야 한다.

외재변수(extraneous variable)　연구의 주 관심사인 독립변수에 속하지는 않지만, 종속변수에 영향을 미칠 것으로 가정되는 변수로서 가외변수라고도 한다. 흔히 실험 설계나 통계적 기법을 통해 통제되기도 하지만, 그렇지 못한 채 소위 누락된 변수(omitted variable)가 되어 분석결과에 문제를 초래하기도 한다. 예를 들어, 사교육이 학업성적에 미치는 영향을 연구하는 과정에서 부모의 교육수준은 자녀의 학업성적에 영향을 미칠 수 있는 중요한 외재변수로서 통제될 필요가 있다.

외재적 타당도(extrinsic validity)　평가의 영향, 공정성, 평가결과의 일반화 가능성과 같은 타당도의 외적 근거들을 말한다. 외재적 타당도는 흔히 수행평가의 타당도를 다룰 때 개념화되어 왔는데, Robert L. Linn과 Eva L. Baker는 수행평가의 타당도 근거를 내재적 타당도 근거와 외재적 타당도 근거로 구분하였다. 수행평가의 외재적 타당도 근거는 교수학습에 대한 수행평가의 영향, 수행평가의 공정성, 피험자의 수행이나 수행평가 과제에 대한 일반화 가능성이나 비교 가능성 등을 포함한다.

외적 준거(external criterion)　평가도구의 양호도를 판단할 때 도구의 본질적 특성에 비추어 판단하는 것이 아니라 그 이외의 요소를 판단의 근거로 삼을 경우 이를 외적 준거라 한다. 즉, 평가도구가 얼마나 타당한가를 알아보고자 하는 경우에 그 도구 자체가 갖추어야 할 조건이나 특성을 기준으로 판단하는 것이 아니라 다른 검사와의 상대적 비교나 유사 행동 등에 비추어 판단할 때 그 판단의 근거가 되는 기준을 말한다. 평가도구의 타당도를 판단할 때, 예측력이나 공통요인의 존재 여부 등에 비추어 판단하는 경우 이러한 요소가 바로 외적 준거이다. 평가도구의 타당화 과정에서 교육목표나 교육내용과 같은 내적 준거와 대비되는 용어이다. 예를 들어, 예언타당도 분석이나 공인타당도 분석 등은 모두 외적 준거에 근거하는 접근 방식이다.

외적 타당도(external validity)　한 연구의 결과를 그 연구에서 사용된 장면 또는 연구대상 이외에 다른 장면이나 연구대상에게 일반화시킬 수 있는 정도이다. 1963년 Donald. T. Campbell과 Julian C. Stanley에 의해서 최초로 정의된 개념으로 내적 타당도와 더불어 연구를 평가하는 주요한 평가기준 중 하나이다. 이러한 외적 타당도에 영향을 주는 요인으로는 크게 연구대상, 연구장소 및 시기를 들 수 있다. 연구에 참여한 대상, 장소 및 시기가 보편적이지 않아서 일반화시키기 어려운 경우이다. 예를 들어, 금연연구를 하기 위해 흡연이 암에 미치는 영향에 관한 강연을 들은 직후, 그 청중을 피험자로 사용하는 경우이다. 또한 측정도구의 신뢰도 및 타당도의 문제 역시 외적 타당도에 영향을 주는 요인이다. 모집단으로부터 표본을 선발할 때, 무선표집 등을 이용하거나 다양한 피험자, 장소 및 시기 등을 연구에 포함해 연구를 반복적으로 시행함으로써 외적 타당도를 향상시킬 수 있다.

요구기반평가(need-based evaluation)　특정 교육 프로그램이나 교육과정의 가장 이상적인 상태와 현실적인 상태의 차이를 요구라 하는데, 이러한 요구에 초점을 맞추어 가치를 부여하는 활동을 말한다. 요구기반평가는 특히 수요자(학습자)의 요구를 반영하여 기준을 설정하고 분석하며, 평가결과를 피드백한다. 수요자(학습자)의 요구에 비추어 프로그램의 목적이 적절치 못하거나 결함이 있는 경우, 그 목적을 수정하고, 타당한 목적을 설정하려 노력한다. 또한, 요구를 충족시키기 위한 필수적이고 유용한 도구들을 찾아내며, 이들 요구에 대한 중요도를 평정한다. 요구기반평가의 대표적인 접근 중의 하나로 수요자 만족도분석을 들 수 있다. 만족도에 비추어 보아 무엇이 문제이고 무엇이 강점인지를 확인한 후, 문제가 있는 경우에는 이를 개선하기 위한 노력을 기울이게 된다. 이때 요구기반평가의 결과가 유용한 정보를 제공해 준다. 요구기반평가는 요구분석부터 피드백 제공에 이르기까지 각 단계마다 철저한 질 관리 시스템을 활용한다. 개별 학습자와 교육수요자의 요구를 분석함으로써 맞춤식 교육과 처방적 교육이 가능한 평가접근이다.

요구사정(needs assessment)　특정 교육 프로그램이나 교육과정에 대한 수요자(학습자)의 요구를 확인하는 과정을 말한다. 요구사정은 대개 특정 교육 프로그램이 바람직한 상태와 차이가 있을 때 수행되며, 먼저 현재의 프로그램 상태를 점검하고 이용가능한 자원을 확인한 후 의사결정자가 프로그램을 바람직한 상태로 변화시키기 위해서 해야 할 일과 투입할 자원을 결정하는 것을 돕는다. 요구사정의 주요 관심은 프로그램의 목표 및 내용의 중요도 순위를 파악하고, 목표별 실제 성취수준을 진단하며 우선순위를 확정하는 일이다. 요구사정을 통해 프로그램의 목적이 적절하지 못한 것으로 판정된 경우에는 목적을 수정하여 타당한 목적을 수립할 수 있으며, 새로운 목적을 만족시키는 데 필수적이고 유용한 도구들을 찾아낸다. 또한 요구사정을 통해 특정 프로그램의 존재 이유와 명분을 정립할 수도 있으며, 기존 프로그램의 개선방향을 제시할 수도 있다. 요구사정은 프로그램 자체에 관한 것, 프로그램의 진행, 운영, 절차 및 방법에 관한 것, 프로그램의 효과 및 결과활용에 관한 것으로 구분된다. 요구사정의 과정에는 종종 주요 이해당사자에 대한 의견조사가 수반된다.

요구특성(demand characteristics)　실험참여자들에게 특정한 행동을 요구하거나 유도하는 실험상황의 특징들을 말한다. 요구특성은 실험참여자가 특정 행동을 하도록 만들기 때문에 실험결과를 왜곡시킬 수 있다. 예를 들어, 순간노출기로 제시되는 자극을 감지하는 실험에 참여하는 사람에게 무엇이 보이는지를 실험자가 계속 질문하게 되면, 실제로 아무것도 보이지 않더라도 참여자는 실험자가 원하는 것이 무엇인지를 추측하거나 연구의 가설이 무엇인가를 추측하여 나름대로 반응을 만들어 낸다. 또는 실험자의 노력에 대해 무언가 보았다고 대답해야 할 것 같은 압박감으로, 보이지도 않는 자극을 보았다고 대답하는 경우가 있다. 실험의 이러한 요구특성은 처치변인과 혼재되어 연구결과의 내적 타당성을 저해한다.

요인부하량(factor loading)　요인분석의 결과로 얻어지는 요인구조에서 요인과 변수 간의 관계를 나타내는 수치로 요인계수라고도 한다. 요인부하량(요인계수)에는 형태계수(pattern coefficient)와 구조계수(structure coefficient)가 있으며, 요인 간 상관이 0일 경우에는 구조계수와 형태계수가 같은 값을 갖는다. 기초해에서는 요인 간 상관이 0이므로 형태계수라는 이름으로 요인계수가 산출된다. 반면, 최종해일 경우에 직교회전에서는 형태계수라는 이름으로 최종요인행렬이 산출되고, 사교회전에서는 형태계수와 구조계수가 모두 제공된다.

요인설계(factorial design)　둘 이상의 범주를 가지는 범주형 독립변인 간에 가능한 모든 처치의 효과를 동시에 측정할 수 있는 실험설계방법이다. 이 요인설계에서는 종속변인에 미치는 각 요인의 개별적인 효과뿐 아니라 요인 간의 상호작용효과도 검증할 수 있다. 예를 들어, 학생들의 문제해결력에 대한 과제유형과 자극제의 영향에 관한 실험의 경우, 과제유형이

2가지 수준(단순과제, 복합과제), 자극제가 3가지 수준(0mg, 100mg, 200mg)이라면, 전체 실험 조건의 수는 2(과제유형) × 3(자극제)=6개로서, 두 변인의 수준 수의 곱이다. 이처럼 요인설계에서는 각 변인의 모든 수준이 또 다른 변인의 모든 수준과 짝을 이루게 된다.

요인회전(factor rotation)　요인분석에서 일차적으로 추출된 요인을 관찰변수와 요인 간의 관계가 명확히 드러나도록 요인구조의 축을 변화시키는 통계적 기법이다. 일반적으로 관찰변수와 요인이 단순구조가 되도록 요인의 축을 회전시키며, 이를 통해 해석의 용이성과 명확성을 제고할 수 있다. 요인회전의 방법은 직교(직각)회전과 사교(사각)회전이 있다.

운영중심평가접근(management-oriented evaluation approach)　교육 프로그램 의사결정자가 필요로 하는 정보 제공이 평가의 핵심 기능임을 강조하는 평가 접근이다. 평가모형은 1960년대 Daniel. I. Stafllebeam의 CIPP 모형과 Marvin C. Alkin의 CSE-UCLA모형이 대표적이다. CSE-UCLA 모형은 ① 체제 사정(프로그램 체제 상태에 대한 정보 제공), ② 프로그램 계획(프로그램 선택에 대한 정보 제공), ③ 프로그램 실행(대상 집단에 적합한 프로그램 실행 정보 제공), ④ 프로그램 개선(목표 달성이나 성과 달성 관련 정보 제공), ⑤ 프로그램 인증(프로그램의 적용 가능성 정보 제공)의 5개 평가 유형을 제시하고 있다. 각 평가 단계는 선형적 혹은 계열적인 속성이 있으나, 이들 평가 유형 중 하나만을 강조하거나 다른 순서로 실시하는 것도 가능하다. 1980년대 후반 Michael Q. Patton의 활용중심평가(utilization-focused evaluation) 역시 의사결정자 및 정보사용자를 확인하는 것을 중시했다는 점에서 운영중심평가접근에 속한다.

원점수(raw score)　평가 또는 검사에서 수를 부여하는 일정한 규칙에 따라 얻어진 원래의 점수로, 어떤 조작이나 변환을 가하지 않은 점수이다. 일반적으로 검사에서 피험자가 정답을 맞힌 문항의 개수 또는 문항별 배점을 단순 합산한 점수로 표현된다. 원점수는 문항의 난이도나 검사결과 간 비교상황을 고려하지 않고 산출되므로 그 자체로는 해석과 활용이 제한적이다.

웩슬러지능검사(Wechsler Intelligence Scales)　지능과 인지적 능력을 측정하기 위해 David Wechsler에 의해 개발된 지능검사이다. 1939년 성인용 지능검사인 Wechsler-Bellevue Intelligence Scale(WBIS)이 개발된 이후, 1949년 웩슬러 아동용 지능검사(Wechsler Intelligence Scale for Children: WISC), 1955년 웩슬러 성인용 지능검사(Wechsler Adult Intelligence Scale:

WAIS), 1967년 웩슬러 유아용 지능검사(Wechsler Preschool and Primary Scale of Intelligence: WPPSI) 등 연령별로 구분된 검사가 개발되었다. 2014년에 개정된 웩슬러 아동용 지능검사 제5판인 WISC-V의 검사결과는 5개 핵심 영역에 대한 검사지수, 즉 언어이해지수(Verbal Comprehension Index: VCI), 시각공간지수(Visual Spatial Index: VSI), 동작기억지수(Working Memory Index: WMI), 정보처리속도지수(Processing Speed Index: PSI), 인식추론지수(Perceptual Reasoning Index: PRI)로 제시된다. 5개 핵심 영역에 대한 검사지수 외에 부가적 영역에 대한 검사지수가 제공되는데, 양적추론지수(Quantitative Reasoning Index: QRI), 청각동작기억지수(Auditory Working Memory Index: AWMI), 비언어지수(NonVerbal Index: NVI), 일반능력지수(General Ability Index: GAI), 인지능력지수(Cognitive Proficiency Index: CPI) 등을 포함한다.

위계적 회귀분석(hierarchical regression analysis)   회귀분석 시에 이론적으로 설정된 모형에 근거하여 예측변수를 단계적으로 추가하여 분석하는 방법이다. 반복적으로 수행되는 회귀분석에서 더 큰 모형이 더 작은 모형에 포함된 예측변수를 모두 가지고 있으면 이 두 모형은 서로 위계적인 관계에 있다고 말한다. 작은 모형에 있는 예측변수들의 효과를 통제한 상태에서 추가되는 새로운 예측변수(집합)가 준거변수를 설명하는 데 기여하는 정도를 파악하기 위해 위계적 관계의 방정식을 비교하는 과정을 위계적 회귀분석이라고 한다. 즉, 추가되는 변수로 인한 R^2 증가분에 대한 F 검정을 통해서 추가적 변수들의 기여도가 유의한지를 판단한다.

위약효과(placebo effect)   실제로 효과가 없는 것을 효과가 있는 것처럼 인식시켰을 때 나타나는 효과이다. 두통에 특효약이라고 하면서 준 소화제를 먹고 두통이 나았다면, 그 소화제는 위약이고, 두통이 나은 것을 위약효과라고 한다. 실험상황에서 피험자가 그에게 주어지는 실험처치(대상물)에 대하여 사전기대를 하게 될 때, 그로부터 나타나는 효과가 위약효과이다. 위약효과는 실험처치의 효과가 아니므로 실험의 내적 타당성 저해요인으로 작용한다.

동의어 플라세보효과

위치모수(location parameter)   문항반응이론에서 문항특성곡선의 구성요소로서, 문항이 능력척도의 어느 지점에 위치하는가, 즉 능력수준의 어느 지점에서 문항이 가장 잘 기능하는가를 나타낸다. 예를 들어, 쉬운 문항은 능력척도의 낮은 위치에서 기능하는 반면에 어려운 문항은 능력척도의 높은 부분에서 기능한다. 1-모수나 2-모수 문항반응모형에서 위치모수는 문항의 답을 맞힐 확률이 0.5에 해당하는 능력척도상의 점을 가리키며, 3-모수 문항반응모형에서는 문항의 답을 맞힐 확률이 추측모수와 1.0의 중간 지점에 해당하는 능력척도상의 점을 가리킨다. 이러한 위치모수는 문항난이도 모수라고도 하며, β나 b로 표기한다.

유사우도함수(quasi-likelihood function) 관측치에 대한 분포의 가정이 없어 우도를 구하지 못하는 경우, 우도를 대신하여 사용되는 함수이다. 통계모형이 다룰 수 있는 것보다 더 큰 산포를 보여 주는 횟수(count) 또는 이항 데이터에 대한 추정치를 얻는 데 사용된다. 유사우도함수는 데이터 유형과 이를 적용할 수 있는 연구 상황에 대해 매우 유연하다는 장점이 있으나, 이 함수가 알려진 모집단 분포로부터 파생되지 않았다는 면에서는 제한적이다.

유사종단설계(quasi-longitudinal design) 특정 시점에 다양한 연구대상(예: 연령대)을 한꺼번에 조사함으로써 여러 시점에 걸쳐 반복측정한 것과 유사한 결과를 도출하기 위해 사용하는 설계이다. 종단연구설계가 어려운 경우에 자료수집이 용이한 횡단연구설계를 통해 종단적 결과를 얻기 위해 활용하는 방법이다.

유용성기준(utility standard) 프로그램 평가 시 적용하는 네 가지 기준 영역(정확성, 유용성, 실행가능성, 정당성) 가운데 프로그램 이해관련자의 요구에 부합하는 평가 시행과 결과 제공에 대한 것이다. 즉, 유익하고 시의적절하며 영향력을 갖는 평가인지를 확인하기 위한 것으로, 하위기준으로 자격을 갖춘 신뢰할 수 있는 평가자, 이해관련자에게 미칠 평가결과의 영향에 대한 충분한 주의, 평가 목적과 절차 및 결과 판단의 근거가 되는 개인적·문화적 가치의 명료화, 이해관련자의 요구에 부합하는 정보 제공, 평가 절차와 결과의 유의미성, 시의적절한 결과 보고, 평가결과와 그 영향에 대한 고려 등이 포함된다.

유의수준(significance level) 가설검정에서 영가설이 실제로 참일 때 영가설에 대한 판단의 오류수준(잘못 기각할 확률)으로, 1종오류의 위험성을 부담할 최대 확률을 의미한다. 일반적으로 α로 표기하며, 표본을 추출하기 이전에 설정하여 표본에서 얻은 결과가 선택에 영향을 미치지 않도록 한다. 사회과학에서는 유의수준을 대체로 0.05 또는 0.01로 설정한다.

음이항회귀모형(negative binomial regression model) 포아송회귀모형의 일반화된 모형으로, 종속변수의 평균보다 분산이 큰 경우에 사용하는 회귀분석이다. 주로 패널자료나 시계열자료를 분석할 때 활용한다. 음이항 분포는 특정한 무작위 실패 횟수가 발생하기 전에 독립적이고 동일하게 분산된 베르누이 시행 순서에서 성공 횟수의 이산확률분포이다.

응답률(response rate)　조사연구, 설문조사, 자료수집 과정 등에서 응답을 제공하는 개인 (individual)이나 단위(unit)의 비율을 의미한다. 일반적으로 응답률은 실제로 응답을 완료한 개인이나 단위의 숫자를 표본으로 선정된 전체 숫자로 나눈 값에 100을 곱한 백분율로 표기 한다. 응답률은 조사결과를 토대로 한 연구결과의 타당성에 결정적인 영향을 미칠 수 있는 요인으로서, 응답률이 낮은 경우 표본의 대표성(representativeness)이 떨어지게 되고, 조사결 과를 토대로 모집단을 대표할 수 있는 일반화된 결론을 도출하는 것이 어렵게 된다. 이처럼 낮은 응답률로 인해 발생할 수 있는 오류를 무응답편향(non-response bias)이라고 한다.

응용연구(applied research)　특수한 상황에서 직접적이고 실제적인 문제해결에 일차적인 관심을 두는 연구이다. 한 학문분야의 기초연구에서 밝혀진 변인 간의 관계에 대한 확립된 이론과 법칙을 실제 문제의 해결을 위하여 적용하기 위한 연구이다. 이론이 지시하는 바에 따라 주어진 관심의 문제에 대한 구체적이고 특수한 해결방안을 마련하여 문제해결에 실제 로 적용하는 데에 초점을 둔다. 이러한 점에서, 교육현장에서 교사 또는 관리자에 의하여 교 육실천에 대한 의사결정을 위해 이루어지는 실행연구도 응용연구의 한 예라고 할 수 있다. 실행연구에서 연구가 이루어진 집단을 넘어서서 연구결과의 일반화에 초점을 두지 않는 것 과 마찬가지로 특정 연구대상의 문제해결에만 관심을 제한한다. 문제에 대한 모든 관련 변인 을 확인하고 그 변인 간의 관계에 대한 가설을 설정할 수 있게 하는 모형과 이론의 정립을 목 적으로 하는 기초연구(basic research)와 구별되는 특징이다.

응용행동분석(applied behavior analysis)　행동분석 절차를 활용하여 행동 전체과정을 검증하는 분석방법이다. 응용행동분석은 특정 행동의 향상을 위해 가설적인 행동 원리를 적 용해 보고, 그러한 적용이 행동의 변화를 가져오는지, 변화의 원인이 무엇인지 등을 분석하 는 방법이다.

의미연결망분석(semantic network analysis)　사회연결망분석(social network analysis)을 텍스트 마이닝에 적용한 것으로, 단어 간의 관계나 구조를 탐색하기 위한 분석기법이다. 단 어들이 동시에 출현하면 서로 연결된 것으로 간주하며, 이때 각 단어는 노드(node), 단어 간 의 관계는 링크(link)로 시각화되어 분석결과가 표현된다. 연결망의 구조와 특징은 중심성 (centrality)과 밀도(density)를 통해 파악할 수 있다.

의사결정계수(pseudo R-squared) 결정계수(R-squared)의 대안적인 지표로, 종속변수가 명목변수 혹은 서열변수인 회귀모형의 설명력을 판단하기 위해 사용되는 지표이다. 일반적으로 사용되는 의사결정계수로는 McFadden 결정계수, Cox-Snell 결정계수, Nagelkerke 결정계수 등이 있다. 결정계수와 동일하게 0과 1 사이의 값을 가지며, 1에 가까울수록 모형의 설명력이 높음을 의미한다.

의사결정나무(decision tree) 회귀모형과 분류모형에 적용되어 동질 집단을 분류해 내는 방법이다. 구분을 위한 목표가 설정되면 예측변수 공간(predictor space)에서 세분화(segmenting)가 실시되고, 그 예측변수 공간은 단순한 영역들로 나누어지게 되며 각 영역들이 동질성을 확보하게 되는 과정이 반복된다. 최적화된 단순 영역들이 동질 집단을 구성하여 나타나는 결과를 의사결정나무라고 한다.

의존도계수(dependability coefficient) 일반화가능도이론에서 사용하는 유사신뢰도 개념으로 1977년 Robert L. Brennan과 Michael T. Kane에 의해 제안되었다. 상대오차분산을 적용하여 규준참조적 해석이 적합한 일반화계수와 달리 의존도계수는 절대오차분산을 적용하여 준거참조적 해석이 가능하다. 의존도계수는 진점수의 분산을 진점수의 분산과 절대오차분산의 합으로 나누어 산출한다. 0에서 1의 범위를 가지며, 1에 가까울수록 측정이 일관되고 신뢰성이 높다는 것을 의미한다.

이론기반평가(theory-based/driven evaluation) 프로그램 평가에서 사용되는 접근방식으로, 이론을 평가과정의 중심에 두는 방법론이다. 이는 널리 사용되고 있는 '방법주도 평가(method-driven evaluation)'의 문제점을 지적하면서 제시된 평가적 접근방법 논리로서, 평가대상 프로그램에 내재하거나 작동하고 있는 논리, 즉 프로그램 논리(program theory, 프로그램이론)를 중심으로 평가방법을 설계하고 실천하는 평가적 접근방법을 총칭한다. 평가의 타당성과 적절성, 그리고 평가결과의 활용도를 제고하기 위해서 평가방법에 치중하기보다는 평가대상인 프로그램의 본질, 성격, 작동기제 등을 중시하고 그에 맞는 평가를 설계하는 것이 바람직하다는 입장을 반영한 것이다. 이론기반평가에서는 평가대상인 프로그램에 내재되어 있거나 작동하고 있는 인과관계를 파악하고 그에 적절한 평가방법을 적용하여 평가목적을 달성하고자 하는 접근논리를 취한다. 일반적으로 프로그램 논리를 절차논리와 영향논리, 행동논리와 개념논리, 규범적 논리와 인과론적 논리 등으로 구분하기도 한다. 이를 이론

중심평가, 이론주도평가 또는 논리중심평가라고도 칭한다.

이론적 모형(theoretical model) 이론은 여러 변수를 일정한 인과관계 아래 연결시켜 놓은 체계라고 볼 수 있으며, 이론의 진위는 설정된 인과관계가 경험적 사실과 일치하는지에 따라 결정된다. 이론의 진위판별을 위해서는 변수 간의 인과관계가 경험적 분석을 실제로 가능케 할 정도로 구체적이어야만 하는데, 이를 도식화한 것이 이론적 모형이다. 예를 들어, 계층연구에서는 부모의 사회적 지위 및 경제적 지위가 자녀의 사회적 지위 및 경제적 지위에 영향을 미치고, 이것이 또다시 자녀의 차후 노동시장 경력에 영향을 미치는 방식으로 인과적 경로가 설정되는데, 이를 도식화하면 이론적 모형이 만들어진다.

이분문항(dichotomous item) 피험자의 반응을 정답과 오답 또는 실패와 성공 등 두 유형으로만 채점하는 형태의 문항을 일컫는다. 예를 들어, 맞으면 1점, 틀리면 0점이 부여되거나, 아니면 주어진 기준 이상으로 통과하면 1점, 실패하면 0점이 부여되는 문항이다. 이분문항에 대한 피험자의 반응은 정답과 오답으로 양분화될 뿐이고 중간단계의 부분점수는 고려되지 않는다.

이분변수(dichotomous variable) 변수의 특성을 두 개의 성질로 나눌 수 있는 경우를 이분변수라 한다. 예를 들어, 성별의 남자-여자, 동전의 앞면-뒷면, 선택형 검사의 맞다-틀리다 등이다. 그러나 경우에 따라서는 인위적으로 이분하는 경우도 있다. 주사위는 6개의 숫자가 있지만 짝수와 홀수로 나누기도 하고, 여러 개의 정당이 있지만 여당과 야당으로 나누는 경우이다.

이산변수(discrete variable) 고유한 이산 값을 갖는 비연속변수(discontinuous variable)로 정수 형태로 나타낼 수 있다. 예를 들어, 주사위의 눈의 수, 학생의 출석 횟수 등이 해당된다.

이상치(outlier) 변수의 분포에서 비정상적으로 분포를 벗어난 값이다. 각 변수의 분포에서 비정상적으로 극단값을 갖거나 자료에 타당성이 없는 경우, 비현실적인 변수값들이 이에 해당한다. 이상치는 단변량분포에서만 아니라 다변량분포에서도 존재한다. 예를 들어, 전반적으로 중간고사와 기말고사 성적의 상관이 높은 경우, 어느 학생의 중간고사 점수는 매우 높고, 기말고사 점수는 매우 낮다면 이는 비정상적인 점수결합으로서 정상적인 이변량분포를 벗어난 이상치일 가능성이 있다. 이상치가 포함된 자료의 분석결과는 추정치가 이상치의 방향으로 편파성을 일으키는 문제, 타당성이 결여된 자료를 분석에 포함하여 발생하는 추정 치의 타당성 문제가 발생한다. 이상치를 발견하는 방법은 산포도를 활용하는 방법, 잔차의 분포에서 찾는 방법, 분석자료에 이상치를 포함한 경우와 제외한 경우의 추정치를 통계적으 로 비교 검정하여 확인하는 방법 등이 있다.

이연상관계수(biserial correlation coefficient)　연속변수와 인위적으로 양분된 이분변수 간의 상관을 나타내는 계수이다. 인위적 양분이란 연속변수와 동일하게 기저분포는 연속적 이나, 특정 기준치 보다 크거나 작은 경우로 구분하여 범주(예: 합격 또는 불합격)를 부여하는 것이다.

이요인모형(bi-factor model)　측정문항의 분산이 일반(또는 공통)요인(g요인)과 특수(또는 고유)요인(s요인)으로 이루어진 모형을 의미한다. 이때, g요인은 모든 문항에 공통적으로 영 향을 미치는 요인, s요인은 특정 문항들에게 고유한 영향을 미치는 요인을 뜻한다. g요인과 s요인은 서로 독립적(orthogonal)이라고 가정한다.

이요인문항반응이론모형(bi-factor item response theory model)　자료의 구조를 하나 의 주요 요인과 여러 개의 세부 요인으로 설명하는 문항반응이론모형을 의미한다. 검사에서 주로 측정하고자 하는 능력을 주요 요인으로 설명하고, 주요 요인의 효과를 통제한 후에 남 아있는 문항들 간의 의존성은 세부 요인으로 설명한다. 주요 요인과 세부 요인은 서로 독립 적이라고 가정한다.

이월효과(carryover effect)　선행 실험처치나 연구조건의 영향이 후속 실험처치나 연구조 건이 시행되는 동안까지도 남아서 작용하는 현상이다. 피험자 내 설계에서처럼 동일 피험자 가 두 번 이상의 처치나 조건에 노출되면 이월효과의 가능성은 상존한다. 같은 연구대상에게 선행조건에서는 협력학습을, 후속조건에서는 개별학습을 실시한 후에 협력학습과 개별학습 의 교육효과를 비교하는 연구의 경우, 개별학습의 효과에 협력학습의 영향력이 이월될 가능 성이 매우 크므로 협력학습과 개별학습만의 순수한 교육효과를 비교하는 것은 어려워진다. 이월효과의 발생을 막기 위해서 두 실험조건 간에 충분한 기간을 둘 수 있다. 또는 한 집단에 는 협력학습-개별학습의 순서로 다른 집단에는 개별학습-협력학습의 순서로 실험조건을 배열할 수도 있다. 전자의 경우는 충분한 기간이 어느 정도인가에 대한 합의점을 찾기 어렵 고, 이월효과를 통제한 대신 경험이나 성숙 등의 내적 타당도 위협요인을 통제하기 어려워지는 제한점이 있다. 후자의 경우가 타당하게 받아들여지기 위해서는 두 배열에서 이월효과의 정도가 같다는 가정이 만족되어야 한다.

이중부지통제기법(double-blindfold technique)　실험자와 피험자가 모두 연구의 내용을 모르게 하여 처치효과의 왜곡을 방지하기 위한 통제기법 중 하나이다. 실험참여자가 실험의 목적이나 내용을 알게 될 때 발생할 수 있는 왜곡을 방지하기 위한 부지통제기법(blindfold technique)과 다른 점은 실험을 수행하는 실험자도 연구의 내용을 모르게 하여 실험자의 기대나 실험상황의 요구특성 등의 영향을 배제하여 연구결과의 내적 타당도를 높이기 위한 방법이다.

이중차분법(difference-in-differences)　사전검사와 사후검사가 처치집단과 통제집단 모두에게서 측정되었을 때, 집단 간 사전-사후의 차이를 확인하여 특정 프로그램이나 정책의 효과를 분석하는 접근이다. 사전과 사후 간의 첫 번째 차이와 처치와 통제 간 두 번째 차이를 다루기에, '이중'차분법으로 부르며, 교육학 및 심리학에서 말하는 차이점수분석법(gain score analysis)에 해당한다. 공통추세(common trend) 가정이 만족되면, 집단할당이 무선적으로 이루어지지 않아 숨어 있는 교란변수가 존재하더라도 타당한 인과효과를 추정할 수 있다. 사전점수를 단순히 통제변수로 활용하는 공분산분석(ANCOVA)과 흔히 비교되며, 이 비교를 Lord의 역설(Lord's paradox)로 부르기도 한다.

이차자료분석(secondary data analysis)　연구자가 직접 수집한 자료가 아닌 이미 있는 자료를 분석하는 것을 의미한다. 이 같은 자료는 원래 자료를 수집했던 연구자만 이용할 수 있는 것이 아니라 자료수집과는 전혀 무관했던 연구자들도 활용할 수 있다. 자료를 이용하는 데 비용이 거의 들지 않고 소규모 조사 대신 이미 수집된 타당성 있는 자료를 활용한다는 장점이 있다. 이미 수집된 자료 유형의 범주 내에서만 분석해야 한다는 점과 활용하려는 자료가 부정확할 수도 있다는 단점이 있다.

이차적 출처(secondary source)　각종 보고서 및 연구물에서 사용된 자료가 연구자가 수행한 조사나 실험을 통해 직접 수집되지 않은 경우 이차적 출처라고 한다. 예를 들어, 정부기관 같은 특정 기관에 의해 발행되는 연감, 월보 등의 자료를 사용하거나, 백과사전이나 교재에서 인용한 문헌을 근거로 서술한 경우에도 이차적 출처라고 한다. **동의어** 이차자료

이차적 평가(secondary evaluation)   완료된 평가결과에 대한 재분석 또는 재평가를 의미한다. 사회적으로 중대한 영향을 미치는 프로그램 평가결과를 수용하기 어려운 경우에 주로 활용된다.

이항분포(binomial distribution) n회의 베르누이 시행에서 성공의 횟수를 X로 표시할 때, X의 확률분포를 이항분포라고 한다. 베르누이 시행의 결과는 오직 두 가지(성공과 실패) 중 한 가지로 나타나고 각 시행마다 성공의 확률은 p로서 일정하며, n회의 시행은 독립을 이룬다. 이와 같은 이항분포는 $X \sim B(n, p)$로 표기한다.

이해당사자(stakeholder)   동의어 평가이해당사자

인과그래프(causal graph)   Judea Pearl 등이 제안한 인과이론의 핵심 요소 중 하나로, 화살표를 활용한 변인 간 인과적 관계의 표상을 의미한다. 다양한 변인들로 구성된 하나의 인과적 시스템이 작동하는 방식에 대한 시각적 부호화 결과라고 볼 수 있다. 이러한 인과적 생성모형에 근거하여 변수 간 인과적·비인과적 관련성을 읽어 낼 수 있으며, 이러한 규칙을 d-분리(d-separation)라 한다. 가짜 관련성(spurious association)을 시각적으로 확인할 수 있으며, 올바른 통제변수의 선택, 특정한 통계기법의 원리 등을 직관적으로 이해할 수 있는 가능성을 제공한다.

인과율(causality)   한 변인의 변화가 다른 변인의 변화를 일으키는 것으로, 이론적 근거와 실증적 자료에 의하여 유추할 수는 있으나 엄격한 의미에서 인과율의 증명은 불가능하다. 단지 연구자는 인과율을 유추할 수 있는 부분에 대하여 신빙성 있는 증거가 있으면 인과관계에 대한 확신을 보다 크게 가질 수 있을 뿐이다. 인과율의 방향이 때로 모호할 때도 있는데 이를 결정하는 기준으로는, 첫째, 변수들에 대한 일반 논리와 이론적 근거, 둘째, 시간적인 순서(원인이 결과에 선행) 등이 있다. 인과율이 존재하기 위해서는, 첫째, 두 변수 간에 상관관계가 존재해야 하고, 둘째, 원인이 결과에 시간상으로 우선해야 하고, 셋째, 두 변수 간의 상관관계가 제3의 변수에 의하여 설명될 여지가 없어야 한다. 인과율을 밝혀내기 위하여 실험연구가 가장 많이 사용되는데, 실험연구에서는 변수들과 피실험자들에 대한 조작과 통제를 할 수 있으므로, 외재변수를 통제함으로써 연구자가 관찰하고자 하는 독립변수의 종속변수에 대한 영향 정도를 파악하여 인과율을 분석할 수 있다. 동의어 인과성, 인과관계

인과추론(causal inference) 1970년대 후반과 1980년대를 거쳐 Donald Rubin의 잠재결과모형과 Judea Pearl의 구조적 인과모형 등을 통해 '인과' 개념에 대한 명확한 수리적 토대가 마련되면서 형성된 학문적 흐름을 말한다. 실제로 관찰되는 변인들 간의 관련성을 인과성으로 해석하기 위해 필요한 전제조건들과 절차들을 명시적으로 다룬다. 전통적인 심리학, 교육학 분야의 이론적 접근인 Donald T. Campbell의 이론 역시 인과추론 접근의 하나로 보기도 한다. 간학문적인 접근으로 통계학, 철학, 컴퓨터과학, 경제학, 보건의료학을 비롯하여 교육학과 심리학에서도 인과추론 논의가 활발히 이루어지고 있다.

인구통계특성(demographics) 각종 조사에 참여한 응답자에 대한 기본적인 특성이다. 교육조사, 사회조사, 인구조사 등에서 주로 사용되는 인구통계특성은 성별, 나이, 직업, 소득, 학력, 거주지 등이다. 조사참여자의 인구통계특성을 이용하여 각 설문문항에 대한 개략적인 인구통계특성별 분포를 살펴보게 된다.

인성평가(personality assessment) 개인의 지속적인 동기나 비교적 지속적인 행동성향을 체계적으로 측정하고 판단하는 활동이다. 주로 감정이나 의지적 특성과 같은 정의적 측면을 강조하지만, 인지적이거나 심동적인 측면도 포함된다. 인성평가를 위해 여러 연구방법이 시도되고 있는데, 관찰이나 면접을 통하여 이루어지기도 하지만 표준화된 검사를 활용하기도 한다. 표준화된 검사는 MMPI(Minnesota Multiphasic Personality Inventory)처럼 목록에 의한 자기보고 결과를 합산하는 방식으로 각 특성의 정도를 점수화하거나, 로르샤흐검사(Rorschach test)나 주제통각검사(Thematic Apperception Test: TAT)처럼 개인 성격의 역동적 특징을 투사하여 척도화하는 방법으로 측정되기도 한다. 동의어 성격평가

인정평가(accreditation evaluation) 교육기관이나 교육 프로그램을 하나의 평가단위로 하여 특정 기준에 비추어 인정(pass) 혹은 불인정(fail)으로 판정함으로써 교육의 질에 대한 사회적 공신력을 부여하는 전문적 평가활동을 뜻한다. 평가방법은 교육기관 스스로 무엇이 문제이고 무엇이 강점인지를 판단하는 자체평가연구가 근간이 되며, 이를 객관적인 관점에서 제3자가 서면평가 및 현장방문평가를 통해 확인하는 절차로 이루어진다. 교육기관을 대상으로 하는 인정평가는 주로 자율적으로 구성된 협의체가 주체가 되어 운영하며, 협의체에 가입한 교육기관의 질적 수준이 일정한 기준에 도달했는가의 여부에 중점을 두고 기관의 제반 활동 및 내용 등을 평가대상으로 삼는다. 교육 프로그램을 대상으로 하는 인정평가는 특정 프

로그램이나 영역에 대한 인정을 주목적으로 하며, 주로 전공 학문 분야의 협의체나 학회 등이 주관이 되어 전국적 수준에서 이루어진다. 인정평가의 기저에는 자율시장 경쟁논리가 깔려 있기 때문에 자유롭게 설립한 교육기관이나 교육 프로그램이 일정 수준의 교육의 질을 충족시키지 못할 경우 자연적으로 도태되도록 함으로써 교육기관이나 교육 프로그램의 존폐에 대한 자율조정 기능이 자연스럽게 실행되도록 한다. 동의어 인증평가

인지적 영역(cognitive domain)　외적 환경요소나 대상을 수용하여 인간 내적인 요소와 상호작용을 통해 발달해 가는 정신능력을 총칭한다. 인지적 영역은 Benjamin S. Bloom 및 그의 동료들이 제시한 교육목표 분류체계에서 인간의 정의적·심동적 영역과 함께 인간의 능력요인 중의 한 영역이다. 인지적 영역은 지식, 이해력, 적용력, 분석력, 종합력, 문제해결력, 논리적 사고력, 비판적 사고력, 창의력, 평가능력 등과 같은 모든 지적 행동특성을 포함한다. Bloom 등은 1956년에 인지적 영역을 지식, 이해, 적용, 분석, 종합, 평가의 여섯 가지로 구분하고 각각에 해당하는 교육목표를 설정하고 있다. 이와는 달리 Robert M. Gagné는 인간의 지적 능력이 위계성이 있음을 가정하고, 단순연결, 연쇄, 동일성 인식, 개념, 원리, 일반적 원리 등으로 구분하기도 한다.

인지진단모형(cognitive diagnosis model)　검사가 측정하고자 하는 잠재적 속성인 인지요소 즉, 개념, 지식, 기술, 특성 등을 피험자가 어느 정도 숙달 또는 보유하고 있는지 진단하는 데 사용되는 측정모형이다. 각 인지요소별 숙달 확률에 따라 피험자를 특정 숙달 프로파일로 분류한다는 점에서 진단분류모형(diagnostic classification model)이라고도 한다. 한 검사는 여러 개의 인지요소들을 측정하고, 각 문항은 정의된 인지요소 중 하나 이상의 요소를 측정하기 위해 개발되었다고 가정하는 다차원적 잠재모형의 하나이다. 인지진단모형을 적용하면 검사가 측정하는 속성 또는 인지요소별로 학습자의 숙달 확률을 추정할 수 있으며, 추정된 숙달 확률은 사전에 설정된 기준(일반적으로 0.5)을 적용하여 숙달 여부를 판단할 수도 있다. 문항모수는 모형에 따라 다르게 정의되며, 가장 단순한 모형인 DINA모형(Deterministic Input, Noisy "And" gate model)과 DINO모형(Deterministic Input, Noisy "Or" gate model)에서는 실수에 의하여 오답할 확률인 실수 모수와 추측에 의하여 정답을 맞힐 확률인 추측 모수를 추정한다. 동의어 진단분류모형

인지진단컴퓨터화적응검사(cognitive diagnosis computerized adaptive testing)　인지

진단모형을 기반으로 하는 컴퓨터화적응검사를 말한다. 일반적인 컴퓨터화적응검사는 문항반응이론을 기반으로 하므로 잠재변수를 연속변수로 취급한다. 반면, 인지진단모형은 피험자의 특정한 인지능력이나 속성을 숙달과 미숙달이라는 이분변수 또는 3개 이상의 숙달 수준을 가지는 다분변수로 취급하므로 다수의 인지 영역에 대한 구체적인 숙달 정보를 산출할 수 있다. 인지진단컴퓨터화적응검사는 피험자의 강약점 진단을 통해 맞춤형 학습을 가능하게 해줄 수 있다는 점에서 교육적인 활용 가치가 높다.

일몰법(sunset law)　행정부의 책무성을 증대시키고 의회의 행정기관에 대한 감독 기능을 증진하기 위해 고안된 법률로서, 1976년 미국 콜로라도주 의회가 최초로 제정한 이래 여러 나라에서 사용하고 있다. 일몰법은 일정 기간이 경과하면 자동으로 대상 기관이나 프로젝트(프로그램)가 만료되거나, 재승인을 받도록 요구한다. 일몰법을 통해 프로그램의 효과와 효율성을 평가하고 필요에 따라 프로그램을 재조정 및 폐지할 수 있는 기회를 얻게 된다.

일반화가능도계수(generalizability coefficient)　일반화가능도이론에서 연구결과를 일반화할 수 있는 정도를 나타내는 유사신뢰도계수로 1972년 Lee J. Cronbach, Goldine C. Gleser, Harinder Nanda 및 Nageswari Rajaratnam가 정의한 개념이다. 일반화가능도계수는 일반적으로 관찰점수 분산에 대한 전집점수 분산의 비율로 정의되며 규준참조적 해석에 적합하다. 그 공식은 다음과 같다.

$$\hat{p}^2 = \frac{\hat{\sigma}^2(\tau)}{\hat{\sigma}^2(\tau) + \hat{\sigma}^2(\delta)}$$

여기서 $\hat{\sigma}^2(\tau)$는 전집점수 분산, $\hat{\sigma}^2(\delta)$는 상대오차 분산이다. 준거참조측정의 의존도계수(dependability coefficient)는 상대오차 분산 대신 절대오차 분산이 활용된다. 관찰점수 분산성분에 포함되는 오차 분산성분은 오차요인에 따라 구분하여 추정되며, 각 오차요인에 해당하는 조건을 변화시키면 일반화가능도계수가 변화된다. 일반화가능도계수는 관찰편차점수와 전집편차점수 간 상관의 제곱에 대한 근사치로 해석할 수 있다. 일반화가능도계수는 1에 가까울수록 전집에 대한 일반화가능성이 높다고 해석된다.

일반화가능도이론(Generalizability theory: G-theory)　관찰된 행위가 행동전집을 대표하는 일부라고 전제할 때 표집된 행위를 어느 정도 일반화할 수 있는지 추정함으로써 고전검사이론의 신뢰도 추정방법을 개선한 이론이다. Lee J. Cronbach 등에 의해 이론적 모형이 형성되었고, Robert L. Brennan과 Richard J. Shavelson 등에 의해 다양하게 적용되었다. 고전검사이론의 신뢰도 추정에서는 측정오차를 구체적으로 설명할 수 없지만, 일반화가능도이론은 분산분석을 이용하여 각 측정조건의 분산성분을 추정하는 G연구와 오차분산성분의 상대적 크기를 비교함으로써 오차요인의 영향력을 설명하며 일반화가능도계수를 향상시킬 수 있는 측정조건을 제시하는 D연구로 이루어진다. 이와 같이 일반화와 관련된 오차분산을 다면적으로 분석함으로써 실제 상황에 가장 적절하게 신뢰도와 오차분산을 이해할 수 있다는 점이 일반화가능도이론의 특징이다.

일반화부분점수모형(generalized partial credit model)　Geoffrey N. Masters가 1982년에 발표한 부분점수모형을 Eiji Muraki가 1992년에 일반화하여 발표한 모형이다. 일반화부분점수모형은 등급반응모형처럼 문항변별도를 사용할 수 있으나 범주난이도 모수가 서열화되어 있다는 가정을 할 필요는 없다. 부분점수모형의 특성인 단계난이도의 서열성을 가정하지 않기 때문에 문항을 제작할 때 범주난이도 지수에 대한 제한없이 사용할 수 있으므로 일반화부분점수모형은 등급반응모형의 장점과 부분점수모형의 특징을 모두 가지고 있다고 할 수 있다. 일반화부분점수모형은 능력이 θ인 피험자가 문항 i에서 점수 k를 받을 확률을 다음과 같이 정의한다.

$$P_{ik}(U_{ik}=k \mid \theta) = \frac{\exp\left[\sum_{v=1}^{k} a_i \ (\theta - b_{iv})\right]}{\sum_{c=1}^{m_i}\exp\left[\sum_{v=1}^{c} a_i \ (\theta - b_{iv})\right]}, \ k=1, 2, \cdots, m_i$$

a_i는 문항 i의 변별도 혹은 기울기 모수이며, b_{ik}는 문항 i에서 k라는 점수를 받을 때의 어려운 정도를 의미하는 '문항범주난이도' 혹은 '문항단계난이도'이다. 다분문항반응이론모형에서의 기울기 모수를 이분문항반응모형에서와 같은 의미의 문항의 변별도라고 해석하는 것은 적절하지 않다. 다분문항반응모형에서의 기울기 모수는 범주난이도들 간의 거리에도 영향을 받기 때문에 이분문항의 경우처럼 하나의 난이도를 갖는 경우와는 다르다. 따라서 다분문항반응모형에서 범주난이도 모수는 능력척도상에서의 경계치로 해석하고, 경계치에서의 변별력은 각 문항범주점수에 따라 달라진다. 일반화부분점수모형에서 모든 문항의 기울기가 1이라고 가정하면, 부분점수모형과 동일하며, 일반화부분점수모형의 문항 범주난이도인 b_{ik}를 각 문항의 위치모수 혹은 문항 난이도(b_i)와 검사문항들의 단계난이도(d_k)로 분류

$(b_i - d_k)$하게 되면, 일반화부분점수모형은 평정척도모형이 된다. 따라서 일반화부분점수모형은 부분점수모형과 평정척도모형을 사용해야 하는 경우에도 사용할 수 있는 일반적 형태라고도 할 수 있다.

일반화선형모형(generalized linear model)   전통적인 선형모형이 가지는 준거변수의 정규분포와 분산의 동등성 가정을 배제하고 자료의 독립성 가정과 모형의 가법성(additivity) 원리에 기초한 통계모형이다. 일반화선형모형은 준거변수의 정규분포 가정과 분산의 동등성 가정에 얽매이지 않음으로써, 광범위한 비정규분포 자료의 사용을 허용한다. 동시에 준거변수와 예측변수의 관계가 선형 및 비선형인 경우에도 연결함수(link function)를 이용하여 모형의 선형성과 가법성을 충족함으로써 모수추정을 가능케 하여 전통적 선형모형을 보다 느슨한 가정에 기초하여 일반화한 선형모형이다. 전통적인 선형모형이 준거변수의 관찰자료와 예측변수와의 직접적인 관계에 착안하는 데 비하여, 일반화선형모형은 준거변수의 모수(예: 이론적 평균)와 예측변수와의 관계가 선형성에 있다는 점에 주안점을 둔다. 즉, 회귀분석의 경우는 $E(Y|X) = X\beta$이다. 따라서 준거변수와 예측변수의 관계가 비선형인 경우(예: 로지스틱모형, 프로빗모형), 그리고 가법적이지 않고 승법적(multiplicative)인 경우(예: 로그선형모형)는 연결함수를 이용하여 선형관계를 확보하고, 연결함수의 값을 준거변수로 사용한다. 연결함수의 값은 준거변수 모수의 함수에 의한 값으로서 관찰자료(Y)와 연결함수 값인 g(.)$= \eta$의 동등성을 확보한다. 모수의 함수인 연결함수의 값은 개별 개체의 값에서는 관찰자료와 오차가 있을 수 있으나, 전체 자료에서는 같다는 패턴 이론에 기초한 모형이라고 할 수 있다. 전통적인 선형모형은 일반화선형모형의 특수한 형태로서 연결함수가 항등함수(identity function)로서 $\eta = Y$인 경우이다.

일반화최소제곱법(Generalized Least Squares method: GLS)   최소제곱법(Ordinary Least Squares: OLS) 가정이 위배된 경우, 선형회귀모형의 모수치를 추정하기 위해 사용되는 통계방법이다. OLS는 등분산성과 오차 간 상관이 없음을 가정하지만 실제 자료에서는 이러한 가정이 위배되어 비효율적이거나 편파된 모수추정치가 산출될 수 있다. 반면, GLS는 오차 공분산 정보를 기반으로 적절한 가중치를 사용하여 효율적이고 편파되지 않은 모수추정을 가능하게 한다. 즉, GLS에서는 오차가 알려진 공분산 행렬을 가지며, 이로써 분산의 이질성(heteroscedasticity) 및 오차 간 상관을 허용한다. GLS는 가중잔차제곱을 최소화하며, 이때 가중치는 오차 분산-공분산과 반비례한다. HCGLS(Heteroscedasticity-Consistent GLS), ARGLS

(AutoRegressive GLS), FGLS(Feasible GLS), SUR(Seemingly Unrelated Regressions)과 같은 다양한 GLS 모형이 있다.

일변량분석(univariate analysis)   통계적 분석에서 단일변수만 분석하거나(예: 도수분포) 종속변수가 하나인 분석 유형이다. 일변량분석 이외의 분석은 다변량분석(multivariate analysis)이다.

일차원성(unidimensionality)   한 검사 내의 문항들을 해결하는 데 하나의 능력 또는 특성만이 필요하다는 문항반응이론모형의 기본가정이다. 문항반응이론의 수리모형에서 지역독립성(local independence) 가정은 일차원성 가정으로부터 당연히 귀결되는 것이다. 검사문항에 대한 피험자의 반응에 영향을 주는 것이 피험자의 어떤 지배적인 능력 요소뿐일 때, 일차원성 가정과 지역독립성 가정은 같은 의미를 갖는다. 일차원적이지 않은 검사자료도 지역독립성을 유지할 수 있는데, 이는 검사수행에 영향을 주는 모든 능력 차원들이 잠재공간 속에서 모두 고려된 경우이다. 검사점수에 영향을 미치는 피험자 특성이 2개 이상이라면 다차원성을 가정하는 모형을 필요로 한다. 일차원성의 만족 여부를 판단하는 절차는 고유치(eigen value)를 비교하는 방법, 제1요인이 설명하는 분산비율을 활용하는 방법, 스타우트(Stout) 방법 등이 있다.

일차적 출처(primary source)   어떤 내용을 인용 또는 참고하고자 할 때, 그 내용을 직접 연구, 발견, 또는 개발한 원저자의 자료이다. 일차적 자료는 타인의 해석을 거치지 않은 자료이므로 이차적 자료에 비해서 자료 해석의 타당성을 확보하기가 유리하다. 재인용되지 않은 내용을 담은 서술, 통계, 그림, 역사적 유물 또는 그 내용이 실린 글 등은 일차적 자료의 예들이다. 동의어 일차자료

일화기록(anecdotal records)   자연관찰에서 적용하는 비형식적 관찰법의 한 가지 유형으로 관찰 대상에 대해 직접적으로 관찰을 하고 기록하는 방법이다. 일화기록을 할 때의 절차와 주의사항은 다음과 같다. 첫째, 가능한 한 사건이 일어나는 즉시 적어 둔다. 둘째, 중심인물의 기본행위와 말한 내용을 명세화한다. 셋째, 사건이 일어난 상황, 시간, 기본적 행위를 기록에 포함한다. 넷째, 중심인물의 행위나 이야기를 서술할 때 그 상황 속에 있는 다른 사람들의 반응도 포함시킨다. 다섯째, 대화의 정확한 분위기를 보존하기 위해서 가능한 한 이야기 내용을 정확하게 적어 놓는다. 여섯째, 사건의 순서를 유지시킨다. 일곱째, 행위의 수준을

대단위, 하위단위, 미세 행동단위로 구분하여 기록한다. 여덟째, 객관적이고 정확하고 완전하게 기록하려고 노력한다. 일화기록법은 특정 행동이 발생한 맥락 속에서 기술하기 때문에 행동에 대한 이해를 충실하게 한다는 장점을 가지고 있지만, 자료수집에 투입되는 노력과 시간이 많고, 표본 장면의 대표성 문제와 대상행동을 선정할 때 관찰자의 편향성이 개입될 수 있다는 단점을 가지고 있다. 일화기록법은 성격특성이나 적응과 관련된 행동, 어린 유아들의 성취도나 창의성, 지능, 문제해결 등의 다양한 영역의 행동과 관련된 연구에서 적용할 수 있다.

임상연구(clinical research/clinical study)　주로 여러 명의 피험자를 대상으로 이루어지는 실험연구와 달리 임상연구는 한 명의 피험자에 대한 다양하면서도 깊이 있는 심리적 정보의 수집 및 분석을 통해 이루어지는 연구이다. 따라서 통계적인 추론보다는 경험적 판단이나 종합적 해석을 요구하는 연구라고 할 수 있다. 이 연구방법은 교육학 및 심리학 분야에서 주로 사용되며, 주로 개인의 교육적 혹은 심리적 문제의 발견, 문제의 원인에 대한 규명, 나아가 문제해결을 위한 대책 마련을 위해 개인에 대한 다양한 심리적 정보를 수집, 분석하는 일련의 절차를 따르게 된다. 임상연구에서는 정보를 수집하기 위해 집중적 면담, 관찰, 심리검사뿐만 아니라 피험자에 대한 서면기록 검토, 질문지 조사, 주변 사람들과의 면담 등 다양한 방법이 사용된다. 임상연구방법은 개인의 심리적 문제에 대한 풍부하고 깊이 있는 통찰을 제공할 뿐만 아니라, 실험이나 체계적 관찰을 위한 기초적인 정보를 제공해 준다는 장점이 있다. 그러나 이 연구방법에서는 연구자의 주관적 편견을 피하기 어렵고, 한 개인의 사례를 일반화하는 데 무리가 따른다는 단점이 있다.

자격인정(credentialing)　시험이나 검정을 거쳐 일정한 자격이 갖추어졌다고 판단되는 자에게 전문분야에 종사할 수 있도록 자격증이나 면허증과 같은 자격부여를 통해 법적 신뢰를 부여하는 과정이다. 한 개인이 특정 분야에서 전문적인 업무를 수행하고자 할 경우에 전문적인 능력과 자질을 갖추고 있다고 법적으로 인정되어야 효력 발휘가 가능한데, 이 경우 법률적으로 허가된 직무를 수행할 수 있도록 자격증을 부여하거나 면허증 발급 등을 통해 인정해 주는 제도적 장치가 바로 자격인정제도이다. 예를 들어, 교사, 의사, 판사 등이 되고자 하는 전문 분야의 지원자들에게 전문적 능력과 자질을 검사하여 법률적으로 자격증이나 면허증 등을 부여하고 인정하는 과정이 이에 해당된다.

자기보고식도구(self-report instrument)　연구참여자가 자기 자신의 성격특성이나 태도, 행동 등에 대해 보고하거나 평정하게 하는 도구이다. 일반적으로는 연구대상인 피관찰자나 실험참가자를 관찰자나 실험자가 자연 상황에서 관찰하거나 실험조작을 통해 행동을 관찰하거나 검사 등을 이용해서 평정하지만, 연구내용에 따라서는 연구대상자 자신이 보고하지 않으면 알 수 없는 경우도 많다. 예를 들어, 자기 자신의 성격특성을 어떻다고 생각하는지, 가상 상황에서 자신이 어떻게 행동할 것이라고 예측하는지, 특정 상황에서 자신이 왜 그렇게 행동했는지와 같은 문제는 다른 사람이 판단할 수 없는 문제들이다. 이 경우 연구대상자가 자기 자신의 태도나 행동에 대해 보고하게 할 수밖에 없다. 자기보고식도구로는 자기 행동 등을 스스로 모니터링하는 방법(self-monitoring), 면접법(interview), 설문지 문항에 평정하게 하는 설문지법(questionnaire), 생각을 소리내어 말하게 하기(think-aloud protocol) 등을 들 수 있는데, 설문지법이 가장 널리 사용되고 있다. 자기보고는 다른 사람이 관찰하거나 평가해서 얻은 정보보다 상대적으로 정확할 수 있다는 장점과 비용 면에서 효율적이라는 점, 주관적이고 사적인 정보나 사건을 평가하는 데 선호되는 방법이라는 점, 그리고 그 가치가 경험적으로 검증되었다는 점에서 널리 사용된다. 그러나 자기보고는 다음과 같은 단점이 있을 수 있다. 첫째, 보고내용에 따라서는 객관적으로 자기보고의 정확성을 검증할 수 없는 때도 있다. 둘째, 아주 빨리 진행되어 자각할 수 없는 지각과정을 보고하거나 행동의 이유에 대해 추론이 필요한 경우, 스스로 인식할 수 없는 정보가 있을 수 있다. 셋째, 사회적으로 바람직하게 여기는 방향으로 답을 하거나, 긍정과 부정으로 답하는 문항에서 긍정이나 부정으로만 답하는 경향성 혹은 평정척도에서 척도의 중간이나 극단치에 답하는 경향성이 있다는 문제가 있다.

자기상관(autocorrelation)　어떤 측정이 시간적 간격을 두고 반복적으로 이루어질 때, 그로부터 얻은 반복측정치들 간의 상관을 의미한다. 어떤 학생들의 중학교 1학년 때의 학습동기와 중학교 2학년 때의 학습동기 간에는 자기상관이 있을 수 있다. 자기상관이 정적이면, 1학년 때의 학습동기가 높을수록 2학년 때의 학습동기가 높다는 것이며, 부적이면 1학년 때의 학습동기가 높을수록 2학년 때의 학습동기가 낮아지는 경향이 있다는 것을 의미한다. 자기상관이 0인 경우는 이전의 측정치가 이후의 측정치를 예측하는 데 도움이 되지 않는다는 것을 의미한다.

자기평가(self assessment/evaluation)　자신의 수행과정이나 결과, 행동, 특성 등에 대해 평가기준에 따라 스스로 평가하는 것이다. 자기평가는 특히 학습 상황에서 학생들이 과업의 목표와 관련하여 자신의 수행과정이나 결과, 행동, 특성에 대해 스스로 점검하고 판단하는 반성적 과정이 포함되므로 이후 학습의 조정 및 개선에 도움이 된다. 따라서 자기평가는 자기조절의 필수요소이기도 하다. 일반적으로 자기평가의 목적은 성찰 및 피드백에 있다. 자기평가를 위해 질문지법, 체크리스트법, 평정척도법, 학습일지 등을 활용할 수 있다.

자기회귀교차지연모형(AutoRegressive Cross-Lagged model: ARCL model)　구조방정식모형의 일종으로서, 이전 시점의 동일 변수로부터 효과를 나타내는 자기회귀 계수와 이전 시점의 다른 변수로부터 효과를 나타내는 교차지연 계수를 검증함에 따라 다변인 간의 관계를 종단적으로 탐색한다. ARCL 모형은 종단적 매개효과를 검증하기 위해 주로 사용된다.

자동검사구성(automated test assembly)　문제은행을 기반으로 검사의 목적을 최대한 충족하고, 검사설계에서 제시된 여러 제약조건을 만족하는 검사를 자동으로 구성하는 방식이다. 일반적으로 검사의 목적함수와 검사의 길이, 내용 영역, 그리고 검사의 난이도와 같은 제약조건들을 수리적으로 모형화한 후, 컴퓨터 알고리듬을 사용하여 최적의 해를 찾는 방식으로 검사를 구성한다. 복수의 평행선형검사를 구성하거나, 컴퓨터기반검사에서 일정 기간에 걸쳐 반복적으로 검사를 시행해야 할 때 주로 활용된다.

자동문항생성(automated item generation) 공통이 되는 문항모형(item model)을 개발하고 문항요소들이 가진 조건들을 반복적으로 달리하면서 새로운 유사문항들을 생성하는 과정을 의미한다. 자동문항생성은 주어진 문항모형을 바탕으로 정해진 규칙에 따라 문항모형의 요소들[문두(stem), 선택지(option), 보조정보(auxiliary information)]을 생성하여 문항을 만드는 과정으로 이루어진다. 자동문항생성 방식은 크게 자동과 반자동 방식으로 구분할 수 있다. 자동 방식은 자연어처리 기술을 활용한 알고리듬에 기반하여 질문, 지문, 답지 등을 자동으로 생성하는 방식이다. 반자동 방식은 전문가가 먼저 문항의 구조나 유형 등의 양식(template)을 개발한 후, 이후 알고리듬에 기반하여 문항을 생성하는 방식이다. 생성 알고리듬으로는 온톨로지(ontology) 기반, 규칙 기반, 신경망 기반 방식 등이 대표적이다. 자동문항생성은 한정된 전문가 수, 제작 비용 및 시간 부족 등 문제은행 구축의 어려움을 해결하는 데 유용하다.

자동채점(automated scoring) 교육현장에서 자동채점은 일반적으로 서술형·논술형 답안을 컴퓨터 프로그램을 이용하여 채점하는 것을 의미한다. 자연어처리 기술의 발달과 함께 랜덤포레스트(random forest)나 순환신경망(recurrent neural network) 등의 인공지능 알고리듬을 이용하여 채점모형을 구축하거나, 사전에 학습된 언어모형(pre-trained language model)을 이용하여 채점모형을 구축하기도 한다. 쓰기 영역과 같이 텍스트 데이터에 대한 자동채점 연구가 활발하게 이루어지고 있으며, 음성인식 기술의 발달과 함께 말하기 영역과 같이 음성 데이터에 대한 자동채점 연구도 지속적으로 이루어지고 있다.

자성적 예언(self-fulfilling prophecy) 실험자의 기대가 실험결과에 영향을 미치는 실험자 편향성을 의미한다. 이 현상은 실험상황에서뿐만 아니라 교사의 학생에 대한 긍정적 혹은 부정적 기대가 학생의 수행결과에 영향을 미치는 것으로 수많은 연구자에 의해 연구되었다. 특히 Robert Rosenthal과 Lerore F. Jacobson의 실험연구에서는 학생들의 지적 능력수준까지 변화한 것을 보고하여 크게 주목받았다. 실험에서 연구참여자들에 대한 실험자의 기대효

과를 배제하려면 실험의 내용을 모르는 사람이 실험을 수행하게 하는 이중부지통제기법
(double blind fold technique)을 사용할 수 있다. 동의어 피그말리온효과

자연어처리(natural language processing) 컴퓨터가 인간의 언어를 학습, 이해, 생성하
기 위해 계산 기법을 활용하는 분야이다. 음성인식, 어휘분석, 구문분석, 의미분석, 담화분석
등 다양한 수준의 언어분석에 광범위하게 쓰인다. 학생평가에서는 서술형·논술형문항 채점
등 컴퓨터기반학습 및 평가 시스템에서 학생이 구성한 응답을 처리하는 것과 자동화된 채점
및 피드백 생성 등에 사용된다.

자연주의연구(naturalistic research) 가설과 연구설계에 따라서 전개되는 양적 연구와 달
리, 통제되지 않은 상황에서 특정 장면에 대한 상세한 이해를 위하여 수행하는 연구를 말한
다. 자연주의연구에서는 인류학과 사회학 분야에서 주로 활용하는 현장중심방법에 근거하
여 자료를 수집하며, 조사내용이나 조건을 미리 정해 놓지 않고, 실험적 조작을 가하지 않는
다. 반복적인 관찰과 비구조화된 면접을 위주로 자료를 수집하고, 수집된 자료에 대한 귀납
적 분석을 통하여 이론, 가설, 모형을 세우기 때문에, 연구자가 중요한 연구도구이며 연구자
의 주관성이 존중된다. 연구자와 제보자의 주관성을 함께 존중해 주는 상태에서 객관성을 확
보하고자 하며, 연구자의 주관성을 배제하여 객관성을 확보하는 것이 애당초 실현되기 힘든
것으로 본다. 그래서 연구자의 해석에 중요한 의미를 부여하고, 시간과 상황의 전체 맥락에
서 의미를 지니는 이론이나 가설이 가능하다고 보며, 부분에 주목하는 연구로는 현상을 제대
로 파악하기 힘들다고 본다. 자연주의연구는 교육문제를 양적인 접근만으로 완전히 이해하
고 해결하기 힘들다는 인식과 함께 제기되었으며, 특히 Yvonna S. Lincoln과 Egon G. Guba
는 교육학과 사회과학 분야의 조사연구와 평가 측면에서, 자연주의연구를 위한 여러 제안과
체크리스트를 제공하였다. 이들은 자연주의연구관에서 반응적 평가(responsive evaluation)
와 자연주의 방법(naturalistic methodologies)을 결합한 새로운 평가모형을 제시하여, 결과보
다 과정을 중시하고 수치보다 실제적인 면에 주목해야 함을 강조하였다. 많은 시간과 노력
이 필요한 자연주의연구에서는 제보자에 대한 연구자의 영향 배제와 연구결과에 대한 성급
한 일반화를 경계할 필요가 있다. 질적 연구(qualitative research), 자연주의적 탐구(naturalistic
inquiry), 문화기술적 방법(eth nographic method)과 유사 개념이다.

자연주의적 평가(naturalistic evaluation) Egon G. Guba와 Yvonna S. Lincoln이 제안한

평가관점으로서, 실증주의와 실험주의에 바탕을 둔 전통적인 탐구방식과는 다르게 민속학과 현상학에 근거한 탐구방식으로 평가하는 것이다. 평가의 주된 역할은 관계자들의 다양한 가치관을 고려하여 평가의뢰자의 정보 요구에 응답하는 것이다. 자연주의적 평가자는 평가의 내적 타당도보다는 자료의 신용도(credibility)를 중시하여 상호 검토(cross-checking)와 다각화(triangulation) 방법으로 자료를 수집한다.

자유방임형평가(laissez faire evaluation)　집단이나 조직의 구성원들이 스스로 평가목표와 평가내용을 결정할 능력을 가지고 있으며, 외부전문가의 관여는 오히려 교육적 효과를 제한한다고 보는 평가유형이다. David H. Jonassen은 이러한 평가방법을 목표 방임적 평가방법이라고 하였다. 목표 방임적이라는 말은 외부의 수업설계자에 의해 평가가 결정되는 것을 지양하는 것으로, 개별교사에게 학습 및 평가 내용에 있어서 학생의 흥미와 수준을 고려해 넓은 재량권을 준다는 의미의 내용 방임적 혹은 목표 방임적으로 해석할 수 있다. 아울러, 객관주의적 학습 환경에서처럼 외부의 수업설계자에 의해 미리 학습 및 평가목표와 내용이 결정되는 것이 아니라, 학습자들이 스스로 자신이 원하는 결과를 얻기 위해 가장 적합한 목표를 설정하고 그것을 이루기 위해 의식적으로 노력하는 적극적 학습자가 되도록 하는 평가방법을 의미한다.

자질추출(feature extraction)　머신러닝 과정에서 데이터의 목푯값(target value)을 식별하는 데 필요한 자질을 추출하는 과정이다. 자질추출을 통해 목푯값을 예측하는 중요한 변수만 선택하여 데이터의 차원을 줄이면 머신러닝 알고리듬의 성능이 향상될 수 있다. 자질추출은 이미지, 언어 등 데이터의 특성과 훈련모형의 기능에 따라 다양하다. 자질추출은 훈련된 모형의 성능에 상당한 영향을 미치므로 머신러닝에서 중요한 과정이다.

자질평가(feature evaluation)　머신러닝의 모형 생성과정에서 목푯값의 분류 및 예측과 관련성이 높은 자질을 선택하는 과정이다. 자질평가를 통해 모형 생성에 필요 없거나 관련성이 낮은 데이터를 제거하여 모형의 성능을 높인다. 자질을 선택한 이후 모형 성능을 평가하여 최적화된 자질을 결정한다. 자질평가에 사용할 수 있는 지표는 정확도, 정밀도, 재현율, F1 점수, AUC-ROC 등이 있다.

작동원인규명법(modus operandi method)　상식적으로 이해하기 어려운 수준의 결과나 현상의 원인을 추론하는 방법을 말한다. 살인사건의 범인을 수사하는 과정에서 범죄의 원인

간 관계를 체계적으로 규명하거나 특정 현상의 작동 원인 간의 연쇄적 관련성을 추적하는 과정에서 적용되는 방법이다. 평가자는 수사관의 역할을 하면서 수집 및 관찰한 근거의 패턴을 통하여 가능한 원인을 추정해 내거나 원인 간의 관계를 파악해 내는 데 중점을 둔다. Michael S. Scriven은 이를 프로그램의 효과를 평가하기 위한 질적 평가모형으로 사용할 것을 권장했다.

작업가설(working hypothesis) 양적 연구와 질적 연구 영역 내에서 각기 다른 의미로 사용된다. 양적 연구의 범주 내에서는 연구가설(research hypothesis)과 동의어로, 사전에 예측한 두 변수 사이의 관계를 나타낸 것이며 통계적 가설에서 H_a 또는 H_1으로 표현되는 대립가설(alternative hypothesis)에 해당되는 것이다. 질적 연구의 범주 내에서는 연구문제에 대해 연구자가 가지고 있는 편견, 경향, 기대, 의문 등을 형상화하여, 연구 중에 관찰되리라고 예상되는 현상에 대한 유력한 잠정적인 해석으로 표현한 것을 말한다. 전통적인 양적 연구에서는 사전에 설정된 하나 또는 소수의 가설이 탐구를 주도하며, 연구기간 동안 수정되지 않고 고정이 되어 최종적으로 그 채택 여부가 검정되지만, 연역적 탐구방법을 활용하는 질적 연구에서는 잠정적인 많은 수의 작업가설 목록이 있을 수 있으며, 이들은 연구를 진행하는 데 지침이 되고, 연구에서 자료수집과 분석이 진행됨에 따라 재해석·수정·확장·탈락되기도 하며, 새로운 가설이 생성되기도 하여 연구의 새로운 방향을 제시하기도 한다. 새로운 자료분석에서 현재의 작업가설과 상치되는 대안적인 가설이 제시되지 않을 때, 이 가설은 확인이 되는 것이다.

잔차(residual) 종속변수와 독립변수와의 관계를 밝히는 통계모형에 의하여 추정된 종속변수의 값과 실제 관찰된 종속변수 값과의 차이이다. 이 차이는 오차(error)로도 해석되며, 통계모형이 설명하지 못하는 불확실성 정보이다. 잔차는 무선효과를 갖는 확률변수이므로 통계모형이 가정하는 분포의 적절성을 검정하는 데 유용하다. 또한 불확실성 또는 오차 정보이므로, 종속변수 값의 예측 및 모수추정이 어느 정도 정확한지 추정의 정밀도 정보를 얻기 위해 사용된다.

잔차제곱평균제곱근(Root Mean square Residual: RMR) 구조방정식모형에서 설정된 전체모형이 수집된 자료에 들어맞는지를 평가하는 모형합치도(적합도) 지수로서, 설정된 모형에 의해 시사되는 모형공분산행렬과 수집된 자료에서 도출된 표본공분산행렬 간의 차이가 얼마나 큰지를 따지는 방법이다. 모형공분산행렬이 표본공분산행렬에 들어맞고 남은 잔차를 제곱하여 모두 합한 후 원소의 수로 나누어서 나온 값의 제곱근이다. 잔차는 모형이 자료를 설명하지 못하는 부분이기 때문에 잔차의 크기가 작을수록 모형이 자료에 잘 합치된다고 볼 수 있다. 일반적으로 값이 .05보다 작으면 모형이 자료에 잘 합치한다고 평가할 수 있으나 이 기준은 임의적이다.

잠재결과모형(potential outcomes model)　Donald B. Rubin에 의해 제안된 수리적인 인과추론이론으로 Rubin Causal Model 혹은 Neyman–Rubin Causal Model로도 불린다. 이 이론에서는 잠재결과라는 가상적 변수를 통해, 인과효과에 대한 수리적 정의를 제시한다. 예를 들어, 과외수업(A)이 대학입학(Y)에 미치는 효과를 정의하기 위해, 다음의 두 가지 잠재결과를 정의한다. 먼저, 어떤 개인이 과외를 받았을 경우의 대학입학 여부를 Y(A=1)로 표현한다. 괄호 안의 내용(A=1)은 '만약 과외를 받는다면'의 의미를 갖는다. 반대로, 동일한 개인이 '과외를 받지 않았을 경우의 대학입학 여부'는 Y(A=0)으로 표현된다. Rubin은 과외가 대학입학에 미치는 인과효과를 이 두 가지 잠재결과의 차이[Y(A=1)–Y(A=0)]로 정의한다. 잠재결과 자체는 실제로 관찰된 값은 아니지만, 이러한 접근은 '인과'라는 개념에 대한 명료한 수리적 토대를 제시한다는 점에서 의미가 있다.

잠재계층분석(latent class analysis)　응답반응의 유사성을 바탕으로 개인을 하위집단으로 분류하는 데 사용되는 모형이다. 범주형 잠재변수 내 개별범주를 이질적인 하위 모집단을 대표하는 잠재계층이라 지칭하고, 범주형문항에 대해 유사한 응답반응을 보이는 개인들은 동일 범주에, 이질적인 응답반응을 보이는 개인은 다른 범주에 분류한다. Y_i는 개인 i의 J개의 범주형문항에 대한 응답반응 벡터이고, Y_{ij}는 개인 i의 문항 j에 대한 응답반응이다. C_i를 총 K개의 잠재계층으로 구성된 범주형 잠재변수라 가정하면, 개인 i가 J개의 문항에 대해 특정 응답을 할 확률인 $P(Y_i)$는 특정 잠재계층 k가 주어진 경우, 서로 독립적이라고 가정하는 문항 j의 조건부 응답반응 확률 $P(Y_{ij} \mid C_i = k)$과 잠재계층의 분포를 나타내는 $P(C_i = k)$에 의해서 다음 수식과 같이 정의한다.

$$P(Y_i) = \sum_{k=1}^{K} P(C_i = k) \prod_{j=1}^{J} P(Y_{ij} \mid C_i = k)$$

조건부 응답반응확률은 문항의 종류에 따라서 다른 확률밀도함수를 이용하여 계산된다. 연속형문항의 경우, 정규분포 확률밀도함수를 이용하여 응답반응확률을 계산하며, 이러한 모형을 잠재프로파일분석(latent profile analysis)모형이라 한다.

잠재계층성장분석(latent class growth analysis)　궤적 간에 존재할 수 있는 이질성을 고려하여 유사한 성장 궤적 형태를 보이는 개인을 잠재계층을 사용하여 분류하기 위한 모형이다. 다만, 성장혼합모형과 달리 궤적에서의 개인차가 각 잠재계층의 평균 궤적에 의해서 모두 설명된다고 가정하며, 잠재계층 내 평균 궤적에서의 편차는 무작위적 오류로 간주한다. 이에 따라 잠재계층별 성장요인의 분산과 공분산은 모두 0으로 고정된다.

잠재성장모형(Latent Growth Model: LGM)　동일 대상에 대하여 동일 단위로 반복측정된 종단자료를 이용하여 시간 흐름에 따른 관심변수의 변화 혹은 성장을 추정하는 구조방정식모형의 한 유형이다. 반복측정된 관찰변수의 변화를 설명하는 잠재변수로서 초깃값(intercept)과 시간에 따른 기울기(slope)를 설정하여 관심변수의 성장 궤적을 통계적으로 추정한다. 성장 궤적의 형태에 따라서 선형모형과 비선형모형으로 구분할 수 있다. 기본적인 선형모형의 경우 초기의 속성 수준을 나타내는 초깃값(절편)과 시간에 따른 선형 변화율을 나타내는 선형 기울기, 두 가지 성장요인을 포함한다. 비선형모형의 경우, 2차 또는 3차 함수 등의 다항함수 성장요인을 선형모형에 추가하는 방식으로 비선형 성장 궤적을 구현하는 것이 일반적이다. 궤적의 형태가 결정되면 초깃값(절편), 기울기 요인의 평균과 분산으로 성장 궤적의 특징을 평가한다. 추가로, 성장요인에 영향을 주는 공변인을 포함하여 성장요인에서의 개인차를 설명하거나, 성장요인의 영향을 받는 결과 변수를 포함하여 성장요인에서의 개인차를 바탕으로 결과변수를 설명한다.

잠재특성이론(latent trait theory)　검사문항에 대한 피험자들의 반응을 직접측정이 불가능한 인간의 내재적 특성, 즉 잠재적 특성에 의하여 설명하는 모형으로 Paul F. Lazarsfeld가 문항반응이론이란 용어 대신에 사용한 개념이다. 예를 들어, 수학 검사의 모든 문항에 대한 피험자의 반응을 수학능력의 차이에 의하여 기술한다면, 이는 모든 문항에 대한 피험자 반응을 수학능력이라는 직접적으로 측정할 수 없는 잠재적 특성으로 설명한다고 할 수 있다. 이와 같이 잠재적 특성과 피험자 반응 간의 관계를 수리적으로 모형화한 것을 잠재특성이론이라고 할 수 있다.

잠재평균분석(latent mean analysis)　구조방정식모형에서 잠재변수들 간의 평균값을 비교할 때 사용하는 모형설정방법이다. 잠재평균분석은 모형에 포함된 잠재변수가 관측변수들의 변동을 설명하는 데 중요한 역할을 한다는 가정에 기반한다. 잠재평균분석을 사용하면 구조방정식모형으로도 t검정이나 분산분석(ANOVA)과 같이 집단 간 평균차이를 검정하고자 하는 목적의 분석이 가능하다. 잠재평균분석을 기반으로 하는 또 다른 대표적인 방법으로는 잠재성장모형을 들 수 있다.

재귀모형(recursive model)　내생변수(endogenous variable)가 순차적으로 한 번에 하나씩 결정되는 모형으로, 원인과 결과로 대표되는 변수들의 경로가 피드백 고리(feedback loop) 없이 한 방향으로만 흐르는 관계를 나타낸다.

재모수화통합모형(Reparameterized Unified Model: RUM)　Sarah M. Hartz가 2002년에 개발한 인지진단모형으로 혼합모형(fusion model)이라고도 불린다. 문항에서 요구되는 인지 요소들을 모두 숙달해야 정답을 맞힐 수 있다는 결합적 규칙(conjunctive rule)에 기반하며, 필요한 인지요소를 하나라도 습득하지 못하면 오답하게 된다는 비보상모형(non-compensatory model)에 속한다. Q-행렬에 포함되지 않은 속성들까지도 모형에서 고려할 수 있는 장점이 있으며, 문항의 난이도 및 변별도 모수와 인지요소 숙달 여부를 나타내는 피험자 모수가 추정될 수 있다.

재현연구(replication study)　기존 연구의 결과를 재현하기 위해 수행하는 연구를 의미한다. 주로 서로 다른 집단을 대상으로 동일한 연구를 반복한다. 연구의 방법, 조건, 결과의 일관성을 의미하는 연구의 신뢰도를 확보하거나 원래의 연구보다 많은 사례수를 대상으로 하여 보다 엄밀한 통계적 유의성을 확보하기 위하여 연구를 반복하게 된다. **동의어** 답습연구, 반복연구

저작권(copyright)　저작물 창작자가 자신의 저작물에 대해 가지는 법적 권리를 의미한다. 「저작권법」(2022. 12. 8. 시행)에 따르면, 저작물은 인간의 사상이나 감정을 표현한 창작물로서, 공표된 저작물은 보도·비평·교육·연구 등을 위하여 정당한 범위 내에서 공정한 관행에 합치되게 인용할 수 있다. 정당한 범위 내의 인용 여부는 인용 저작물과 피인용 저작물 간의 주종관계를 기준으로 판단한다. 출처를 정확히 밝혔다 하더라도 인용된 양이나 질이 정당한 범위를 벗어나 연구자의 창의적 아이디어에 근거한 인용 저작물에 비해 피인용물 저작물이 주가 되었을 경우 저작권 침해에 해당한다. 연구물 발표 및 출판 시 연구 설계 및 계획, 연구 수행, 논문 작성 등 연구활동에 실질적인 기여를 한 연구자는 자신이 수행한 연구물에 대해

저자로서의 권리를 갖게 된다. 연구기관에서 수행한 연구보고서의 저자는 발간 목적이나 성격에 따라 개인 또는 기관이 될 수 있지만, 저작권은 일반적으로 「저작권법」의 '업무상저작물'에 의거하여 기관에 속하게 된다. 공공기관이 업무상 작성하여 공표한 저작물이나 계약에 따라 저작재산권 전부를 보유하고 저작물은 별도의 허락 없이 이용가능하다.

적성검사(aptitude test) 인간 활동의 여러 영역에서 피험자가 어느 정도의 능력을 갖고 있는지를 측정하여 장래 활동 분야에서의 잠재력을 측정하기 위한 검사이다. 특히 교육적 또는 직업적 상황에서 미래 성공 가능성을 예측하기 위한 기초 자료를 제공하는 검사로서 사용된다. 예를 들어, 직업적성이란 특정 직업과 관련한 업무를 효과적으로 수행할 수 있을 만한 능력이나 성격특성을 의미하는 것으로 직업적성검사를 통해 해당 직업에 대한 적성을 측정할 수 있다.

적성-처치상호작용(Aptitude-Treatment Interaction: ATI) 학습자의 적성에 따라 교수처치의 효과가 달라지는 현상이다. 적성은 지능, 성격, 인지양식, 성장과정 등 여러 측면에서의 개인차를 반영한다. 즉, 적성은 주어진 교수처치하에서 학습자의 성취가능성을 예측하게 해주는 개인적 특성들의 복합체이다. 처치는 교수방법으로서 개인차에 따라 다르게 적용할 수 있는 몇 가지 상이한 내용과 절차들을 포괄한다. 적성-처치상호작용을 옹호하는 입장에서는 하나의 교수방법이 모든 학습자에게 적합하지는 않을 것으로 가정한다. 이 입장은 적성의 개인차에 따라 적합한 최선의 교수처치를 결합한다면 교육효과가 높아질 것으로 기대한다. 예를 들어, 일반지능이 높은 학습자에게는 비구조화된 발견식 수업이 유리하고, 일반지능이 낮은 학습자에게는 구조화된 강의식 수업이 유리할 것으로 기대한다. Lee J. Cronbach가 적성-처치상호작용을 개념화한 후에 많은 연구가 학습자 적성과 교수처치의 상호작용효과를 밝히기 위하여 수행되었다. 동일한 주제를 포함한 연구들의 결과를 비교분석한 바에 따르면, 그것들은 상호 일치하기도 하였지만, 경우에 따라서는 극명한 반대양상을 보였다. 연구결과들 간에 일관성이 결여되었다는 것은 적성-처치상호작용 접근이 잘못되었다는 것을 예시한다기보다는 향후 적성-처치상호작용 연구의 설계가 보다 섬세해져야 한다는 점을 시사한다. 극명하게 반대양상을 나타낸 것으로 보였던 현상들조차 보다 섬세한 연구설계를 통해서는 의미 있는 방식으로 통합될 수 있을 것이기 때문이다.

적합도지수(goodness-of-fit index) 연구자가 설정한 통계모형이 자료와 일치하는 정도를 나타내는 값이다. 적합도지수는 영가설 기각 여부를 판단하는 검정통계량이 아니라, 일치도에 대한 연속적인 측정치이다. 적합도지수의 종류는 절대적 적합도와 상대적 적합도의 두 갈래로 나눌 수 있다. 절대적 적합도지수는 이론모형이 자료와 얼마나 잘 부합하는지 평가하며 RMSEA, SRMR 등이 있다. 상대적 적합도지수는 기저모형에 비해 이론모형이 상대적으로 얼마나 잘 자료에 부합하는지 평가하며 CFI, TLI 등이 있다. 수많은 적합도지수들 중에서 실질적으로 권장되는 것은 RMSEA, SRMR, CFI, TLI 등이 있다. Michael W. Browne과 Robert Cudeck(1993)은 RMSEA의 경우, .05 미만은 좋음, .05 이상~.08 미만은 괜찮음, .08 이상~.10 미만은 보통, .10 이상은 좋지 않음으로 보고, 신뢰구간을 함께 제시할 것을 제안하였다. Litze Hu와 Peter M. Bentler(1999)는 .08 이하의 SRMR을 수용가능, .95 이상의 CFI와 TLI는 좋은 적합도라고 보았다. 각 지수마다 장단점이 있으므로, 여러 적합도지수를 고려하여 모형을 받아들일지에 대한 의사결정에 참고해야 한다. 적합도지수는 모형이 자료에 얼마나 부합하는지의 정도를 전반적으로 나타내는 값일 뿐이며, 적합도지수만으로 모형이 이론적으로 타당한지를 알 수는 없다.

전국교육향상도평가(National Assessment of Educational Progress: NAEP)　　미국연방정부에서 학생들의 성취수준과 추이를 파악하기 위해 1969년 이후 지속적으로 시행하고 있는 국가수준의 교육향상도평가를 말한다. 지방교육자치제도로 인하여 미국 학생들의 학업성취도를 연방정부가 파악하기 어렵고 국가차원의 질 관리 없이 분권화된 학교교육은 인종, 사회경제적 배경 등에 의한 학력 격차를 심화시킬 가능성이 있다는 우려를 해소하고자 도입되었다. 매년 미국 학생들의 학업성취도를 보고하고 국가 및 지역수준의 교육성과에 대한 체계적인 자료를 제공하는 것을 목적으로 하고 있다. 또한 지필평가로 시행되어 오던 평가를 2017년 이후 디지털 기반 평가로 전환함으로써 기술공학적 기능이 적용된 문항을 도입하였다. 평가대상은 4, 8, 12학년이며, 평가 영역은 2~3년을 주기로 순환한다. 평가 영역은 읽기, 수학의 핵심 영역과 쓰기, 과학, 미국역사, 윤리, 지리, 경제, 예술, 디지털문해력 등을 포함한다. 인지적 성취수준 이외에도 학업성취에 영향을 미치는 다양한 교육맥락변인에 관한 정보를 수집하고 학업성취 간의 관계를 분석하여 교육정책 수립에 유용한 정보를 제공하고 있다.

_{동의어} 전국교육성취도평가, 국가교육향상평가

전기연구(biographical research)　　연구자가 이야기나 면담을 통해 수집하거나 기록이나 문서에서 찾을 수 있는 개인의 삶의 역사에 대한 연구를 말한다. 전기연구에서는 유아기, 청

소년기, 성인기, 노인기처럼 삶의 단계에서 겪는 경험을 단순히 연대순으로 기록할 수도 있고, 결혼이나 직장문제와 같이 인생의 전환점이 되는 사건을 주제중심으로 제시하고 그것을 사회문화적·역사적 맥락 내에서 해석할 수도 있다. 전자의 경우, 연구자의 해석을 최대한 배제한 채 연대순으로 사실들을 기술할 수도 있고, 문서 원본에 최소한의 관심을 두고 이를 각색할 수도 있다. 후자의 경우, 해석의 과정을 통해 개인의 경험에 사회문화적·역사적 의미를 부여할 수 있게 된다는 점에서 해석적 전기연구(interpretive biographical research)라고 부르기도 한다. 개인의 경험에 대한 기록이라는 점에서 자서전적 연구(autobiographical research)를 전기연구의 한 형태로 포함시키기도 한다. 자서전이란 한 개인이 자기 자신의 경험과 삶에 대해 쓴 이야기이다. 교육연구에서 자서전적 방법이 활발히 논의되기 시작한 것은 William F. Pinar가 교육과정의 재개념화를 시도하면서 교육과정의 질적 연구방법으로서 자서전적 방법을 발전시키면서부터이다. 예를 들어, 교사교육에서 자서전적인 방법을 이용할 경우, 한 개인을 교실교사로 준비시키는 과정에서 먼저 그가 처한 생활세계에 대해 깊이 성찰하게 한다. 여기서 그의 과거경험을 이용할 수도 있고, 선임교사들의 교실경험과 지식을 보다 더 분명하게 이해하는 계기를 마련할 수도 있다.

전문가심의(professional review)　전문가의 전문성에 입각한 심의(審議)를 평가대상에 대한 가치판단으로 간주하여 평가결과로 인정하는 평가적 접근논리를 의미한다. 전문성중심의 평가적 접근방법의 하나로서, 전문분야에 관한 전문적 식견을 바탕으로 평가대상의 장단점이나 가치를 판단하는 방법이다.

전문성중심평가접근(expertise-oriented evaluation approach)　주로 전문가의 교육기관 및 교육 프로그램에 대한 전문적인 판단에 기초하여 평가대상에 대한 판단을 내리는 접근이다. 전문성은 전문 분야에 대한 이론적·실제적 지식을 토대로 해당 분야의 문제해결 경험에 기반하여 판단하는 과정과 그 결과를 의미한다. 이러한 접근은 공식적 평가조직, 평가기준 발간, 구체적인 평가 일정, 다수의 전문가 의견 청취, 평가결과의 실효성을 기준으로 ① 공식적 심의체제(formal review system), ② 비공식적 심의체제(informal review system), ③ 특별 패널 심의(ad hoc panel review), ④ 특별 개인 심의(ad hoc individual review)로 구분된다. 공식적 심의체제 평가의 예로는 기관 혹은 프로그램을 공식적으로 승인하는 인정(accreditation)이 있다. 인정은 1910년 Abraham Flexner의 의학교육 기관평가 보고서에서 시작되었으며, 교육 분야에서 인정은 어떤 기관 혹은 프로그램이 일정한 준거나 기준을 충족하여 교육의 질을 보장하고 있음을 전문가들이 중심이 되어 공식적으로 인정하는 절차를 운영하는 평가체제이다. 교육기관을 대상으로 하는 기관 인정과 프로그램을 대상으로 하는 전문 인정으로 구분된다.

전사(transcription)   연구현장에서 관찰한 내용이나 면담을 통해 수집한 자료들을 체계적으로 정리·기록하는 것을 말한다. 전사본의 첫 부분에는 관찰자/면접자, 관찰대상/면접대상, 시간, 장소 등을 표기해 둔다. 전사를 하는 과정 자체가 일종의 분석과정이기 때문에 후속 현장 작업에 도움이 되는 관찰, 질문 등에 대한 아이디어와 정보를 얻을 수 있도록 전사는 현장작업 직후에 하는 것이 유용하다. 특히 면담 녹음테이프를 전사하는 과정에서는 분석과 해석에 도움이 될 수 있는 피면담자의 몸짓, 행동, 반응 등을 떠올리며, 억양 등에도 주의를 기울여 전사하도록 한다. 코딩, 주제 찾기, 의미도출과 같은 후속 분석 및 해석 과정에서 필요할 때마다 편리하게 출력하여 사용할 수 있도록 전사 내용을 컴퓨터에 입력하여 파일에 저장하여 두는 것이 중요하다.

전수조사자료(census data)   조사의 대상이 되는 모집단 전체를 조사대상으로 하여 수집한 자료를 말한다. 전수조사자료는 모집단 내의 일부 표본만을 대상으로 조사하여 모집단을 추정하는 표본조사 자료와는 다르다. 전수조사 자료의 경우 모집단 전체를 대상으로 조사하였으므로 추정할 필요가 없다는 장점은 있으나 수집에 시간과 비용이 많이 소요되는 단점이 있다. 대표적 전수조사자료로는 인구주택총조사 자료를 들 수 있다.

전역최댓값(global maxima)   전체 함수에서 가장 큰 값을 의미하는 것으로, 함수의 하위 집합에서 가장 큰 값을 의미하는 '국소최댓값(local maxima)'과 비교되는 개념이다. 하나의 함수에서 전역최댓값은 유일하나, 국소최댓값은 함수의 특정 부분에서 가장 큰 값이므로 유일하지 않고 1개 이상의 값을 가질 수 있다. 만약 국소최댓값이 1개라면 전역최댓값과 일치한다.

전진선택법(forward selection method)   중다회귀방정식에 포함될 독립변수를 선택하기 위한 방법 중 하나로, 예측검정력 크기 순서대로(예: 중다결정계수의 증가) 독립변수가 모형에 투입되는 과정을 반복하여 최적의 회귀방정식을 도출하는 방법이다. 변수의 투입은 사전에 설정한 기준 및 모형의 예측검정력에 더 이상 통계적으로 유의한 증가가 없을 때까지 반복된다.

전집점수(universe score) 일반화가능도이론에서 어떤 피험자가 모든 측정 조건 또는 국면(facet)하에서 얻었을 것으로 가정할 수 있는 평균적인 기대점수를 의미한다. 고전검사이론의 진점수와 유사한 의미로 사용된다.

절대척도(absolute scale) 변수의 속성을 구분하기 위하여 수치를 부여하는 척도 중 하나로, 척도상의 수치는 명목성, 서열성, 동간성 그리고 비율성을 지니며, 절대적 영점과 절대적 단위를 사용한다. 절대영점과 절대단위란 임의로 협의에 의해 결정된 출발점과 단위가 아니라 실제로 아무것도 없는 상태와 모든 사람이 동의하는 유일한 단위를 의미한다. 예를 들어, 책상 수와 의자 수 등에서 0은 하나도 없음을 의미하며 한 개, 두 개는 명확히 구분되는 단위이다. 절대척도의 예시로 물건의 개수 그리고 자동차 대수 등을 들 수 있다.

절대편향(Absolute Bias: AB) 추정치($\hat{\theta}$)와 모수(θ)의 차이($\hat{\theta} - \theta$)를 나타낸다. 특정한 모형 또는 추정량(estimator)의 수행을 평가하는 시뮬레이션 연구에서 평가지표로 쓰인다. 절대편향이 영점에 가까울수록 사용된 모형 또는 추정치가 적합하다고 결론 내릴 수 있다. 절대편향은 모수의 측정 단위에 비례할 수 있으므로 평가의 절대적인 기준값을 정하기 어렵다. 이때는 상대편향(relative bias)을 사용할 수 있다.

점이연상관(point-biserial correlation) 한 변수가 명명척도에 의하여 이분화된 이분변수이고 다른 변수는 연속적인 양적변수일 때 두 변수 간의 상관이다. 예를 들어, 문항분석에서 문항의 정답 여부와 검사총점 간의 상관 정도를 추정하고자 하는 경우 점이연상관을 통해 구한다.

점추정(point estimation) 모집단의 특성을 단일한 값으로 추정하는 방법이다. 예를 들어, 모집단의 평균과 분산을 점추정 하는 경우 각각 표본평균과 표본분산 값으로 추정하게 된다.

정규분포(normal distribution) 연속 확률변수 X의 평균과 표준편차가 각각 μ와 σ일 때, 확률밀도함수 $f(x)$가 다음과 같이 규정되는 분포이다.

$$f(x) = \frac{1}{\sigma\sqrt{2\pi}}e^{-\frac{(x-\mu)^2}{2\sigma^2}}$$

$f(x)$: X가 특정 값 x일 때 분포상에서의 높이

π: 원주율

$X \sim N(\mu,\ \sigma^2)$로 표현되며, 정상분포라고도 한다. 평균이 최빈값 및 중앙값과 일치하고 좌우대칭이며 X축에 점근적으로 접근하는 종(bell) 모양의 분포이다. 분포의 위치와 모양은 μ와 σ에 따라 결정된다.

정규오자이브모형(normal ogive model)   정규오자이브 함수 형태의 문항반응모형이다. 문항난이도만 고려하는 1-모수 정규오자이브모형, 문항난이도와 문항변별도를 고려하는 2-모수 정규오자이브모형, 문항난이도와 문항변별도, 문항추측도를 고려하는 3-모수 정규 오자이브모형이 있다. 3-모수 정규오자이브모형에서 능력모수 θ를 갖는 피험자가 변별도 α, 난이도 β, 추측도 c인 문항에 정답할 확률 $\mathrm{P}(\theta)$는 다음과 같이 나타낸다.

$$\mathrm{P}(\theta) = c + (1-c)\int_{-\infty}^{Z} \frac{1}{\sqrt{2\pi}} e^{-Z^2/2} dz,\ \ Z = \alpha(\theta - \beta)$$

3-모수 정규오자이브모형에서 $c=0$이면 2-모수 정규오자이브모형이고, $\alpha=1, c=0$이면 라쉬 정규오자이브모형, α가 모든 문항에서 같은 값이면서 $c=0$이면 1-모수 정규오자이브모형이 된다.

정당성기준(propriety standard)   프로그램 평가 시 적용하는 네 가지 기준 영역(정확성, 유용성, 실행가능성, 정당성) 가운데 평가의 정당성, 합법성, 정의와 공정성에 대한 것이다. 하위기준으로 평가 이해관련자에 대한 대응과 포용, 이해관련자의 요구와 기대를 문화적 맥락에서 고려한 공식적 합의, 평가참가자와 이해관련자의 인권 및 법적 권리 보호, 투명한 평가결과 발표, 이해관계 충돌에 대한 정직한 대응, 평가에 소요되는 모든 자원에 대한 재정적 책임이 포함된다.

정보함수(information function)   추정치의 분산의 역수로서 추정의 정확성을 나타내는 지수이다. 정보함수의 값이 클수록 모수의 추정은 더 정확함을 의미한다.

정의적 영역(affective domain)   인간의 정서와 감정을 밑바탕으로 형성되는 모든 행동을 총칭한다. Benjamin S. Bloom과 David R. Krathwohl 등은 교육목표를 내용과 행동으로 이원분류하는 교육목표분류체계(taxonomy of educational objectives)를 개발하였으며, 영역을 인지적·정의적·심동적 영역으로 분류하였다. Krathwohl 등은 수용(receiving), 반응(responding), 가치화(valuing), 조직화(organization), 인격화(characterization)의 범주로 분류하고 이들 다섯 범주 사이에 위계적 관계를 설정하였다. 학교학습 성과로서의 정의적 영역은 이러한 분류 이외에도 학자에 따라 다양하게 세분화된다. 예를 들어, 교과관련 정의, 학교관련 정의, 자아관련 정의로 구분되기도 한다. 또한 학교교육과 관련된 정의적 성과로 자아개념, 귀인, 자아존중 및 정신건강 등이 열거되기도 한다. Lorin W. Anderson은 학교교육과 관련된 7개의 정의적 특성을 태도, 흥미, 가치, 선호, 학업적 자기존중, 귀인, 불안이라고 하였다.

정의적 행동(affective behavior)　인간의 정서와 감정을 밑바탕으로 형성되는 행동으로서, 인간의 관심, 흥미, 태도, 가치관, 자아개념, 성격 등과 같은 정서의 분화와 의지의 심화가 결합되어 발달되는 모든 행동을 말한다.

정준분석(canonical analysis)　두 변수집단 사이에 존재하는 상관성 또는 상관구조를 설명하기 위한 통계적 분석기법이다. 정준분석은 변수집단 간의 상관구조를 가장 잘 설명하는 집단 내 변수들의 선형결합을 찾는 과정으로 이해될 수 있다. 예를 들어, 독립변수 X들의 선형결합 W와 종속변수 Y들의 선형결합 V의 쌍들은 다음과 같은 방식으로 구해진다. 먼저, 제1정준변수쌍이라 불리는 (W1, V1)은 W와 V 간의 단순상관계수를 최대화시키는 변수집단 내의 선형결합으로, 각각의 분산이 단위분산(1의 값)이 되도록 구성한다. 다음으로, 제2정준변수쌍 (W2, V2)은 (W1, V1)와는 독립이며 역시 단순상관계수가 최대가 되도록 하는 단위분산을 갖는 선형결합을 의미한다. 이러한 과정을 통해 만들어지는 여러 개의 정준변수쌍들의 계수나 부호 등을 적절히 해석함으로써 두 변수집단 사이에 내재하는 상관구조를 설명하게 된다.

정책연구(policy research)　사회에서 발생하고 있는 다양한 문제들(빈곤, 실업, 범죄, 사교육 등)과 관련된 사회문제들의 쟁점에 관한 연구이다. 연구는 대체로 이론적 연구와 실천적 연구라는 두 측면을 가지고 있는데, 정책연구는 실천적 연구라는 성격이 강하다. 정책연구는 먼저 주어진 특정 사회문제에 대한 이론적 틀에 바탕을 두고 각 사회문제에 대한 인식조사를 하게 되고 사회문제 해결을 위해 실시되고 있거나 실시하려고 하는 정책에 대한 평가 및 효과분석을 통해 앞으로의 개선방향 및 적합한 정책 운영방향을 제시하게 된다. 연구결과를 바탕으로 해서 관련 기관에서는 정책을 수립하거나 기존 정책을 수정하게 된다. 특히 교육문제, 사회문제, 경제문제와 관련된 연구들을 각각 교육정책연구, 사회정책연구, 경제정책연구라고 한다. 정책연구는 특성상 연구를 위해 다양한 양적·질적 연구방법이 동원되며, 각 사회문제 간의 상호연관성으로 인해 여러 학문분야의 연구자가 함께 참여하게 된다.

정확성기준(accuracy standard) 프로그램 평가 시 적용하는 네 가지 기준 영역(정확성, 유용성, 실행가능성, 정당성) 가운데 평가의 신뢰성과 진실성에 대한 것이다. 평가결과와 그에 따른 결정의 정당성, 평가가 제공하는 정보의 타당성과 신뢰성, 평가의 목적에 부합하는 평가대상의 범위 및 세부사항 문서화, 체계적인 정보의 수집·검증·저장 방법, 기술적으로 적절한 평가설계와 평가목적에 부합하는 분석, 정확한 정보와 분석에 근거한 명확한 평가추론, 평가에 대한 오해, 왜곡 및 오류에 대비한 의사소통과 공정한 보고가 하위기준으로 포함된다.

제곱합(sum of squares) 개별 관측값에서 변수의 평균을 뺀 편차점수(deviation score)를 제곱한 값의 총합이다. 제곱합은 변산성(variablity)을 확인하는 분산과 표준편차를 계산하는 데 사용된다. 또한 분산분석과 회귀분석 등에서 사용되는데, 분산분석에서 제곱합은 전체 제곱합(total sum of squares), 집단 간 제곱합(between-group sum of squares), 집단 내 제곱합(within-groups sum of squares)을 산출하여 변수가 통계적으로 유의한지 검정하는 데 사용된다.

조건분포(conditional distribution) 두 확률변수 X와 Y에 대해 Y값이 주어진 조건에서 X의 확률분포를 X의 조건분포라 한다. 여기서 X와 Y는 확률벡터일 수도 있다.

조건최대우도추정(conditional maximum likelihood estimation) 우도함수를 이용하여 모수를 추정하는 최대우도추정법 중 하나로 조건부 확률에 근거한 추정방법이다. 조건최대우도추정은 우도함수를 부수적 모수(incidental parameter)인 능력모수를 충분통계량(sufficient statistics)으로 표현할 수 있을 때만 가능하므로, 라쉬 모형의 문항난이도를 추정하는 데에만 적용된다. 라쉬 모형에서는 전체 문항 중 정답한 문항의 수, 즉 원점수가 능력모수에 대한 충분통계치가 된다.

조명적 평가(illuminative evaluation) Malcolm R. Parlett과 David Hamilton이 제안한 것으로서 전체로서의 프로그램, 즉 그 조직상황에서 프로그램의 정당성, 프로그램의 전개, 프로그램의 운영, 프로그램의 성취 및 프로그램의 장애요소 등을 집중적으로 연구하는 것을 강조한다. 조명적 평가는 문제, 이슈, 그리고 중요한 프로그램 특징 등을 조명하는 것을 목적으로 한다. 일차적으로 측정과 예측보다는 기술과 해석에 관심을 가지고 있기 때문에 변인을 통제 또는 조작하려 하지 않고 복잡한 교육상황을 있는 그대로 이해하려고 노력한다. 프로그램을 둘러싸고 있는 복잡한 현실을 포괄적으로 이해할 수 있도록 돕는 일을 평가자의 주된 역할로 설정한다. 조명적 평가는 일종의 체제적 접근에 속하기 때문에 평가가 총체적이며,

제한된 프로그램의 특징이나 개별 변인 간의 상관관계에 초점을 두는 대신에 전체적인 상호관계망(조직된 복합체로서의 현상)에 관심을 둔다. 이러한 조명적 평가는 반응적·자연주의적·발견적·해석적 특징을 가지고 있다.

조사연구(survey research) 구조화된 설문지 또는 인터뷰를 활용하여 자료를 수집하는 방법이다. 조사연구는 사회과학의 연구에 가장 많이 사용되는 자료수집 방법으로 대단위 모집단의 설명적 연구에 특히 적절한 방법이다. 조사연구는 온라인 조사, 우편(서면)조사, 전화면담, 개별 직접면담, 혹은 두 가지 이상의 방법을 조합하여 자료를 수집하게 된다. 조사연구는 모집단 전체를 연구대상으로 하고 있지만 시간과 비용의 제한으로 인하여 모집단에서 추출된 표본을 대상으로 자료를 수집하며 이 자료를 기초로 모집단에 대한 추정을 하게 된다. 이런 면에서 조사연구는 모집단의 모든 구성원을 조사대상으로 하는 전수조사와는 다르며, 표본을 설정하는 표집(sampling)이 가장 중요한 요소로 이에 따라 연구의 일반화 가능성 정도가 결정된다고 할 수 있다. 또한 조사연구가 타당성을 가지기 위해서는 응답자가 질문내용을 잘 이해해야 하고 또 정확하게 응답하고자 하는 의지가 있어야 한다. 비용 면에서는 일반적으로 온라인과 우편을 통한 조사가 가장 비용이 적게 들고, 전화면담, 직접면담의 순으로 조사비용이 증가하며, 특히 최근에는 비용과 접근성, 데이터 관리의 수월성 등을 이유로 온라인 조사의 비중이 증가하고 있다.

조작적 독립변수(manipulative independent variable) 실험연구에서 사용된 독립변수가 연구자에 의해 조작된 경우의 변수이다. 실험연구에서는 반드시 피험자에게 하나 이상의 실험처치를 하게 되는데, 실험처치는 어떤 조작을 통해 이루어지기 때문에 조작적 독립변수 또는 실제변수라고 한다. 예를 들어, 다양한 교수법에 따른 학생들의 학업성취도를 연구할 경우에 실험에 사용된 교수법이 조작적 독립변수가 된다.

조작적 정의(operational definition) 어떤 개념을 과학적으로 정의하는 방식이다. 물리학자 Percy W. Bridgman이 1927년에 『현대물리학의 논리』에서 처음으로 사용하였다. 과학적 지식은 관찰할 수 있는 반복적 조작에 의해 객관화되며, 의미도 구체적 사태의 조작에 의해 드러난다고 본다. 따라서 조작적 정의는 관찰할 수 없는 것을 관찰가능하도록 한 개념이 관찰되는 사태를 정의의 한 부분으로 포함시키는 것이다. 예를 들어, 온도를 '수은주에 나타난 눈금'으로 정의하는 것은 조작적 정의이다. 온도는 육안으로 볼 수 없으나, 조작적으로 정의된 온도 개념에 따르면, 누구든지 온도계의 눈금을 보면 오늘 온도가 몇 도인지를 알 수 있다. 그리고 실험과 같은 양적 연구에서 연구가설을 세우거나 실험을 시작할 때 연구목적에 맞게 용어를 정의하는 것도 일종의 조작적 정의이다. 조작적 정의는 자연과학뿐만 아니라 인간과 사회의 개념에도 적용될 수 있다. 예를 들어, 행동주의 심리학에서 인간행동을 '자극에 대한 반응'으로 보는 것이라든지, 교육을 '인간행동의 계획적 변화'라고 규정하는 것이 대표적이다.

조절효과(moderating effect) 어떤 변수의 효과가 일정하게 유지되지 않고, 또 다른 변수에 의해 체계적으로 달라질 때 조절효과가 있다고 한다. 예를 들어, 토론 수업이 성적 향상에 미치는 효과가 학생의 성별에 따라 달라질 수 있다. 남학생에게는 토론 수업이 매우 효과적인데, 여학생에게는 성적 향상의 효과가 미미하거나 오히려 성적이 감소될 수 있다. 이때, 토론 수업의 효과에 있어 성별에 의한 조절효과가 있다고 하며, 성별을 조절변수라고 부른다. 상호작용효과, 중재효과, 효과의 이질성(effect heterogeneity) 등으로 표현하기도 한다.

종단연구설계(longitudinal design) 동일 대상을 일정 기간에 걸쳐 반복측정하는 연구설계이다. 시간에 따른 연구대상자의 변화과정과 원인을 정확하게 분석할 수 있지만, 연구기간이 길고 대상자 추적이 어려우며 비용 부담이 크다는 단점이 있다. 이러한 이유로 주로 국가 수준에서 연구가 수행되며, 국내의 대표적인 대규모 종단연구로 한국교육종단연구, 한국아동청소년패널, 한국영유아교육보육패널, 한국교육고용패널 등이 있다.

종속변수(dependent variable) 변수들 간의 관계에서 독립변수의 영향을 받거나 독립변수에 의해 예측되는 변수를 말한다. 연구자의 의도에 따른 설정이나 조작으로 독립변수의 값이 바뀌면 이에 따른 영향으로 종속변수의 값이 변화하기에 반응변수라는 용어로도 사용된다. 예를 들어, 학생의 학습시간이 시험점수에 미치는 영향을 알아보기 위한 연구에서 독립변수는 학습시간이고 종속변수는 시험점수가 된다.

종합적 평가(comprehensive evaluation) 하나의 평가활동에 해당 프로그램의 설계와 개념화, 프로그램의 시행, 프로그램의 유용성을 모두 연구하는 평가를 말한다. 이러한 종합평가는 Peter H. Rossi와 Howard E. Freeman이 제안한 평가접근방법이다. 이들은 과거의 평가이론가들이 평가과정에서 강조하는 질문의 유형과 그 질문에 해답을 찾는 방법에 있어서 많은 차이가 있다고 보았다. 예를 들면, Donald T. Campbell은 프로그램 효과를 강조하였지만, Joseph S. Wholey는 프로그램의 시행과정을 강조하였다. 그러나 그러한 질문은 모두 중요하기 때문에 평가활동에서 어떤 형태로든지 제기되어야 한다고 보았다. 이런 의미에서 평가는 종합적 평가의 성격을 갖게 된다. 이 입장을 따를 때 평가자들의 주요 활동은 프로그램의 개념화와 설계에 관련된 분석, 프로그램 시행에 관련된 분석, 그리고 프로그램 유용성과 관련된 분석 등이 된다. 프로그램의 유용성은 프로그램 효과, 영향, 비용-편익성을 모두 포함하는 개념이다. Rossi는 시간과 자원이 제한된 평가조건에서 종합적 평가를 실천할 수 있는 보상적 수단으로서 맞춤평가(tailored evaluation)를 제안한다. 여기서 '맞춤'이란 평가를 프로그램에 적합화하는 것을 말한다.

주관주의(subjectivism)　주체(주관)의 자율성과 능동성을 절대화하고, 그럼으로써 대상세계의 객관성과 법칙성을 부분적으로 혹은 전적으로 부정하는 이론적 입장과 실천적 태도를 가리킨다. 주관주의는 주체(주관)의 능동적 역할에 대한 관념론적인 과대평가에 기초해 있다. 이때, 주체(주관)는 그것이 존재하고 활동하기 위한 물질적 조건으로부터 분리되어 객관적 법칙성의 바깥에 존재하는 것처럼 간주된다. 인식론적 차원에서 주관주의는 세계와 그것을 움직이는 객관적인 법칙의 존재를 인정하지 않고, 세계를 이루는 대상들의 속성과 관계를 개인의 의식이나 주관에 반영된 모습으로 파악하는 입장이다. 주관적 관념론이 대표적인 예이다. 실천적인 차원에서 주관주의는 자연과 인간사회에 작용하는 객관적 법칙에 바탕을 두지 않은 채, 개인의 제한적이고 자의적인 견해에 따라 행동하는 입장이다. 한 예로, 개인의 경험적이고 임시변통적인 유용성만을 진리와 행동의 기준으로 삼는 실용주의를 들 수 있다. 주관주의적 실천은 객관적인 상황 전개에 맞지 않는 판단과 행위로 이어질 위험성이 높다. 사회과학에서 주관주의는 사회적인 사건들이 주관적·자의적으로 형성될 수 있다고 보는 견해, 또는 일반적으로 행위자의 의도나 의지와 같은 주관적 요소의 역할을 의지주의적으로 과장하는 입장을 가리킨다. 이러한 시각에서는 인간의 의도적인 행위, 가치규범이나 도덕적 이상과 같이 주로 개인적이고 관념적인 요인들에 의거해 역사과정과 사회구조를 설명하려 한다.

주변최대우도추정(marginal maximum likelihood estimation)　베이즈정리에 기초하여 개별 능력모수에 대한 사후분포를 통합하여 얻어지는 전체 능력분포에 관한 주변 우도함수에 기초하여 문항모수를 추정하는 방법이다. 주변최대우도추정은 결합최대우도추정에서의 문제점, 즉 부수적 모수(능력모수)가 존재하면 구조적 모수(문항모수)추정의 일관성이 결여되는 점을 해결한다.

주성분분석(Principal Component Analysis: PCA)   다수의 변수들로 구성된 고차원의 자료에서 큰 분산을 차지하는 주성분을 추출하여 차원을 축소하는 통계적인 방법이다. 자료의 공분산행렬을 분해하여 얻는 고유치(eigenvalue)와 고유벡터(eigenvector)는 각각 주성분의 중요도와 주성분의 방향을 의미하고, 고유치가 높을수록 자료의 분산을 더 많이 설명할 수 있다.

주요인분석(Principal Factor Analysis: PFA)   공통요인분석(Common Factor Analysis: CFA)이라는 용어로도 사용되고 있으며, 공통분산만을 고려하여 잠재변수를 추출하는 기법이다. PFA의 공식은 다음과 같다.

$$Z = FP + UD$$

Z: 자료의 표준화점수 행렬, F: 표준화 요인점수 행렬, P: 요인가중 행렬,

UD: 변수의 고유분산(unique variance; 측정오차 포함)

　요인추출방식으로 많이 사용되는 주성분분석(PCA)과 PFA와의 차이점은 고유분산의 유무에서 찾을 수 있다. 즉, PCA는 공통분산을 극대화하여 개별 변수 간의 고유분산은 없는 것으로 가정하지만, PFA는 공통분산뿐 아니라 고유분산의 존재 또한 모두 고려하고 있다. 따라서 PCA에서는 요인점수와 그 가중치를 알고 있는 경우 정확하게 원변수를 다시 계산해 낼 수 있는 반면($Z = FP$), PFA는 공통분산과 고유분산을 분리하고 오로지 공통분산만 이용하여 분석을 수행한다. 결과적으로, PCA의 목적은 변수 간의 관계(상관)를 설명하는 것이 아니라 적은 수의 성분으로 자료의 분산을 가능한 많이 설명하는 것이고(자료축소의 목적), PFA는 변수 간 관측된 상관을 가장 잘 설명할 수 있는 요인모형을 구현하는 것이 그 목적이다.

준거변동설계(changing criterion design)   처치 혹은 강화를 주기 위한 준거에서의 변화가 단계적 방식으로 주어지는 설계를 말하며, 이러한 준거의 변동에 따라 대상자의 행동이 변화되는지를 알아보는 방법이다. 준거변동설계에는 점증적(accelerating) 방식과 감소적(decelerating) 방식이 있다. 예를 들어, 담배를 끊고자 하는 경우에 일시에 완전히 끊는 것보다 하루에 피우는 담배의 양을 줄이자는 목표를 세울 수 있다. 이러한 설계에서는 미리 정해진 기준까지 목표행동의 변화가 일어날 때 처치의 효과가 입증되며, 단계적으로 준거가 변할 때마다 행동이 준거에 맞게 변화되는 것을 입증함으로써 처치효과를 반복적으로 보여 준다.

동의어 기준변동설계

준거설정(standard setting) 피험자의 수행이나 성취 정도에 따라 몇 개의 구간으로 나누기 위해 검사의 점수척도 위에 한 개 이상의 분할점수를 설정하고, 각 구간에 속한 피험자의 수행수준에 대한 진술문을 작성하는 일련의 작업을 말한다. 예를 들어, 국어과 읽기능력 시험에서 학생들의 수행 정도에 따라 3개의 능력수준으로 구분하기 위해 척도 위에 두 개의 분할점수를 설정하면 피험자는 검사점수에 따라 '기초수준' '중급수준' '고급수준'과 같이 분류될 수 있다. 준거설정은 분할점수설정과 함께, 각 구간에 속한 피험자가 알고 있거나 할 수 있는 수행수준을 진술하는 작업을 포함한다. '준거설정'이 협의의 의미로 '분할점수 설정'과 동의어로 사용될 때에는 피험자를 검사점수에 따라 몇 개의 수준으로 분류하고, 분류된 결과를 합격이나 불합격 등 주요한 의사결정에 활용하는 데 초점이 맞추어진다. **동의어** 수준설정

준거참조검사(criterion-referenced test) 준거참조평가에서 사용하는 검사를 말한다. 일반적으로 준거참조검사에서는 준거를 이용해 피험자의 검사점수를 해석하며, 다른 피험자 검사점수와 비교하거나 피험자의 집단 내 상대적 서열을 이용하여 해석하지 않는다. 자동차 운전면허 시험의 경우 특정 점수 이상을 받은 피험자는 점수의 높고 낮음에 상관없이 모두 합격 판정을 받게 되는데, 이것이 준거참조검사의 예가 될 수 있다.

준거참조평가(criterion-referenced assessment) 학생의 평가결과를 다른 학생들과의 비교가 아닌 미리 정해 둔 성취기준이나 교육목표에 근거하여 해석하는 방법이다. 즉, 특정 학생이 어느 집단에 속해 있는지와는 무관하게 미리 정해 둔 성취기준이나 교육목표를 어느 정도 성취했느냐에 따라 성적이나 점수를 결정하고 해석하는 방법이다. 흔히 교육현장에서 절대평가라는 용어로 통용되며, 평가의 결과가 성취/미성취, 우수/보통/미흡 또는 A/B/C/D 등과 같은 성취수준으로 제시된다. 준거참조평가는 일반적으로 교수학습 활동을 촉진하기 위한 평가, 학생들의 서열보다는 개별 학생의 교육목표 달성도를 중시하는 평가에서 자주 사용된다. 준거참조평가에서는 성취기준이나 교육목표가 학생들에게 미리 제공되며, 학생들이 해당 성취기준이나 교육목표의 달성 여부를 평가받게 된다. 그래서 특정한 교육내용이나 기능의 숙달 여부를 확인하여 개별 학생의 강점·약점을 파악하고, 특정 학생에게 추가적인 교육이나 지원이 필요한 특정 영역을 파악할 수 있다. 이처럼 준거참조평가는 교수학습 활동에서 개별 학생의 숙달에 초점을 맞춤으로써 학습자중심의 접근을 장려하고, 개별 학생의 능력에 대한 종합적인 이해를 촉진하고, 교수학습 활동의 개선을 위한 피드백 제공이 가능하다. **동의어** 절대평가

준거타당도(criterion validity) 검사에서 측정하는 변인과 관련이 있는 변인을 준거로 하여 판단하는 타당도이다. 준거의 획득 시점에 따라서 공인타당도와 예측타당도로 구분된다. AERA, APA, NCME에서 공동 개정한 『교육 및 심리검사의 기준(The Standards for Educational and Psychological Testing)』의 1999년판 이후부터는 다른 변수와의 관계에 기초한 타당도 근거(validity evidence based on relations to other variables)로 제시하고 있다. 다른 변수와의 관계에 기초한 근거는 다시 세 개의 하위범주인 수렴적 근거와 판별적 근거, 검사준거 관계(test-criterion relationships), 타당도 일반화(validity generalization)로 나누어진다. 전통적으로 사용해 온 공인타당도와 예측타당도는 이 중 검사준거 관계의 하위범주 안에 예측준거(predictive criterion)와 공인준거(concurrent criterion)로 포함되어 있다.

준부분상관(semipartial correlation) 셋 이상의 변수들이 상호 상관을 갖는 상황에서 한 변수가 다른 변수들에게서 받은 영향을 배제한 상태에서 준거변수와 갖는 상관이다. 즉, X_2를 X_1으로 설명하고 난 후의 잔차와 Y와의 상관을 의미한다. 준부분상관의 제곱은 회귀분석의 경우처럼 복수의 변수들이 상호 상관을 갖는 경우에 각 변수가 준거변수의 분산을 독립적으로 설명하는 정도를 추정하는 데 사용된다.

준실험설계(quasi-experimental design) 준실험설계란 진실험의 조건을 충족하지 못하는 설계이다. 이 설계의 특징은 실험설계에서 피험자를 무선적으로 할당하지 않는 설계이다. 그러므로 준실험설계는 실험에서 중요한 내적 타당도 저해요인을 통제하지 못하는 설계방법이다. 무선할당을 하지 못할 경우, 즉 자연 상태의 피험자로 구성된 집단을 대상으로 실험을 하기 때문에 유사실험설계 또는 약한 실험설계라고 한다. 준실험설계는 단일집단을 사용하기도 하고, 두 집단 또는 그 이상의 집단을 사용할 수 있다. 준실험설계는 연구자가 관심을 가지고 있는 처치변수 이외의 변수들을 통제하지 못하게 되어, 실험결과의 처치효과를 강력하게 주장하기 어렵다. 그럼에도 불구하고 인간을 연구대상으로 실험을 할 경우 윤리적인 면에서 무선표집이나 배치가 불가능하기 때문에 이 실험설계 방법이 널리 사용되고 있다. 일반적으로 사용되는 준실험설계 방법으로는 단일집단을 사용한 일회 사례연구, 단일집단 사전-사후검사설계, 시계열설계 등이 있으며, 두 집단 이상을 사용하는 정적집단설계, 요인설계 등이 있다.

중다기초선설계(multiple baseline design) 여러 개의 기초선을 측정하여 순차적으로 처치를 적용하고 그 이외의 조건을 동일하게 함으로써 목표행동의 변화가 오직 처치에 의해 변화한 것임을 입증하는 연구설계 방법이다. A는 기초선, B는 중재단계를 의미할 때, AB설계는 행동의 변화가 처치개입의 영향인지 확실하게 입증하기 어렵고, ABAB 설계(반전설계)는 효과가 입증된 처치를 연구를 위하여 철회한다는 비윤리성의 문제가 생기므로, 이러한 약점을 해소하기 위하여 중다기초선설계방법이 제안되었다. 중다기초선설계는 처치를 제거할 필요가 없고, 설계 자체가 프로그램의 효율성을 측정해 주며, 설계의 개념을 이해하고 실행하기가 용이하다는 장점이 있다. 그러나 다수의 기초선을 동시에 측정해야 하는데, 동시에 측정할 수 있는 기초선을 여러 개 찾기 어려울 수 있고 현실적으로 동시에 측정하기 어려울 수 있다는 단점이 있다. 또한, 기초선 기간이 길어짐에 따라 피험자를 지치게 하여 타당하지 않은 결과가 나타날 수 있게 된다. 이러한 문제점을 극복하기 위하여 중다간헐기초선설계(multiple probe design) 또는 지연된 중다기초선설계(delayed multiple baseline design) 등이 개발되었다. 동의어 복식기초선설계, 복수기저선설계

중다방법평가(multi-method evaluation) 평가의 양호도를 검증하거나 보완하기 위하여 평가하고자 하는 특성을 서로 다른 방법으로 평가하는 것을 말한다. 주로 동일한 특성을 상이한 방법으로 평가하고 그 결과들의 상관계수를 산출하는데, 이때 상관이 높으면 평가의 타당한 근거로 수렴타당도가 높다고 할 수 있다. 반대로, 상이한 특성을 동일한 방법으로 평가하여 얻어진 결과들의 상관계수는 변별타당도의 근거로 사용한다. 변별 또는 수렴 근거를 확인하기 위해서는 중다특성-중다방법이 주로 사용된다.

중다상관계수(multiple correlation coefficient) 하나의 종속변수를 설명하는 2개 이상의 독립변수의 설명 정도에 관심이 있을 때 사용하는 통계치를 상관계수의 형태로 나타낸 것이다. 즉, 둘 이상의 예측변수(독립변수)로 기준변수(종속변수)를 예측하기 위해 각 예측변수에 적절한 가중치를 두어 기준변수와 최대의 상관을 갖도록 할 때 얻어진 예측값과 기준값 간의 상관계수를 말한다. 일반적으로 R로 표기하며, 값의 범위는 $0 < R < 1$이다. 중다상관계수를 제곱한 R^2값은 2개 이상의 독립변수가 설명하고 있는 종속변수의 분산의 비율(%)을 의미한다.

중다처치설계(multitreatment design) 목표행동에 대한 두 개 이상의 처치조건(중재, 방법 또는 프로그램)의 효과를 검증하기 위한 연구설계로서 여러 처치를 동시에 실시할 수 있

고, 반전설계의 변형으로 새로운 처치를 도입하기 전에 기초선 단계를 포함하기도 한다. 중다처치설계에서 실시하는 처치의 순서는 미리 잘 계획되어야 하며, 처치의 효과는 근접된 처치와 비교되어야 한다. 여러 처치를 한 연구에서 검증해 볼 수 있으므로 경제적이며, 서로 인접된 처치끼리 효과를 비교할 수 있는 장점이 있다. 반면, 처치 간에 실시 시기가 다르므로 한 처치에는 개입되지 않았던 외부변인이나 발달변인이 다른 처치에 개입될 수 있으며, 여러 처치가 순차적으로 실시되기 때문에 한 처치의 전이효과가 다른 처치기간 중에 나타나 결과 해석이 달라질 수 있는 점 등은 중다처치설계의 내적 타당도를 위협하는 요인으로 작용한다.

중다특성-중다방법행렬(MultiTrait-MultiMethod matrix: MTMM) 다양한 특성을 다양한 방법으로 측정하여 얻어진 상호상관계수표를 의미한다. 이는 검사가 측정하고자 하는 특성과 검사방법의 상대적인 영향을 분석하기 위해 사용되며, 다양한 방법에 의해 측정된 특성들 간의 상관관계를 동시적으로 분석하여 신뢰도에 관한 정보는 물론 수렴타당도와 변별타당도에 관한 근거를 제공해 준다. 동일특성-동일방법(monotrait-monomethod)에 의한 결과의 상관은 신뢰도를 나타내고, 이질특성-동일방법(hetrotrait-monomethod)에 의한 결과의 상관은 변별타당도를 나타내며, 동일특성-이질방법(monotrait-hetromethod)에 의한 결과의 상관은 수렴타당도를 나타낸다.

중다현장평가(multiple-site evaluation) 동일 프로그램이 다양한 상황(대상, 장소 등)에서 운영될 때 해당 프로그램의 성과를 종합적이고 정확하게 판단하기 위해 제안된 질적 평가의 한 유형이다. 1970년대 미국을 중심으로 국가에서 재정 지원을 받는 동일 목적의 프로그램들이 다양한 상황에서 운영되면서 이에 대한 효과가 상황마다 다를 수 있음을 인식하고 각 상황들이 프로그램 성과에 미치는 영향력을 파악하여 특정 프로그램의 성과를 보다 정확히 판단하고자 관심을 가지기 시작하였다. 중다현장평가는 다양한 상황에서 다각적으로 자료를 수집하여 평가함으로써 질적 평가가 가지고 있는 일반화가능성의 한계를 극복할 수 있는 계기를 제공하였다. 중다현장평가는 평가의 목적에 따라 다각적 현장평가(multi-site evaluation), 현장방문평가(on-site evaluation), 군집평가(cluster evaluation)의 세 유형으로 나뉜다.

중다회귀모형(multiple regression model) 하나의 종속변수와 여러 개의 독립변수를 가진 회귀모형이다. 독립변수 여러 개의 선형 결합을 이용하여 종속변수를 설명 또는 예측하는 데 사용한다. 종속변수를 Y, k개의 독립변수를 X라고 할 때, 절편은 β_0, k개 독립변수의 회귀계수는 β_1, $\cdots$ β_k, 오차는 ϵ이고, 회귀식은 다음과 같다.

$$Y = \beta_0 + \beta_1 X_1 + \beta_2 X_2 + \cdots + \beta_k X_k + \epsilon$$

중도절단변수(censored variable) 전체 범위가 아닌 부분적으로 관찰되거나 측정된 변수이다. 좌측 중도절단은 변수 값이 특정 값보다 낮지만 어느 정도인지 알 수 없는 경우, 우측 중도절단은 변수 값이 특정 값보다 크지만 어느 정도인지 알 수 없는 경우, 구간 중도절단은 변수 값이 두 값 사이에 있는 경우를 말한다. 중도절단은 정보의 불완전성을 나타낸다는 점에서 특정 기준에 따라 데이터를 제한하는 절삭(truncation)과는 구분된다.

중도절단회귀모형(censored regression model) 회귀분석의 종속변수가 일부 구간에서 특정값(최댓값 Y_U 혹은 최솟값 Y_L)으로 제한되거나 관찰되지 않는 경우에 활용되는 선형모형이다. 중도절단된 자료에 대하여 우도함수(likelihood function)에 종속변수가 관찰될 확률을 추가하여 회귀계수의 추정을 보완하는 토빗모형(Tobit model)이 가장 대표적이며, James Tobin(1958)에 의해 제안되었다.

중심화(centering) 자료의 중심이 0 또는 다른 기준값에 위치하도록 조정하는 것이다. 평균 중심화(mean centering)는 개별 변수의 값에서 그 변수의 평균을 차감하여 중심을 0으로 조정한다. 중심화는 자료의 해석 및 분석 과정에서의 문제를 해결할 목적으로 수행된다. 예를 들어, 회귀분석에서 특정 독립변수의 측정값이 0을 포함하지 않을 경우, 평균 중심화를 적용하면 절편(intercept)은 독립변수가 평균일 때의 값으로 의미있게 해석된다.

중앙값(median) 자료를 크기 순서대로 배열했을 때, 중앙에 위치하게 되는 값이다. 중앙값을 기준으로 자료의 반은 중앙값보다 큰 값을 갖고, 나머지 반은 중앙값보다 작은 값을 갖는다. 자료가 (4, 5, 7, 8, 10)으로 구성되어 있다면, 7보다 작은 값이 2개, 7보다 큰 값이 2개 있으므로 7이 중앙값이 된다. 자료가 (1, 3, 5, 7, 8, 9)와 같이 짝수로 구성되어 있는 경우, 가운데 있는 두 값인 5와 7의 평균으로 중앙값이 결정된다. 자료에 중복된 값이 있는 경우 중앙값 계산은 복잡해지며, 이 경우는 누적백분율이 50%인 점을 계산하는 공식을 활용하여 중앙값을 산출할 수 있다.

중재철회설계(withdrawal design) 단일사례설계방법의 하나로, 실험기간 중 하나 혹은 그 이상의 단계에서 중재를 제거하여 목표행동에 미치는 영향을 알아보고자 하는 연구설계 방법이다. 일반적인 반전설계법은 ABAB의 형태로 구성되는데, 여기서 A는 기초선, B는 중재단계를 의미한다. '반전'이라는 용어는 Donald. M. Baer, Montrose. M. Wolf, Todd. R. Risley 등이 초기에 실험상태가 중재단계에서 기초선으로 되돌아간다는 데 초점을 맞춰 'reversal design'이라는 용어를 사용한 데서 유래하였다. 이후에는 목표행동의 방향을 전환시키는 의도보다는 중재를 제거한다는 설계방법상의 절차를 보다 잘 나타낸다는 의미에서 '중재철회설계(withdrawal design)'라는 용어가 사용되고 있지만, 우리나라에서는 '반전설계'라는 용어를 '중재철회설계'의 의미로 사용하는 경우가 많다. 반전설계법 중 가장 대표적인 ABAB 설계는 다음과 같은 순서로 진행된다. 첫째, 목표행동을 행동적으로 정의한다. 둘째, 동일한 반응군에 속하는 비목표행동을 식별하고, 행동적으로 정의하고 동시에 통제한다. 셋째, 연속적인 기초선 자료(A1)를 최소한 3회 이상 수집한다. 넷째, A1에서 수집된 자료가 안정된 경향을 보이면 중재(B)를 시작한다. 다섯째, 최소한 3일 이상의 중재기간 동안 연속적인 자료를 수집한다. 여섯째, 첫 번째 중재기간(B1)에서 정도 및 경향이 수용할 만큼 안정세를 나타내면 중재를 제거하고 기초선 조건(A2)으로 되돌아간다. 일곱째, 두 번째 기초선(A2) 기간 중 A1과 같은 수준의 안정된 경향을 보이면 중재(B2)를 다시 실시한다. 마지막으로, 유사한 대상자들에게 실험효과를 반복 연구한다. 이와 같이 기초선(A)과 중재단계(B)를 반복하는 ABAB설계가 대표적이지만, 경우에 따라 ABABAB, ABC 등 다양한 형태로 확장되거나 변형될 수 있다. ABC설계에서 A는 기초선, B는 중재단계 1, C는 중재단계 2를 뜻한다. 반전설계법은 설계의 성격상 다른 요인들이 중재효과를 오염시킬 가능성을 최소화함으로써 내적 타당도를 높일 수 있으며, 독립변인과 종속변인 사이의 인과관계까지도 입증할 수 있게 해 준다는 장점이 있다. 반면 반전설계법은 현실적이고 윤리적인 문제와 관련해 제한점을 가지고 있다. 즉, 어떤 중재가 효과를 보이고 있는 상태에서 연구의 목적을 위해 중재를 제거한다는 것은 윤리적인 문제를 야기할 수 있기 때문이다.

중재평가(mediated evaluation) 평가과정에 교수학습 과정을 통합하는 역동적 평가의 유형으로 교수-검사 양식이 연속적으로 이루어지는 평가를 말한다. 연속적인 교수-검사의 양식에서 교사는 학생이 정확한 반응에 도달하기 위해 효율적인 전략, 규칙, 행동을 사용할 수 있게 교수와 검사단계에 계속 중재하기 때문에 중재평가이다.

즉석선형검사(linear on-the-fly test) 컴퓨터기반검사의 한 유형으로 사전에 검사를 구성하는 것이 아니라 검사 시행 직전에 시스템 내에서 사전에 설정한 선제 기준에 따라 자동으로 생성하거나 여러 유형의 검사를 구성한 후 시행과 동시에 무선할당하여 시행하는 검사를 의미한다.

증거기반정책/의사결정(evidence-based policy/decision making) 정책의 형성, 개발 및 적용에 과학적 증거를 활용하는 접근 방식을 의미한다. 과학적 증거에는 연구결과와 데이터가 포함된다. 주관적인 견해나 경험을 최대한 배제하고 과학적 증거에 근거를 두어 정책의 형성과 적용을 포함하는 전체 과정에 필요한 의사결정을 효과적이고 효율적으로 수행하고자 하는 접근법이라 할 수 있다.

증거중심설계(evidence-centered design) Robert J. Mislevy 등이 평가는 증거 추론의 과정이라는 Samuel J. Messick의 관점을 확장 및 정교화하면서 제안한 '평가 설계 및 개발을 위한 개념틀'이다. 증거중심설계는 학생모형(무엇을 측정하고자 하는가?), 증거모형(어떻게 측정할 것인가?), 과제모형(무엇으로 혹은 어떤 상황에서 측정하는가?)으로 나누어 설계하며, 각 모형의 구체화와 연계를 강조한다. 학생모형에서는 측정하고자 하는 지식, 기술, 능력과 관련된 변수들을 정의한다. 증거모형은 학생모형에서 정의한 변수를 확인하기 위한 증거를 규정하는데, 크게 증거 규칙(evidence rules: 피험자의 과제에서의 결과물을 관찰가능한 변수로 변환 및 요약하는 방법)과 측정모형(measurement model: 학생모형 변수와 관찰가능한 변수 간의 관계에 대한 심리측정모형)으로 구분한다. 과제모형은 증거모형에서 필요로 하는 증거를 얻기 위해 피험자에게 제시되는 구조화된 상황과 과제 내용을 구체화한다.

지역독립성(local independence) 한 피험자의 서로 다른 문항들에 대한 반응은 통계적으로 독립적이라는 문항반응이론의 가정이다. 지역독립성 가정이 참이라면 한 피험자의 어떤 문항에 대한 수행은 다른 문항에서의 피험자의 수행에 아무런 영향을 미치지 않는다. 특정 능력수준에서 문항들이 서로 독립, 즉 조건부 독립이라는 점에 유의해야 한다. 따라서 지역독립성이 전체 능력수준에서 문항 간에 관계가 없다는 것을 의미하지는 않는다. 지역독립성이 충족되면 고정된 한 피험자의 문항반응 벡터에 대한 확률은 각 문항점수에 대한 확률의 곱으로 표현된다. 동의어 국소독립성

지표(indicator) 평가준거와 관련된 요인이나 변수 또는 관찰결과를 의미한다. 구체적으로는 프로그램을 포함한 평가대상의 속성이나 그로 인한 가치, 효과 등을 표현하고 나타내는

지수나 척도를 말한다. 지표는 연구대상을 대표하는 변수이므로, 지표를 이용하여 연구대상의 특성을 파악하거나 연구대상 간의 관계를 분석할 수 있다. 교육학에서는 교육 발전의 척도로 교육지표를 사용할 수 있다. 지표는 단순지표와 비율지표로 구분할 수 있는데, 전체 학생 수와 같은 단순지표는 원점수 수치이기 때문에 상대적인 비교 시 규준이 없어 해석에 한계가 있는 반면, 학생 1인당 교육비와 같은 비율지표는 규준을 사용하여 환산한 수치이므로 상호 비교가 가능하다는 장점을 갖는다.

지필검사(paper and pencil test)　종이와 필기구를 동원하는 모든 종류의 검사로 보통 컴퓨터 기반 검사와 대비하여 사용된다. 지필검사는 검사가 실시되는 양식을 나타내는 용어이며, 교사가 제작한 검사부터 대학 입학 전형을 위해 사용되는 표준화검사까지 그 예가 다양하다.

직각회전(orthogonal rotation)　많은 자료나 변수를 보다 적은 수의 요인 또는 차원으로 축소하는 경우에 추출된 요인의 해석을 쉽게 하기 위한 회전법 중에서 요인 간의 독립성을 유지하는 회전방법이다. 직각회전에는 동일요인 내에서 변수들의 요인부하량 벡터의 분산을 최대화하는 Varimax 방법, 동일변수 내에서 요인 간의 요인부하량 분산을 최대화하는 Quartimax 방법과 이 둘의 방법을 혼합한 Equamax 방법이 대표적이다. 　동의어　직교회전

직관-다원주의적 평가(intuitionalist-pluralist evaluation)　공리주의적 평가와 대비되는 평가 접근으로, 직관-다원주의적 평가에서는 다수의 이익이 아닌 개인의 혜택에 초점을 맞춘다. 공리주의적 평가에서 말하는 선(good)과 같은 공동지표는 존재하지 않으며, 준거와 판단의 다양성만이 존재한다고 본다. 따라서 직관-다원주의적 평가에서 평가자는 더 이상 공평무사한 '평균인'이 아니며 단지 상이한 가치와 요구의 '표현자'에 불과하다. 직관-다원주의적 평가자는 시험점수, 소득과 같은 자료보다는 사적인 면담과 프로그램 참가자의 증언과 같은 자료를 더 선호한다. 평가자가 준거와 판단에 가중치를 주고 균형을 잡는 일은 대개 직관적이다. 대부분의 직관-다원주의적 평가자는 전형적인 공리주의적 평가처럼 정부관리에게 결정과 판단을 맡기려고 하기보다는 가능한 한 평가받고 있는 프로그램에 대한 '판단자'로서 관여하려고 한다. Robert E. Stake의 반응적 평가모형, Malcolm R. Parlett와 David Hamilton의 조명적 평가모형, Egon G. Guba와 Yvonna S. Lincoln의 자연주의적 평가모형 등이 대표적인 직관-다원주의적 평가에 속한다.

직교다항식(orthogonal polynomials) 처치수준을 나타내는 독립변수가 양적변수인 경우 처치수준의 변화에 따른 종속변수 모평균치 간의 추세를 분석하기 위하여 적용되는 비교계수가 직교인 다항식이다. 처치수준(J)에 따른 전집 모평균의 추세는 직선적이거나 비직선적으로 1차에서 ($J-1$)차 다항식에 이르는 ($J-1$)개의 직교다항식이 존재한다.

직교비교(orthogonal comparison) 계획비교를 수행하는 한 방법으로 비교계수를 일정한 규칙에 따라 부여함으로써 각 비교가 서로 독립이 되게 하는 비교이다. 두 비교의 평균의 선형조합이 $\psi_1 = C_{11}\mu_1 + C_{12}\mu_2 + \cdots + C_{1J}\mu_J$, $\psi_2 = C_{21}\mu_1 + C_{22}\mu_2 + \cdots + C_{2J}\mu_J$로 표기될 때, $\sum C_{1j}C_{2j} = 0$과 $\sum C_{1j} = 0, \sum C_{2j} = 0$인 조건을 만족하면 두 비교는 직교비교라고 한다. J개의 처치수준을 포함할 때 상호 독립인 직교비교는 최대 ($J-1$)개 존재한다.

직업기초능력평가(Test for Enhanced Employment and Upgraded Proficiency: TEEN UP) 직업계 고등학교 학생을 대상으로 모든 직무자에게 요구되는 공통적이며 핵심적인 역량을 평가하는 전국단위의 평가이다. 교육부가 주관하고 대한상공회의소가 시행하며, 기초능력군, 업무처리능력군, 직장적응능력군의 3개 능력군을 평가 영역으로 한다. 주로 산업기관에서 서류전형, 면접전형의 전형자료 및 참고자료 등으로 활용되며, 직업계 고등학교 교육의 질 관리와 직업계 학생들의 직업기초능력을 인증하는 것을 주요 목적으로 한다.

진단검사(diagnostic test) 학습자의 수준과 특성을 파악하여 그에 적합한 교육목표 설정과 교수학습 및 평가 활동 준비를 위해 실시되는 진단평가에서 사용하는 검사이다. 학습자의 지적 수준, 선수학습 정도, 흥미, 동기 등에 대한 정보를 수집하여 궁극적으로 교수학습 효과를 증진하기 위한 목적으로 실시된다.

진단평가(diagnostic assessment) 새로운 교수학습이 시작되기 전에 학습자가 가지고 있는 특성을 체계적으로 관찰하거나 측정하여, 학습자의 현재 상태 또는 수준을 진단하는 평가이다. 학습자 특성은 인지적, 정의적, 심동적 특성 등으로 나눌 수 있다. 인지적 특성은 새로운 학습에 필요한 선수 학습 정도, 지적 능력 등을 포함한다. 정의적 특성은 학습동기, 흥미, 태도 등을 포함하며, 심동적 특성은 신체의 기능과 관련된 행동 영역이다. 진단평가의 목적은 학습자의 인지적, 정의적, 심동적 특성의 현재 상태 또는 수준을 평가하여 새로운 학습을 위한 교육내용 선정 및 수업전략 수립 등에 활용하는 데 있다.

진실험(true experiment)   진실험은 매우 엄격하고 강력한 실험설계로서, 피험자를 실험집단과 통제집단에 무선적으로 배치하여 처치의 효과를 밝히는 실험이다. 처치의 효과는 실험변수를 변화시키거나 조작하여 종속변수를 관찰하거나 측정하면 밝혀질 수 있다. 진실험은 실험대상의 무선적인 할당, 실험변수의 조작, 외생변수의 통제라는 세 가지 조건이 충족되어야 한다. 특히 종속변수에 대한 외생변수의 영향을 제거하거나 통제하지 못하게 되면 실험변수와 종속변수 사이의 인과관계를 정확하게 파악하지 못하게 되고, 실험의 내적 타당도가 문제가 된다. 진실험에서 내적 타당도를 저해하는 요인으로 Donald T. Campbell과 Julian C. Stanley는 8개의 요인을 제시하였으며, 이후 Campbell과 Thomas D. Cook이 4가지를 덧붙였다. 즉, 역사성, 성숙, 검사, 도구의 사용, 통계적 회귀, 서로 다른 피험자의 선발, 피험자 탈락, 피험자의 선발과 상호작용, 실험처치의 확산, 통제집단의 경쟁적인 보상의식, 처치의 보상적 동등화, 통제집단의 사기저하이다. 진실험의 설계로 사후검사통제집단설계, 사전–사후검사 통제집단설계, 솔로몬 4집단설계 등이 널리 활용되고 있다. 　동의어　 순수실험

진위형문항(true-false item)   피험자에게 진술문을 제시하고 그 진술문의 맞고 틀림 또는 진실이나 거짓을 판단하게 하는 문항 형태이다.

진전도측정(rate of progress measure)   행동중재에 있어 기초선과 목표행동 간 회기를 설정하고, 회기 내에서 제공되는 중재의 효과를 양화시키는 방법이다. 진전도측정은 중재효과에 대한 목표행동의 회기 간 변동율을 나타낸다. 예를 들어, 읽기 유창성을 향상시키기 위해 직접교수법을 적용하였을 때, 그래프 및 수치 등을 이용해 향상 정도를 확인할 수 있다.

진점수동등화(true score equating)   검사 X와 검사 Y가 동일한 능력 θ를 측정한다고 할 때 두 검사에 정답을 맞힌 문항수에 따른 점수(number correct score)와 θ의 관계를 추정할 수 있는데, 이들의 관계로부터 동등점수 짝을 찾는 동등화 방법이다. 일반적으로 신뢰도가 완전하지 못한 검사점수에 대해서는 동등화의 필요요건, 즉 동등성(equity), 집단 간 불변성(group invariance), 대칭성(symmetry) 등을 만족시키기 어렵다. 이러한 한계를 극복할 수 있는 것이 문항반응이론의 진점수동등화 방법이다. θ_x의 능력수준에 의해 계산되는 검사 X에서의 진점수가 $\xi_x = \sum P_i(\theta_x)$이고, θ_y의 능력수준에 의해 계산되는 검사 Y에서의 진점수가 $\xi_y = \sum P_j(\theta_y)$이며, θ_x와 θ_y의 관계가 $\theta_y = \alpha\theta_x + \beta$의 관계를 유지할 때, 두 검사의 진점수에 의한 동등화는 다음과 같이 표현된다.

$$\xi_y = \sum P_j(\theta_y) = \sum P_j(\alpha\theta_x + \beta)$$

즉, 주어진 어떤 능력 θ_x에 대한 (ξ_x, ξ_y)의 점수 짝이 결정되는 방식으로 동등화가 이루어 질 수 있다. 두 검사로부터 추정한 진점수는 θ의 단조증가함수로서 수학함수로부터 계산되며, 산포도를 이용해 통계적으로 추정하지 않아도 되기 때문에 간편하다.

질관리(quality control) 어떤 현상의 질적 수준이나 정도를 일정하게 유지하거나 제고하기 위해 체계적으로 관리하는 평가기제를 총칭하는 용어이다. 현재 이루어지고 있는 인정평가나 인증제도, 평가제도 등이 모두 질 관리제도에 해당한다. 질 관리의 대표적인 예로는 기관을 대상으로 한 TQM(Total Quality Management)이나 TI(Total Improvement), 대학평가인정제, 학교평가, 시·도교육청평가 등을 들 수 있다.

질보증(quality assurance) 어떤 현상의 질적 수준이나 정도가 특정 기준을 충족할 공적신뢰를 부여하는 것을 말한다. 교육기관에서 질보증은 학교기관이나 교육 프로그램의 질적우수성이 특정한 기준에 비추어 인정될 경우 공신력을 부여하는 활동을 의미한다. 대표적인예로는 인정평가(accreditation)나 ISO 2001, 특허제도 등을 들 수 있다. 질보증제도는 특히특정 기준을 충족하고자 노력하는 데 직접적인 영향을 줄 수 있기 때문에 질 제고(quality enhancement)와 함께 질 관리(quality control)를 위한 하나의 평가기제로 사용된다.

질적 연구(qualitative research) 현상을 개념화, 범주화, 계량화, 이론화 이전의 자연 상태로 환원하여 최대한 '있는 그대로' 혹은 '그 본래 입장에서' 접근하는 연구의 유형 또는 방법이다. 질적 연구는 양적 연구와 대비를 이루며, 양적 연구의 한계를 비판하면서 대안적 접근으로 모색된 것이다. 질(質, quality)은 비교하기 이전의 상태, 또는 측정하기 이전의 상태이다. 바꾸어 말하면, 질은 개별적 사물의 고유한 속성이며, 그것을 그것답게 만드는 내재적 특징이다. 그와 달리, 양(量, quantity)은 비교와 측정을 통해 인식되는 관계적 속성이며, 효율적인 커뮤니케이션을 위해 이차적으로 부가된 속성이다. 그리고 수(數)는 양을 보다 체계적이고 표준적으로 비교·측정하기 위해 고안한 도구이다. 모든 사물은 질과 양의 속성을 다 가지고 있으며, 모든 연구는 질적 과정과 양적 과정을 다 포함하고 있다. 그러나 한 연구의 배경을 이루는 중심적 인식론, 존재론, 방법론이 질적이냐 양적이냐에 따라서 질적 연구와 양적 연구의 구분이 생기고 그 구분이 의미 있게 된다. 양적 연구가 실증주의적 패러다임을 좇아 발전했다고 하면, 질적 연구는 현상학적 패러다임에 기반을 두고 발전했다고 말할 수 있다. 실중주의는 세상의 실체와 그 법칙이 인간의 인식 밖에 객관적으로 존재한다고 보기 때문에 부단한 가설의 수립과 검증을 통해서 확정적인 '진리'를 밝혀낼 수 있다고 본다. 이와 달리, 현상학은 세상이 한 집단이 물려받은 경험세계의 전통 속에서 지속적으로 구성 및 재구성되는 것이기 때문에, 혹은 사람들이 큰 세상 속에 공존하되 작은 다원적 현실세계 속에서 서로 달리 살아가고 있기 때문에 실증적 '진리'가 아닌 체험적 '진실'을 해석하고 공유하는 접근법을 취한다. 이와 같은 현상학적 패러다임 속에서 학문분야에 따라 다양한 질적 연구의 논리와 기법이 개발되어 왔으며, 최근 들어 교육학에서도 널리 활용·발전되고 있다.

집중경향성(central tendency)   모집단이나 표본으로부터 얻어진 자료가 어떤 특정 값을 중심으로 분포를 형성하는 경향을 말한다. 전체 자료의 값을 일일이 나열하는 것보다 집중경향성을 이용하여 자료를 가장 잘 대표할 수 있는 하나의 값으로 요약할 수 있는데, 이를 집중경향값(measure of central tendency)이라고 한다. 집중경향값은 자료분포에서 가장 전형적인 특정 수치로 이해될 수 있고, 대표적인 집중경향값은 평균(mean), 중앙값(median), 최빈값(mode)이 있다.

짝비교(pairwise comparison)   중다비교검정을 수행할 때 서로 다른 두 집단 간의 평균차이에 대한 비교이다. 짝비교는 주로 사후비교에서 수행되며 일반적으로 모든 가능한 짝비교를 수행한다. 모든 가능한 짝비교의 수는 처치평균의 수가 k개일 때 $k(k-1)/2$가 된다. 예를 들어, 3개의 처치수준의 평균이 동일하다는 전반적 F 검정이 기각되었다면 3개의 처치평균이 있으므로 $3(3-1)/2=3$개의 짝비교(집단1 대 집단2, 집단1 대 집단3, 집단2 대 집단3)가 가능하다. 사후비교를 수행하는 대표적인 짝비교 방법으로는 Tukey의 HSD, Newman-Keuls 검정, Duncan 검정 등이 있다. 이 검정방법들은 모두 스튜던트화 범위 q 검정통계량을 적용하며 모든 처치수준의 사례수가 동일한 경우에만 사용이 가능하다. 처치수준의 사례수가 동일하지 않은 경우에도 사용가능하도록 Tukey의 HSD를 수정한 Spjotvoll-Stoline 검정과 Tukey-Kramer 검정 등이 있다.

차별기능문항(differential item functioning) 검사가 측정하는 특성이 아닌 다른 요인, 예컨대 성별이나 인종 등 피험자가 속한 집단의 특성 때문에 문항에 정답할 확률이 다르게 나타나는 현상을 의미한다. 과거에는 편파성이란 용어로 널리 사용되었으나 편파성이라는 단어가 부정적인 이미지를 지닌다는 이유에서 중립적인 용어인 차별기능문항이라는 용어의 사용이 제안되었다. 차별기능문항의 차별적 기능이 피험자 집단의 모든 능력 범위에서 일관되게 나타날 경우 균일적(uniform) 차별기능문항이라고 하며, 모든 능력수준에서 초점집단과 참조집단 중 어느 한 집단이 일관되게 낮은 정답확률을 보인다고 해석할 수 있다. 반면, 능력수준에 따라 차별기능문항의 방향 또는 정도가 다르게 나타날 경우 비균일적(non-uniform) 차별기능문항이라고 한다.

차원성(dimensionality) 관찰된 변수들의 이면에 존재하는 잠재요인의 구조를 의미한다. 차원성 평가에는 탐색적 요인분석 기반의 기법들이 흔히 활용된다. 현실에서 엄격한 수학적 의미에서의 일차원성이 충족되는 것은 기대하기 어렵기 때문에 하나의 주요 요인(primary factor)이 관측자료 분산의 일정 수준 이상을 설명할 때 충족된다고 보는 것이 일반적이다. 현대 검사이론 중 가장 대표적인 잠재모형은 문항반응이론으로, 일반적으로 사용되는 대부분의 문항반응모형이 일차원성(unidimensionality)을 전제로 한다. 원칙적으로 일차원성 기반 문항반응모형을 적용하기 위해서는 일차원성이 충족되어야 하므로 수집된 자료를 토대로 이 가정이 충족되는지 평가하는 것이 모형추정 과정에서의 중요한 절차 중 하나이다.

참여관찰(participant observation) 연구자가 연구대상이 되는 사람들의 삶에 참여하면서 관찰을 실시하는 현지조사 방법을 말한다. 참여관찰자는 관찰한 현장 구성원의 행위나 말, 상징뿐만 아니라 자신이 참여자로서 경험한 것이나 느낀 것, 그리고 현장 구성원들과의 순간적인 대화 내용까지 자료로 활용한다. 외부자로서의 관찰만으로는 이들의 삶과 행위가 무엇을 의미하는가를 충분히 이해할 수 없기 때문에, 연구자 스스로 사람들의 일상적인 삶의 환경 속에서 직접 체험해 보는 것이다. 참여관찰에서는 문화내부적 관점(emic view)과 문화 일반적 관점(etic view) 모두를 가지고 연구현장을 이해하고자 하며, 따라서 보고 들은 것 이외에도 연구자 자신의 행동, 생각, 감정에 대한 기록을 충실히 할 필요가 있다. 참여관찰자 참여의 비중은 연구현장의 문화에 대한 이해가 높아지는 연구의 후반부로 갈수록 커지며, 이와 함께 관찰의 초점이 점점 좁혀지게 된다.

참여연구(participatory research) 일반적인 연구의 목적인 인과관계의 추론, 사실의 이해 등에 더하여 소외되거나 권력을 가지지 못한 집단, 공동체의 연구참여를 통해 실행(action)과 사회 변혁을 중시하는 연구이다. 참여연구는 연구문제의 설정, 연구방법의 선정, 자료수집 및 분석, 연구결과의 활용 등 연구의 전 과정에 걸쳐서 이루어지며, 참여 집단의 의견 존중, 성찰을 통한 교육과 참여 집단에의 권한부여(empowerment)를 중시한다. 참여실행연구(Participatory Action Research: PAR)라는 용어로도 지칭된다.

참여자중심평가접근(participant-oriented evaluation approach) 평가를 계획하고 수행하는 과정에서 프로그램 운영자, 이해당사자 등 프로그램 이해관련자들의 적극적인 관여를 중시하는 평가적 접근이다. 참여자중심평가 개념을 최초로 제기한 평가이론가는 반응적 평가를 주장한 Robert E. Stake이며, 이후 Egon G. Guba와 Yvonna S. Lincoln은 1980년대 자연주의적 평가 및 제4세대 평가를 통해 이해관계인의 보다 적극적인 관여의 필요성을 주장하였다. Stake와 Guba, Lincoln의 영향을 받아 J. Bradley Cousins의 실용적 참여평가, Michael Q. Patton의 개발평가, Donna M. Mertens의 변혁적 참여평가, David M. Fetterman의 권한부여평가, Ernest R. House의 숙의민주주의평가 등이 제안되었다. 참여자중심평가는 평가과정에 대한 통제권이 평가자와 이해관련자 중 누구에게 더 있는지, 이해관련자의 선정 범위가 어떠한지, 참여의 깊이가 어느 정도인지에 따라 다양한 모습으로 나타날 수 있다.

참조집단(reference group) 연구자가 관심을 가지고 있는 집단을 분석할 때 그 결과를 의미 있게 해석할 수 있도록 기준 역할을 하는 집단을 말한다. 예를 들어, 문항편파성 연구에서는 참조집단의 검사결과를 기준으로 연구집단에 대해 편파적으로 기능하는 문항을 추출한다. 실험상황에서는 비교집단 또는 통제집단이라고도 한다.

참평가(authentic assessment)   지식이나 기술을 실제상황에서 활용할 수 있는 능력을 평가하는 방식을 말하며, 이러한 능력을 평가하기 위해서는 실제 생활에서 마주칠 수 있는 평가과제를 개발해야 한다. 참평가는 학생의 문제해결력, 확산적 사고력, 종합적 사고력 등을 평가한다는 점에서 수행평가를 지칭하는 유사 용어로 사용된다.

채점기준표(rubric)   구성형 평가 과제(문항)에 대한 학생의 수행결과를 채점하기 위해 채점요소(수행준거, 차원)와 수준을 세분화하여 기술해 놓은 가이드라인이라고 할 수 있다. 구성형 평가에서는 채점의 객관성을 확보하기 위해 준거(요소)와 수준별로 수행기준에 대해 제시해 놓은 채점기준표의 설명에 따라 채점한다. 채점기준표를 개발하기 위해서는, 첫째, 구체적인 학습 목표들을 구분하고 채점요소를 설정해야 한다. 둘째, 각 채점요소별로 학습결과의 내용을 단순한 것부터 복잡한 것들로 구분하고 척도를 제작한다. 이때 척도란 학생 수행결과의 수준들을 구분해 놓은 연속선이라고 할 수 있다. 셋째, 척도에서 각 수준(예: 1점, 2점, 3점 등)이 어떤 수행을 말하는 것인지를 설명하는 기술문을 작성한다. 이는 평가자들 간에 일관성 있는 채점이 이루어지도록 하는 데 도움을 줄 수 있다. 마지막으로, 개발한 채점기준표를 학생들의 수행 자료들에 실제 적용해 보고, 그 결과들을 활용하여 채점기준표를 수정·보완함으로써 최종 채점기준표를 작성한다.

채점자질(scoring feature)   자동채점에서 채점과 관련된 응답 자료의 특징들을 의미한다. 일반적으로 평가자는 응답에서 특정 평가 영역에 대한 채점 준거를 설정하고, 채점준거와 관련성이 높은 자질을 탐색한다. 탐색된 자질을 머신러닝과 자연어처리 기술 등을 활용하여 탐지하면 자동채점을 수행할 수 있는 모델을 생성할 수 있다. 텍스트로 된 응답의 채점자질은 특정 단어나 글의 구조 또는 오탈자와 같은 문법적인 요소를 포함한다.

채택역(acceptance region)   영가설을 기각하지 않고 채택하는 검정통계치 값의 범위를 말한다. 표본으로부터 산출된 검정통계치의 값이 채택역에 해당되면 영가설을 기각하지 못하고 채택하게 된다. 영가설을 채택한다는 것은 영가설 기각에 실패했다는 의미로서 표본자료가 영가설을 부정할 만큼 충분한 자료를 제공하지 못했다는 것을 의미한다. 양측검정일 때 채택 영역은 표집분포의 중앙 $1-\alpha$에 해당되는 영역이고, 단측검정일 때 채택역은 표집분포

의 좌측 혹은 우측의 $1-\alpha$에 해당하는 영역이 된다. 동의어 수용역

책무성(accountability) 개인이나 조직이 수행한 과제에 대해 그 수행을 수정할 수 있는 권력이나 권위를 가지고 있는 사람 또는 기구에 주기적으로 설명하거나 보고해야 하는 의무와 관련된 과정을 말한다. 학교교육이 어떤 상태에 있으며 어느 정도의 효과를 보이고 있는지를 납세자에게 투명하게 알리는 과정은 교육에서 책무성의 예가 된다. 중앙정부, 시·도교육청, 또는 학부모 기구 등이 학교나 학교체제가 책무를 제대로 수행하고 있으며 그 목적을 어느 정도 달성하는가를 확인하려고 하는 과정에 책무성의 핵심이 있다. 단순히 현 교육의 수행수준 또는 목표달성수준에 대한 정보를 제공하는 차원을 넘어서서 재정지원 또는 인사조치 등을 취하는 것까지를 포함하기도 한다. 책무성은 법적 책무성, 계약적 책무성, 도덕적 책무성, 전문적 책무성 등으로 구분된다. 또한 책무성은 외부 책무성과 내부 책무성, 결과 책무성과 과정 책무성으로 구분하기도 한다. 과정 책무성을 강조하는 것은 단순히 교육의 산출결과에만 만족하지 않고 교육의 과정이 교육의 본질적인 목적에 충실하고 교육적 질을 확보할 수 있도록 관리하는 데 그 의도가 있다.

처치집단(treatment group) 실험연구에서 실험적 요인이나 상황의 처치를 받은 집단을 일컫는다. 의도적으로 설계된 상황에서 한 집단에게는 새로운 처치를 가하고 그 처치가 효과가 있는지를 밝히기 위해서 다른 집단에는 아무런 처치를 하지 않거나 전통적인 방법을 사용하였을 경우, 집단 간의 차이가 생긴다면 이는 처치의 효과가 있었음을 의미한다. 이 경우 처치를 받은 집단을 처치집단이라 한다. 예를 들어, 창의성 교육에 있어 칭찬의 효과성을 검증하기 위해 실험조건을 무선적으로 할당하여, A 집단에게는 칭찬을, B 집단에게는 아무런 처치를 하지 않은 후 집단 간의 창의성 수준에 차이가 있는지를 연구하였다. 이 경우 A 집단을 처치집단이라 한다. 동의어 실험집단

척도화(scaling) 관찰된 행동이나 특성에 대해 체계적인 규칙과 의미 있는 측정 단위를 개발하여 수량화하여 나타내는 절차를 의미한다. 따라서 척도화를 통해 관찰된 행동이나 특성이 측정변인을 나타내는 하나의 연속선 상에서 어느 지점에 위치하는지 나타낼 수 있다. Stanley S. Stevens는 측정척도의 수준을 명명척도, 서열척도, 동간척도, 비율척도로 분류하였다. 척도화 방법은 피험자중심 방법, 자극중심 방법, 반응중심 방법 등으로 분류된다.

천장효과(ceiling effect) 측정도구가 측정하려는 특성의 상위수준에 속한 사람들을 변별

하지 못하는 현상이다. 천장효과는 도구 자체의 점수범위가 제한적일 경우에도 발생할 수 있고, 검사가 너무 쉬운 경우에도 발생한다. 측정의 상한선(천장)이 낮게 책정되어 있거나 검사가 너무 쉽다면 일정 수준 이상에 속한 사람들의 차이를 변별할 수 없을 것이다. 검사의 쉬운 정도는 측정대상에 따라 상대적이다. 일반학생에게는 잘 적용되는 측정도구가 영재학생의 경우에는 천장효과를 야기할 수 있다. 천장효과는 연구결과의 신뢰성을 떨어뜨린다. 많은 사람이 상한선의 점수를 받게 되므로, 두 변인 간 관계의 산포도에는 직선적 양상이 나타나기 어려우며, 상호작용연구에서는 교차효과가 발견되기 어렵다. 실험처치의 사전-사후효과를 비교하는 연구의 경우에는, 실험처치의 효과가 있다 해도, 점수의 상한선이 제한되어 있으므로 실험처치의 효과가 없다는 식으로 연구결과를 왜곡할 수 있다.

첨도(kurtosis)　자료의 분포가 집중경향값을 중심으로 집중적으로 분포되어 있는 정도 혹은 분포의 뾰족한 정도를 나타내는 척도이다. 정규분포의 첨도는 0으로 중첨(mesokurtic)이라 하며, 분포의 첨도가 0보다 크면 분포의 모양이 정규분포보다 더 뾰족한 급첨(leptokurtic), 0보다 작으면 정규분포보다 더 평평한 평첨(platykurtic)이라 한다.

체계적 표집(systematic sampling)　최초의 표본단위만 무작위로 표집하고 나머지 표본들은 최초의 표본으로부터 일정한 간격으로 표집하는 방법이다. 모집단의 사례들에 1부터 N까지 번호가 매겨져 있다면, 여기에서 n개의 사례를 표집하기 위해 최초 k개의 사례들 중 무선적으로 하나의 사례를 표집하고, 이후 매 k번째 사례를 표집하는 방식이다.

체크리스트(checklist)　특정 행동, 특성, 산출물 등을 나열한 목록이다. 체크리스트는 쉽게 제작할 수 있을 뿐만 아니라 사용하기에도 편리하기 때문에 관찰도구나 질문지로 많이 활용된다. 체크리스크를 관찰도구로 활용할 경우 관찰자가 연구대상의 행동을 관찰하여 그 결과를 해당 항목에 표시하면 되고, 질문지로 활용할 경우 응답자가 자신의 행동이나 성격특성과 일치하는 항목에 표시하면 된다. 체크리스트를 제작할 때 가장 중요하게 고려해야 할 사항은 연구목적에 부합하는 적정 수의 항목으로 체크리스트를 구성해야 한다는 점이다. 연구의 목적을 충실히 반영하여 포괄적으로 항목을 산출하되, 특별한 이유가 없다면 중복되는 내용이 없도록 항목을 배타적으로 구성해야 하며, 관찰자나 응답자가 체크리스트에 표시할 때 애매모호함이 없도록 문장진술이나 용어사용에서 명확성을 기해야 한다. 　동의어 점검목록표, 검목표

초기하분포(hypergeometric distribution)　크기가 유한한 모집단으로부터 비복원추출

시에 나타나는 확률분포이다. 모집단의 크기를 N, 그중 특정한 성질을 지닌 원소의 개수를 r이라 두면, 모집단으로부터 n개의 원소를 추출 시 특정한 성질을 지닌 원소가 x개인 확률은 다음과 같이 주어진다.

$$P(x) = \frac{\binom{r}{x}\binom{N-r}{n-x}}{\binom{N}{n}}$$

이러한 x의 분포를 초기하분포라고 하며, 평균은 nr/N, 분산은 $\left(\frac{nr}{N}\right)\left(1-\frac{r}{n}\right)\left(\frac{N-n}{N-1}\right)$이 된다. N이 크고 n이 N에 비해 작을 경우, 초기하분포는 이항분포로 근사할 수 있다.

초점집단(focal group)　차별기능문항에 대한 연구에서 집단을 구분하는 용어이다. 차별기능에 영향을 받고 있는 연구 관심의 대상집단을 초점집단(focal group) 또는 연구집단이라 하고 그 외 집단을 참조집단(reference group)이라 한다. 예를 들어, 주로 사회적 약자나 소수집단이 초점집단이 되고, 규범집단 혹은 다수집단이 참조집단이 된다. 미국사회의 아시아계 학생들을 대상으로 차별기능문항을 연구할 때, 아시아계 학생 집단이 초점집단, 이를 제외한 미국 사회 모든 학생이 참조집단이 된다.

초점집단면접(focus group interview)　연구자가 어떤 주제에 대하여 정보를 얻거나 문제를 제기하도록 하기 위하여 특정 개인들을 선발하여 집단으로 나눈 다음, 선정된 주제에 대하여 개인적 경험, 견해, 믿음, 태도, 느낌 등에 대하여 발표하고 토론하도록 하는 방법이다. 주로 시장조사연구에서 사용되었으며, 교육 관련 연구에서는 초점집단을 통해 특정 프로그램의 활동을 개발하거나 평가를 함으로써 예비연구로서 사용할 수도 있고, 프로그램이 모든 끝난 다음에 프로그램의 효과를 평가하거나 후속 연구로 필요한 것이 무엇인지를 조사할 때 사용할 수도 있다. 예를 들어, A 교육 프로그램을 개발하여 그 효과를 알아보고자 할 경우, 연구자는 예비연구 차원에서 A 교육 프로그램 개발에 찬성하는 교사 5~6인, 반대하는 교사 5~6인을 선발하여 초점집단으로 나눈 후, A 교육 프로그램의 필요성, 내용, 방법, 활동, 평가 그리고 예상되는 문제점에 대해 개별면접하고 토론활동을 관찰함으로써 정보를 수집할 수 있다.

총괄평가(summative assessment/evaluation)　Michael S. Scriven이 1967년에 처음 사용한 용어로, 일정 단위의 교육 프로그램이 실시된 후, 초기에 설정된 프로그램의 성공기준에 비추어 프로그램이 산출한 가치를 판단하는 데 우선적 관심을 두는 평가를 말한다. 교육 프로그램 개발자나 실행자에게 체계적인 피드백을 하는 데 우선적 관심을 두는 형성평가와 대비되며, 교수목표의 달성, 성취, 여부를 총합적으로 판정하려는 평가형태이다. 즉, 형성평가의 목적이 학습의 형성을 돕기 위한 교수학습의 개선과 지원에 있는 것과는 달리, 총괄평가는 대개 학습의 대단원, 교과과정, 교육 프로그램의 종료단계에서 교육의 효과를 알아보기 위한 평가이고, 행정적 의사결정에 주목적이 있다. 총괄평가는 프로그램 이해당사자가 실제로 좋아지고 있는지, 또는 프로그램이 원래의 목적을 잘 달성하고 있는지에 대한 경험적 자료를 수집하고 이에 대한 답을 구하려고 한다. 총괄 프로그램 평가결과는 특정의 프로그램을 더 진행할 것인가 아니면 종료할 것인가, 또는 더 확장할 것인가 아니면 새로운 프로그램을 채택할 것인가를 판단하고 결정하는 데 활용된다.

총체적 접근(holistic approach)　연구대상에 대하여 전체를 낱낱으로 쪼개어 분석하는 데 천착하기보다는 그 낱낱이 맞물려 작동하는 전체적인 양상에 주목하는 연구접근을 말한다. 어떤 연구대상이든 외견상으로 관찰할 수 없는 내재적인 구조를 가지고 있기 때문에 그 전체는 단순히 부분들을 모아 놓는 것만으로 파악될 수 없다. 이러한 전제하에 총체적 접근에서는 전체가 하나의 체제로서 가지는 성격을 밝히는 데 주안점을 둔다. 총체적 접근은 특히 과거에 인류학자들이 소규모 민족의 사회와 문화를 연구할 때 생긴 전통이다. 그러나 오늘날 한 학자가 이처럼 인간생활의 모든 측면을 연구한다는 것은 도저히 불가능하다. 그래서 오늘날 총체적 접근에서는 연구의 범위를 좁히고 그 범위 안에서 관련된 요소들이 맞물려 하나의 체제로서 어떻게 작동하는가를 드러내는 데 역점을 두는 경향이 있다.

총체적 질관리(Total Quality Management: TQM)　조직의 생산성과 효율성을 제고하기 위하여 조직 구성원 전원이 참여하여 고객의 요구와 기대를 충족하거나 능가하도록 지속적으로 개선해 나가는 활동을 말한다. 총체적 질관리의 창시자는 미국의 통계학자 William E. Deming이다. 제2차 세계대전 이후 일본 회사에서 그의 경영개선방법을 도입하여 상당한 성과를 거두자 1980년대 미국에서 일본 기업의 TQM 경영방식을 역수입하였다. 1991년까지 미국에서 3,000여 개 기업과 40개 정부기관에서 TQM을 채택한 것으로 나타났다. TQM에서는 조직의 효율성과 생산성을 개선하기 위하여 공급자, 작업과정, 고객만족도에 관한 자료를 체계적으로 수집하는 것을 강조하고 있다.

총체적 채점방법(holistic scoring method) 구성형문항(과제)을 채점할 때, 응답이나 수행을 전체적으로 판단하여 단일 점수를 부여하는 채점방법이다. 총체적 채점방법은 분석적 채점방법에 비해 시간을 절약할 수 있어 경제적이라는 것과 집단 내에서 상대적인 비교를 하는 데 유용하다는 장점이 있으나, 분석적 채점방법보다 대체로 신뢰성이 낮으며 학생이 채점요소(수행준거, 차원)별로 어떻게 수행하였는지를 파악할 수 없기 때문에 학생의 학습진단에 취약하다는 단점이 있다. 동의어 총괄적 채점방법

최고전문가패널(blue ribbon panel) 평가대상 프로그램의 관련 분야에서 가장 권위를 인정받고 있는 전문가들을 중심으로 평가목적을 달성하기 위하여 구성한 위원회를 말한다.

최대수행검사(maximum performance test) 학생이 수행할 수 있는 최대의 능력을 측정하는 검사로, 최소능력검사에 대비하여 주로 심화학습 목표의 달성 여부를 측정할 때 사용한다. 일반적으로 정답이 있는 문항으로 구성되며, 지능검사, 적성검사, 학업성취도검사 등 일정한 시간 내에 자신의 능력을 최대한으로 발휘하여 정답을 맞혀야 하는 검사를 말한다.

최대엔트로피(maximum entropy) 공간 물리학, 컴퓨터 비전, 자연어 처리 등 여러 분야에서 성공적으로 적용된 다목적 머신러닝 기법으로서, 주로 서로 다른 정보를 분류하는 데 사용된다. 최대엔트로피는 하나의 해(solution)가 다른 해에 우선한다는 증거가 없으면 다른 모든 해는 동일한 확률을 가져야 된다는 전제하에, 미리 정의된 제한조건들을 만족하면서 그 이외의 경우는 동일한 확률값을 갖게 하는 확률에 기반한 지수모형기법이다.

최빈값(mode) 자료분포 중에서 가장 빈번히 관찰된 최다도수를 갖는 자료값이다. 자료가 (1, 2, 3, 3, 5, 8)로 구성되어 있다면, 3이 두 번 관찰되었고 다른 값들은 한 번씩 관찰되었으므로, 3이 최빈값이 된다. 최빈값은 한 개 이상 존재할 수 있는데, 최빈값이 두 개 존재할 경우를 이봉분포(bimodal distribution), 세 개 이상 있을 경우를 다봉분포(multi-modal distribution)라고 한다.

최소능력검사(minimum competency test) 학생들이 필수적으로 갖추어야 하는 최소한의 지식이나 기능을 측정하는 검사를 말한다. 최소능력검사는 고등학교 졸업장과 같은 자격 획득이나 고학년으로의 진급을 위해 필요한 최소능력을 평가하기 위해 실시한다. 따라서 최소능력검사는 학생의 성취도평가 및 진단평가와 달리 학생 배정과 같은 학교 및 기관 수준의

의사결정에서 필요한 정보 제공을 주목적으로 한다. 최소능력검사의 예로는 고등학교 졸업 학력 검정고시, 한국어자격시험, 인명구조자격시험, 운전면허시험, 의사자격시험 등이 있다.

최소제곱법(least squares method)　회귀분석에서 회귀방정식의 계수를 구할 때 가장 흔히 사용하는 방법으로, OLS(Ordinary Least Square)방법이라고도 한다. 이것은 어떤 독립변수의 값(x_i)에 대응하는 실제 종속변수의 값(y_i)과 회귀방정식에서 추정된 종속변수의 값($\hat{y_i}$)과의 차이가 최소가 되는 회귀계수(β_0, β_1)를 구하는 방법이다. 즉, 독립변수가 1개인 회귀모형식을 $y_i = \beta_0 + \beta_1 X_i + e_i$라고 할 때, 회귀방정식에서 얻은 값과 실제의 값 사이의 오차의 제곱합을 $S = \sum_{i=1}^{n} \epsilon_i^2 = \sum_{i=1}^{n} (y_i - \beta_0 - \beta_1 x_i)^2$라고 표현할 수 있다. 이때 오차제곱들의 합(S)을 최소로 하는 β_0와 β_1은 S를 β_0와 β_1에 대하여 편미분하여 각각 0으로 둔 두 개의 연립방정식을 푸는 방식으로 구해진다. 　동의어　OLS방법

추리통계(inferential statistics)　통계는 기술통계(descriptive statistics)와 추리통계로 나누어지며, 추리통계는 표본을 통해 모집단의 속성을 추리하는 통계의 한 분야이다. 기술통계는 표집된 표본의 속성만을 밝히는 반면, 추리통계는 표본자료를 분석하여 모집단의 속성을 추리함으로써 표본의 속성을 일반화하는 기법이다. 예를 들어, 연구자가 고안한 새로운 창의성 교육 프로그램이 초등학교 5학년 학생들의 창의성 신장에 효과가 있는지를 검정하려고 한다. 이때, 모집단을 전국의 중소도시에 거주하는 초등학교 5학년으로 정한다. 이들 모집단 구성원 모두에게 실험을 실시하기란 현실적으로 불가능하므로, 무선적으로 표집된 소수의 표본을 통해 연구를 진행하고, 표본에서 얻은 통계치를 통해 모집단의 특성, 즉 창의성 교육 프로그램의 효과성을 추정하게 된다.

추수연구(follow-up study)　추수연구는 일종의 장기적인 연구설계이다. 예를 들어, 일정 교육을 마친 후(상담교육 전개 후) 적응 상태에 대한 주기적 점검 및 개선 연구, 졸업생이나 특정 교육 및 훈련을 수료한 사람들에 대한 연구 등이 있다. 고등학교 3년간 학생들의 학업과 생활을 평가하고 이것이 대학생활과 어떤 관계에 있는지를 알아보기 위하여 다시 5년 간에 걸쳐 대학생들의 학업과 생활을 연구한 것이 대표적인 예가 된다.

추정량의 불편파성(unbiasedness of estimator)　모집단의 모수(parameter)를 점추정하

는 추정량의 양호도 정보 중의 하나로 추정량의 이론적 기댓값이 모수와 같다는 양호도이다. 즉, 추정량의 표집분포 평균이 모수와 같다면, 그 추정량은 불편파성의 성질을 갖는다. 또한, $E(s^2) = \sigma^2$이면 σ^2 역시 불편파성을 갖는다.

추정량의 상대효율성(relative efficiency of estimator)   모수 θ에 대한 두 추정량 T_1, T_2가 있을 때 $E(T_1 - \theta)^2 / E(T_2 - \theta)^2$와 같은 평균제곱오차(MSE)의 비를 T_1에 대한 T_2의 상대효율이라 한다. 이는 동일한 정확도(precision)를 얻기 위하여 요구되는 표본크기의 비로 표현할 수 있다.

추정량의 일관성(consistency of estimator)   모집단의 모수에 관한 추정량이 표본크기를 매우 크게 할 때 모수값에 수렴하는 확률적 성질을 말한다. 예를 들어, 모평균 μ인 모집단에서 크기 n인 표본의 표본평균은 n을 매우 크게 하면 모평균에 확률적으로 수렴하는 일관성을 만족한다. 추정량의 일관성은 바람직한 추정량이 되기 위해 갖추어야 하는 기본적인 요소이다.

추정량의 효율성(efficiency of estimator)   추정량의 양호도 정보 중의 하나로 추정량의 분산이 작은 정도를 반영한다. 즉, 추정량의 분산이 작으면 효율성이 높은 것이며, 분산이 크면 효율성이 낮은 것이다. 추정량의 효율성이 높으면, 그 추정량은 모수를 추정하는 정밀도가 높다. 이를 달리 표현하면, 추정량의 표집분포에서 분산이 작으면 그 추정량은 효율성이 높다.

추정의 표준오차(standard error of estimate)   회귀모형에서 관찰된 값(Y_i)과 추정된 회귀식에서 예측된 값($\widehat{Y_i}$) 간의 차이를 의미한다. 추정의 표준오차는 회귀모형에서 오차분산 추정량의 제곱근으로, 오차분산(σ_e^2)의 불편추정량 s^2은 잔차 제곱합을 자유도로 나눈 값으로 다음과 같다.

$$s^2 = \frac{1}{n-p} \sum_{i=1}^{n} \left(Y_i - \widehat{Y_i} \right)^2$$

n: 사례수, p: 추정모수의 개수

추정의 표준오차 s는 s^2의 제곱근으로 회귀모형에서 추정된 회귀직선의 예측 정확성을 나타내는 정도로 활용된다.

추측교정(correction for guessing) 선택형검사에서 피험자의 추측이나 요령에 의해 정답을 맞히는 경우가 있는데, 이러한 추측요인을 제거하여 피험자의 능력을 정확하게 추정하기 위한 점수교정 방식이다. 주로 제한된 시간 내 많은 문항에 응답해야 하는 검사상황에서, 정답을 알지 못하면서 추측에 의해 답하거나 풀지 못한 문항들에 대해 무작위로 답안을 표기하는 피험자의 점수를 조정하기 위해 사용된다. 추측을 교정한 점수의 산출 공식은 다음과 같다.

$$교정점수 = 총\ 정답\ 수 - \frac{오답\ 수}{답지\ 수 - 1}$$

예를 들어, 4지 선다형 50개 문항으로 구성된 검사에서 어느 학생이 44개 문항을 맞히고 6개 문항을 틀렸다면, 그 학생의 교정점수는 44-6/(4-1)=42가 된다. 모르는 것에 대하여 답하면 감점하는 방식으로 점수를 교정함으로써 학생들로 하여금 추측을 자제하도록 하며, 실제 능력에 대해 보다 정확한 추정치를 제공하는 효과가 있다.

축소화모순(attenuation paradox) 검사의 타당도를 확보하기 위해서는 높은 신뢰도를 갖추어야 하지만, 신뢰도를 증가시키기 위해 유사한 문항들을 많이 포함시킴으로써 오히려 타당도가 축소되는 현상을 축소화 모순이라고 한다. 검사의 신뢰도는 유사한 문항들이 많을수록 높아지는 반면, 타당도는 측정 영역을 잘 대표할 수 있도록 다양한 문항을 포함시킬 때 높아진다. 또한 검사총점과 상관이 높은 문항(가장 높은 경우 양류상관계수가 1)은 검사점수의 분산에 미치는 영향이 적어지므로 검사총점과의 상관이 낮은 문항을 포함시키는 것이 오히려 검사의 타당도를 높일 수 있다. 극단적인 경우 검사의 모든 문항 간에 상관이 1이고 모든 문항의 난이도가 0.5인 검사의 경우 신뢰도는 매우 높으나, 피험자 집단의 반은 검사총점이 0점이고 다른 반은 100점이 됨으로써 이 검사는 피험자의 능력수준에 대한 세밀한 변별이 불가능한, 다시 말해 타당성이 낮은 검사라 할 수 있다. 이것은 신뢰도가 높은 검사라고 해서 반드시 높은 타당도를 담보하지 않는다는 것을 보여 준다.

측정(measurement) 어떤 대상의 속성을 수량화하여 나타내는 것을 의미한다. 직접관찰이 가능한 대상은 저울 또는 자와 같은 도구를 사용하여 그 양이나 크기 또는 길이를 측정함으로써 속성을 구분할 수 있다. 인간의 인지적·정의적 영역에 속하는 여러 가지 특성은 직접적인 관찰이 불가능하기 때문에 검사나 질문지와 같은 도구를 이용하여 대상의 속성을 간접적으로 파악할 수 있다. 교육분야에서 수학능력이나 지능과 같은 인지적 영역과 흥미나 태도와 같은 정의적 영역에서의 측정은 눈에 보이지 않는 잠재적 특성들을 다루고 있다. 따라서 교육 분야의 측정은 잠재적 특성을 외현화하기 위한 검사도구를 제작하여 검사점수를 산출하는 것이라고 볼 수 있으며, 이는 20세기 초에 과학주의의 발달과 함께 객관적인 자료의 중요성이 강조되면서 평가 분야에서 특히 강조되었다.

측정오차(error of measurement)　측정과정을 통해 관찰된 점수와 진점수의 차이이다. 매 측정마다 관찰된 점수가 동일하게 나타나면 이는 오차 없이 측정하였다고 할 수 있다. 그러나 실제로 측정결과는 매번 다르게 나타나는데, 이는 매 측정 시 측정오차를 포함한다고 볼 수 있다. 측정오차는 여러 가지 요인에 의해 발생하는데 대표적인 것은 측정도구의 문제이다. 측정도구의 문항에 대한 피험자의 반응이 일관되지 못하다면 관찰점수는 달라지기 마련이다. 이는 문항의 의미가 분명하지 않거나 오해를 유발하는 표현이 포함되어 있을 때 발생할 수 있다. 관찰의 경우에는 측정하는 도구뿐만이 아니라 측정하는 사람이 측정오차를 발생시키는 요인이 된다. 즉, 관찰도구가 잘 만들어져도 측정결과는 사람의 판단을 통해 기록되므로 측정자의 일관된 판단이 이루어지지 않으면 측정오차가 생기게 된다.

측정의 표준오차(Standard Error of Measurement: SEM)　관찰점수를 토대로 진점수를 추정할 때 생기는 오차이다. 어떤 도구로 한 사람을 무한히 반복해서 검사한다고 가정할 때 얻어지는 관찰점수 분포의 표준편차에 해당한다. 실제로는 검사를 한 번 또는 두 번밖에 실시하지 않기 때문에 SEM은 다음의 공식을 이용하여 계산한다.

$$SEM = S_x \sqrt{1 - r_{xx'}}$$

여기에서 S_x는 관찰점수분포의 표준편차를, $r_{xx'}$는 검사의 신뢰도를 의미한다. 측정의 표준오차는 이론적 분포의 표준편차에 해당하기 때문에, 정규분포의 표준편차에 관한 일반적 해석을 그대로 적용할 수 있다. 즉, 평균에 해당하는 진점수(T)를 중심으로 $T \pm 1 \times SEM$ 범위 안에 관찰점수의 약 68%가 존재하고, $T \pm 2 \times SEM$ 범위 안에는 약 95%가 존재하며, $T \pm 3 \times SEM$ 범위 안에는 약 99%가 존재한다. 예를 들어, 측정의 표준오차가 5.0인 지능검사에서 110의 IQ 지수를 받은 학생이 이 검사를 여러 번 반복한다면 약 10점(=2×5)의 범위 내에서 변화할 것이라고 95%의 신뢰수준에서 말할 수 있다. 또한, 110±10, 즉 100점과 120점 사이에 그 학생의 진점수가 속해 있을 확률이 95%라고 말할 수 있다.

측정주도수업(measurement-driven instruction)　평가(또는 측정)가 교육과정 및 교수학습의 방향을 유도하기 위하여 교수학습에 앞서 평가를 먼저 설계한 후 이를 중심으로 교수학습을 진행하는 것을 의미한다. 가장 대표적인 사례는 1981년 James W. Popham이 제시한 미시건 주의 고등학교 졸업시험이다. 1977년 미시건 주는 미국의 주 단위 학업성취도평가에서 다른 도시와 비교하여 디트로이트 지역 학생들의 성취가 매우 낮은 문제점을 인식하여 고등학교 졸업시험을 도입하였다. 이 시험은 학업성적이 매우 낮은 학생들이 고등학교 졸업장을 받는 것을 배제하는 것에 목적이 있었던 것이 아니라 미시건 주 중등학교 교수학습 과정에서 기초지식 및 기술을 강조하기 위한 목적으로 도입함으로써 개별 학교의 교육내용 및 교수학습 방향의 전환을 의도하였다. 측정주도수업의 극단적인 예로, 교사가 학생에게 '시험에 나올 것을 대비하여 가르치는(teaching to the test)' 시험대비수업을 들 수 있다. 측정주도수업과 대비되는 관점은 수업주도측정이다.

층위 간 상호작용(cross-level interaction)   다층모형에서 하위수준 예측변수와 상위수준 예측변수의 상호작용효과를 의미한다. 전통적 회귀분석과 달리 다층모형은 하위수준 예측변수(예: 학생의 SES)의 효과가 상위수준(예: 학교)별로 달라질 수 있음을 가정하므로, 상위수준 예측변수(예: 학교의 설립유형)에 따라 학생 SES의 효과가 다른지를 검증할 수 있다. 모형의 명세화 측면에서 학생수준 SES의 기울기에 학교 설립유형을 예측변수로 투입하는 방식으로, 학생수준 SES와 종속변수 간의 관계에서 학교수준의 설립유형이 조절요인으로 작용하게 된다. 다음의 2수준 모형에서 고정효과 γ_{11}은 SES의 학교별 효과에 대한 설립유형의 효과로, 통합모형에서 확인할 수 있는 바와 같이 학생수준의 SES와 학교수준의 설립유형 간 상호작용항에 대한 회귀계수로, 층위 간 상호작용의 크기를 나타낸다.

[1-수준 모형] $Y_{ij} = \beta_{0j} + \beta_{1j}SES_{ij} + r_{ij}$

[2-수준 모형] $\beta_{0j} = \gamma_{00} + \gamma_{01}$설립유형$_j + u_{0j}$

$\beta_{1j} = \gamma_{10} + \gamma_{11}$설립유형$_j + u_{1j}$

[통합모형] $Y_{ij} = \gamma_{00} + \gamma_{01}$설립유형$_j + \gamma_{10}SES_{ij} + \gamma_{11}$설립유형$_j SES_{ij}$
$+ u_{1j}SES_{ij} + u_{0j} + r_{ij}$

층화군집표집(stratified cluster sampling)   모집단의 정보를 명확하게 알 때 모집단의 속성에 따라 계층을 구분한 후, 각 계층 내에서 표집의 단위를 집단으로 하는 확률적 표집법이다. 층화는 모집단의 속성에 따라 계층을 나누는 것으로, 계층 간은 상호 이질적인 반면에 계층 내는 동질적이다. 예를 들어, 대입제도 개선을 위해 교사의 인식을 조사한다고 할 때, 초등학교, 중학교, 고등학교로 계층을 나눈 후(층화), 학교를 표집의 단위로 하여(군집) 표본을 추출한다.

층화표집(stratified sampling)　모집단을 둘 이상의 상호 배타적(mutually exclusive)인 층으로 분류하고, 각 층 내에서 무선적으로 또는 체계적으로 표집하는 방법이다. N 단위의 모집단이 N_1, N_2, N_3, $\cdots$, N_L 단위의 배타적인 하위모집단으로 나누어지며, 하위모집단은 층이라고 불린다. 층화표집을 하기 위해서는 각 층의 모집단 사례의 값을 알고 있어야 한다. 층이 결정되면 표본은 각층으로부터 표집되고 다른 층으로부터 독립적으로 표집이 이루어진다. 각 층으로부터 단순무선표본이 표집되면, 전체 절차는 층화무선표집이라고 한다. 층을 구성하는 변수의 측면에서 모집단과 동일한 특성을 가지도록 표본을 구성하고자 할 경우 비례층화표집을 사용할 수 있다. 예를 들어, 중학교 3학년 모집단으로부터 1,000명을 표집하고자 하며, 모집단에서 남학생이 52%, 여학생이 48%라는 사실을 알고 있다고 하라. 성별을 층화변수로 활용하여 남학생 520명, 여학생 480명을 무선표집한다면 얻어진 1,000명의 표본은 성별의 측면에서 모집단과 동일한 특성을 가지게 된다. 층화표집은 각 층이 서로 다른 성질을 가지고 있을 것이라는 이론적 근거를 가지고 있을 때, 또는 각 층의 특성을 비교하고자 할 때 유용하게 사용되는 방법이다.

카이제곱분포(chi-square distribution)   분산이 σ^2이고 정규분포를 이루는 모집단으로부터 표본의 크기가 n이고 분산이 s인 선택 가능한 모든 표본을 뽑을 때 표본분산들의 분포를 카이제곱(χ^2)분포라 한다. χ^2분포는 비대칭의 모양을 이루고 오른쪽으로 긴 꼬리를 가지며, 항상 양수의 값만을 갖는 특징을 가지고 있다. 또한, 분포의 모양은 자유도 (n-1)에 따라 달라지며, 자유도가 커질수록 정규분포에 가깝게 된다. χ^2분포에 의한 χ^2검정은 한 모집단의 분산에 대한 가설을 검정하는 데 사용된다. 그 밖에도 다양한 비모수통계(nonparametric statistics), 예컨대, 모집단에 대한 가설의 타당성을 검정하는 적합도 검정(goodness of fit), 두 개 이상의 표본이 같은 모집단에서 나왔는지를 알아보는 독립성 검정, 두 개의 종속표본의 차에 대한 McNemar검정, 두 개의 독립표본의 중앙값에 대한 Median검정에도 χ^2분포가 사용된다.

컴퓨터기반검사(computer-based test)   컴퓨터를 활용한 모든 검사를 의미한다. 일반적으로 검사 방식에 있어서 지필검사의 상반되는 용어로 많이 사용된다. 학생은 컴퓨터 스크린을 통해 문항을 보면서 키보드나 마우스 등을 활용해 응답하게 되며, 정해진 순서에 따라 제시되는 모든 문항을 풀면 검사가 종료된다. 문항 제시 방식에 따라 선형검사와 적응형검사로 나뉜다. 동의어 컴퓨터화검사

컴퓨터적응검사(computer adaptive test)   컴퓨터기반검사의 한 유형으로 주어진 문항에 대한 학생의 정답 여부에 따라 능력수준에 부합하는 다음 문항을 제시하는 검사 혹은 검사방법을 말한다. 즉, 맞히면 더 어려운 문항을 제시하고 틀리면 더 쉬운 문항을 제시하여 학생의

응답결과에 적응하는 방법으로 실시된다. 능력수준에 따라 문항을 제시하는 문항기반 적응형검사와 소검사(testlet)를 제시하는 소검사 기반 적응형검사가 있다.

코딩(coding) 계량분석을 위해 측정된 변수의 범주들에 일련의 부호를 체계적으로 부여하는 작업이다. 설문지 등을 사용해 수집된 자료에는 수많은 변수들이 포함되어 있는데, 각 변수의 범주는 특정한 내용을 담고 있을 뿐, 일정한 부호(숫자 혹은 기호)는 지니지 않는 경우가 많다. 그러한 내용은 부호로 전환될 경우에 비로소 통계분석이 가능해진다. 특히 수많은 변수들을 측정하는 대규모 표본조사에서 자료를 분석하기 위해서는 각종 통계 프로그램(예: SPSS, SAS 등)을 활용한 전처리가 필수적인데, 통계 프로그램은 자료를 부호의 형태로만 인식할 수 있으므로 모든 범주를 부호로 반드시 바꾸어 주어야만 한다. 이처럼 변수의 범주마다 일정한 규칙에 따라 부호를 붙여 주는 작업을 코딩이라고 한다. 코딩은 숫자(예: 1, 2, 3, …)를 사용해서 할 수도 있고 문자(예: A, B, C, …)를 사용해서 할 수도 있지만, 숫자가 더 흔히 사용된다. 예를 들어, 두 가지 범주(남성, 여성)를 지니는 '성별'이라는 변수를 부호화한다면 남성에게는 1이라는 숫자를 부여하고 여성에게는 2라는 숫자를 부여할 수 있다.
`동의어` 코드화, 부호화

코호트연구(cohort study) 공통된 특성을 가진 동년배집단을 시간의 간격을 두고 반복측정함으로써 해당 모집단의 변화경향성을 분석하는 연구이다. 시간에 따른 변화를 연구한다는 측면에서 종단연구설계의 한 유형에 포함된다. 측정 시점에 따라 동일 대상자가 아닌 모집단 내의 새로운 표본을 조사하기 때문에 자료수집이 용이한 횡단연구설계의 특성을 반영하고 있다.

코호트효과(cohort effect) 동일 연도에 출생하거나 같은 지역에 거주하는 등의 이유로 동일한 경험을 가진 집단을 코호트라 부르며, 이들에게서 나타나는 특징들을 기술하고 설명할 때 나타나는 효과를 말한다. Paul B. Baltes가 인간의 전 생애발달에 미치는 영향에 대한 연구를 위해 사용한 방법이다. 다른 시기에 출생한 각 연령대는 심리적·사회적·문화적 특성에서 서로 다른 차이를 보이는데, 이것이 각기 다른 코호트 간의 효과인 것이다. 예를 들어, 인구구성(성별, 연령, 출생률, 사망률 등)에 있어서 시대별 코호트 집단 간에 차이가 있는지에 대한 연구 또는 각 시대에 따른 코호트의 임금 또는 직업에 대한 남녀 차이 및 변동에 대한 분석 등이다.

타당도(validity)　검사(평가)도구를 사용함에 있어 검사점수(또는 평가결과)의 해석 및 이를 기반으로 진행되는 활동들의 적절성과 적합성에 대한 통합적 판단을 의미한다. 전통적으로 타당도는 검사도구가 측정하고자 하는 능력이나 특성을 얼마나 잘 측정하고 있는지를 나타내는 개념으로 정의되어 왔으며, 내용타당도, 준거타당도, 구인타당도의 세 유형으로 구분하여 사용되어 왔다. 1989년 Samuel J. Messick은 타당도가 이처럼 세 가지 유형으로 분절되는 것이 아니라 점수의 해석 및 점수에 기반한 모든 활동의 적절성 및 적합성에 대한 통합적 판단이라고 제시하였다. 또한 타당도는 다양한 관점에서 타당한 정도에 대한 근거를 들어 통합적으로 판단하는 것으로, 타당도가 '있다' 또는 '없다'라고 판단하거나 해석할 수 없다고 하였다. 타당도를 지지할 수 있는 근거들은 모두 검사도구가 측정하고자 하는 속성들과 연결하여 설명되어야 하므로 구인타당도로 통합할 수 있고, 타당도는 곧 구인타당도의 개념으로 볼 수 있다고 보았다. 교육 및 심리 측정 영역에서도 Messsick의 통합적 개념으로서의 타당도를 받아들여 타당도에 대한 관점이 진화하였다. 1954년 미국심리학회에서는 타당도를 제시하면서 타당도를 검사도구 자체의 속성으로 보고 내용타당도, 준거타당도, 구인타당도로 분류하여 사용하였다. AERA, APA, NCME에서 공동 개정한 『교육 및 심리검사의 기준(The Standards for Educational and Psychological Testing)』의 1999년판 이후부터는 Messick의 통합적 관점에 따라 타당도의 근거로 검사내용에 기초한 근거(evidence based on test content), 내적 구조에 기초한 근거(evidence based on internal structure), 다른 변수와의 관계에 기초한 근거(evidence based on relations with other variables), 응답과정에 기초한 근거(evidence based on response processes), 검사결과에 기초한 근거(evidence based on consequences of testing)를 제시하였다.

타당도근거(validity evidence)   검사점수(또는 평가 결과)의 해석 및 이를 기반으로 진행되는 활동들의 적절성과 적합성에 대한 근거를 의미하며 1989년 Samuel J. Messick이 통합적 개념으로서의 타당도를 제시하면서 대두되었다. 타당도는 '있다' 또는 '없다'의 판단이 아니라 검사점수의 해석과 점수에 기초한 활동들이 타당한 '정도'로 평가한다. 타당한 정도를 나타낸다는 것은 어떤 측면에서, 무엇을 기반으로 타당한가를 설명해야 하므로 관점(aspect) 또는 준거(criteria)를 구체화하여 함께 제시한다. AERA, APA, NCME에서 공동 개정한 『교육 및 심리검사의 기준(The Standards for Educational and Psychological Testing)』의 1999년판 이후부터는 Messick의 통합적 관점에 따라 타당도의 근거로 검사내용에 기초한 근거(evidence based on test content), 내적 구조에 기초한 근거(evidence based on internal structure), 다른 변수와의 관계에 기초한 근거(evidence based on relations with other variables), 응답과정에 기초한 근거(evidence based on response processes), 검사결과에 기초한 근거(evidence based on consequences of testing)를 제시하였다. **동의어** 타당도증거

타당도일반화(validity generalization)   연구 또는 검사점수의 타당한 근거가 새로운 상황에서 타당도에 대한 추가 연구를 수행하지 않고 일반화될 수 있는 정도를 의미한다. AERA, APA, NCME에서 공동 개정한 『교육 및 심리검사의 기준(The Standards for Educational and Psychological Testing)』의 1999년판 이후부터는 타당도 일반화를 수렴적 근거 및 판별적 근거, 검사 준거 관계와 함께 '다른 변수와의 관계에 기초한 타당도 근거'의 하위범주로 제시하고 있다. 타당도일반화 연구는 과거 유사한 상황에서 수행된 다양한 선행연구들을 조사하는데, 주요 요인으로 측정방식의 차이, 관련된 교육과정 유형, 준거변수 유형, 피험자 유형, 연구 수행 시기 등을 고려할 수 있다. 다른 상황에서의 증거를 일반화하기 위한 방법으로는 메타분석을 활용한 방법들이 다양하게 사용되고 있다.

타우동형검사(tau-equivalent forms)   Karl G. Jöreskog가 고전검사이론에 근거하여 정리한 동형검사 구성방법 중 하나이다. 동형검사를 구성하는 방법에는 평행검사(parallel forms), 타우동형검사(tau-equivalent forms), 주타우동형검사(essentially tau-equivalent forms), 동류형검사(congeneric forms)가 있다. 타우동형검사는 두 검사점수의 진점수는 동일하지만 오차점수분산은 동일하지 않아도 된다고 가정한다. 반면, 평행검사는 진점수뿐만 아니라 오차점

수분산도 동일해야 한다고 가정하며, 주타우동형검사는 두 검사의 진점수가 일정한 상수만큼 차이가 나며 오차분산은 같지 않아도 된다고 가정한다. 그리고 동류형검사는 두 검사점수의 진점수, 오차점수분산 등은 동일하지 않아도 되지만 두 진점수 간의 상관관계가 완벽해야 한다는 가정에 기초한다.

타이틀 I 프로젝트 평가('Title I' project evaluation)　미국 정부가 옛 소련의 1957년 스푸트니크(Sputnik) 충격을 계기로 제정한 「초·중등교육법」에 의거하여 초·중등학교의 교육기회를 균등화하기 위하여 교육여건이 불리한 학교를 대상으로 교수방법, 교수자료, 인사 및 교육활동 등에 대한 경제적 지원을 제공한 프로젝트이다. 1971년 의회에서 개정된 「초·중등교육법」에서 국가 지원을 받는 프로젝트에 대한 평가를 의무화하면서 타이틀 I 프로젝트 평가는 국가의 지원을 받아 의무적으로 실시해야 하는 프로그램 평가의 발전에 핵심적으로 기여하게 되었다. 이 평가에서 주로 사용한 모형은 규준참조모형, 비교집단모형, 회귀모형 등이다.

탈목표평가(goal-free evaluation)　소비자중심(consumer oriented) 평가를 주창한 Michael Scriven이 제시한 평가접근법으로 프로그램이 미리 설정된 목표에 대한 달성 정도보다는 프로그램 '소비자'인 이해당사자나 의뢰인 등의 필요를 얼마나 잘 충족하고 있는지를 판단하는 것을 중시하는 평가이다. Scriven은 미리 설정된 목표의 달성 정도에 초점을 맞추는 기존 평가방식은 현재 프로그램과 관련된 사람들의 필요를 간과할 뿐 아니라 예상하지 못한 결과나 부작용에 대해서는 알 수가 없다고 보았다.

탈비교평가(non-comparative evaluation)　상대적 비교방법에 의존하지 않고 내적인 기준에 비추어 절대적인 관점에서 평가하는 접근방법이다. 이와 대비되는 평가방법으로 어떤 프로그램의 장점이나 단점을 다른 프로그램에 비추어 평가하는 비교평가가 있다. Michael Scriven은 비교평가와 탈비교평가를 구분할 것을 처음으로 제안하였다.

탐구지향평가(inquiry-oriented evaluation)　과학적·실증주의적·실험연구적 교육평가의 문제점을 극복하기 위한 입장으로 평가는 교육 프로그램의 맥락을 중시하고 역사적·문화적·사회적 영향을 종합적으로 탐구해야 한다는 관점이다. Malcolm R. Parlett과 David Hamilton이 제안한 조명적 평가(illuminative evaluation), Robert E. Stake의 반응적 평가(responsive evaluation), 그리고 Egon G. Guba와 Yvonna S. Lincoln의 자연주의적 평가모형 등이 대표적인 접근방식이라 할 수 있다. 전통적인 목표달성 확인이나 가치판단으로서의 평가 접근으로부터 탈피하여, 평가대상에 대한 탐색과 관찰, 체계적 탐구, 기술과 설명 등을 강조한다. 종래의 과학적이고 실증주의적인 관점이 평가대상에 대한 객관적이고 가치중립적인 접근방식을 강조한다면, 탐구지향평가의 관점은 평가자가 평가대상과의 상호작용을 통해 주관적 인식을 구성해 가는 현상학적이고 해석학적인 접근방식을 적용한다.

탐색적 요인분석(Exploratory Factor Analysis: EFA) 탐색적 요인분석은 자료에서 변수 간의 상관관계를 몇 개의 요인으로 축약하는 방법이다. 주로 요인구조에 대한 이론적 또는 경험적 근거가 불분명한 경우에 사용되며, 자료의 패턴을 찾는 데 도움이 된다. 탐색적 요인분석의 절차는 ① 변수들의 상관계수행렬 구하기, ② 주성분분석이나 고유치 분해(eigenvalue decomposition) 등을 통해 요인을 추출하기, ③ 추출된 요인을 해석하기 쉽게 회전하기, ④ 각 변수의 요인점수를 계산하여 요인분석 결과를 해석하기이다. 탐색적 요인분석의 적용 예시는 신규 설문조사 자료의 요인을 찾아내는 것, 다변량 자료에서 변수 간의 관계를 도출하는 것, 변수 간의 공통점을 찾는 것, 새로운 척도를 개발하거나 기존의 척도를 개선하는 것 등이 있다.

태도검사(attitude test) 인간이 주위에 있는 현상이나 사물에 대해 갖는 느낌, 경향, 관심 등을 측정하기 위한 검사이다. 피험자의 개인적인 의견, 흥미, 태도 및 일상생활에서의 문제상황에 대한 전형적인 반응을 파악하는 데 초점을 둔다. 태도는 전형적인 속성으로서 어떤 것에 대한 사람의 감정, 의견 또는 관점으로 개인의 성격이나 성향과 관련이 있다.

텍스트마이닝(text mining) 텍스트(text)로 구성된 비정형데이터로부터 의미 있는 정보를 추출하는 기법이다. 컴퓨터가 인간의 언어를 분석하는 기술인 자연어 처리(natural language processing) 기법을 이용하여 특정 주제어(keyword)나 문맥(context)을 기반으로 데이터의 숨은 의미를 탐색한다. 교육 분야에서는 주제어 빈도 분석, 의미연결망 분석, 토픽 모델링(topic modeling) 등이 빈번하게 활용되고 있다.

토대이론(grounded theory) Barney G. Glaser와 Anselm L. Strauss가 개념화한 것으로서, 체계적이고 귀납적인 자료수집과 분석을 통해 도출되는 중범위이론을 말한다. 토대이론은 양적 연구가 체계적 사회과학연구의 유일한 형태라는 당시의 지배적 견해를 비판하고 질적 연구를 옹호하였다. 구체적으로, 토대이론은 ① 이론과 탐구의 배타적 구분, ② 질적 연구를 보다 엄격한 양적 연구수행을 위한 예비단계로 보는 견해, ③ 엄밀성을 추구하는 데 질적 연구는 부적절하다는 주장, ④ 질적 방법들은 인상주의적이고 비체계적이라는 주장, ⑤ 자료 수집과 자료분석의 구분, ⑥ 질적 연구는 기술적 사례연구만을 생산하며 이론 생성에는 기여할 수 없다는 주장에 대해서 비판하였다. 현재 토대이론은 초기의 객관주의적 토대이론에 더하여 실재의 다중성을 반영한 구성주의적 토대이론이 등장하는 등 방법적이고 이론적인 발전을 계속하고 있다. **동의어** 현장이론, 근거이론

통계적 가설(statistical hypotheses) 모집단의 분포나 모수에 대한 확률적 의사결정을 가능하게 하는 잠정적 진술이다. 통계적 가설은 상호 배타적인 영가설과 대립가설로 구성되어 있으며, 영가설을 확률에 의하여 기각하면 대립가설을 채택하여야 하는 구조를 갖는다.

통계적 결론타당도(statistical conclusion validity) 통계적 증거에 근거하여 얻어진 결론의 정확성 정도이다. 즉, 변인들 간에 존재하는 관련성에 대한 타당한 결론을 이끌 수 있는 정도로서, 인과관계에 대한 타당한 결론과 관련되는 내적 타당도와는 구별되는 용어이다. 통계적 결론타당도를 약화시키는 요소들은 1종오류(type I error)와 2종오류(type II error)를 범할 가능성을 증가시키는 요소와 통계적 검정력을 감소시키는 요소들이다. 측정도구 및 측정절차의 신뢰도, 유의도 수준, 표본크기, 효과크기, 대안가설의 방향성, 연구설계의 선택 등이 통계적 검증력에 직접적으로 영향을 주는 요인들이다. 또한 통계적 가정을 충족시키지 못하는 자료를 이용하여 통계분석을 한 경우에는 잘못된 통계적 결론을 내리게 된다. 참고로, Julian C. Stanley와 Donald T. Campbell에 의해서 정의된 내적 타당도와 외적 타당도의 개념은 Thomas, D. Cook과 Campbell에 의하여 통계적 결론타당도, 내적 타당도, 외적 타당도, 구인타당도 등 네 개의 타당도로 세분화되었다.

통계치(statistic) 모집단의 모수를 추정하기 위하여 표본에서 계산한 추정량의 값이다. 통계치는 표본에 따라 값이 다른 확률변수로서 확률분포를 가지는 표본통계치(sample statistics)이며, 이는 모수(parameter)에 의존하지 않으나, 통계치의 분포는 모수에 의존한다. 예를 들어, $\overline{X}$ 의 값은 표본자료에서 생성된 통계치이며 모수 μ 에 의존하지 않는다. 그러나 반복적으로 표집하여 표본마다 $\overline{X}$ 를 구할 경우 그 값은 표본마다 다르며, 구해진 $\overline{X}$ 들의 분포($\overline{X}$ 의 표집분포)의 중심은 모수 μ 에 의존한다.

통제집단(control group) 실험연구에서 새로운 처치의 성과 및 효과를 비교하기 위해 아무런 처치를 하지 않거나 전통적인 프로그램의 처치를 받은 집단을 의미한다. 실험연구에서는 처치의 효과가 의미가 있는지를 판단하기 위해서 미리 비교의 준거가 될 수 있는 통제집단을 설정하여 처치(실험)집단과의 차이를 비교하여 처치의 효과성을 검증한다. 통제집단과 처치집단은 모든 점에서 동등하거나 비슷한 구성원들로 형성하여 집단 간의 차이가 발견된다면 이는 처치의 효과 때문인 것으로 간주한다. 예를 들어, 새로운 협동학습법의 효과를 검증하기 위해서 동일하거나 비슷한 특성의 두 집단을 선정하여 A 집단에는 새로운 협동학습법을 사용하여 교수하고, B 집단에는 전통적인 강의법을 사용하여 교수한 후, 두 집단 간의 성취의 차이를 비교하는 연구를 할 경우, B 집단을 통제집단이라고 부른다.

투사법(projective technique) 인간의 무의식적 혹은 내면적인 욕구, 지각이나 해석 등을 밖으로 끌어내기 위한 자극을 제시함으로써 개인의 심리적 특성을 측정하는 방법이다. 인간의 심리적 특성을 부분으로 나누어 보기보다는 전체로 보고 이해하고자 하며, 피험자의 내면 상태를 자유롭게 투사할 수 있도록 비구조적 혹은 모호한 자극을 주로 사용하는 것이 특징이다. 투사법을 이용한 대표적인 심리검사로는 로르샤흐 잉크반점검사(Rorschach Ink-Blot Test), 주제통각검사(Thematic Apperception Test), 문장완성검사, 역할극이나 심리극 등이 있다.

투입평가(input evaluation) 어떤 프로그램에 투입되는 인적·물적 자원 등에 대한 평가를 의미한다. 투입평가에는 무슨 자원이 활용가능한지를 결정하는 일, 프로그램을 위해 어떤 대안적 전략을 고려해야 하는지를 결정하는 일, 수요자의 요구를 만족시키기 위해서는 어떤 계획이 가장 가능성 있는지를 결정하는 일 등이 포함된다. 예를 들어, 어떠한 프로젝트의 과정 중에 취해야 할 행동의 적절성, 실천가능성, 경제성 등을 파악하기 위하여 사용가능한 인적·물적 자원, 해결전략, 절차, 시행방안 등을 기술하고 분석하며, 참고문헌 탐색, 현장방문, 사전탐색적 시행 등의 방법을 활용하여 각종 정보를 얻고자 할 때 실시하는 평가의 형태이다.

파급효과(ripple effect)　　학급에서 교사가 한 학생의 행동에 대해 언급하면, 이를 목격한 다른 학생에게도 교사의 언급이 영향을 미치는 현상이다. 파급효과는 아주 오래전부터 지금까지 여러 분야에서 일상적인 용법으로 사용되고 있는 개념이다. 이러한 개념을 학급경영상황에 적용하여 사용한 것은 1970년대 Jacob S. Kounin이었다. 그가 파급효과를 연구하게 된 계기는 상당히 우연이었다. 교사와 학생행동을 분석하는 과정에서, 학생의 문제행동에 대한 교사의 제재가 다른 학생에게도 작용하는 것을 관찰한 것이 계기였다. 여러 연구의 결과, 초등학생의 경우에는 파급효과가 잘 적용되지만, 이보다 고학년의 경우에는 잘 적용되지 않는다.

판단행렬(judgment matrix)　　평가대상 프로그램의 선행조건, 실행과정, 산출결과라는 세 가지 차원에 걸친 기준과 판단에 관한 기능을 표현하는 개념이다. 판단행렬은 Robert E. Stake의 안모평가모형에서 기술행렬과 더불어 가장 핵심적인 기능을 한다. 행렬에 따라 수집한 근거자료를 바탕으로 세 가지 차원에 관한 기준을 설정하고 종합적인 판단에 이르게 되는 평가적 과정과 기능을 설명한다.

판별분석(discriminant analysis)　　2개 이상의 모집단으로부터의 표본이 섞여 있을 때 각각의 사례에 대하여 그것이 어느 모집단에 속해 있는지를 판별하기 위해 함수를 만들어서 판별작업을 실시하는 분석방법이다. 예를 들어, 생맥주 컵에 든 맥주를 마셔서 그 맥주 이름을 알아맞히는 경우를 생각할 때 거품의 형태, 쓴맛의 정도, 색깔 등으로부터 판별해서 결과를 이끌어 내는 방법이 판별분석에 속한다. 또는, 사람을 중졸 이하, 고졸, 대졸 이상의 3개 모집단으로 분류했을 때 신문독서량과 월 수입을 알고서 어떤 개인이 어느 모집단에 속하는지를 판별해 보는 분석방법이 여기에 속한다. 판별분석에서는 소속집단이 이미 알려진 사례에 대하여 변수 $x_1, x_2, \cdots, x_p$를 측정하고, 이 변수들의 선형함수를 작성하여 판별에 유용한 변수 $y_1, y_2, \cdots, y_m$으로 변환한다. 이 y_i들을 판별함수(discriminant function)라 한다. 판별함수 y_i가 정해지면 소속이 명확하지 못한 사례에 대하여 $x_1, x_2, \cdots, x_p$를 측정한 후에 이로부터 $y_1, y_2, \cdots, y_m$을 산출해서 이 사례가 어느 집단에 소속해 있는지를 판별할 수 있다. 물론 이때 잘못 판정되는 경우도 생기게 된다. 따라서 성공적으로 판정될 수 있도록 판정의 성공률을 높이는 판별함수를 작성하는 것이 중요한 문제라 하겠다.

패널연구(panel study)　동일한 연구대상자들을 지속적으로 추적해서 일정한 시간적 간격을 두고 복수의 반복적 측정을 행하는 연구방법이다. 시간이라는 요인이 어떻게 고려되는지를 기준으로 다양한 연구설계들을 분류해 보면 종단연구설계(longitudinal design)와 횡단연구설계(cross-sectional design)로 구분되는데, 전자는 시간적 간격을 두고 여러 차례 측정을 반복하는 방식이고 후자는 특정한 시점에서 한 차례만 측정을 행하는 방식이다. 종단연구설계는 추적해서 측정하는 대상자의 속성에 따라 패널연구와 코호트연구로 구분된다. 이중 패널연구는 동일한 대상자들을 추적해서 시간적 간격을 두고 반복적으로 측정하여 연구하는 방법이다. 코호트연구(동류집단연구)는 동일한 모집단에 속한 동류집단을 추적해서 주기적으로 표본을 추출하고 측정하여 수행하는 연구이다. 패널연구는 사회현상의 정지된 단면이 아닌 움직이는 양태를 포착해서 분석할 수 있다는 장점이 있다. 그러나 시간과 비용을 지나치게 많이 필요로 할 뿐 아니라 패널이 거듭되면서 동세대가 점진적으로 이탈(attrition)되는 등의 한계점을 지닌다.

패널회귀분석(panel data regression)　패널자료를 이용하여 횡단분석과 시계열분석을 동시에 수행하는 분석이다. 일반적인 회귀분석 선형식의 오차항을 관찰되지 않은 횡단효과, 시간효과, 잔차로 구성되어 있다고 수정한 회귀분석방법이다. 패널회귀분석은 오차항에 대한 가정에 따라 관찰되지 않은 개인특성을 시간에 따라 변하지 않는 상수로 가정하는 고정효과모형(fixed effect model)과 시간에 따라 변화하는 확률변수로 가정하는 무선효과모형(random effect model)으로 구분된다.

패러다임(paradigm)　1962년 Tomas S. Kuhn이 『과학혁명의 구조(The Structure of Scientific Revolutions)』에서 자연과학의 현상을 설명하는 기본틀을 제시하기 위해 사용한 용어이다.

Kuhn에 따르면, 정상과학에서의 과학적 현상의 설명은 특정 패러다임에 비추어 설명된다. 그러다가 기존의 패러다임으로 설명할 수 없는 변칙현상이 하나씩 생거나고, 그것이 점점 늘어나면 다른 패러다임으로 현상을 설명하는 패러다임의 전환이 일어난다. 패러다임이라는 용어는 본래 자연과학 현상을 설명하기 위한 것이지만, 점차 대부분의 인문사회과학에서도 널리 사용되었다. 그러나 자연과학과 인문사회과학에서 사용하는 패러다임의 개념은 적어도 강도 면에서 다르다. 자연과학에서의 패러다임 변화는 뉴턴의 패러다임에서 아인슈타인의 패러다임으로의 변화처럼, 이전의 패러다임이 완전히 해체되거나 새로운 패러다임에 흡수되는 '혁명적인' 변화를 수반하는 데 비해, 인문사회과학에서의 패러다임의 변화는 패러다임의 변화가 일어난 뒤에도 기존의 패러다임이 비록 지배적인 흐름은 아니라고 할지라도 여전히 존재할 수 있다는 점에서 그 변화의 강도가 약하다.

퍼트기법(Program Evaluation and Review Technique: PERT)　1950년대 후반 미국 해군이 개발한 군대 프로젝트의 다면적 관리기법으로, 특정 프로그램을 평가하고 검토하기 위해 연구계획에 포함되는 작업 절차들을 시간적으로 순차 배열해 놓는 기법이다. 주로 복잡한 프로젝트를 계획하고 관리하기 위해 사용되며 필요 작업들과 작업수행 시간과 시기를 상호 관련시킬 수 있어 시간에 민감하거나 복잡한 프로그램을 평가하는 데 효과적이다. 특히 PERT 차트를 사용함으로써 연구를 진행하는 과정에서 발생될 다양한 작업들 사이의 관계를 명확하게 알 수 있고, 진척 상황을 점검하여 속도를 높이거나 변화시켜야 하는 작업을 확인할 수도 있으며, 연구를 수행하는 데 포함된 잠재적이거나 실제적인 문제에 초점을 맞출 수 있다. PERT의 1단계는 프로젝트 완료를 위해 필요한 모든 활동과 작업들을 파악하는 것이다. 2단계는 각 작업에서 최적의 결과를 얻을 수 있도록 작업들 간의 선행관계를 설정하여 최상의 순서를 정하는 것이다. 3단계는 각 작업에 소요되는 시간을 예측해 예상 기간과 예산의 변동성을 추정하는 것이다. 4단계는 작업들과 순서를 기반으로 PERT 차트를 작성하여 시각화하는 것이다. 5단계는 작성한 PERT 차트를 기반으로 가장 긴 경로(임계 경로)를 결정하고 이 경로에 따라 프로젝트의 전체 기간을 추정하는 것이다. 마지막으로 6단계는 프로젝트가 완료될 때까지 작업 진행 상황을 모니터링하고 조정하여 프로젝트를 관리하는 것이다.

편파성통제(bias control)　평가자의 개인적 신념이나 가치관, 인간관계, 재정적 및 조직적 관계에서 초래되는 편파성을 제거하거나 줄이는 것을 말한다. 평가자는 인간이기 때문에 편파성으로부터 완전히 자유로울 수 없다. 예를 들어, 어떤 프로그램이나 기관에 대한 평가자의 개인적 철학이나 감정은 평가적 판단에 어느 정도 편파적으로 영향을 미치므로 평가자는 객관성과 중립성을 최대한 유지해야 한다. 또한 평가대상인 기관이나 프로그램에 관련된 인간과의 관계도 평가에 편파적으로 영향을 미치게 되는데, 이를 통제하기 위해서는 배우자나 친척 등 특별한 관계가 있는 사람이 평가자가 되지 않도록 해야 한다. 재정적 이익이나 압력 및 조직에서의 위계나 지위에 의해서도 평가자의 편파성이 야기될 수 있으며, 이러한 편파성을 통제하기 위한 사전계획이 철저하게 준비되어야 한다.

평가(assessment) 평가대상에 대한 다양한 정보를 수집하여 종합적으로 판단하고 의사결정하는 행위이다. 개인에 대한 다양한 정보를 수집하여 종합적으로 판단한다는 의미에서 총평이라고도 하고, 프로그램의 전 과정에 대한 다양한 요구를 수집하여 분석하는 요구사정(need assessment)에서와 같이 사정이라고도 한다. 평가는 평가대상이 프로그램, 교육과정, 기관과 같은 추상적인 실체보다는 학습자와 같은 사람일 때 주로 사용된다. assessment 용어가 처음 도입된 배경에는 선다형 중심의 전통적인 평가체제와는 다른 새로운 평가체제를 강조하기 위한 의도가 있었다. 새로운 평가방법으로 등장한 수행평가(performance assessment), 참평가(authentic assessment), 대안적 평가(alternative assessment)뿐 아니라 수업과 평가의 연계 및 통합을 강조하는 최근의 학생평가(student assessment), 교실평가(classroom assessment)에서도 이 용어는 다양하고 종합적인 정보와 증거를 수집하여 개인이나 집단의 복합적인 속성을 판단한다는 의미를 포함하고 있다.

평가(evaluation) 일반적으로 평가대상의 장점과 가치를 결정하는 과정을 말한다. 교육평가의 정의는 목표달성도 확인, 의사결정을 위한 정보제공, 그리고 가치의 판단으로 구분할 수 있다. 첫째, 목표달성중심 정의는 교육평가를 교육과정과 수업활동을 통해 교육목표가 실제로 도달된 정도를 결정하는 과정으로 규정한다. Ralph W. Tyler는 교육목표를 평가의 준거 또는 표준으로 하여 교육과정 및 수업을 통해 획득된 성과를 측정하는 것을 교육평가의 초점으로 간주하고 있다. 둘째, 의사결정중심 정의는 교육평가를 교육과 관련된 의사결정을 내리는 데 필요한 정보를 수집하는 활동 또는 그 과정으로 규정한다. Lee J. Cronbach와 Daniel L. Stufflebeam은 학습성과의 측정을 통한 목표달성도를 확인하는 Tyler의 입장을 탈피하여 성과뿐만 아니라 일련의 과정에 관한 정보를 수집하려는 점에서 교육평가를 더 넓게 보려는 시각이다. 이 관점은 가치판단적 의미를 축소하거나 배제하고 교육평가를 교육에 관한 의사결정을 내릴 때 필요한 정보를 수집해서 의사결정에 활용하는 과정으로 부각시키려고 한다. 따라서 이 입장에서는 의사결정에 필요하다면 교육의 성과뿐만 아니라 정책, 제도, 시설, 재정 등과 같이 교육에 투입되고 운영되는 투입과 과정에 관한 정보도 수집하여 활용할 것을 강조한다. 셋째, 가치판단중심 정의는 교육평가를 교육과 관련된 어떤 대상의 장점, 질, 가치 등을 판단하는 과정과 그 산물로 규정한다. 대표적인 학자로는 Michael Scriven과 Robert E. Stake 등을 들 수 있다. 이 입장에서는 교육평가의 과정을 우선, 평가기준을 설정하고 관련 정보를 수집한 뒤에 평가기준을 적용하여 대상의 가치나 유용성, 효과, 중요성 등을 판단하는 것으로 종료된다고 주장한다.

평가대상(evaluand)　사람, 사물, 활동, 프로그램, 프로젝트, 산출물 등을 포함한 다양한 피평가물을 포괄적으로 지칭하는 용어이다. 평가대상의 범위는 아주 광범위하다. 사람, 사물, 활동, 프로그램, 사업 등의 목적, 기능, 속성, 효과 등이 평가대상이 될 수 있다. 평가받는 대상이 사람인 경우에는 피평가자라는 용어를 별도로 사용하고 있다.

평가모형(evaluation model)　평가가 이루어지는 전반적인 일련의 추상적 현상을 특정한 논리와 가정에 입각하여 구체화시켜 형상화한 개념구조를 말한다. 일반적으로 평가모형은 평가목적을 효과적으로 달성하기 위하여 특정 탐구방식을 적용하여 평가방법 및 절차를 체계화해 놓은 것으로 정의할 수 있다. 평가모형은 복잡한 평가현상을 구체적으로 파악하는 데 매우 유용한 정보를 제공해 주는 역할을 한다. 1960년대 이래로 등장한 수많은 평가모형들을 분류하기 위하여 다양한 시도들이 이루어졌다. 이 중 주요 탐구논리에 입각하여 평가모형을 분류하는 시도도 이루어졌는데, 목표중심 평가모형(objectives-oriented evaluation model), 실험중심 평가모형(experiment-oriented evaluation model), 의사결정중심 평가모형(decision-oriented evaluation model), 판단중심 평가모형(judgment-oriented evaluation model), 반론중심 평가모형(adversary-oriented evaluation model), 전문성중심 평가모형(expertise-oriented evaluation model), 참여-반응중심 평가모형(participant-responsive evaluation model), 그리고 이해당사자중심 평가모형(consumer-oriented evaluation model)으로서 평가모형은 평가접근(evaluation approaches)이라고도 한다. 　동의어　평가접근

평가불안(evaluation anxiety)　평가활동에서 발생하거나 예상되는 상황에 의하여 야기되는 불안을 말한다. 임상적 상황에서 평가불안은 검사불안, 사회적 불안, 게임불안 등을 포함한다. 평가상황에서 평가불안은 걱정, 불안, 실패에 대한 두려움 등과 같은 심리학적 현상과

신체적 증후를 보인다.

평가소양(assessment literacy)　교사가 평가를 시행할 경우에 필수적으로 요구되는 기초적인 지식과 기술을 의미한다. 평가소양은 교사의 평가전문능력 또는 평가전문성과 유사한 개념으로 사용되고 있다. William D. Schafer는 평가소양을 학생의 학습과 성취에 관한 평가정보를 수집하고 해석하여 활용할 수 있는 능력으로 보았다. 교육환경의 변화에 따라 수업과 평가를 나누지 않고 수업운영 영역에서 학생평가와 관련하여 학습자 모니터링, 학습촉진, 이해도 확인, 평가결과에 대한 피드백까지를 평가소양에 포함하고 있다.

평가연구(evaluation research)　평가이론, 평가방법, 평가실행 등에 대한 원리를 탐구하는 활동이다. 평가활동에 대해 과학적·합리적인 방법을 활용하여 체계적으로 탐구하는 과정으로서 평가연구는 전통적인 사회과학연구와 유사하지만 정치적·조직적 맥락에서 이루어진다는 측면에서 차이가 있다. 즉, 평가연구는 방법론적 측면에서는 사회과학에서 전통적으로 사용해 온 다양한 방법을 활용하지만 다수의 평가이해당사자들의 요구와 입장을 고려하고 조율해야 하는 정치적인 기술이 필요한 영역이다. 평가의 상황이나 맥락에 따라 평가목적이 다르고, 이런 다양한 목적에 따라 다양한 평가방법이 적용된다. 평가와 일반적인 사회과학적 연구는 기본적으로 탐구활동이지만 탐구목적, 동기, 대상, 설명방법, 연구결과의 일반화 등에서 차이가 있다. 평가는 특정의 실제적인 문제를 해결하려 하며 어떤 대상에 대한 가치를 판단하여 의사결정을 하는 것이다. 평가는 프로그램에 대한 판단에 사용될 수 있는 정보를 획득하고, 대안에 대한 유용성 등에 대한 정보를 제공한다. 또한 연구는 결론을 추구하지만 평가는 의사결정을 유도하려 한다. 연구는 연구를 통하여 원리나 원칙을 발견하려 하지만 평가는 단지 특정의 가치하에 있는 현상을 기술하려 한다. 평가는 실제적인 문제, 프로그램, 산출물 등의 구체적인 정보에 초점을 맞춘다. 평가는 직접적으로 사회적 유용성을 평가하려 한다. 연구결과의 일반화는 일반적으로 시간에서의 일반화, 지정학적 일반화, 일반적 현상에의 일반화가 있다. 평가연구는 시간과 지정학적 일반화만을 추구한다. 따라서 일반 연구에 비하여 평가연구는 제한된 수준에서 일반화를 추구한다고 할 수 있다.

평가영향(evaluation impact)　평가의 실시가 개인이나 집단의 행동이나 태도의 변화에 미친 결과를 의미한다. 평가결과로 인하여 얻은 정보나 결론에 입각한 권고 및 제언이 직접적인 영향의 출처라고 할 수 있으며, 이 외에도 평가의 실시과정 또는 실시 자체가 영향을 미치는 또 다른 출처가 될 수 있다. 평가로 인한 영향은 평가이해당사자들에게 직간접적으로 미치게 되며, 평가를 기획하고 요구한 입장에서 의도한 영향뿐만 아니라 의도하지 않은 영향까지도 관심대상이 되고 있다. 또한, 평가결과가 미치는 영향도 포함한다. 평가영향에 관한 연구로는 미국에서 1971년 이래로 실시한 '타이틀 I 프로젝트'에 대한 평가가 초·중등학교 관련자들에게 미친 영향에 관한 것이 그 대표적인 사례라고 할 수 있다.

평가윤리/예절(evaluation ethics/etiquette) 평가자가 지녀야 할 윤리의식과 예절을 말한다. 평가자는 평가이해당사자에게 명확하고 유용하고 정확한 평가정보를 제공해야 할 책임이 있다. 평가자는 평가의 계약, 기획, 실행, 결과 보고 등의 모든 활동에서 윤리의식과 예절을 지켜야 한다. 평가자는 평가과정에 참여하는 모든 대상을 윤리적으로 존중하고, 타당한 도구와 체계적 설계를 동원하여 과학적 신임도를 유지하며, 평가이해당사자의 다양한 욕구를 인식하고, 평가의 부정적 역효과를 가능한 한 피해야 한다.

평가이해당사자(evaluation stakeholder) 평가대상이 되는 기관이나 프로그램에서 공식적인 역할을 맡고 있지는 않지만 그 기관이나 프로그램의 기능에 의해 긍정적 또는 부정적 영향을 받는 개인이나 집단을 말한다. 특히 평가에 있어서 평가이해당사자는 평가결과에 의해 직접적으로 중대한 영향을 받는 개인이나 단체를 의미한다. 평가대상이 되는 프로그램과 관련된 이해나 영향력이 상실 또는 증진되거나 공정 또는 불공정하게 대우받을 수 있는 개인이나 집단을 포괄적으로 의미하는 개념이다. 여기에는 기관 또는 프로그램의 이해당사자, 이해집단 및 압력단체, 기관 또는 프로그램의 재정후원자 또는 재단, 입법기관, 관리운영자, 학생 등이 포함된다. 이와 유사한 개념으로는 평가대상의 주요이해관련자, 평가대상에 대한 결정적 영향권자, 평가관련자 또는 평가핵심관련자 등이 있다. **동의어** 이해관련자

평가전문성기준(assessment competence standards) 학생을 비롯한 모든 평가대상을 제대로 평가하기 위하여 평가방법의 선정, 개발, 시행, 결과 활용 등에 이르기까지 교사가 반드시 이해하고 활용할 수 있어야 하는 능력요인을 말한다. 1990년에 미국의 교원단체와 평가학회에서 공동으로 연구하여 설정한, 교사가 학생평가를 실시할 경우에 요구되는 7가지 평가전문능력 기준을 제시하였다. 이들 단체가 제시한 7가지 기준은, ① 교수활동에 부합하는 평가방법을 선택할 수 있는 역량, ② 교수활동에 부합하는 평가방법을 개발할 수 있는 역량, ③ 외부평가 및 교사평가에 의해 도출된 결과를 적절히 관리하고, 점수로 환산하고, 해석

할 수 있는 역량, ④ 학생 개인, 교수계획 설정, 교육과정 개발, 학교개선에 관한 의사결정 시 평가결과를 활용할 수 있는 역량, ⑤ 학생평가를 활용하여 타당한 학생 성적 산출 절차를 개발할 수 있는 역량, ⑥ 학생, 학부모, 기타 관련자들에게 평가결과에 대해 소통할 수 있는 역량, ⑦ 비윤리적, 불법적, 기타 부적합한 평가방법 및 평가정보 활용에 대해 인지할 수 있는 역량이다. 이후 2014년에 미국의 평가 및 심리 학회인 AERA, APA, NCME에서는 『교육 및 심리검사 기준』 5차 개정판을 발행하면서 평가전문성 기준도 개정하였다. 개정된 기준은 더 구체적으로 기술되면서 3개의 영역으로 나뉘었으며, 19개 기준으로 상세화되었다. 3개의 영역은 교육평가의 설계 및 개발, 교육평가의 활용 및 해석, 교육평가의 실행, 채점 및 기록이다.

평균(mean)　일반적으로 전체 자료의 값을 모두 더한 다음 전체 자료의 사례수로 나눈 값인 산술평균(arithmetic mean)을 의미한다. 산술평균은 무게중심과 같은 평형점(balance point)의 의미를 갖는다. 즉, 평균을 중심으로 개별 자료 값을 뺀 차이로 편차점수를 구하면, 그 편차점수의 합은 '0'이 된다. 평균은 산술평균과 동의어로 사용되기도 하지만 기하평균(geometric mean)이나 조화평균(harmonic mean)을 포함하는 넓은 의미로 사용되기도 한다.

평균동등화(mean equating)　검사 X와 검사 Y가 모든 점수대에서 일정한 난이도 차이를 가지고 있다고 판단될 때 사용되는 동등화방법이다. x가 검사 X의 특정점수, y는 검사 Y의 특정점수, $\mu(X)$는 검사 X의 평균점수, $\mu(Y)$는 검사 Y의 평균점수를 나타낸다고 할 때, 평균동등화는 각 검사의 평균으로부터 동일한 거리에 있는 점수를 동등한 점수로 간주한다. 평균동등화에서는 $x - \mu(X) = y - \mu(Y)$의 관계가 설정되며, 이로부터 검사 X의 점수 x는 검사 Y의 점수로 $m_y(x) = y = x - \mu(X) - \mu(Y)$와 같이 변환된다. 예를 들어, 검사 X의 평균점수가 72점이고 검사 Y의 평균점수가 77점이라면 $m_y(x) = y = x + 5$의 관계를 갖게 된다. 즉, 검사 X의 점수는 두 검사 간의 평균점수 차이인 5점을 더함으로써 검사 Y의 점수로 동등화된다. 평균동등화는 동등화방법들 중에서 가장 간단한 형태로서 검사점수의 표준편차나 분포를 고려하지 않는 방법이다.

평균의 표준오차(standard error of the means)　무한개 표본들의 평균을 가지고 그린 가상적 표집분포의 표준편차이다. 표집분포란 추리통계의 의사결정을 위한 이론적 분포인데, 모집단에서 표본크기가 n인 표본을 무한히 반복 추출하여 각 표본에서 산출된 표본평균을 가지고 그린 분포이다. 표본평균과 표집분포평균 간의 차이를 표집오차라고 하며, 표집분포의 표준편차(즉, 평균의 표준오차)와 표집오차의 표준편차는 동일한 값을 가진다.

평균제곱(mean square)　분산분석표에서 제곱합을 자유도로 나눈 값이다. 분산분석, 회귀분석 등에서 처치효과나 모형의 통계적 유의성(significance)을 결정하는 데 활용된다. 모분산의 추정량으로도 활용되며, 이 경우 편차들의 제곱합을 자유도로 나눈 값을 의미하는데, 모분산 추정량으로서 평균제곱은 다음과 같이 산출된다.

$$s^2 = \frac{\sum_{i=1}^{n}(X_i - \overline{X})^2}{n-1}$$

모분산의 추정량으로서 평균제곱은 표본분산의 의미를 가진다.

평균제곱오차(Mean Squared Error: MSE)　특정한 예측모형을 평가할 때 사용되는 MSE는 관측값(Y_i)과 예측값($\widehat{Y_i}$)의 차이인 오차(error)를 제곱한 값들의 평균을 가리키며, MSE는 다음과 같이 산출된다.

$$MSE = \frac{\sum_{i=1}^{n}(Y_i - \widehat{Y_i})^2}{n}$$

추정량(estimator)을 평가할 때의 MSE는 추정량과 모수의 차이(편향)를 제곱한 것의 기대값이다. 즉, $MSE(\widehat{\theta}) = E_\theta[(\widehat{\theta} - \theta)^2]$이다.

평정오류(rating error)　관찰자 또는 채점자가 관찰대상의 행동이나 수행결과물을 평정하는 과정에서 편향이 발생하는 오류를 의미한다. 관찰 또는 채점 등의 상황에서 발생할 수 있는 평정오류의 유형은 다음과 같다. 첫째, 평정자가 대상을 지나치게 엄격하게 평정하는 인색오류(severity error)이다. 둘째, 지나치게 관대한 평정을 하는 관용오류(leniency error)이다. 셋째, 후광효과(halo effect)에 의한 평정오류이다. 이는 대상에 대한 평정자의 인상이 편향된 평정결과를 일으키는 오류이다. 넷째, 극단값이 아닌 중간값으로 평정하려는 경향으로 인한 집중경향오류(central tendency error)이다. 다섯째, 한 집단에 있는 여러 대상을 개별적으로 평정하는 상황에서 집단 내 다른 대상의 수행이나 특성 수준에 의해 평정결과가 영향을 받는 대비오류(contrast error)이다. 여섯째, 실제로는 다른 특성이나 논리적으로 관련이 있어 보이는 평정 항목들이나 특성에 대해 평정자가 유사하게 평정하는 논리적 오류(logical error)이다. 일곱째, 연속되는 평정 항목들을 비슷하게 평정하거나, 시간적으로 근접한 평정결과에 영향을 받아 발생하는 근접오류(proximity error)이다.

평정자 간 신뢰도(inter-rater reliability)　동일 피험자에 대한 다수 평정자들의 평정결과가 얼마나 유사한가를 나타내는 정도로서 평정자 간 객관도로 표현하기도 한다. 평정자 간 신뢰도를 추정하는 방법은 평정기준에 따라서 평정점수가 연속변수인 점수로 부여될 때의 평정자 간 신뢰도 추정방법과 평정점수가 아니라 항목으로 분류될 때 사용되는 분류일치도 방법이 있다. 첫째, 점수가 연속변수일 경우에는 평정자 점수 간 상관계수로서 일관성을 설명할 수 있다. 둘째, 평정이 항목이나 범주로 분류될 때 일치도 통계치와 Cohen의 Kappa 계수를 활용하여 일관성을 추정할 수 있다. 일치도 통계치는 두 평정자가 각 대상에 대하여 같은 범주로 구분한 빈도를 합산하여 총 평정 사례수로 나눈 값이며, 0에서 1까지의 값을 가진다. 우연에 의한 일치도 통계치의 과다추정 문제를 해결한 것이 Kappa 계수이다. **동의어** 평정자 간 객관도

평정자 내 신뢰도(intra-rater reliability)　한 평정자가 모든 평정대상에 대하여 일관성 있게 측정한 정도를 의미하며 평정자 내 객관도라고 표현하기도 한다. 평정자 내 신뢰도는 한 평정자가 대상을 반복해서 평정한 결과 간의 상관계수를 바탕으로 산출한다. 평정자 내 신뢰도는 평정자가 대상을 평가하는 데 있어서 일관된 기준을 적용하는 정도를 의미하는 것이므로 평정자 간 신뢰도가 확보되기 위한 기본 전제가 된다. **동의어** 평정자 내 객관도

평정척도(rating scale)　피험자의 속성, 반응이나 수행에 대해 연속적 개념으로 판단하기 위해 몇 개의 범주로 구분하거나 일정한 수치를 부여하여 만든 척도이다. 척도상의 범주나 점수의 수는 2에서 10 이상이 될 수도 있으나 대체로 3~7을 주로 사용한다. 평정척도에는 수적 평정척도, 질적 평정척도, 도표 평정척도가 있다. 수적 평정척도는 평가자들이 속성의 강도, 숙련의 정도에 따라 일정 척도점을 부여하거나 범주에 수치를 부여하는 방법으로 통계처리하기에 용이하다. 질적 평정척도는 속성이나 수행의 질을 판단할 때 그 단계적 차이를 질적 기술어를 사용하여 언어적으로 표현하는 방법이다. 도표평정척도는 일정 도표에 기술이 부가된 형태로 5점 척도의 예를 들면 다음과 같다.

귀하는 현재 직장의 복지에 대해 만족하십니까?

매우 만족　　만족　　보통　　불만족　　매우 불만족

평정척도모형(rating scale model)　피험자의 반응이 단계화되는 다분문항을 위해 사용할

수 있도록 David Andrich가 라쉬모형을 확장하여 개발한 문항반응모형이다. 평정척도모형은 한 문항의 난이도를 여러 개의 단계화된 수준으로 나타내는데, 모든 문항에서 각 단계를 위한 난이도수준이 고정되어 있다. 즉, 한 문항에서 각 단계가 상승함에 따라 일정 수준의 난이도가 상승된다고 볼 수 있다. 따라서 B의 능력을 가진 피험자 v가 D의 난이도모수를 갖는 문항 i에서 F의 경계모수를 갖는 j번째 경계를 갖게 될 확률은 다음과 같다.

$$P_{vix} = \frac{\exp \sum_{j=0}^{x}(B_v - D_i - F_j)}{\sum_{k=0}^{m} \exp \sum_{j=0}^{k}(B_v - D_i - F_j)}, \quad x = 0, 1, \cdots, m$$

이러한 점수를 받을 확률을 로그 승산비로 나타내면, $\ln \frac{P(X_{vix})}{P(X_{vi(x-1)})} = B_v - D_i - F_x$와 같다.

평행중재설계(parallel treatment design)   독립적이지만 난이도가 유사한 행동에 대하여 활용된 다양한 중재(처치)의 효과를 간접적으로 비교할 수 있는 연구방법이다. 평행중재설계는 두 중재에 대하여 중다기초선설계나 중다간헐기초선설계를 동시에 실시하는 것과 같은 방법을 사용한다. 예를 들어, A 중재기법과 B 중재기법을 한 아동에게 사용하여 이름대기에 미치는 효과를 비교한다고 하자. 평행중재설계를 사용하는 경우, A 중재기법으로는 낱말목록 1(10개의 명사)을 훈련하고, B 중재기법으로는 낱말목록 2(낱말목록 1과 난이도가 같은 10개의 다른 명사)를 훈련하도록 계획한다. 이때, 결과의 반복적인 제시로 연구의 타당도를 높이기 위해서 A 중재기법에는 낱말목록 1, 3, 5를 사용하고, B 중재기법에는 낱말목록 2, 4, 6을 사용할 수도 있다. 평행중재설계는 교대중재설계나 동시중재설계와 마찬가지로 중재 간의 순서효과를 배제시킬 수 있으며, 대상자나 행동 간의 반복을 통하여 타당도를 높일 수 있는 연구방법이다. 또한 평행중재설계는 두 중재기법 간의 간섭효과, 즉 A라는 중재가 뒤에 실시하는 B라는 중재에 미치는 영향을 제거하기 위해서 사용될 수 있다. 예를 들어, 1번, 3번, 5번 아동에게 A 중재기법을 사용하고, 2번, 4번, 6번 아동에게는 B 중재기법을 사용하는 것이다. 이때, 1번, 3번, 5번 아동에게 나타난 중재효과가 2번, 4번, 6번 아동에게 나타난 중재효과보다 높다면 A 중재기법이 B 중재기법보다 좀 더 효과적이라고 유추할 수 있을 것이다. 하지만 이러한 비교는 직접적이지 않기 때문에 논의가 제한적이고 교대중재설계나 동시중재설계보다 중재효과를 비교하는 측면에서는 오히려 비효율적이다. 평행중재설계는 많은 반복효과를 통하여 중재기법 간의 차이를 비교해 줄 수 있기 때문에 가능하다면 목표행동이나 대상자를 많이 포함시키는 것이 좋다. 또한 두 중재가 각각 이루어지기 때문에 중재의 시간이나 절차와 같은 변인들을 잘 통제해야 하는 부담이 따른다. 특히 목표행동 간의 난이도를 대등하게 조절하지 않으면 타당도 문제가 있으므로 주의해야 한다. **동의어** 평행처치설계

포아송분포(Poisson distribution)　많은 사건 중에서 특정한 사건이 발생할 가능성이 매우 적은 확률변수가 갖는 분포이다. 수리적으로 포아송분포는 사건을 n회 시행할 때 특정한 사건이 y회 발생할 확률분포 중에서 사건을 시행한 수인 n이 무한대인 경우에 해당한다. 이를 수식으로 표현하면 이항분포에서 사건시행의 수인 n을 무한대로 수렴한 경우로 다음과 같이 정의된다.

$$p(y) = \lim_{n \to \infty} \begin{bmatrix} n \\ y \end{bmatrix} p^y (1-p)^{n-y} = \frac{\lambda^y}{y!} e^{-\lambda}$$

여기서 y는 특정한 사건이 발생한 수이며, n은 전체 사건 수이다. λ는 확률변수 y의 평균값이다. 포아송분포는 흔히 n이 크고, 사건이 발생할 확률 p는 작은 경우에 이항분포를 대체하여 사용하는 분포라고 할 수 있다. 어느 학교에서 낙제나 퇴학당하는 학생의 수가 포아송 확률변수의 예이다. 또는 특정 지역에서 일정 기간에 교통사고가 발생하는 빈도도 이에 해당한다.

포아송회귀모형(Poisson regression model)　종속변수가 포아송분포를 따를 때, 포아송회귀모형을 쓸 수 있다. 포아송분포는 단위 시간·공간 내에 발생하는 사건 횟수에 대한 이산형(discrete) 확률분포다. 포아송회귀모형은 일반화선형모형(generalized linear model)의 하위모형으로, 로그 링크(log link)를 링크함수(link function)로 쓴다.

포트폴리오(portfolio, portfolio assessment)　작업결과나 작품 혹은 어떤 수행의 결과, 수행의 과정을 모아 놓은 자료집이나 서류철을 포트폴리오라고 하며, 포트폴리오를 주어진 기준에 따라 평가하는 것을 포트폴리오평가라 한다. 교실상황에서 포트폴리오의 주요 유형으로 기록 포트폴리오와 성장 포트폴리오가 있다. 기록 포트폴리오는 학습목표를 성취한 증거를 보여 주기 위해 최종 작품들을 모은 것이다. 성장 포트폴리오는 교수학습이 진행됨에 따라 학생이 어떻게 변화되어 가는지 학습목표의 달성과정을 알 수 있도록 여러 시점에서 학습목표와 관련된 작품을 모은 것이다. 학생은 포트폴리오를 만들 때 자신의 작품을 선별하여

모으면서 자기평가와 자기반성 과정을 가질 수 있다. 포트폴리오는 학습목표와 관련한 학생의 수행과정이나 결과에 대한 평가뿐만 아니라 학생의 발달과정까지 평가할 수 있다. 기록 형식에 따라 종이 포트폴리오, 전자 포트폴리오(e-portpolio)가 있다.

표본(sample) 모집단을 대표하는 집단으로 연구에 실제 참여하는 집단을 말한다. 이때 모집단은 연구자가 연구의 결과를 일반화하려는 연구의 전체 대상 집단을 말한다. 예를 들어, 연구자가 서울시의 초등학교 5학년 학생들의 학력을 알기 위해 1,000명의 학생을 뽑아서 연구를 진행할 때 서울시에 거주하는 초등학교 5학년 학생집단이 모집단이 되고 1,000명의 학생은 표본이 된다. 연구의 대상인 모집단을 모두 연구에 참여시키는 것은 시간과 노력, 연구 예산의 문제 때문에 현실적으로 불가능하다. 따라서 모집단보다 상대적으로 적은 수로 구성된 표본으로 연구를 완성하려면 모집단의 특성을 충분히 대표할 수 있도록 추출한 표본이어야만 연구에서 얻어진 결과를 모집단으로 일반화시킬 수 있다.

표본공간(sample space) 실험이나 관찰에서 생길 수 있는 모든 사건(event)의 모임을 표본공간이라고 한다. 이는 집합이론에서의 전체 집합(universal set)과 대응되는 개념이다. 예를 들어, 동전 한 개를 던질 때의 표본공간 S는 앞면(H)과 뒷면(T)의 두 가지 사건으로 구성되며, S={H, T}와 같이 표시할 수 있다.

표준점수(standard score) 원점수를 특정한 평균과 표준편차로 표준화하여 나타낸 점수로, 원점수의 상대적 위치에 대한 정보를 제공한다. 대표적인 표준점수로는 Z 점수, T 점수 등이 있으며 다양한 교육 및 심리측정 검사에서 활용된다. 이와 같은 표준점수를 통해 서로 다른 척도를 가진 측정도구에 의한 결과를 동일한 척도로 변환하여 비교하고 분석할 수 있다.

표준정규분포(standard normal distribution) 모든 정규분포의 평균 μ를 0으로, 분산 σ^2를 1로 표준화시킨 정규분포를 말한다. 정규분포는 사실상 무한히 존재하고 있으며 정규분포의 확률밀도함수 $f(x)$를 이용하여 확률을 구하는 것은 매우 힘든 작업이다. 또한 모든 μ와 σ값에 대한 정규분포표를 마련한다는 것도 너무 방대한 분량이라 의미가 없다. 이를 해결하기 위해 모든 정규분포를 평균이 0, 표준편차가 1이 되도록 표준화할 필요가 있다. 표준정규분포를 이용하여 정규분포의 확률을 계산하는 방법은 먼저 정규분포를 표준정규분포로 변환시킨 다음, 필요한 확률을 표준정규분포표에서 찾는 것이다. 정규확률변수 $X(X \sim N$

(μ, σ^2)]를 표준정규확률변수 $Z[Z \sim N(0, 1)]$로 변환했을 때, $f(z) = \dfrac{1}{\sqrt{2\pi}} \exp\left(-\dfrac{z^2}{2}\right)$로 확률밀도함수를 나타낸다.

표준편차(standard deviation) 자료의 모든 값에서 평균을 빼서 나온 편차값들을 제곱하여 모두 더한 값을 자료수로 나눈 후 제곱근을 구한 값이다. 분산과 표준편차는 자료의 흩어진 정도를 나타내기 위해 가장 흔하게 사용되는 값이며, 표준편차는 분산의 양의 제곱근이다. 표준편차가 크다면 이는 자료의 분포가 넓게 흩어져 있음을 의미한다. 표준편차는 분포상에 있는 모든 점수의 영향을 받으며 특히 극단점수의 영향을 크게 받는다.

표준화가중적합도지수(standardized weighted total fit statistic) 극소수의 이상문항반응 형태로 인해 전체 적합도지수가 부적합으로 판단되는 것을 방지하기 위해서 피험자의 능력수준에서 많이 벗어나지 않은 문항의 이상문항반응 형태에 가중치를 둔 적합도지수를 말한다. 표준화가중적합도지수의 공식은 피험자의 능력수준에서 많이 벗어난 문항에 대해서 민감함을 알 수 있다. 표준화가중적합도지수는 다음과 같다.

$$MS(WT) = \frac{\dfrac{\sum(U_{ij} - P_{ij})^2}{v_{ij}} v_{ij}}{\sum v_{ij}}$$

U_{ij}는 문항 i에 대한 피험자 j의 문항반응(맞으면 1, 틀리면 0)을 의미하며, P_{ij}는 i에 대한 피험자 j의 정답확률, $v_{ij} = P_{ij}(1 - P_{ij})$으로 정보함수를 의미한다. 가중적합도지수 역시 다음과 같은 공식으로 평균 0, 표준편차 1의 정규분포로 표준화될 수 있다.

$$t = (MS(WT)^{1/3} - 1)\left(\frac{3}{s}\right) + \left(\frac{s}{3}\right)$$

여기서 s는 $MS(WT)$의 표준편차를 의미한다. 표준정규분포에 기초하므로 약 95% 범위인 ±2를 기준으로 해석한다. 일반적으로 적합도 지수가 +2.0을 초과할 경우는 부적합(underfit), −2.0 미만일 경우에는 과적합(overfit) 반응 형태를 의미하며 그에 대한 문항의 수정 보완의 필요성을 시사하게 된다. <kbd>동의어</kbd> 표준화 내 적합도지수

표준화검사(standardized test) 검사의 실시와 채점 그리고 결과의 해석이 동일하도록 모든 절차와 방법을 일정하게 맞추어 놓은 검사이다. 표준화검사는 표본집단의 점수를 기초로 규준이 만들어진 검사이므로 개인의 점수를 규준에 맞추어 해석·비교하는 것이 가능하다.

표준화검사는 대규모로 제작되고, 내용의 표집이 광범위하며, 전문적이고 체계적인 절차를 거치므로 일반적으로 신뢰도와 타당도가 높다.

표준화비가중적합도지수(standardized unweighted total fit statistic)   피험자의 능력수준에 비추어서 너무 쉬운 문항을 틀리거나 또는 너무 어려운 문항을 맞힐 경우와 같은 이상 문항반응 형태에 민감한 지수로서 공식은 다음과 같다.

$$MS = \frac{1}{n} \frac{\sum (U_{ij} - P_{ij})^2}{\sum [P_{ij}(1 - P_{ij})]}$$

여기서 U_{ij}는 문항 i에 대한 피험자 j의 문항반응(맞으면 1, 틀리면 0), P_{ij}는 문항 i에 대한 피험자 j의 정답 확률, n은 전체 문항수이며, 앞의 공식은 다음과 같은 공식으로 평균 0, 표준편차 1의 정규분포로 표준화될 수 있다.

$$t = (MS^{1/3} - 1)(\frac{3}{s}) + (\frac{s}{3})$$

여기서 s는 MS의 표준편차를 의미한다. 표준정규분포에 기초하므로 약 95% 범위인 ±2를 기준으로 해석한다. John M. Linacre이 제시한 기준에 따르면 표준화비가중적합도지수의 값이 +2.0을 초과할 경우는 라쉬모형에 의해서 설명될 수 없는 피험자의 이상문항반응 형태를 의미하며(underfit), 이러한 값이 산출된 문항의 수정 또는 보완의 필요성을 암시한다. 반대로 표준화비가중적합도지수의 값이 −2.0 미만일 경우에는 문항에 대한 피험자의 문항 반응이 라쉬모형에 의해서 설명되기보다는 Guttman 패턴에 유사하다는 것을 암시하며, 과적합(overfit)의 의미로 해석될 수 있다. 동의어 표준화 외 적합도지수

표준화회귀계수(standardized regression coefficient)   회귀모형에 포함된 독립변수와 종속변수가 모두 표준화된 상태에서의 회귀계수를 표준화회귀계수라 한다. 각 변수의 표준화는 각 변수에서 해당변수의 평균을 빼고, 그 표준편차로 나누어 주는 절차를 의미하며, 그 결과 표준화된 변수의 평균은 0, 표준편차는 1이 된다. 표준화를 거치지 않은 비표준화회귀계수의 해석은 원래 변수의 척도에 따라야 하는 반면, 표준화회귀계수는 원래 변수의 척도와 무관하게 해석할 수 있다. 이런 이유로, 척도가 다른 변수들로부터 얻은 회귀계수를 상대적으로 비교하기 위한 목적으로 표준화회귀계수를 활용한다.

표집(sampling)   모집단으로부터 특정 표본추출 방식을 적용하여 표본(추출단위들의 집합)

을 선정하는 절차로, 표본을 통한 모집단 추론을 목적으로 한다. 표집방법은 크게 확률표집(probability sampling)과 비확률표집(non-probability sampling)으로 구분할 수 있다. 확률표집에는 단순임의표집(simple random sampling)부터 층화표집(stratified sampling), 군집표집(cluster sampling), 계통표집(systematic sampling), 층화다단표집(stratified multi-stage sampling) 등 다양한 방식이 있으며, 비확률표집에는 할당표집(quata sampling), 판단표집(judgement sampling) 등을 예로 들 수 있다.

표집단위(sampling unit)　모집단에서 표본을 표집하는 경우에 표집행위가 적용되는 개체의 단위이다. 표집단위는 표집방법에 따라 다를 수 있다. 예를 들어, 서울시의 중학생을 표집하는 경우에 군집표집을 적용하여 학교를 표집하고 표집된 학교의 학생들을 모두 표본에 포함한다면, 표집단위는 학교이다. 여러 가지 표집방법이 혼합된 경우는 표집단위도 여럿일 수 있다.

표집분포(sampling distribution)　추정량(estimator)의 분포이다. 경험적으로 표집분포를 구하는 과정은 모집단에서 표본을 무수히 선정한 후에 모든 표본에서 추정치(예: 평균값)를 각각 구하여 나타난 분포이다. 동일 모집단에서 크기가 n인 표본을 반복하여 무수히 구하고, 표본평균 $\overline{X}$의 값을 모든 표본에서 구한 후, 이 평균값의 분포를 구하면 추정량인 평균의 표집분포(sampling distribution of mean)가 된다. 표집분포는 추정량의 양호도를 판단하는 근거가 된다. 평균의 표집분포는 표본평균의 불편파성(unbiasedness)과 효율성(efficiency), 충분성(sufficiency)의 양호도를 갖고 있다. 표집분포는 통계적 가설검정을 할 때 검정통계량의 확률분포를 유도하는 데 사용된다. 모든 추정량은 표집분포를 가지며, 표집분포를 표준화하면 검정통계량의 확률분포가 되고 이에 기초하여 모집단에 대한 가설검정을 확률에 기초하여 수행할 수 있다. 예를 들어, 두 독립집단의 모평균을 비교하는 경우에, 두 표본집단을 10,000회와 같이 무수히 동일 모집단에서 표집하고, 각 쌍의 집단별로 평균의 차이(즉, $\overline{X}_1 - \overline{X}_2$)를 10,000개 구한 후 분포로 그리면 두 평균값의 차이의 표집분포(sampling distribution of mean difference)가 된다. 이 표집분포를 표준화하면 두 모집단의 평균을 비교하는 t 검정통계량이 된다. 즉, $t = (\overline{X}_1 - \overline{X}_2)/[var(\overline{X}_1 - \overline{X}_2)]^{1/2}$이다.

표집오차(sampling error)　모집단의 모수를 추정하기 위해 표본에서 표본통계량을 구하였을 때, 추정대상인 모수와 표본통계량과의 차이를 말한다. 이는 표집과정에서 발생하는 오차 또는 변산도(variability)에 해당한다. 표집오차는 표본크기를 증가시키거나 표집방법을 개선함으로써 감소시킬 수 있다.

프로그램논리모형(program logic model)　이론중심평가를 추구하는 평가모형의 하나이다. 프로그램 논리를 정확하게 파악하기 위해 프로그램의 구성요소를 일곱 가지 관점에 입각하여 접근해야 한다고 한 Sue C. Funnell에 따르면, 프로그램에서 의도하는 결과, 성공기준, 성공에 영향을 미치는 요인, 프로그램의 활동과 자원, 수행정보, 자료의 출처 간의 관련성을 밝혀냄으로써 프로그램의 구성과 그 작용 맥락을 파악할 수 있다. 프로그램 평가를 설계하고 준비하는 과정에서 일곱 가지 프로그램의 구성요소를 종합적으로 활용하여 유용한 평가결과를 얻을 수 있다는 논리를 취하고 있는 평가방법이다.

프로빗모형(probit model)　일반화선형모형(generalized linear model)의 하위모형이다. 표준정규분포(standard normal distribution)의 누적분포함수(Cumulative Distribution Function: CDF)인 프로빗함수(probit function)를 링크함수(link function)로 활용하여 자료를 이분형으로 분류한다.

프로세스데이터(process data)　컴퓨터 기반 학습·평가 상황에서 피험자가 문제해결 과정 중에 보이는 컴퓨터와의 상호작용을 기록한 것을 의미한다. 통상적으로 로그데이터라고도 부르며, 응답결과로서의 정오답뿐만 아니라 응답하는 과정에 피험자의 사고 과정을 면밀하게 파악할 수 있는 다양한 형태의 데이터를 포함한다. 대표적인 예로는 응답 시간, 클릭 횟수, 마우스 이동, 키스트로크, 앞-뒤 화면으로의 이동, 하이라이트나 특수 옵션(예: 계산기)의 사용 등이 있으며, 기존의 심리측정모형에 프로세스데이터를 포함시켜 확장하는 연구들이 활발히 전개되고 있다.

피드백(feedback)　평가를 시행하여 수집한 정보를 평가 관계자(평가자, 운영자, 피험자, 프로그램 내부자 등)에게 제공하고 의사소통하는 과정을 의미한다. 피드백은 평가의 결과 그 자체를 의미할 수도 있지만, 평가를 통해 수집한 정보를 분석하거나 재가공하여 의미있게 산출한 해석 자료를 포함한다. 따라서 형성평가와 총괄평가 구분없이 피드백을 제공할 수 있으나, 특히 형성평가의 목적 및 역할을 고려할 때 피드백은 형성평가의 핵심요소라 할 수 있다. 교육 프로그램을 진행하는 도중, 형성평가를 통해 프로그램 개발자 또는 실행자에게 제공되는 피드백은 프로그램이 계획대로 진행되고 있는지, 사전 설정된 목표에 도달해 가고 있는지를 파악하고 목표 도달을 위해 개선 방향을 도출하기 위한 정보라 할 수 있다. 교육과정의 관점에서 피드백은 교수학습 및 평가의 과정 또는 결과에서 형식적·비형식적 활동을 통해 학생의 다양한 학습에 대한 증거를 수집·분석·해석하여 교사의 교수방법과 학생의 학습 개선과 향상을 위한 정보를 제공하는 것이다. 이때 정보는 학생이 현재 알거나 할 수 있는 것과 앞으로 도달해야 할 목표 간 차이를 줄이는 데 유용하게 사용될 수 있다.

피험자(subject)　연구대상으로 연구에 참여한 사람과 동물을 총칭하는 말로 최근에는 실험에 대상자로 참여한 사람을 참여자(participant)라고 부르는 추세이다. 연구유형에 따라 다른 명칭을 사용하기도 하는데, 관찰연구나 정신물리학 연구에서는 피관찰자, 면접연구에서는 피면접자, 질문지나 설문연구에서는 응답자, 검사에서는 피검자, 상담이나 임상심리학에서는 내담자라고도 부른다. **동의어**　연구참여자, 연구대상자

피험자 간 설계(between subject design)　모든 독립변인이 피험자가 속한 집단별로 처치되도록 하는 연구설계방법이다. 피험자 간 설계에서는 참여자들이 처치집단에 소속되거나 통제집단에 소속된다. 이와 달리, 독립변인의 모든 처치가 한 피험자 혹은 피험자 집단에게 반복적으로 적용될 경우는 피험자 내 변인으로 볼 수 있으며, 이는 피험자 내 설계라고도 한다.

피험자 내 설계(within subject design)　독립변인의 모든 수준에 피험자들을 할당하는 실험설계방법이다. 예를 들어, 읽기 이해 전략의 효과성을 알아보기 위한 연구에서 독립변인인 읽기 이해 전략에 심상화 전략과 조직화 전략의 두 수준이 있고, 연구에 참여한 피험자가 총 20명이 있다고 가정해 보자. 피험자 간 설계의 경우는 피험자의 반을 각각 심상화 전략과 조직화 전략 집단으로 나누어 연구를 수행하는 반면, 피험자 내 설계의 경우 피험자 20명 모두를 심상화 전략과 조직화 전략 각각에 순차적으로 노출되도록 연구를 수행하게 된다. 피험자 내 설계의 가장 큰 장점은 한 피험자를 모든 독립변인에 할당하기 때문에 피험자 간 설계에 비해 상대적으로 적은 피험자가 요구된다는 것이다. 따라서 실험을 위한 기본적인 작업에 투입되는 비용이 많이 들고, 특별한 요건을 필요로 하기 때문에 구하기 힘든 피험자를 대상으로 하는 실험에서 유용하게 사용된다. 또한 단일 피험자를 대상으로 하므로 피험자 간 설계에 비해 독립변인 이외의 변인을 통제하기가 용이하다. 따라서 독립변인의 각 수준에서의 차이가 단지 우연에 의한 것인지 아니면 실제 행동의 차이에서 기인한 것인지를 보다 신뢰할

수 있게 측정할 수 있다. 그러나 피험자가 일단 한 수준의 독립변인에 노출되면 다른 수준의 독립변인에 노출될 때 이전과는 다른 조건에 놓이게 되는 문제점이 있다.

피험자적합도(person fit)　측정모형에서 개별 피험자에 대해 기대하는 문항반응 패턴과 실제 문항반응 패턴 간의 부합 정도를 의미한다. 피험자가 획득한 점수에는 피험자의 진짜 능력 또는 실제 능력 외에 추측, 부주의, 부정행위, 검사불안 등과 같은 외적 요인들에 의한 측정오차가 포함되어 있다. 이와 같이 측정오차를 발생시키는 부적절한 문항반응 패턴을 보이는 피험자를 변별하기 위해 고전검사이론과 문항반응이론에 근거한 다양한 적합도지수들이 제안되었다. 피험자적합도지수는 검사에 포함된 문항들을 쉬운 문항부터 어려운 문항 순으로 배열하였을 때 피험자의 능력수준에 따라 특정 문항을 중심으로 정답 문항군과 오답 문항군으로 분류할 수 있다는 가정하에 해당 능력수준 피험자 집단의 이론적 문항반응 패턴을 도출하고 각 피험자의 실제 문항반응 패턴과의 차이에 근거하여 피험자 문항반응의 적절성을 지수화한 것이다. 고전검사이론에 근거한 적합도지수는 caution index, modified caution index, norm-conformity index, B&W, U3 등이 있으며, 문항반응이론에 근거한 적합도 지수는 잔차에 근거한 지수(unweighted fit index: OUTFIT / weighted fit index: INFIT), 최대우도에 근거한 지수(lz), 공분산에 근거한 지수(ECI4Z) 등이 있다. 피험자적합도분석은 피험자 능력 추정의 정확성 및 검사의 측정학적 특성을 향상시키는 데 유용한 정보를 제공해 줄 수 있다.

피험자탈락(mortality)　실험을 진행하는 가운데 초기에 참여했던 피험자가 나중에 참여하지 못하게 되는 현상이다. 이 현상이 문제가 되는 경우는 탈락의 원인이 실험에서 주어진 처치와 관련 있는 경우이고, 문제가 되지 않는 경우는 실험처치와 무관하게, 즉 무선적(random)으로 발생한 경우이다. 후자의 경우, 각 실험조건별로 무선적으로 자료를 제거함으로써 표본크기를 동일하게 하여 다시 균형설계로 만들어 분석할 수 있다. 그러나 전자의 경우 각 실험조건에 표본을 할당할 때 실시한 무선할당의 의미가 없어지고, 각 조건에 있는 피험자집단들이 동등집단(equivalent group)이라고 할 수 없다. 또한 실험결과가 처치의 효과인지 피험자집단 간 동등성이 없어져서 나온 결과인지를 구분할 수 없는 문제가 발생한다.

하위검사(subtest) 측정하고자 하는 잠재적 특성을 나타내는 하위요인을 구체화하기 위하여 제작된 검사이다. 예를 들어, 웩슬러 지능검사는 언어이해(verbal comprehension), 지각추론(perceptual reasoning), 작업기억(working memory), 처리속도(processing speed)의 4가지 지표와 전체 지능지수(full scale IQ: FSIQ)를 제시하는데, 이 중 언어이해 지표는 공통성(similarity), 어휘(vocabulary), 상식(information), 이해(comprehension) 하위검사점수를 통해 산출된다. **동의어** 하위척도

학교평가(school evaluation) 교육기관으로서의 초·중등학교에 대하여 가치판단하는 일체의 행위를 말한다. 학교평가는 학교의 발전과 도약을 위해 개선할 점을 찾을 수 있다는 점에서 중요하므로 차년도 교육계획에 반영하는 것이 바람직하다. 예를 들어, 단위학교가 스스로 개선방향을 모색하기 위해 자체평가를 실시할 수 있으며, 시·도교육청의 정책에 따라 학교교육 개선을 위한 외부평가를 실시할 수도 있다. 우리나라에서는 1996년에 교육부가 학교평가 실시 여부를 시·도교육청 평가 항목의 하나로 설정하면서 학교평가가 실시되기 시작하였고 공통지표를 사용하기도 하였으나, 2012년부터는 시·도교육청이 자율적으로 운영하고 있다. 다만, 평가기준은 「초·중등교육법 시행령」(제12조)에 따라 교육과정 운영 및 교수학습 방법, 교육활동 및 교육성과, 그 밖에 학교운영에 관한 사항으로서 교육부장관 또는 교육감이 필요하다고 인정하는 사항을 포함하도록 되어 있다. 평가 권한은 교육부장관 및 교육감에게 있으며, 평가방법은 교육정보시스템에 저장된 자료, 공시정보 등을 이용한 정량평가의 방법을 사용하되 필요한 경우에는 정성평가를 병행할 수 있도록 하고 있다.

학습분석학(learning analytics)　학습이 일어나는 환경과 학습과정을 이해하고, 이를 최적화하기 위하여 학습자와 학습환경에 대한 데이터를 측정, 수집, 분석 및 보고하는 활동을 말한다. 컴퓨터 기반 학습·평가가 널리 활용됨에 따라 빅데이터를 수집, 분석, 시각화하는 활동이 용이해지고, 인공지능 기술이 발전하면서 더욱 각광받게 되었으며, 교육 데이터마이닝 (data mining)과도 밀접한 관련을 맺고 있다. 교육측정평가, 교육공학, 컴퓨터공학, 인지심리학 등 다양한 분야들이 결합되고, 머신러닝, 딥러닝, 자연어 처리 등 인공지능 기술이 적극적으로 활용되는 다학제적인 학문 분야라고 할 수 있다. 학습분석학은 크게 세 가지 층위에서 전개된다. 하위의 마이크로 레벨은 개별 학습자를 대상으로 하며, 컴퓨터와의 상호작용, 학습자의 위치지리적 정보, 교우관계 등을 데이터로 활용한다. 중위의 메소 레벨은 기관 (institution) 수준의 데이터를 다루며, 입시, 홍보, 교수학습 활동을 지원하기 위한 학습관리시스템의 개선 등의 분야에 활용된다. 마지막으로, 상위의 매크로 레벨은 지역, 국가, 국제적 수준에서의 데이터를 다루며, 메소 레벨이나 마이크로 레벨 데이터와의 통합, 교육 이외의 경제, 사회, 문화 분야의 데이터와의 통합을 통해 증거기반의 교육정책과 관련한 의사결정에 도움을 주기도 한다.

학습에 대한 평가(assessment of learning)　학습이 종료된 후 학생의 지식이나 기술을 평가하기 위해 실시하는 평가를 말한다. 총괄평가(summative assessment)와 유사한 개념으로서 21세기 들어 학습을 위한 평가(assessment for learning), 학습으로서의 평가(assessment as learning) 등의 개념이 등장하면서 이들과 구별하기 위해 사용되었다. 학습에 대한 평가는 학생의 전반적인 학업성과에 대한 평가로 이해할 수 있다. 지필검사, 수행평가 등 다양한 평가방법을 사용할 수 있으며, 평가결과를 해석하는 기준에 따라 규준참조평가 또는 준거참조평가로 실시할 수 있다. 학습목표 충족 여부 판단, 진급이나 자격증 부여, 향상도 판단 등 다양한 목적을 지닌다.

학습으로서의 평가(assessment as learning)　학생들이 자신의 학습과정을 모니터링하고 성찰할 수 있도록 기회를 제공하는 평가를 말한다. 학습을 위한 평가와 유사한 점이 있으나, 학습을 위한 평가에서 평가가 학습의 보조적인 수단이라면 학습으로서의 평가에서는 평가가 학습 과정과 동일시된다는 차이점이 있다. 또한 학습을 위한 평가에서는 교사가 평가의 주체라면, 학습으로서의 평가에서 평가의 주체는 학생 자신으로 본다. 학습으로서의 평가에서는 학생들이 능동적으로 평가에 참여하여 메타인지와 자기조절학습 능력을 향상하는 데에 초점을 두며, 학생이 자기평가를 통해 주체적으로 학습과정을 이끌어가는 것이 핵심요소가 된다. 학습을 위한 평가와 마찬가지로 다양한 공식적·비공식적 평가방법을 활용할 수 있으며 자기조절학습 능력과 성장 마인드셋 등과 정적인 관련을 가지는 것으로 알려져 있다.

학습을 위한 평가(assessment for learning) 학생들의 학습을 지원하고 개선하기 위해 지속적으로 실시하는 평가를 말한다. 주로 학습과정 중에 이루어지고 학생의 강점이나 약점 등을 파악하여 적시에 피드백을 제공하는 것을 목적으로 한다는 점에서 형성평가를 새롭게 지칭하는 용어로 쓰이기도 한다. 이러한 평가를 통해 학생들의 학습참여를 촉진할 수 있으며 학습동기를 높이고 자기조절학습에 도움을 준다. 지필평가와 같은 공식적 방법 외에 질문, 토론, 수행평가, 자기평가, 동료평가 등 다양한 비공식적 방법을 사용하기도 한다. 학습을 위한 평가는 그 명칭에서 드러나듯이 학습을 돕기 위한 평가의 형성적 기능을 강조하는 관점으로 볼 수 있다.

한국교육평가학회(Korean Society for Educational Evaluation) 1983년에 창립한 교육평가 분야의 학문공동체이다. 한국교육평가학회는 창립 이래 1990년대 초반까지 처음 10여 년간은 주로 교육평가이론 연구, 대학입시의 측정 및 평가 연구, 각종 심리검사의 이론 및 활용 연구, 학업성취도평가 연구 등을 중심 과제로 다루었다. 1998년 한국교육과정평가원의 설립으로 현장에 필요한 교육측정 및 평가 연구들이 더욱 활성화되기 시작하였다. 국가수준 학업성취도 평가와 대학수학능력시험 체제 수립, 국제 학업성취도 평가 연구 자료 분석의 활성화, 컴퓨터 적응검사와 자동채점 시스템 개발 시도 등을 위한 측정 및 통계적 방법에 대한 연구들이 활성화되었다. 2010년 이후에는 기초학력진단과 보정, 성취평가제, 과정중심평가 출현으로 인한 교수학습에서의 평가 기능과 연구에 대해서도 관심이 확대되고 있으며, 21세기 디지털 시대를 맞아 빅데이터 분석과 인공지능 등 현실 세계에 필요한 측정, 평가이론의 적용과 확장이 이루어지고 있다. 한국교육평가학회는 산하에 학회지편집위원회, 학술대회위원회, 세미나위원회, 워크숍위원회, 연구개발위원회, 대외협력위원회, 윤리규정위원회, 학술상위원회, 발전기획위원회 등 9개 분과위원회를 두고 있으며, 교육과 사회 발전을 위해 이론과 실제를 접목하며 현장을 유도해 가는 학문공동체 활성화를 위해 노력하고 있다.

할당표집(quota sampling) 비확률적 표집법 중 하나로 모집단의 구조와 특성을 반영하여 할당 영역을 정한 후 할당된 영역 내에서 표본을 임의적으로 추출하는 방법이다. 예를 들어,

초등학교 교사 200명을 표본으로 추출할 때 남자 50명, 여자 150명으로 비율을 미리 반영하여 표집수를 할당한다. 이후 정해진 할당량을 만족할 때까지 표본을 얻는데, 최종 표본의 구성이 각 항의 특성과 할당량을 모두 충족하는지 확인하는 것이 중요하다.

합동추정치(pooled estimate) 표집된 자료를 통해 모수를 추론하는 과정을 추정이라 한다. 이때 사용되는 통계량은 추정량(estimator)이다. 표본을 실제로 추출해서 표본 관찰치를 추정량에 대입하면 하나의 실수를 얻게 되는데, 이 실수를 추정량의 추정치(estimate)라 한다. 이때, 추정량과 추정치의 관계는 확률변수 X와 실수값 x와의 관계와 유사하다. 모집단으로부터 추출된 두 개 이상의 무선표본이 존재할 경우 각 표본에서 얻어진 통계치들을 통합(pool)하여 모수치에 대한 추정치를 얻을 수 있으며, 이러한 방식으로 얻은 추정치를 합동추정치라 한다. 예를 들어, 모집단에 대한 두 개의 표본이 존재하고, 두 표본에서의 사례수, 평균, 표준편차가 각각 $(n_1, \bar{x}_1, s_1)$, $(n_2, \bar{x}_2, s_2)$일 경우 모집단 평균에 대한 합동평균은 다음과 같은 가중평균으로 추정될 수 있다.

$$\hat{\mu} = \frac{n_1 \bar{x}_1 + n_2 \bar{x}_2}{n_1 + n_2},$$

모집단 분산에 대한 합동분산은 다음과 같은 가중평균으로 추정될 수 있다.

$$\hat{\sigma}^2 = \frac{(n_1 - 1)s_1^2 + (n_2 - 1)s_2^2}{n_1 + n_2 - 2}$$

합동횡단면연구(pooled cross-sectional study) 동일 대상이 아닌 서로 다른 대상을 매 시점마다 측정하는 연구로서, 일종의 횡단연구설계를 활용한 시계열연구라고 할 수 있다. 다양한 연구대상에서 나타나는 변화와 동일 연구대상 내의 시간에 따른 변화를 동시에 파악할 수 있는 장점이 있다.

합산점수(composite score) 두 개 이상의 검사 또는 하위검사에서 얻은 점수를 합산하여 산출하는 하나의 종합점수를 의미한다. 예를 들어, 한 검사를 구성하는 개별 문항에서 얻어진 문항점수를 합산하여 검사점수를 산출하는 경우 또는 여러 개의 측정 영역 또는 하위검사에서 얻어진 점수를 합쳐서 하나의 검사점수를 산출하는 경우를 가리킨다.

해석학(hermeneutics) 해석에 관한 이론과 방법론, 철학을 포괄적으로 지칭하는 용어이다. 중세에 성서나 법률의 해석방법을 다루는 학문으로 출발하였으나, 19세기부터 성서나 법률 해석의 차원을 벗어나 문자 텍스트뿐만 아니라 모든 유의미한 현상과 인간행위의 산물을 해석하는 방법과 해석과정의 성격을 탐구하는 학문으로 발전하였다. 동시에, 텍스트 해석을 둘러싼 저자와 해석자의 문제까지 인식론적·존재론적으로 탐구하는 폭넓은 개념의 철학을 의미하게 되었다. 현대 해석학의 기본 관점은 완결된 해석이나 고정된 방법적 원리를 추구하는 실증주의적 관점을 배격하며, 해석이란 인식과 존재의 순환적 발전과정이라고 본다. 해석학의 주요 개념인 '해석학적 순환(hermeneutic circle)'은 텍스트의 의미가 부분을 전체에 비추어 이해하고 다시 그 전체를 부분에 비추어 이해하기를 거듭하는 가운데 얻어진다는 인식의 발전과정을 가리킨다.

행동과학(behavioral science) 인간의 행동을 과학적으로 탐구하는 학문영역들을 통칭한다. 행동에는 밖으로 관찰가능한 외현적 행동뿐만 아니라 지적 능력, 태도, 신념, 기대감, 동기 등과 같은 내면적인 과정이 모두 포함된다. 그러한 행동을 탐구하는 기존의 학문영역으로는 심리학, 문화인류학, 사회학, 정치학, 경제학, 언어학 등 다양한 예를 들 수 있지만, 그 외연이 분명한 것은 아니다. 예를 들어, 어떤 생물학자가 유전적인 근거와 생화학적인 근거를 탐구함으로써 인간의 행동을 더 잘 이해할 수 있게 하였다면, 그가 추구하는 생물학도 행동과학의 범주에 포함될 수 있기 때문이다. 인간의 내면적 행동이 전통적으로는 철학적이고 사변적으로 탐구되어 온 데 비해 행동과학은 자연과학적 연구에서와 마찬가지로 과학의 내규인 객관성, 검증가능성 및 일반성을 담보할 수 있는 방향으로 탐구하고자 한다. 따라서 탐구대상을 경험에 의한 체계적인 관찰을 통하여 획득되는 객관적 증거를 탐구의 방법론으로 채택한다. 이러한 방법론을 행태주의(behavioralism)라고도 부른다. 그러나 행동과학적 방법은 행동주의(behaviorism)와는 구별되어야 한다. 행동주의는 심리학의 한 방법론으로서 유기체의 외현적 행동만을 연구대상으로 하고, 내면적 과정을 탐구 영역에서 제외시키는 입장을 취한다.

행동목표(behavioral objectives) 학교수업에서, 학습자가 성취하기를 기대하는 성취목표나 교수목표를 구체적이고 관찰가능한 명시적 행동(overt behavior)으로 기술한 것이다. 즉, 학습을 통해 최종적으로 도달되기를 기대하는 행동을 정량화하고 관찰할 수 있는 외현적 행동으로 진술한 목표이다. 예를 들어, '계산한다' '고른다' '구별한다' '연결한다' 등과 같은 동사는 직접 관찰될 수 있는 행동을 묘사하므로 이러한 동사를 이용하여 진술한 목표는 행동목표이다. 반면, '이해한다' '파악한다' 등과 같이 직접 관찰할 수 없는 암시적, 내현적 행동

(covert behavior)으로 진술된 목표는 일반적 목표라고 한다. 행동목표 진술방식은 학자에 따라 조금씩 다르다. 1950년 Ralph W. Tyler는 학습내용이 명시되며, 학습자의 행동으로 표현되고, 도달점 행동(terminal behavior)을 구체적으로 진술해야 한단고 주장하였으며, Robert F. Mager와 Robert M. Gagne는 학습자의 도달점 행동과 그 행동이 일어나는 조건을 구체적으로 진술해야 한다고 하였는데, Mager는 이에 더하여 그 도달점 행동이 달성된 정도를 판단할 수 있는 준거도 명시되어야 한다고 하였다. 또한, 행동목표를 사용하면, ① 행동목표가 교수학습내용과 교수학습방법을 안내할 수 있고, ② 교수학습목표가 달성되었는지를 확인하는 데 행동목표를 사용할 수 있고, ③ 학생들이 교수학습에서 무엇을 학습할 것으로 기대되는지를 알 수 있고, ④ 평가가 구체적인 목표에 기반을 둘 수 있다는 장점이 있다고 하였다.

행동주의(behaviorism)　인간의 외현적 행동만을 탐구대상으로 하는 심리학의 한 분파이다. 제창자인 John B. Watson은 1913년 「행동주의자가 본 심리학」이라는 논문에서 심리학이 자연과학의 객관적·실험적 분파이며, 그 목적은 행동의 예언과 통제에 있다고 하였다. 유기체는 외부환경자극에 반응하여 적응한다는 가정하에 그러한 자극과 반응의 기계적 연합을 규명하고, 그러한 연합을 이용하여 행동을 예언하거나 변화시킬 수 있다고 보았다. 그렇기 때문에 본능이나 유전보다는 후천적 학습의 중요성을 강조한다. 행동주의 심리학의 주요 가정은 인간을 이해하는 방법이 다른 유기체를 이해하는 방법과 달라야 할 필요가 없으며, 객관적으로 관찰가능한 행동을 관찰함으로써 인간행동을 이해할 수 있으며, 복잡한 행동은 단순한 자극-반응 연합들의 복합체이고, 행동은 환경에 의하여 결정되며, 유전이나 뇌는 결정적으로 중요한 기능을 하지 않는다는 것 등이다. 행동주의의 대표적인 심리학 이론으로는 Ivan Pavlov의 고전적 조건이론인 자극-반응 이론과 Burrhus F. Skinner의 조작적 조건이론을 들 수 있다. 완전학습이론이나 행동치료 상담이론은 행동주의 심리학이론의 예로서 교육이나 상담에 실질적인 영향을 미쳤다.

헤이우드사례(Heywood case)　상관계수나 회귀계수, 요인부하량 혹은 이와 유사한 모수의 추정이 불가능하거나 매우 드문 값(예: 음수의 오차분산)을 갖는 경우를 말한다. 헤이우드사례는 표본크기가 너무 작아서 적절한 모수추정이 어려울 때, 혹은 자료가 정규분포를 이루지 못하거나 극단값을 포함할 때에도 발생할 수 있다. 또한 모형이 잘못 명세화되어서 자료에 부합하지 못하거나 실제적으로 모집단에서의 모수치가 경계에 근접한 값(예: 0 또는 1)을 가질 경우, 표집오차로 인하여 이러한 경계를 넘는 모수치가 추정될 경우도 해당된다.

현장기록(field note)   연구자가 연구하는 현장에서 보고 듣고 느끼고 생각한 것을 적어 놓은 것을 말한다. 현장기록에는 세 가지 원칙이 있다. 첫째, 언어 확인의 원칙(the language identification principle)으로, 연구현장에서 직접 듣거나 전해들은 내용에 대하여 그것이 누구의 말인지 또는 누가 누구에 대해서 하는 말인지 분명하게 구분하여 적는 것이다. 둘째, 축어의 원칙(the verbatim principle)으로, 연구현장에서 소통되는 말을 요약하거나 생략하지 않고 그대로 적는 것이다. 셋째, 구체성의 원칙(the concrete principle)으로, 연구자가 보고 들은 내용만이 아니라 그 내용을 보고 들은 상황까지 세세하게 적는 것이다. 현장기록을 할 때는 먼저 현장에서 진행되고 있는 일을 압축된 형태로 적은 다음 가능한 한 빠른 시간 내에 당시의 상황을 기억에서 되살려 다시 확장하여 풀어쓰는 절차를 거친다.

현장방문평가(on-site evaluation)   직접 현장을 방문하여 실증적인 자료를 근거로 진위 여부를 확인하는 평가활동을 의미한다. 현장을 직접 방문하지 않고 이루어지는 서면평가에 대비되어 사용하는 용어이기도 하다. 인정평가에서는 사전에 제출한 자체평가연구보고서에 대하여 서면평가를 실시한 후, 이에 대한 실증적 증거를 토대로 사실 여부를 확인하는 현장 방문평가가 이루어진다. 현장방문평가는 사전에 설정한 평가기준에 비추어 보아 한 명의 평가자 혹은 여러 명으로 구성된 평가팀이 평가를 수행한다. 특히 다수의 평가자들이 팀을 이루어 현지방문평가를 실시할 경우, 평가팀 간 합치도와 평가자 간 합치도가 중요하다. 이를 위해 현장방문평가 전에 평가팀을 대상으로 워크숍 등을 통해 충분한 사전교육과 훈련을 실시하여야 한다. 현장방문평가팀은 일반적으로 전문적 안목과 식견이 있는 같은 분야의 종사자나 관련 분야의 전문가로 구성되며, 기본적으로는 동료평가(peer review)의 성격을 갖는다.

현지연구(field study)   자연스러운 삶의 현장에서 행위자들이 수행하는 실제 활동을 있는 그대로 관찰하고 분석하는 연구방법이다. 이러한 현지연구방법은 인류학자들에 의해 오래 전부터 발전되어 온 것으로, 민족지, 질적 연구, 사례연구, 해석적 사회학 등에서 다양하게 활용될 수 있다. 현지연구에서는 연구자가 상당한 기간 동안 직접 현장에 살면서 자료수집을 하게 되므로, 연구에 공간적·물리적 제약이 따르게 된다. 이에 따라 연구대상이 주로 소수의 개인이나 집단, 조직, 지역공동체 등으로 한정되는 경향이 나타난다. 한편, 연구자는 연구대상이 되는 집단의 문화나 주어진 상황 속에 참여해야 하는 동시에, 연구자로서의 적절한 거리를 유지해야 하는 이율배반적 입장에 놓이게 된다. 이 연구방법은 자료수집기법들을 하나 이상 결합해서 활용할 수 있다는 점과, 연구자가 최초 가졌던 관심이나 이론적 관점, 목표 등을 실제 연구과정에서 조정할 수 있다는 점을 특징으로 삼는다. 현지조사에서는 참여관찰 외에 공식적·비공식적 인터뷰 또한 많이 실시되며, 때로는 기록문서나 사진, 통계 등도 참고자료로 이용된다. 이러한 방법론적인 신축성, 개방성, 비조직성은 현지연구의 중요한 특징이다. 현지연구는 자연스러운 사회상황에서 벌어지는 현상들을 장기적으로 관찰하기 때문에 심층적인 조사가 가능하다는 장점을 지닌다. 또한 연구자가 언제라도 연구설계를 조정하고 개선할 수 있기 때문에, 상황 변화에 유연하게 대처할 수 있다는 이점도 있다. 대규모 표본조사나 복잡한 실험연구에 비해 직접적인 조사경비가 덜 든다는 것 역시 강점이다. 하지만 현지연구는 연구자의 선입견 등에서 나오는 주관적 편향이나, 연구자가 연구대상에 대해 일으킬 수 있는 반작용을 통제하기 어렵다. 연구대상이 소수의 사례에 국한되기 때문에 대표성이나 결과의 일반화 가능성에도 문제가 있다. 장기간의 시간을 요하고 연구자가 현지에서 생계를 유지해야 하므로 간접비용이 많이 들 수 있다. 현지연구는 대상의 제약, 방법론적 유연성, 상황의 유동성 때문에 일반적으로 이론이나 가설의 엄격한 검증보다는 발견과 생성에 더 적절한 것으로 평가된다. **동의어** 현장조사, 현장연구

협동평가모형(collaborative evaluation model) 평가자가 프로그램 이해당사자, 또는 이해당사자들의 대표와 하나의 팀을 구성하여 평가를 협동적으로 계획 및 진행하는 형태의 평가를 말한다. 협동적 전략을 활용함으로써 프로그램 이해당사자들의 요구와 주장을 효율적으로 반영할 수 있고 평가결과를 유용하게 활용할 수 있다는 관점에서 활용중심평가 논리를 실천하기 위한 평가적 접근 논리의 하나이다.

형성적 확인적 요인분석(formative Confirmatory Factor Analysis: formative CFA) 잠재구인의 측정학적 특성을 측정하는 데 사용되는 모형 중 하나로, 일반적으로 공분산구조에 기반한 구조방정식모형에서 잠재구인을 정의하는 데 사용되는 반영적(reflective) CFA와는 다른 관점에서 정의된다. 반영적 CFA 모형에서는 잠재구인이 측정지표와 독립적으로 존재하며, 측정지표에 대한 응답은 이와 같은 잠재구인이 반영되어 나타난다고 가정하는 반면, 형성적 CFA 모형에서는 측정지표들의 조합이 잠재구인을 구성한다고 가정한다. 이러한 가정의 차이로 인해 반영적 CFA 모형에서는 잠재구인의 일차원성 가정에 기반하여 측정지표들이 설정되는 반면, 형성적 CFA에서는 측정지표들의 일차원성 가정이 요구되지 않는다.

형성평가(formative assessment/evaluation) 교수학습 또는 교육 프로그램이 진행되는

과정에서 목표에 대한 도달도를 높이고 학습을 극대화하기 위하여 학생의 현재 도달 수준 및 상태에 대한 피드백을 제공하고 추후 진행될 교육과정 및 활동을 개선하기 위한 정보를 수집하는 평가를 말한다. 1967년에 Michael S. Scriven이「평가의 방법론」이라는 논문에서 교육과정 또는 프로그램 평가의 형성적 기능과 총합적 기능을 구분하여 설명한 이후로 형성평가가 총괄평가 또는 총합평가의 상대적 개념으로 사용되었다. 프로그램 관점으로 볼 때, 형성평가는 특정 프로그램이 진행되는 도중에 미리 설정한 목표에 따라 운영되고 있는가를 파악하고 교육 프로그램 개발자나 실행자에게 체계적인 피드백을 제공하기 위해 실시한다. 교육과정 관점에서 총괄평가가 목표 도달도, 선발, 자격인정을 위한 성과에 대한 확인적 기능을 강조한다면, 형성평가는 학습과정에서 오류를 발견하여 이를 수정하고 학습을 개선하고 촉진할 수 있게 한다. 이처럼 평가를 교수학습의 진행과정 및 결과의 시점으로 구분하여 설명하는 것은 교수학습과 평가의 연계 시도로 볼 수 있다. 이후 형성평가를 '평가'의 관점으로만 이해하는 것이 아니라 교수, 학습, 평가의 통합된 활동으로 보는 시각이 확산되었다. 1986년 Paul J. Black이 학습을 위한 평가(assessment for learning)란 용어를 사용하면서 학생평가를 학습과정과 함께 통합하여 학습을 돕는 평가로 평가의 역할과 기능이 확장되었다. 형성평가 유형으로는 쪽지시험, 퀴즈 등을 들 수 있지만, 최근에는 행동관찰, 음성청취, 질의응답 등 비구조적 정보수집까지 형성평가의 유형으로 확장되었다.

형용사체크리스트법(adjective checklist) 개인의 심리적 특성을 측정하기 위해 가장 흔히 사용되는 방법 중 하나로 피험자에게 검사목적과 관련되는 일련의 형용사 목록을 제시하고 그중에서 특정 대상과 관련성이 있는 단어를 자유롭게 선택하도록 하는 방법이다. 예를 들어, 형용사체크리스트법은 피험자들에게 300개의 형용사 목록을 제시하고, 그중에서 자기 자신이나 특정 대상을 묘사하는 형용사를 자유롭게 선택하도록 하며, 선택된 형용사를 바탕으로 피험자의 심리적 특성을 기술하는 프로파일을 작성한다. 이와 유사한 방법인 의미분석법은 양극적이고 가치판단적인 형용사 목록(군)을 사용하며, 척도점수를 활용하여 의미를 분석하지만, 형용사체크리스트법은 척도가 아니므로 일반적으로 수치화하여 해석하지 않는다.

형태행렬(pattern matrix) 요인분석에서 요인과 관찰변수와의 고유상관을 나타내는 형태계수의 행렬로 요인의 수와 요인의 의미를 해석하는 데 사용되는 산출물이다. 형태행렬에서 각각의 행은 관찰변수이며 열은 요인이고, 요인들은 상호 독립적이다. **동의어** 유형행렬

호손효과(Hawthorne effect) 독립변인이 종속변인에 영향을 미치게 될 것이라는 예상과 달리, 실험에 참여하는 집단의 사회·심리적인 요인이 독립변인보다 더 큰 영향을 미치게 되는 현상을 나타내는 용어이다. 호손효과는 노동자의 작업능률 및 생산성 효과에 수당이나 작업환경 개선과 같은 물질적·환경적 요인보다, 노동자의 사기, 참여, 인간관계 등과 같은 사회·심리적 요인이 더 중요하다는 Elton Mayo의 호손연구에서 유래하였다. 교육분야 연구에서도 호손효과가 발생하여 실험에 참여하는 구성원들의 사회·심리적 요인이 독립변인보다 종속변인에 더 큰 영향을 미칠 수 있다. 예를 들어, 중학생을 대상으로 '멀티미디어를 이용한 교수법'이 학업성취에 미치는 효과를 '전통적인 교수법'과 비교하여 알아보는 연구에서, 학업성취(종속변인)는 멀티미디어 교수법의 효과(독립변인)보다 실험에 참여하는 학생들의 인간관계, 개개인의 참여의욕 등과 같은 사회·심리적인 요인에 더 큰 영향을 받을 수도 있다.

혼합모형(mixture model) 모집단의 구성을 알 수 없는 상황에서 관찰된 자료를 바탕으로 이질적인 하위 모집단을 대표하는 몇 개의 집단을 구성하고 관찰치를 집단에 분류하는 모든 모형 또는 관련된 방법론을 의미한다. 혼합이란 용어는 질적으로 상이한 다수의 집단이 섞여 있다는 의미이며, 개별 관찰치의 응답반응 간 차이는 고유한 반응유형을 가지는 하위집단 간 차이에 의해서 설명된다.

혼합방법(mixed methods) 하나의 연구에서 양적 자료와 질적 자료를 동시에 혹은 순차적으로 수집하여 분석하는 방법을 말한다. 혼합방법은 실증주의(양적 연구방법)와 구성주의(질적 연구방법)의 두 패러다임이 전혀 다른 세계관에 기초하므로 이 둘을 섞어 한 연구에 담는다는 것은 불가능하다는 패러다임 논쟁을 넘어서서, 양 진영의 주장이 층화된 존재론(stratified ontology)을 기반으로 상호 보완이 가능하다는 비판적 실재론(critical realism) 혹은 연구문제 해결을 위한 도구적 수단으로 혼합방법을 옹호하는 실용주의(pragmatism)의 철학적 토대를 갖고 있다. 혼합방법의 설계 유형에는 크게 세 가지가 있다. 첫째, 다각화(triangulation) 설계에서는 양적·질적 자료를 동시에 수집하고, 두 가지 접근방법의 분석결과를 비교한다. 둘째, 설명적(explanatory) 설계에서는 양적 자료를 먼저 수집·분석하고, 양적 결과를 보완하기 위해 질적 자료를 활용한다. 셋째, 탐색적(exploratory) 설계에서는 어떤 현상을 탐색하기 위해 질적 자료를 먼저 수집하고, 질적 자료에서 발견된 관계를 양적 자료를 통해 설명한다. 혼합방법은 자료수집과 분석에서 양적·질적 방법을 절충한 것이지만, 연구의 모든 단계에서 두 가지 접근방법의 통합을 시도한 통합방법(integrated methods)이 수행될 수도 있다.

혼합분포문항반응이론모형(mixture item response theory model)　혼합분포문항반응이론모형은 문항반응이론모형에 잠재계층모형(latent class model)을 접목한 모형으로 피험자 집단에 존재하는 이질적인 모집단을 분석할 때 사용한다. 혼합분포문항반응이론모형에서는 피험자 집단에 두 개 이상의 잠재계층이 있다고 가정하며, 각 집단별로 피험자의 잠재능력뿐만 아니라 문항모수도 달라지게 된다. 이 모형은 명시적으로 구분되지는 않으나 잠재적으로 차이를 보이는 계층이 모집단 내에 존재할 때 유용하다.

혼합효과(mixed effect)　두 개 이상의 독립변수를 가지는 분산분석모형에서 고정효과와 무선효과의 두 변수가 동시에 함께 고려되는 것을 말한다. 예를 들어, 세 가지 교수방법의 효과를 비교 검증하는데 연구결과를 이들 세 가지 교수방법에만 국한하여 결론지을 때 교수방법은 고정효과 변수가 된다. 반면, 또 다른 변수로 교사변수가 있을 때 표집된 일부 교사의 연구결과를 이들을 대표하는 전체 교사집단으로 일반화할 때 교사변수는 무선효과 변수가 된다. 이 두 독립변수가 한 연구에 동시에 존재할 때 연구자가 각 변수들을 고정효과 또는 무선효과로 동일하게 설정하는 경우와 서로 다른 효과로 설정하는 경우에 각 독립변수의 평균제곱의 기댓값들이 다르게 산출된다. 각 독립변수의 통계적 유의성을 검증하기 위한 F 값도 다르게 산출되기 때문에 연구자는 혼합효과에 대한 통계적 유의성 검증 결과도 주의해야 한다.

혼합효과모형(mixed effect model)　고정효과(fixed effect)와 무선효과(random effect)를 동시에 고려한 통계분석기법으로, 다층자료, 블록설계, 종단자료, 반복측정 데이터와 같이 집단 내 관찰값들이 독립적이지 않을 경우 집단화된 데이터의 공분산구조를 분석하는 데 유용하다. 고정효과는 일반적으로 회귀모형에서 독립변수(예: 성별)의 회귀계수로 이해할 수 있고, 무선효과는 모집단에서 임의로 선택된 개체나 실험단위 간의 분산을 의미한다.

확률(probability)　하나의 사건이 일어날 수 있는 가능성을 수로 나타낸 것으로서, 주어진 한 모집단(population)에서 해당 사건이 발생하는 상대적인 빈도를 의미한다. 확률은 어떤 시행 또는 실험에서 특정한 결과가 일어날 정도 또는 확실성을 상대적으로 표현하는 기법으로 사건 하나하나가 일어날 가능성을 0과 1 사이의 숫자(혹은 백분율)로 나타내는데 0에 가까울수록 사건이 일어날 가능성이 작으며 1에 가까울수록 사건이 일어날 가능성이 높다. 확률에는 수학적 확률, 통계적 확률, 주관적 확률이 있다. 표본공간은 표본추출이나 통계실험을 통해 얻은 가능한 모든 결과로서 이루어진 집합을 의미하며 S로 나타내고, 이 표본공간 S의 부분 집합을 사건(event)이라 한다. 확률은 다음의 기본 성질을 가진다. ① 한 사건의 확률은 0보다 작거나 1보다 클 수가 없다. 즉, $0 \leq p(x_i) \leq 1$이 된다. ② 한 표본공간 내의 모든 가능한 사건의 확률의 합은 1이 되어야 한다. 즉, $\sum p(x_i) = 1$이 된다. ③ 일련의 상호 배반적인 사건이 있을 때 그중 어느 하나가 일어날 확률은 상호 배반적인 사건의 확률의 합이 된다. 즉, $x_i \cap x_j = \emptyset\,(i \neq j)$일 때, $p(x_1 \cup x_2 \cup \cdots) = p(x_1) + p(x_2) + \cdots$이 된다.

확률밀도함수(probability density function) 연속확률변수는 이산확률변수와 달리 특정 값을 셀 수 없고 연속적인 값을 가질 수 있는 확률변수를 의미한다. 확률밀도함수는 이 연속적인 값들에 대한 확률을 나타낸다. ① 확률밀도함수는 0 이상의 값을 가져야 하며, ② 전체 확률 공간에서 적분 결과가 1이어야 한다는 성질을 가진다. 확률밀도함수는 연속확률변수의 분포를 나타내며, 특정 구간에서 확률을 계산하거나 확률분포의 특성을 분석하는 데 사용된다.

확인적 요인분석(Confirmatory Factor Analysis: CFA) 확인적 요인분석은 선행연구에 근거한 요인구조를 확인하기 위해 요인수를 지정하여 분석하는 방법이다. 가설이나 이론이 실제 자료와 얼마나 잘 부합하는지를 평가하는 방법이며, 주로 모형적합도를 바탕으로 이론에 근거한 요인의 구조가 자료와 적합한지를 평가한다. 확인적 요인분석의 절차를 보면, 첫째, 이론과 가설에 의해 모형을 설정한다. 둘째, 모형이 고유한 해를 갖는지 식별성을 확인한다. 셋째, 최소제곱법 또는 최대우도법 등을 활용하여 모형을 추정한다. 넷째, 모형적합도를 평가한다. 다섯째, 적합도를 개선하기 위해 모형을 수정하고 추정하고 평가한다. 확인적 요인분석은 이론적 모형을 적용하여 자료의 적합도를 확인할 때, 가설을 검정하여 이론을 검증할 때, 기존 연구 결과와 비교할 때, 척도의 타당성을 평가할 때 주로 활용한다.

환원주의(reductionism) 한 영역의 대상, 속성, 개념, 법칙, 사실, 이론, 언어 등을 다른 영역의 그러한 것들로 대치하려는 사고의 형태이다. 환원주의는 수학, 과학, 철학 등의 다양한 영역에서 존재하며, 주로 과학과 관련된 것에서 나타나고 있다. 예를 들어, 화학, 생물학과 같은 개별적인 과학은 궁극적으로 물리학으로 환원된다는 과학의 통일성 주장, 과학철학에서 관찰 불가능한 이론적 개념이나 법칙을 직접적으로 관찰이 가능한 경험명제의 집합으로 바꾸어 놓으려는 실증주의적 경향, 심리철학에서 공포, 고통, 불안 등의 정신적 현상을 자연적 혹은 물리적 현상으로 설명하려는 경향, 관찰명제에 대한 언어적 환원을 지향하는 논리실증주의의 주장 등이 환원주의의 전형적인 예이다. 그리고 심리학에서 여러 변수 중에서 중요한 것을 찾기 위해 중요변수를 순차적으로 찾아 나가는 것도 일종의 환원주의이다.

활용중심평가(utilization-focused evaluation)　평가결과의 활용도를 높이는 것에 초점을 맞추는 평가를 말한다. 활용중심평가는 Michael Q. Patton이 제안한 평가접근이다. Patton은 평가결과의 활용성을 강조하면서, 평가는 의사결정자나 평가정보이용자들이 어떠한 정보를 필요로 하며 어떤 관심을 가지고 있는가를 확인하고 조직화하는 과정이라고 보았다. Patton은 정보에 대한 필요와 관심을 확인하기 위한 준거로 평가정보이용자의 태도, 흥미, 열성 등과 같은 개인적 요인을 강조하고, 조직화를 위해서는 평가자, 의사결정자, 정보이용자 간의 계속적인 접촉이 이루어져야 함을 강조한다. 활용중심평가는 크게 의사결정자와 평가정보이용자 확인 단계, 평가 질문의 결정 단계, 평가방법의 확인 단계, 자료분석 및 해석 단계, 보급 단계로 진행된다.

회고적 평가(retrospective evaluation)　장기적으로 운영되는 프로그램의 장기적인 효과를 회고하는 관점에서 검증하기 위한 평가적 접근방법이다. 특정 시기를 기준으로 하여 프로그램의 효과나 영향을 회고적으로 평가하기 위하여 과거로부터 현재까지의 장기적인 효과를 검증해 내기 위한 방법으로 시계열 방안을 주로 활용한다.

회귀분석(regression analysis)　종속변수와 독립변수들 사이의 최적 선형함수관계를 밝히는 통계적 기법이다. 회귀분석에서는 종속변수의 분산을 설명하는 예측변수들의 선형조합을 통하여 각 예측변수가 종속변수 값의 변화에 미치는 고유 영향의 추정(회귀계수 추정), 예측변수들의 조합으로 종속변수의 분산을 설명하는 정도(결정계수 추정), 예측변수들의 조합으로 종속변수의 값을 추정하는 정밀도(잔차 분산의 추정) 등이 주요 관심사이다. 회귀분석에 의하여 추정된 다양한 추정치들에 대한 통계적 유의도 검정과 실제 효과의 크기도 연구자들의 관심사이다. 회귀분석을 위한 통계모형은 회귀분석모형 또는 회귀방정식이라고 한다. 회귀분석에서 종속변수는 연속변수를 가정하며 예측변수는 연속변수와 이분변수, 범주형 변수 등을 사용할 수 있다. 변수가 K개의 범주를 갖는 변수인 경우에는 $K-1$개의 가변수(dummy variable)로 전환하여 사용할 수 있다. 회귀분석모형에서 연속변수의 값은 예측변수 값의 모든 범위에서 등분산성을 갖고, 상호 독립적이다. 예측변수들은 오차 없이 추정된 값이며, 예측변수로 준거변수를 설명하고 난 이후의 잔차와는 독립적 관계이다. 회귀분석에서 예측변수가 하나인 경우는 단순회귀분석(simple regression analysis)이라고 하며, 예측변수가 여럿인 경우는 중다회귀분석(multiple regression analysis)이라고 한다. 단순회귀분석과 중다 회귀분석은 예측변수의 수에만 차이가 있을 뿐, 모형의 추정방법(최소제곱법), 모형의 양호도 평가기준, 결과의 해석방법 등은 같은 원리에 따른다. 회귀분석은 여러 변수들의 정보를 조합하여 한 변수의 정보를 추리하기 때문에 다양한 변수들이 상호 상관을 갖는 복잡한 현상을 연구하는 사회과학에서 많이 사용된다.

회귀불연속설계(regression discontinuity design) 연속변수(배정변수)의 분할점(cutoff)을 기준으로 그 이하 또는 이상의 조건을 충족시킨 경우에만 처치의 수혜 또는 프로그램 참여가 가능하도록 하는 연구설계이다. 실험설계와 유사하게 처치 배정 정보가 알려진 측면에서 준실험설계라 할 수 있으며, 처치 수혜 여부를 제외하고 배정변수의 분할점 경계에서의 관측값들이 유사하다는 가정하에 분할점에서의 처치에 대한 인과효과 추정이 가능하다. 회귀불연속설계 분석방법으로는 회귀모형 기반의 모수추정방법과 국소(local) 선형회귀를 포함한 비모수추정방법이 있다.

횡단연구설계(cross-sectional design) 횡단연구설계는 횡단적 연구를 위한 전체적인 조사설계 또는 연구설계를 말한다. 횡단적 연구란 한 시점을 기준으로 하는 연구로 시간의 흐름에 따라 나타나는 변화를 관찰할 수 없으며, 오직 현재의 상태만을 관찰한다. 예를 들어, 단일 인구전수조사(census)는 주어진 시기에 특정 국가의 인구 모집단을 기술하기 위한 것이다. 횡단연구설계는 표본설계에 따라 '비례적 횡단설계' '가중횡단설계' 및 '대표적 표본설계'로 나누어진다.

효과크기(effect size) 효과크기란 평균치들 간의 차이크기를 표준편차와의 비율로 나타내는 것을 말한다. 즉, 효과크기는 분석결과의 강도를 말하고, 효과크기의 척도로는 일반적으로 집단 간 평균차이를 표준편차로 나눈 값을 표준편차로 나눈 값(Cohen's d)을 사용한다. 변수의 측정이 거리를 나타내는 단위, 돈의 단위, 시간의 단위와 같이 분명한 의미의 해석이 가능한 경우를 제외하고, 임의적이고 정확한 의미를 전달하지 못할 경우는 평균치 간의 차이를 전달하는 효과크기를 사용하는 것이 연구결과의 해석에 용이하다. 효과크기를 나타내는 지수는 다양한데, 분산분석에서는 독립변수와 종속변수 사이의 관계의 정도를 나타내는 에타

제곱, 중다분석에서의 결정계수 등을 들 수 있다. 효과크기는 가설검정에서 통계적 검정력에 영향을 주는 요인으로 집단 간의 평균차이가 커질수록, 즉 효과크기가 클수록, 모집단 가설 검정의 검정력을 높이게 된다.

효율성평가(efficiency evaluation) 평가대상인 프로그램에 투입된 인적·물적 자원에 대비하여 산출이 얼마나 효율적인가를 평가하는 것으로, 해당 프로그램이 바람직한 결과를 얻기 위해 주어진 자원들을 적절하게 잘 활용했는지에 관심을 둔다. 이는 해당 프로그램이 주어진 목표를 얼마나 잘 달성했는지에 관심을 두는 효과성 평가와 구분된다. 효율성은 투입과 산출의 관계를 나타내는데, 효율성 평가는 주로 비용이나 양적 관계에 관심을 두어 투입 비용 대비 산출 지표로 효율성을 평가하며, 비용편익분석, 비용효과분석 등 다양한 효율성 평가방법이 있다. 예를 들어, 대학교육 프로그램에 투입되는 교원 수, 직원 수, 시설, 자본 등 자원의 비용과 졸업생 수, 취업률, 연구실적 등 산출 지표를 비교하여 대학교육 효율성을 평가할 수 있다.

후기실증주의(post positivism) 인간사를 실질적으로 이해하고 그 문제를 해결하기 위해서 과학적 증명이나 검증보다는 상황에 대한 이해를 위한 해석적 담론의 과정을 거쳐야 한다는 인식론이다. 후기실증주의는 객관적인 기술, 설명, 예언 및 통제를 목적으로 하고 과학적 방법론을 중시하는 실증주의적 인식론은 복잡하고 역동적인 인간사의 이해를 위한 숙고를 촉진하는 데에는 기여했으나, 그러한 인간사를 전체적으로 이해하거나 문제를 해결하는 데에는 실패했다는 반성에서 출발한다. 후기실증주의는 연구대상을 규명함에 있어 양적 검증(confirmation)을 완전히 배제하지 않지만, 역사적·비교학적·철학적·현상학적 담론을 통한 해석을 강조한다. 해석적 지식은 증명이나 논증된 것이 아니라 특정 상황에서 합의된 믿음이므로 항상 재해석의 여지를 남기는 잠정적 지식이다. 이러한 인식론은 특히 교육정책이나 프로그램을 평가하는 데 시사하는 바가 크다. 교육 프로그램은 구성원들의 다양한 이해가 복잡하게 얽혀 있는 실제 삶의 과정이고, 상황에 따라서 그 목적이나 진행과정이 달라지기도 하며, 항상 가치판단을 수반한다. 그러한 교육 프로그램을 평가하는 데에는 시대상황적 해석, 정책과정의 효율성, 질적 및 양적 실적 등 다양한 관점에서의 해석이 필수적으로 요구된다.

후진제거법(backward elimination method) 회귀방정식에 포함될 독립변수를 결정하기 위한 여러 방법 중 하나이다. 주로 독립변수의 수가 많은 회귀분석 과정에 주로 사용되며, 모든 변수가 포함된 모형으로부터 불필요한 독립변수들을 하나씩 제거해 나가는 과정을 반복하며 모형을 단순화해 나가는 방법이다. 이 방법의 절차는 다음과 같다. 먼저 모든 독립변수를 포함하는 회귀모형을 최소제곱법 등의 방법으로 적합시킨 뒤, 가장 작은 추가제곱합(extra sum of square)을 가지는 독립변수의 회귀계수에 대한 검정을 실시한다. 이때, 추가제곱합은 각각의 독립변수가 마지막으로 그 모형에 포함될 때의 효과를 의미한다. 검정의 결과가 통계적으로 유의한 경우에는 모든 독립변수를 유의한 것으로 판단하고 가장 큰 모형을 적합시킨다. 검정의 결과가 유의하지 않은 경우에는 대응하는 독립변수를 모형에서 제외한 뒤, 새로운 회귀모형을 적합시키고 앞의 절차를 반복한다. 이 과정을 선택된 회귀계수가 통계적으로 유의할 때까지 실시하고, 유의한 독립변수들만이 모형에 포함되도록 하는 방법이다. 이 과정에서 한 번 제거된 변수는 다음 단계에서 다시 모형에 포함될 수 없기 때문에 이 절차로부터 선택된 회귀식이 반드시 최적이라고 말할 수는 없다.

훈련데이터(train data) 머신러닝의 훈련과정에서 모델을 학습시키는 데 사용하는 데이터이다. 훈련데이터는 입력 정보와 출력 정보로 구분되어 있으며, 입력 정보와 출력 정보의 규칙성을 바탕으로 모델을 학습한다. 훈련된 모델은 검증데이터(test data)를 활용하여 검증한다. 모델의 성능은 훈련데이터의 양과 질에 따라 결정된다. 훈련데이터와 검증데이터의 비율은 7:3 또는 8:2가 일반적이나, 전체 데이터의 크기와 특성에 따라 달라질 수 있다.

히스토그램(histogram) 도수분포표를 자료로 하여, 계급구간을 밑변으로 하고 도수를 높이로 하여 그린 그림이다. 히스토그램은 주로 양적변수에 대해 사용되며, 막대 간에 간격이 없는 형태를 보인다. 반면, 막대그래프(bar graph)는 특정 변숫값의 도수를 막대의 높이로 하면서 막대 간 일정한 간격을 가진다.

기타

1종오류(type I error)　모집단의 특성을 표본분석의 결과로 알아보는 가설검정에서는 표집오차로 오류를 범할 수 있다. 이러한 가설검정에서 발생하는 통계적 오류는 2가지로 1종오류와 2종오류가 있다. 1종오류는 영가설이 사실인데도 표본오차로 인해 검정결과가 그 가설을 기각해 발생하는 오류로 α오류라고도 한다. 반면, 2종오류는 영가설이 거짓인데도 이를 기각하지 않음으로써 발생하는 오류로 β오류라고도 한다.

2종오류(type II error)　연구자가 실제로 거짓인 영가설을 기각하는 것을 실패할 오류이다. 2종오류를 범할 확률은 β로 표시한다. 반면, 1종오류는 영가설이 실제로는 옳은데도 불구하고 그 가설을 기각하는 오류로서 α로 표시한다.

2지표규칙(two-indicator rule)　잠재변수(latent variable)가 두 개 이상인 확인적 요인분석(confirmatory factor analysis)모형에서 잠재변수당 지표가 적어도 두 개가 있어야 식별(identification)이 된다는 규칙이다. 이때 지표의 측정오차 간 상관은 가정하지 않는다. 잠재변수가 하나만 있을 경우, 측정오차가 상관되지 않은 지표는 최소한 세 개 있어야 하며, 이를 3지표 규칙이라고 한다.

4-모수로지스틱모형(four-parameter logistic model)　3-모수모형에 문항 실수 제외도(item non-slip)를 추가하여 확장된 모형으로, 문항반응에 불확실성으로 포함되어 있던 문항 추측도와 실수도를 분리할 수 있다는 장점이 있다. 4-모수로지스틱모형은 다음과 같이 표현할 수 있다.

$$P\left(Y_{ij} = 1 \mid \theta_j\right) = c_i + \left(d_i - c_i\right) \frac{\exp\left(\alpha_i(\theta_j - \beta_i)\right)}{1 + \exp\left(\alpha_i(\theta_j - \beta_i)\right)}$$

문항모수로는 문항난이도(β_i), 문항변별도(α_i), 문항추측도(c_i)에 추가적으로 문항 실수 제외도(d_i)가 포함되어 있는데, 이는 상위 점근값으로서 피험자의 능력치가 아무리 높아져도 실수로 인해 문항에 정답을 맞힐 확률이 1이 되지 못하는 것을 나타낸다. 다시 말해, 피험자가 해당 문항에 대한 실수가 없다면 $d_i = 0$이 되며, 3-모수로지스틱모형이 된다.

AIC(Akaike Information Criterion)   정보이론에 근거하여 다수의 모형 간 상대적 적합도를 비교하기 위해 사용되는 기준치 중 하나이다. 1973년 Hirotsugu Akaike에 의해 제안되었으며, 다음의 식에 의해 산출된다.

$$AIC = -2\ln(L) + 2k$$

L: 우도(likelihood), k: 모수의 수

AIC는 모형의 적합도뿐 아니라 모형의 복잡성을 고려하는 지수로 모형에서 추정하고자 하는 모수의 수가 많을수록 값이 커진다. 즉, 같은 적합도라도 상대적으로 간명한 모형의 AIC값이 작아지므로, AIC가 작을수록 더 나은 모형으로 평가된다.

Angoff방법(Angoff method)   1971년 William H. Angoff에 의해 개발된 준거설정방법이다. 이 방법은 준거설정을 위해 구성된 수준설정자들로 하여금 문항을 분석하게 하고, 준거에 도달할 것으로 판단되는 피험자 가운데 최소능력집단이 각 문항에 정답으로 응답할 확률을 추정하도록 한다. 예를 들어, 수준설정자 A가 최소능력집단 100명의 피험자 중 1번 문항에 정답으로 응답할 피험자를 60명이라고 추정한다면, 수준설정자 A의 1번 문항 추정치는 0.6이 된다. 모든 문항에 이와 같은 절차를 거쳐 추정된 정답률을 모두 합하여 계산하면 수준설정자 A의 합격선 추정치가 산출된다. 수준설정자 각자가 산출한 추정치의 평균을 내어 도달이나 합격 여부를 결정하기 위한 최종적인 준거점수로 사용할 수 있다. Angoff방법을 적용하기 위해서는 수준설정자의 구성, 가상적인 최소능력으로 준거에 도달할 피험자 집단의 개념화, 수준설정자들 간의 의견교환 기회 허용 여부 등 해결해야 할 문제가 많다. Angoff가 이 방법을 제안할 당시 이러한 문제에 대한 구체적인 방안을 제시하지 않았다. 오히려 후속 학자들에 의해 다양한 방안이 제안되어 여러 가지 방식으로 변형되거나(modified) 확장된(extended) Angoff방법이 활용되고 있다. Angoff방법은 준거설정방법 중 가장 널리 알려져 있고, 빈번히 사용되는 방법 중 하나이다.

APA논문작성 양식(APA style)　사회 및 행동과학 분야의 연구자들을 위한 글쓰기(예: 문법 등) 및 편집양식(예: 표, 그림, 참고문헌 인용 등)에 대한 지침과 기준을 말한다. 이에 관한 내용은 미국심리학회에서 출간한 『APA논문작성법(Publication Manual of the APA)』에 제시되어 있다.

AUC(Area Under the Curve)　혼돈행렬(confusion matrix)은 선형판별분석(linear discriminant analysis)에서 실제의 성공/실패와 예측된(predicted) 성공/실패로 이루어지는 결과를 나타낸다. 특히 혼돈행렬에서 구하여진 민감도(sensitivity)와 특이도(specificity)는 각각 실제의 성공과 실패에 따른 옳은 결정을 나타내는 통계치로 선형판별분석의 질적 우수성을 나타내는 지표들이다. 민감도와 (1-특이도)를 y축과 x축으로 하고, 참의 비율에 따른 점들을 연결한 ROC(Receiver Operating Characteristic) 곡선을 그릴 수 있다. 이때 특성곡선 아래의 영역이 AUC(Area Under the Curve)로 정의된다.

Baron-Kenny방법(Baron-Kenny method)　Reuben M. Baron과 David A. Kenny가 매개효과(mediation)를 추정하기 위하여 개발한 방법으로, 3개의 회귀식을 사용하여 독립변수(X)가 매개변수(M)를 거쳐 종속변수(Y)에 미치는 영향을 분석한다.

$$Y = i_1 + c'X + e_1$$
$$M = i_2 + aX + e_2$$
$$Y = i_3 + cX + bM + e_3$$

이때, 총효과(c')는 직접효과(c)와 간접효과(ab)의 합으로 정의된다. 개별 회귀식을 사용하여 변수 간의 관계에 대한 가설을 검정하고, 이를 종합하여 매개효과의 유무를 검정한다.

Bartlett검정(Bartlett test)　셋 이상의 모집단들이 동일한 분산을 갖는지에 대한 검정, 즉 등분산(homogeneity of variance)에 대한 검정방법을 말한다. 여러 개의 정규 모집단으로부터 사례수가 동일하지 않은 독립적인 확률표본을 추출하였을 때, 표본분산들 간 통계적으로 유의한 차이가 있는가를 동시적으로 검정하며, Bartlett의 등분산검정(test for homogeneity of variance)이라고 불린다. Bartlett검정의 영가설은 모든 집단의 모집단 분산은 동일하다는 것이고, 영가설이 기각될 경우 등분산성 가정이 성립하지 않는다고 결론 내린다. χ^2 분포에 기반한 검정방식이고, 모집단의 정규분포를 가정한다. 모집단이 정규분포를 벗어난 경우 대안적으로 Leven 검정이 정규성의 이탈로부터 덜 민감한 것으로 알려져 있다.

BIC(Bayes Information Criterion) 베이지안 통계량을 이용하여 상대적 모형 적합도를 비교하기 위한 지수이다.

$$BIC = -2\ln(L) + k\,\ln(n)$$

L: 우도(likelihood), k: 모수의 수, n: 표본크기

　AIC와 마찬가지로 모형의 적합도와 복잡성을 고려한 지수이나, 표본크기를 포함함으로써 모형의 복잡성에 보다 강한 페널티를 주는 특징이 있다. BIC가 작을수록 더 나은 모형으로 평가된다.

Bonferroni부등식(Bonferroni inequality) 한 개 또는 그 이상의 사건이 일어날 확률이 각 사건이 일어날 확률을 모두 합한 값을 초과할 수 없음을 나타내는 부등식이다. 중다비교검정에서 Bonferroni부등식은 실험군 오차율인 유의수준 α를 분할하는 일반적인 방법으로 적용된다. n개의 가설(비교)을 유의수준 α에서 동시에 검정하는 중다비교검정을 수행할 때 n개의 가설(비교)들을 각각 유의수준 $\alpha_1, \alpha_2, \cdots, \alpha_n$에서 검정한다면 각 가설(비교)검정의 유의수준의 합이 α를 초과하지 못한다는 것으로, $\alpha_1 + \alpha_2 + \cdots + \alpha_n \leq \alpha$와 같이 나타낼 수 있다. 연구자가 n개의 가설을 실험군 오차율 α에서 검정하기 원한다면 실험군 오차율 α보다 적은 1종 오류가 각 가설을 검정하는 데 할당되어야 하고, 각 가설을 검정하는 데 사용된 1종 오류의 합(n개의 합)이 실험군 오차율 α를 넘지 않아야 한다. α_1을 첫째 가설을 검정하는 유의수준, α_2를 두 번째 가설을 검정하는 유의수준, $\cdots$, α_n을 n번째 가설을 검정하는 유의수준이라고 하면, $\alpha_1 + \alpha_2 + \cdots + \alpha_n \leq \alpha$가 성립되어야 한다. Bonferroni부등식은 표집분포를 기초로 하는 검정통계량이 아니라 실험군 오차율을 나누어 검정하기 원하는 가설의 총수(n개)로 나누어 동시에 검정하는 모든 가설의 유의수준의 합의 최댓값이 실험군 오차율 α와 동일해지도록 실험군 오차율을 나누는 방법이다. 그 결과 n개의 가설을 동시에 검정하여도 실험군 오차율이 α를 초과하지 못한다.

Bookmark방법(Bookmark method) Daniel M. Lewis, Howard C. Mitzel과 Donald R. Green에 의해 1996년에 개발된 준거설정방법으로, 현재 미국에서 전국교육향상도평가뿐 아니라 주 단위 학업성취도검사에서 가장 보편적으로 사용되고 있다. 이 방법에서는 준거설정을 위한 내용 및 평가 전문가로 수준설정자를 구성하고, 난이도별로 쉬운 문항부터 어려운 문항으로 구성된 '순서화된 문제집(Ordered Item Booklet: OIB)'을 만든다. OIB를 만들기 위

해 문항반응이론이 사용되며, 각 문항에 옳게 응답할 확률이 2/3가 되는 데 필요한 능력점수를 기반으로 문항의 순서가 정해진다. 다음 단계에서는 수준설정자를 몇 개의 소집단으로 나누고, 각 소집단별로 OIB를 분석하도록 한다. OIB 분석이 끝나면, 수준설정자는 시험에서 합격하기 위해 맞혀야 할 문항 중 난이도 순으로 볼 때 가장 어려운 문항을 표시한다. 이때 표시된 문항의 척도점수가 그 수준설정자가 기대하는 준거점수가 된다. 소집단에서는 다시 수준설정자 각자가 표시한 문항을 가지고 토의한 후, 두 번째로 자신의 의견을 각자 OIB상에 표시한다. 소집단, 소집단을 묶은 중집단, 전체집단 순으로 토의한 후, 수준설정자는 OIB에 자신의 최종적인 의견을 표시한다. 최종적으로 표시된 문항의 척도점수를 수합하여 준거점수를 결정하는데, 일반적으로 수준설정자들의 점수의 중앙값을 사용한다. Bookmark방법은 전문가들의 합의에 의해 준거점수를 산출하므로 합의과정이 단순한 토의를 통해서가 아니라 실제로 학생들이 치른 시험의 문항분석 결과를 중심으로 이루어진다는 점에서 객관성을 확보할 수 있다. 또한 수준설정자들이 문항난이도나 정답률을 추정하지 않아도 되고, 측정학적 전문적인 지식이 없는 일반인도 쉽게 준거점수를 설정할 수 있다는 장점을 갖고 있다.

CIPP평가모형(CIPP evaluation model)　Daniel L. Stufflebeam이 제안한 의사결정지원 평가모형을 말한다. Stufflebeam은 교육평가는 교육 프로그램 개선과 관련하여 올바른 의사결정을 내리는 데 필요한 정보를 제공해 주고, 그 결정이 갖는 장단점을 파악할 수 있게 해야 한다는 입장에서 평가모형을 제안하였다. Stufflebeam은 교육 프로그램 개선을 위한 의사결정을 계획과 관련된 결정, 구조화와 관련된 결정, 교육실천을 위한 결정, 그리고 차기 계획과 순환을 위한 결정으로 구분하여 이러한 의사결정에 관련되는 정보를 제공하기 위해서 교육체제를 맥락, 투입, 과정, 산출로 나누었다. 즉, 맥락평가(Context evaluation), 투입평가(Input evaluation), 과정평가(Process evaluation), 그리고 산출평가(Product evaluation)의 4가지 측면에 대한 평가를 CIPP 평가모형에 포함시켰다. 맥락(상황)평가는 교육활동이 이루어질 환경과 상황을 제시하고 학생들에게 충족되어야 할 필요와 요구가 무엇인지를 알려 주며 교육을 통해 추구해야 할 일반적인 목적과 구체적인 목표를 확인해 주는 역할을 하는 것으로서, 교육 프로그램의 목표를 설정하고 조정하는 데 필요한 합리적 기초나 이유를 제공하는 데 유용하다. 투입평가는 설정된 목표를 성취하기 위해 교육활동에서 사용되어야 할 필요한 수단과 절차에 대한 정보를 제공해 주는 평가로서, 의사결정자가 여러 가지 대안이 되는 전략을 결정하는 데 필요한 정보를 사전에 제공해 주는 데 도움이 된다. 과정평가는 계획된 교육 프로그램이 실제로 교육현장에 투입되었을 때 원래의 설계대로 전개되고 있는지를 파악하여 정보를 제공하는 것으로서, 주로 교육 프로그램의 실천단계에서의 절차적인 사안과 활동을 기술하고 문제점과 효율성을 점검한다. 산출평가는 교육 프로그램의 성취결과를 측정하고 해석하기 위한 목적으로 이루어지는 평가로서 프로그램의 목표는 제대로 성취되었는지, 학생의 요구는 얼마나 충족되었는지 등을 알아본다. CIPP 평가모형은 교육체제의 전체적인 측면에 대한 평가를 시도함으로써 의사결정자에게 교육 프로그램 개선과 관련된 의사결정에 도움이 되는 정보를 제공할 수 있다는 장점이 있지만 평가자가 가치문제와 판단을 회피하여 중요한 교육적 가치판단을 의사결정자에게 위임한다는 점에서 평가의 기능과 범위를 제한한다.

Cohen's d(Cohen's d)　표준화된 평균 차이 효과크기(effect size)로, 처치집단과 통제집단의 평균 차이를 통합된 표준편차(pooled standard deviation)로 나누어 산출한다.

Cohen's 카파(Cohen's kappa)　검사점수 평정자 간의 일치도를 추정하기 위해 사용되는 방법이다. Jacob Cohen은 평정자 간의 일치도가 과대추정되는 문제점을 해결하기 위하여 우연에 의해 일치된 부분을 통제하고 순수하게 평정이 일치한 두 평정자 간의 일치도를 계산하기 위한 카파계수를 제안하였다. 카파계수는 0 이상 1 이하의 값을 가지며, 우연에 의한 평정자의 일치 확률을 제거하였으므로 다른 일치도 계수보다 항상 작은 값을 갖게 된다. 카파계수의 산출공식은 다음과 같다.

$$K = \frac{P_A - P_C}{1 - P_C}$$

P_A: 관찰자 간 일치도

P_C: 우연히 두 평정자에 의하여 일치된 평정을 받은 피험자의 비율

Cook의 거리(Cook's distance)　회귀분석에서 특정 사례가 전체 회귀식에 미치는 영향을 나타낸 통계치로서 1977년 Dennis R. Cook이 제안하였다. 구체적으로, 자료에 포함된 사례 i가 회귀식에 미치는 영향은 다음 식과 같다.

$$Cook's\ D_i = \frac{\sum(\hat{Y} - \hat{Y}_{(-i)})^2}{(k+1)MS_{residual}}$$

이 식에서 $\hat{Y}$는 모든 사례가 포함된 회귀식의 예측치, $\hat{Y}_{(-i)}$는 사례 i가 제거된 회귀식의

예측치, k는 예측변수의 개수, $MS_{residual}$는 오차 평균 제곱합을 의미한다. 즉, Cook의 거리는 사례 i가 포함될 때와 제거될 때의 예측값을 비교한 통계치로서 분석자료에 포함된 이상치를 진단하는 데 활용된다.

Cronbach알파(Cronbach's alpha) 문항들의 내적 일관성에 기초하여 추정되는 신뢰도 지수의 하나이다. 각 문항을 하나의 검사로 간주하고 응답자들이 문항들에 대해 얼마나 일관성 있게 반응하는가를 계산하게 된다. KR-20이 이분문항에 대한 신뢰도계수를 추정하는 것과는 달리 다분문항에 대한 신뢰도를 추정할 수 있다. Cronbach알파의 계산은 총점 분산과 문항점수 분산 합의 비를 이용하여 계산된다.

$$\alpha = \frac{k}{k-1}\left[1 - \frac{\sum_{i=1}^{n}\sigma_i^2}{\sigma_X^2}\right]$$

k: 문항수

σ_i^2: i번째 문항에 응답한 피험자점수의 분산

σ_X^2: 피험자들의 총점의 분산

여기서 $\frac{k}{k-1}$은 보정계수이며, 문항수가 많을수록 보정계수의 영향력이 약해지고, 문항수가 적을수록 보정계수가 미치는 영향이 커진다. Cronbach알파는 알파계수라고도 불린다.

DINA모형(Deterministic Input, Noisy "And" gate model) 인지진단모형 중 대표적인 비보상모형(non-compensatory model)으로, 한 인지요소의 숙달이 다른 인지요소의 부족을 대신 채워 주지 못한다고 가정한다. 즉, 문항이 측정하는 인지요소들을 모두 숙달해야 정답을 맞힐 수 있다고 가정하는 결합적 규칙(conjunctive rule)에 기초한 모형이다. DINA모형은 비보상적 가정에 기초하여 문항에 대한 피험자의 잠재 반응을 추정한 다음, 실수할 확률과 추측할 확률을 고려하여 피험자가 해당 문항에 정답할 확률을 추정한다. 즉, 피험자가 문항을 푸는 데 필요한 모든 인지요소를 숙달한 경우 실수하지 않는 한 그 문항에 정답을 할 것으로 가정하며, 문항을 푸는 데 필요한 인지요소 중 숙달하지 못한 인지요소가 하나라도 있는 피험자는 추측에 성공할 경우에만 정답을 할 것이라고 가정하는 모형이다.

DINO모형(Deterministic Input, Noisy "Or" gate model) 인지진단모형 중 대표적인 보

상모형(compensatory model)으로, 한 인지요소의 숙달이 다른 인지요소의 부족을 대신 채워 줄 수 있다고 가정한다. 즉, 문항이 측정하는 인지요소 중 어느 하나만 숙달해도 정답을 맞힐 수 있는 비결합적 규칙(disjunctive rule)에 기초한 모형이다. DINO모형은 보상적 가정에 기초하여 문항에 대한 피험자의 잠재 반응을 추정한 다음, 실수할 확률과 추측할 확률을 고려하여 피험자가 해당 문항에 정답할 확률을 추정한다. 즉, 피험자가 문항을 푸는 데 필요한 인지요소 중 적어도 한 요소를 숙달한 경우에는 실수하지 않는 한 그 문항에 정답을 할 것으로 가정하며, 문항을 푸는 데 필요한 인지요소 중 숙달한 요소가 하나도 없는 피험자는 추측에 성공할 경우에만 정답을 할 것이라고 가정하는 모형이다.

Duncan중다범위검정(Duncan's multiple range test)　분산분석에서 표본평균들 간에 유의한 차이가 있을 때 어떤 표본들의 평균차가 통계적으로 유의한지를 사후에 검정하는 방법 중의 하나이다. Duncan검정은 비교되는 평균쌍이 실험 내에서 어떤 서열관계에 있는가에 따라서 각기 다른 범위의 임계치를 적용하므로 중다범위검정이라고 부른다.

Dunnett검정(Dunnett's test)　다중비교 절차 중 하나로, 통제군(대조군)과 여러 개의 처치집단을 동시에 비교하는 데 사용되는 사후검정방법이다. 다음과 같은 가설을 검정하는 방법을 말한다.

$$H_0 : \mu_i = \mu_a \qquad H_1 : \mu_i \neq \mu_a \qquad i = 1, 2, \cdots, a-1$$

a개의 처치(treatment)집단들 중 하나가 비교집단이 되므로 a–1개의 비교만이 가능하게 된다. $\bar{y}_i$는 i번째 실험집단의 평균이며, $\bar{y}_a$는 a번째 비교집단의 평균이라고 할 때, Dunnett검정에서 표본평균의 차이는 다음과 비교된다.

$$d_\alpha (a-1, f) \sqrt{MSE \left(\frac{1}{n_i} + \frac{1}{n_a} \right)}$$

여기서 f는 자유도이고, MSE는 분산분석으로부터 계산된 평균제곱오차이며, α는 유의수준이 된다. $d_\alpha (a-1, f)$값은 Dunnett의 표(단측과 양측검정이 모두 가능)로부터 얻을 수 있다. 만일 표본평균들의 차이가 위의 값보다 크다면, 즉

$$|y_i - y_a| > d_\alpha (a-1, f) \sqrt{MSE \left(\frac{1}{n_i} + \frac{1}{n_a} \right)}$$

이면, 영가설 $H_0 : \mu_i = \mu_a$는 기각된다. Dunnett t검정이라고도 하며, 어떤 비교에서도 α오류를 범할 확률이 전반적 F검정에서의 α수준을 넘지 않도록 한다.

Dunn검정(Dunn test)　Bonferroni부등식을 이용하여 Dunn이 개발한 중다비교 방법으로 n개의 가설을 동시에 검정하는 실험군 오차율이 α 일 때, 각 가설을 동일한 유의수준 α/n 에서 검정하도록 하여, 각 유의수준의 합인 실험군 오차율을 α 이하로 통제하는 방법이다. 일원분산분석에서 여러 표본 집단 간의 차이가 의미 있는 것으로 나타날 때, 어떤 쌍의 표본 평균이 차이가 있는지를 알아보는 데 유용하며, 계획비교와 사후비교에 모두 사용가능하다. 비교하는 가설의 수가 적을 때 높은 검정력을 제공하면서 실험군 오차율을 제어한다.

Durbin-Watson검정(Durbin-Watson test)　보통최소제곱(ordinary least squares)으로 계산된 잔차를 이용하는 선형모형에서 오차항의 계열상관(serial correlation)을 검정하는 것으로, 오차의 독립성에 대한 검정이다. 일반적 회귀분석에서는 오차의 독립성을 가정하지만 시계열분석에서는 선형모형을 적용하고자 할 때 오차항이 독립이 아니고 1차 자기회귀모형을 따르는 문제가 빈번히 발생한다. 관찰된 표본수를 n이라고 하면 Durbin-Watson통계량 d는 다음과 같이 정의된다.

$$d = \frac{\sum_{i=2}^{n}(e_i - e_{i-1})^2}{\sum_{i=1}^{n}e_i^2}$$

　여기서 $e_i = y_i - \hat{y}_i$로 최소제곱법에 의해 추정된 잔차이다. d값이 2에 가까우면 오차항들은 서로 독립이라고 할 수 있으며, 0에 가까우면 양의 자기상관(positive autocorrelation), 4에 가까우면 음의 자기상관(negative autocorrelation)이 있음을 의미한다.

D연구(Decision study: D-study)　일반화가능도이론의 두 번째 단계에서 이루어지는 연구로 효율적인 측정절차에 대한 의사결정을 연구한다. D연구에서는 G연구에서 산출된 분산성분 추정치를 활용하여 일반화가능도를 조정 및 개선하는 데 초점을 두며, 연구자가 검사결과를 일반화하고자 하는 일반화 전집(universe of generalization)을 어떻게 설정하느냐에 따라 다양한 설계가 가능하다. 다양한 D연구를 수행함으로써 연구자는 주어진 조건에서 효율적인 측정 구조 및 절차가 무엇인지를 결정할 수 있게 된다. D연구에서는 고전검사이론과 달리 규준참조적 평가에 활용되는 상대오차와 준거참조적 평가에 활용되는 절대오차를 구분하며, 이에 따라 산출되는 신뢰도 계수도 다르게 정의된다.

E-M알고리듬(E-M algorithm) 통계모형의 모수추정이 단일식으로 계산되지 않는 경우에 E(expectation)-단계와 M(maximization)-단계로 나누어 계산을 반복하고 그 값을 업데이트하면서 모수를 추정해 나가는 절차를 의미한다. E-단계에서는 관찰자료로부터 완전자료(complete data)의 충분통계량(sufficient statistics)을 조건기댓값으로 산출하고, M-단계에서는 산출된 완전자료의 충분통계량을 사용하여 최대우도추정치를 계산한다. E-M 연산방식에서 최대우도 추정치를 구할 때는 MLF(Maximum Likelihood for Fixed)와 MLR(Maximum Likelihood for Random) 중에서 하나를 우도함수로 선택하여 계산한다. MLF는 고정효과 모수를 미리 추정하여, 고정효과 모수의 영향을 준거변수의 변산에서 제거하고 난 후에 무선효과 모수를 추정하는 방법이고, MLR은 모든 모수를 무선효과로 가정하여 추정하는 방법이다. MLF에 의한 추정량은 full ML(Maximum Likelihood) 추정량이고 MLR에 의한 추정량은 REML(REstricted Maximum Likelihood) 추정량이다. 통계모형에 고정효과 모수가 많이 존재할수록 MLR의 추정 정밀도가 더 높다고 할 수 있다. 또한 통계모형이 복잡할수록 MLF를 선택하는 경향이 있다. 다층모형의 경우에 2수준 모형은 MLR을 사용하며, 3수준 모형은 MLF를 사용한다. E-M알고리듬은 자료가 불균형인 경우, 결측치가 있는 경우에 모든 자료가 존재하였다면 기대되는 충분통계량을 산출하여 최대우도 추정치를 계산하므로 다층통계모형, 문항반응이론모형 등 모수추정에 복잡한 계산이 요구되고 모든 모수의 동시추정이 어려운 경우, 그리고 불균형 자료로 인하여 단일식으로 계산이 종결되지 않는 경우에 많이 활용된다.

EAP추정(Expected A Posteriori estimation) 베이지안 추정에서 관측된 데이터를 기반하여 모수의 기댓값을 추정하는 방법으로, 사후확률분포의 기댓값 혹은 평균을 모수의 추정치로 보는 방법이다. 베이지안 추정에서는 사전확률분포, 우도, 사후확률분포가 필요하며, 데이터를 관측하기 전 연구자가 추정하려는 모수에 대한 사전지식과 신념 등이 사전확률분포로 표현된다. 데이터를 관측하면 다양한 모수값들과 얼마나 잘 일치하는지를 측정하는 우도를 계산할 수 있으며, 베이즈정리를 사용하여 사전확률분포와 우도를 결합한 후 사후확률분포를 구할 수 있다. 이 분포는 데이터를 관측한 후 모수에 대해 업데이트된 지식 혹은 신념을 나타낸다. EAP추정은 이 사후확률분포의 기댓값 혹은 평균이며, 사전지식 및 신념과 관측된 데이터를 결합하여 모수의 추정값을 제공한다.

Ebel방법(Ebel method) 1972년 Robert L. Ebel에 의해 제안된 준거설정방법이다. 이 방법은 크게 세 단계를 거쳐 수행된다. 1단계에서 수준설정자들은 문항의 이원분류표를 작성한다. 즉, Ebel은 '쉬운 문항' '보통 문항' '어려운 문항'으로 구분되는 문항난이도(difficulty) 차원과 '필수문항' '중요문항' '수용 가능문항' '부적절 문항'으로 구분하는 문항적절성(relevance) 차원에 의한 이원분류표를 작성하도록 하였다. 2단계에서 수준설정자들은 문항들을 이원분류표(3×4=12개 문항군)에 따라 분류한다. 3단계에서 수준설정자들은 가상적으로 개념화한 최소능력을 지닌 피험자 집단(minimally competent examinee group)이 이원분류표 각 문항군에 대하여 정답으로 응답할 비율을 추정한다. 최종 분할점수는 수준설정자들이 추정한 각 셀의 정답률과 그 셀에 속한 문항수를 곱하고, 이렇게 계산된 값을 12개 문항군으로 합산하여 산출한다. Ebel은 이 방법이 문항난이도가 매우 쉽거나 어려운 문항으로 구성된 검사의 경우, 또는 변별도가 매우 낮은 문항들로 구성된 검사의 경우 적합하지 못한 방법이라고 지적하였다. 2014년부터 우리나라 성취평가제에서는 Ebel방법을 변형하여 준거설정방법으로 활용하고 있다.

F 검정(F test) 　U와 V를 각각 자유도가 m, n인 카이제곱(chi-square) 분포를 따르는 독립적 확률변수라고 하면, 그 비 $X = \dfrac{U/m}{V/n}$ 는 자유도가 m과 n인 F확률변수라고 하는데, 이와 같은 통계량을 이용한 가설검정을 F검정이라고 한다. F의 확률밀도함수는 다음과 같다.

$$f_X(x) = \frac{\Gamma\left(\dfrac{m+n}{2}\right)}{\Gamma\left(\dfrac{m}{2}\right)\Gamma\left(\dfrac{n}{2}\right)} \left(\frac{m}{n}\right)^{\frac{m}{2}} \frac{x^{(m-2)/2}}{[1 + (m/n)x]^{(m+n)/2}}, \quad x > 0$$

　F 검정은 주로 여러 표본평균의 동질성 검정, 즉 분산분석에 이용되며, 2개의 정규분산들의 비에 대한 검정, 다변량정규분포의 평균벡터에 대한 검정, 그리고 다중상관계수(multiple correlation coefficient)가 0인지에 대한 검정에 이용되기도 한다.

Fisher변환(Fisher transformation) 　Ronald A. Fisher가 제안한 상관관계 계수에서 Z 점수로의 변환을 말하며, Fisher의 Z 변환이라고도 부른다. 이 변환을 통해 모집단의 상관관계 계수 ρ_{XY}가 특정한 값과 같은지를 검정할 수 있다. Fisher가 제안한 $z = \dfrac{1}{2}\log_e\left(\dfrac{1 + r_{XY}}{1 - r_{XY}}\right)$ 의 공식으로 변수 X와 Y의 상관관계 계수 r_{XY}는 Z 점수로 변환된다. Fisher의 공헌은 이 변환된 Z 점수가 표본의 크기가 너무 작지 않다면 유사정규분포(approximately normal distribution)를 따르게 됨을 보였다는 점이다. 즉, 상관계수를 Fisher의 제안에 따라 Z 점수로 변환하면 유사정규분포를 이루기 때문에 정규분포를 이용하여 상관계수에 대해 설정된 가설을 검정할 수 있다는 것이다. 또한 Fisher는 변환된 Z 점수의 평균이 $\frac{1}{2}\log_e\left(\frac{1+\rho_{XY}}{1-\rho_{XY}}\right)$ 로, 분산이 $\frac{1}{N-3}$ 로 수렴됨을 보였다. Fisher의 Z 변환과 가설검정을 위해서는 변수 X와 Y의 모집단 분포가 이원 정규분포를 이룬다는 가정이 필요하다.

Fisher점수화계산법(Fisher's scoring method)   반복법(iterative method)을 사용하여 함수의 근사적인 해를 구하는 방법 중의 하나이다. Fisher점수화계산법은 뉴튼-랩슨 방법(Newton-Raphson method)에서 이차미분행렬 대신 Fisher정보행렬(Fisher information matrix)을 사용하는 방법이다. 테일러 전개식을 이용한 것으로 모수추정 과정에서 비선형함수의 근사해를 찾기 위해 많이 활용된다.

Fisher정확검정(Fisher's exact test) 2×2 분할표를 구성하는 도수자료를 초기하확률분포를 이용하여 검정하는 방법이다. 2×2 분할표는 2개의 유목을 가진 독립변수와 역시 2개의 유목을 가진 종속변수로 구성된다. 독립변수의 예로는 상위집단과 하위집단, 남성과 여성, 실험집단과 통제집단 등이 있으며, 종속변수의 예로는 찬성과 반대, 정답과 오답, 성공과 실패 등이 있다. 다음은 2×2 분할표의 한 예이며, a, b, c, d 각 칸은 도수 또는 비율이다.

	찬성	반대	
남성	a	b	a+b
여성	c	d	c+d
	a+c	b+d	N

이러한 자료를 검정하기 위한 영가설은 '독립변수인 성별과 종속변수인 의견은 독립이다.' 가 되며, 초기하확률분포를 이용하여 검정이 가능하다. 주변도수가 고정되었다고 가정할 때 a와 b의 값이 변화함에 따라 c와 d의 값이 변화되며, 주어진 a, b, c, d의 도수배치가 일어날 확률은 다음과 같다.

$$P_r = \frac{(a+b)!(c+d)!(a+c)!(b+d)!}{N!a!b!c!d!}$$

주변도수를 고정시키고 a와 b를 변화시켜 가면서 모든 가능한 도수배치를 가진 2×2 분할표에 대하여 각 도수배치가 일어날 확률의 합을 구하면 1이 된다. 특정한 도수배치가 일어날 확률을 구하여 극단의 도수배치로부터의 누적확률을 구하고, 이를 유의수준과 비교하여 영가설의 기각여부를 결정하는 방법이다.

Fisher최소유의차검정(Fisher's LSD test)　최소유의차(Least Significant Difference: LSD) 검정은 ANOVA에서 영가설을 기각한 경우, 즉, 분산분석 결과가 통계적으로 유의하게 나타난 경우 추가적으로 t통계량을 이용하여 계산한다. 즉, LSD검정은 개별 집단 간의 두 평균을 직접 비교를 위한 최소유의차 값을 구하고, LSD보다 큰 차이는 통계적으로 유의한 결과로 간주한다. 집단 i와 j에 대한 평균차 검정에서 LSD는 다음과 같이 정의된다.

$$LSD = t_{\alpha/2,\ N-a}\sqrt{MSE\left(\frac{1}{n_i}+\frac{1}{n_j}\right)}$$

MSE는 분산분석으로부터 계산된 평균제곱오차이며, n_i와 n_j는 i집단과 j집단의 표본 크기이다. α는 통계적 유의수준을 의미하고, a는 집단 또는 처치(treatment)들의 수이고, N은 관찰값들의 총수를 의미한다.

Friedman검정(Friedman test)　실험연구에서 J개의 실험조건에 무작위로 배정된 K개의 짝지어진 집단이 있을 때 각각의 열에서 도출된 순위를 사용해 실험처치효과를 검정하는 방법이다. Friedman검정은 순위에 의한 일원반복측정분산분석이라 할 수 있으며, 정규분포를 따르지 않는 반복측정 데이터에 적용할 수 있는 비모수 분석방법으로 용이하다.

GDINA모형(Generalized DINA model)　Jimmy de la Torre가 2011년에 개발한 모형으로 DINA모형의 가정을 완화하여 확장한 일반화된 인지진단모형이다. DINA모형은 문항의 필수 인지요소들 중 하나라도 숙달하지 못하면 오답할 것이라는 비보상적 가정에 기초하고 있지만, GDINA모형은 동일한 검사 내에서도 문항에 따라 서로 다른 가정에 기초하여 정답확률이 산출될 수 있음을 허용한다. 즉, 문항별로 어떤 인지요소들을 어떤 조합으로 숙달했는지에 따라 정답확률이 달라진다. 문항반응함수는 인지요소의 주효과 및 상호작용효과들의 합으로 구성된다. GDINA모형은 무제한적 포화모형으로 모수제약 방식 또는 연결함수의 선택에 따라 DINA, DINO, LCDM 등 다양한 모형들로 표현될 수 있다.

G연구(Generalizability study: G-study)　일반화가능도이론의 2단계 연구 중 첫 번째 단계에서 이루어지는 연구로, 검사점수에 영향을 주는 오차요인들을 국면(facet)으로 구분하고 각 국면별 분산성분을 추정하는 것을 주요 과업으로 삼는다. G연구에서는 검사점수에 영향

을 주는 다양한 국면들이 검사점수에 미치는 영향을 측정모형으로 개념화하며, 이를 바탕으로 정의된 허용가능한 관찰전집(universe of admissible observation)에서 검사자료가 표집된 것으로 가정하고 분산성분을 추정하게 된다. 연구자는 G연구에서 추정된 분산성분들의 값을 비교함으로써 전체 검사점수에 미치는 각 오차요인들의 상대적 영향력을 평가할 수 있다. G연구 후에는 일반화가능도이론의 두 번째 단계로 D연구가 수행된다.

HotellingT제곱(Hotelling's T²) 다변량분석분석(MANOVA)에서 사용하는 가장 기초적인 다변량 통계치로, 선형조합된 점수들의 차이를 검정하기 위해 개발되었다. 즉, 단변량 독립 t검정이 하나의 종속변수에 대한 집단 간 차이를 검정하는 것이라면, HotellingT²은 여러 종속변수들에 대한 집단 간 차이를 검정한다고 할 수 있다. MANOVA에서 산출되는 많은 행렬들이 HotellingT²을 계산하는 데 사용되고, 이는 분포의 분산 정도를 알려 준다. 자료가 기본 가정을 크게 위반하지 않고 집단 간의 차이가 실제 존재할 때 그 차이를 식별해 준다.

Hoyt신뢰도(Hoyt reliability) 문항 간 내적 일관성을 바탕으로 분산분석을 사용하는 신뢰도 추정방법이다. 신뢰도 추정은 동일한 피험자가 여러 개의 문항들에 대해 반복적으로 응답하는 상황이 분산분석의 반복설계와 유사하다는 전제하에서 이루어진다. 실제 계산은 다음의 공식에 의해 이루어진다.

$$\rho_{xx'} = \frac{MS_p - MS_e}{MS_p}$$

MS_p: 피험자 간 편차제곱평균

MS_e: 오차 제곱평균

  Hoyt 신뢰도 추정방법은 진점수 분산과 관찰점수 간의 비율로 산출된다는 측면에서 Cronbach알파와 유사하며 계산 결과는 동일하다. Cronbach알파와 마찬가지로 검사를 두 번 시행하거나 양분할 필요가 없다.

IRT우도비검정(IRT-likelihood ratio test) 문항반응이론에 기초하여 차별기능문항을 검정하는 방법의 하나로, 차별기능이 의심되는 문항에 대하여 집단 간 문항모수의 차이를 허용한 모형과 그렇지 않은 모형의 우도(likelihood) 값을 검정한다. 이때, 차별기능을 검증하는 문항에 대하여 두 집단 간 문항모수가 동일하도록 제약한 기본 모형(compact model)과 집단 간 문항모수가 다름을 허용한 확장모형(augmented model)의 우도값을 비교하고 기본 모형에서 확장된 부분이 통계적으로 유의한지를 검증한다. 각 모형에서 얻어진 우도값을 비교하는 통계치(G^2)로 계산되며, 이 통계치는 문항이 두 집단 간 동일하게 기능한다는 영가설하에서 χ^2분포를 따른다. 따라서 IRT우도비검정의 통계적 유의성은 χ^2검정으로 확인하며, 이 때 자유도는 확장모형에서 차이가 허용된 문항모수의 개수이다.

Jaeger방법(Jaeger method)　　1978년 Richard M. Jaeger에 의해 제안된 준거설정방법이다. 그는 소수의 전문가로 구성된 준거설정자보다 다양한 이해관계당사자들이 준거설정작업에 참여할 것을 주장하였다. 준거설정자들은 "합격이라는 결정을 내리기 위해 이 문항에서 합격할 '모든' 피험자가 맞게 응답해야 합니까?"라는 질문에 "예" 또는 "아니요"로 응답하게 된다. 100개 문항으로 혼성된 검사에서 준거설정자 A가 40문항에서 "예"라고 대답했다면, 준거설정자 A의 분할점수 기대치는 40점이 된다. 최종적인 분할점수는 준거설정자의 분할점수 기대치의 중앙값으로 계산된다. Jaeger의 방법은 다른 준거설정방법처럼 합격할 수 있는 최소능력을 가진 피험자 집단을 개념화할 필요가 없다는 특징이 있다. 또한, 이 방법은 반복적이라는 특징이 있는데, 준거설정자들로 하여금 자신의 처음 결정을 다시 검토해 보고 수정할 수 있는 기회를 부여한다. 일반적으로 준거설정자의 재검토를 위해 다른 준거설정자의 판단자료를 제공한다.

John-Henry효과(John-Henry effect)　　실험참여자들을 실험군과 통제군으로 나누어 실험군에는 처치를 가하고 통제군에는 아무 처치를 가하지 않는 실험조작 시, 통제군에 배정된 참여자들이 자신들이 통제군에 속해 있음을 알아차리고 실험군에게 무언가 보여 주기 위해 열심히 노력하여 실제적으로 더 높은 수행을 보이는 경우를 지칭한다. 이 현상은 미국의 개척 시절 철도 공사장에서 John Henry라는 노동자가 자신의 육체노동 결과가 나중에 기계를 사용한 결과와 비교될 것이라는 것을 알고는 과도한 노력을 투여하여 기계를 사용한 결과보다 더 나은 수행을 보인 후 사망한 사건에서 유래한 것이다. 이러한 현상은 실험연구의 내적 타당도를 저해하는 중요한 원인이 된다. 이런 경우 통제군도 실험처치를 받고 있다고 생각할 수 있도록 실험군에 가하는 처치와는 다른 종류의 처치를 가함으로써 통제군에서 나타날 수 있는 John Henry효과를 배제할 수 있다.

k-평균군집화(k-means clustering)　　사전에 결정된 군집의 개수(k)에 따라 군집 내의 분산(within-cluster variation)이 최소화되도록 나누는 방법이다. 무선 선정된 k개의 군집에서

무게중심(centroid)을 계산하고, 각 데이터를 다시 가까운 무게중심의 군집에 포함하여 다시 무게중심을 설정해 나가는 알고리듬을 반복해 나간다. 무게중심으로부터 계산되는 군집 내의 분산이 더 이상 줄어들지 않으면 군집화는 멈추게 된다.

Kendall타우(Kendall tau)   한 순위를 다른 순위와 비교할 때 반전(inversion)의 개수에 기초를 둔 분포무관한 순위 상관계수로, 1938년 Maurice G. Kendall에 의해 제안되었다. 순위를 부여한 변수 사이의 연관성이 어느 정도 존재하는지를 알아보고자 할 때 사용하는 비모수적 방법이다. 예를 들어, 3명의 심사위원이 5명의 대회 참가자에 대해 등수를 부여했을 때, 순위 상관계수를 적용하여 심사위원들이 부여한 등수가 어느 정도의 일치도를 보이는지를 파악할 수 있다.

KMO척도(Kaiser-Meyer-Olkin measure)   KMO척도는 자료가 요인분석이나 다변량분석에 적합한지를 평가하기 위하여 활용하는 통계적 척도이다. KMO척도는 변수 간의 상관계수(correlation coefficient)와 부분상관계수(partial correlation coefficient)를 통해 계산될 수 있다. 0~1 범위의 값을 가지며, 값이 클수록 자료가 요인분석이나 다변량분석에 적합함을 의미한다.

Kolmogorov-Smirnov검정(Kolmogorov-Smirnov test)   표본자료의 분포를 기대분포 또는 주어진 모집단의 알려진 분포와 비교하기 위한 검정이다. 1933년 Andrei N. Kolmogorov에 의하여 제안되었고, 1939년 Nikolai V. Smirnov 등에 의하여 발전된 검정법이다. $F(x)$가 모집단의 분포함수이고 $S_n(x)$가 표본에 의한 경험적 분포함수일 때 검정통계량으로 $D = sup \, |F(x) - S_n(x)|$를 사용한다(sup=상한, 최소상계). 검정결과, 임곗값보다 큰 불일치(D)가 나오면 표본자료가 기준 분포와 다른 것으로 간주된다. 통계량 D는 적합도 검정에 사용할 수 있으며 미지의 확률분포의 신뢰한계를 구하는 데 사용할 수 있다. 또한, Smirnov는 이 검정을 확장하여 각각에서 나온 표본을 바탕으로 두 분포함수의 동질성을 검정하는 방법을 제안하였다. 즉, 두 모집단의 분포함수를 각각 $F(x)$, $G(x)$라 하고 X_1, X_2, $\cdots$, X_n과 Y_1, Y_2, $\cdots$, Y_m을 각각의 모집단에서 나온 표본이라 하자. $S_1(x)$는 표본 X_1, $X_2, \cdots, X_n$에 의한 경험적 분포함수이고 $S_2(x)$는 표본 Y_1, Y_2, $\cdots$, Y_m에 의한 경험적 분포함수일 때, 검정통계량 $T = sup \, |S_1(x) - S_2(x)|$로서 가설 $F(x) = G(x)$를 검정한다.

KR-20(Kuder-Richardson formula 20)　문항내적 일관성 신뢰도를 추정하는 방법 중의 하나로, Frederic G. Kuder와 Marion W. Richardson이 1937년에 개발한 공식이다. KR-20은 각 문항점수의 분산을 사용하여 측정의 일관성을 추정하며 이분(dichotomous)문항일 경우 사용할 수 있다. KR-20 공식은 다음과 같다.

$$KR-20 = \frac{k}{k-1}\left(1 - \frac{\sum_{i=1}^{K} p_i q_i}{\sigma_X^2}\right)$$

여기서 k는 문항의 수, σ_X^2는 검사총점의 분산, pq는 문항점수의 분산을 의미한다. 문항점수가 0과 1로 이루어져 있을 때 p는 문항 정답자 비율, q는 오답자 비율이다. 이 공식의 pq 대신 σ_i^2를 대입하면 Cronbach알파와 동일하다.

KR-21(Kuder-Richardson formula 21)　Frederic G. Kuder와 Marion W. Richardson이 KR-20을 수정한 것으로, 모든 문항의 난이도가 같다고 가정할 때 문항점수의 분산을 계산하지 않고도 간단하게 신뢰도를 추정할 수 있는 공식이다. KR-21의 공식은 다음과 같다.

$$KR-21 = \frac{k}{k-1}\left(1 - \frac{\overline{X}(k-\overline{X})}{k\sigma_X^2}\right)$$

여기서 k는 문항의 수, σ_X^2는 검사총점의 분산, $\overline{X}$는 검사총점의 평균을 의미한다. 만약 모든 문항의 난이도가 동일하다면 KR-20과 KR-21은 동일하다. 문항의 난이도가 동일하지 않은 경우에는 KR-21이 KR-20보다 신뢰도를 체계적으로 낮게 평가하므로 그 사용이 적절치 못하다. 문항점수가 연속변수일 때 신뢰도를 추정하기 위해서 제안되었으나, Hoyt신뢰도와 Cronbach알파가 제안된 후부터는 잘 사용되지 않는다.

Mann-Whitney검정(Mann-Whitney test)　두 모집단의 위치모수에 대한 동일성을 검정하기 위한 비모수 통계방법이다. 순위척도를 가진 집단의 순위차이에 대한 검정 혹은 정규분포를 가정하기 어려운 소표본에서 독립표본 t 검정의 대안으로 사용되는 비모수검정이다. 이 검정은 Mann-Whitney-Wilcoxon test, Wilcoxon rank-sum test, Wilcoxon-Mann-Whitney test 등으로도 불린다.

Mantel-Haenszel방법(Mantel-Haenszel method)　차별기능문항(Differential Item Functioning: DIF)을 검증하는 방법의 하나로, 1986년 Paul W. Holland와 Dorothy T. Thayer

가 제안하였다. Mantel-Haenszel 방법은 비교하고자 하는 두 집단을 피험자 능력수준별로 동일하게 대응시킨 후, 각 집단의 문항반응을 비교분석하여 문항의 차별적 기능을 판별하는 방식으로 이분형 검사 자료에 적용할 수 있다. 두 집단을 대응시키는 기준변수로는 주로 검사총점이 사용되며 문항에 대한 피험자의 반응을 각 점수구간별로 범주화한 후 통계치를 산출한다. 다분형검사 자료에 적용할 수 있는 방법으로서 일반화된 Mantel-Haenszel 방법이 사용되기도 한다.

McNemar검정(McNemar test) 짝지어진(paired) 범주형 자료에 대한 대응분석으로 행과 열의 주변확률(marginal probability)이 같은지 분석하는 통계 검정기법이다. 2×2 분할표에 적용가능한 방법으로, 두 개 검사에 대한 N개 표본의 결과는 다음과 같은 분할표로 구성해 볼 수 있다.

	검사 2 양성	검사 2 음성	열 총합
검사 1 양성	a	c	$a+c$
검사 1 음성	b	d	$b+d$
행 총합	$a+b$	$c+d$	N ($a+b+c+d$)

이 표에서 주변 동질성(marginal homogeneity)에 대한 영가설은 개별 결과에 대한 주변확률이 같다는 것을 의미하며, 이는 $p_a + p_b = p_a + p_c$ 그리고 $p_c + p_d = p_b + p_d$로 기술할 수 있다. 결과적으로 영가설과 대안가설은 다음과 같다.

$$H_O : p_b = p_c, \ H_A : p_b \neq p_c$$

McNemar검정은 자유도 1을 따르는 카이제곱검정으로 수식은 다음과 같다.

$$\chi^2 = \frac{(b-c)^2}{(b+c)}$$

만약 카이제곱검정이 유의미한 경우, $p_b \neq p_c$를 의미한다.

NCLB(No Child Left Behind) 2002년 공표된 미국 「초·중등 교육법(The Elementary and Secondary Education Act)」의 개정안으로 정식 명칭은 「The No Child Left Behind Act of 2001(아동낙오방지법)」이다. NCLB에서는 각 주가 매년 학생의 학업 향상을 위한 기준을 정하고 지정된 학년의 학생을 대상으로 학업성취도평가를 하게 하였다. 미국에서 표준화검사에 기초한 교육 책무성 요구가 1960년대부터 있었으며, NCLB에서는 모든 공립학교 학생을 대상으로 평가하고 평가 결과에 따라 학교에 보상 또는 제재를 가함으로써 검사가 학교교육에 미치는 영향을 더욱 심화시켰다. NCLB의 효과 또는 영향에 대한 평가는 다양하다. 교사가 학생의 교육목표 달성에 집중하도록 함으로써 미국 학생들의 성취도 향상에 기여했다고 보는 긍정적 시각이 있는가 하면, 평가되는 내용과 과목 중심으로 교육활동이 이루어짐으로써 교육내용의 축소와 질적 저하를 초래했다는 비판적 시각도 있다. NCLB는 2015년 「초·중등 교육법」 재개정을 통해 「Every Student Succeeds Act(ESSA, 모든 학생 성공법)로 대체되었으며, ESSA에서는 교육에 대한 연방정부의 역할을 축소하고 각 주의 권한을 확대하였다.

Nedelsky방법(Nedelsky method) 1954년 Leo Nedelsky에 의해 제안된 준거설정방법으로 피험자가 오답지를 제거할 수 있는 확률을 활용한다. 우선, 준거설정자는 합격과 불합격의 경계선에 있을 것으로 판단되는 가상적인 피험자 F-D 집단(실패를 나타내는 F 학점과 최소 통과를 의미하는 D 학점의 경계에 있는 피험자)을 설정한다. 두 번째 단계에서는 문항을 분석한 후, 준거설정자는 가상적인 F-D 피험자 집단이 정답을 고르기 위해 제거할 오답지를 찾아낸다. 이때, F-D 피험자 집단이 그 문항에 정답으로 응답할 확률은 남은 답지 중 하나이므로, 1/(남은 답지 수)로 계산된다. 이처럼 계산된 남은 답지 수의 역수를 그 문항의 Nedelsky값이라 한다. 준거설정자별로 문항에 대한 Nedelsky값을 합하면 그 준거설정자의 분할점수 추정치가 되고, 참여한 준거설정자들의 평균을 최종적인 분할점수로 사용한다. Nedelsky방법은 일반적으로 의료 관련 검사에서 많이 적용되었는데, 명확하게 잘못된 처치를 제거하는 데 필요한 최소한의 능력을 확보했는지 여부를 확인할 수 있는 방법이라고 판단했기 때문이다.

Newman-Keuls중다비교검정(Newman-Keuls multiple comparison test) 분산분석 결과, 전반적으로 유의한 평균 차이가 나타난 이후 일종의 사후비교로 평균 간 차이를 검증하는 통계절차이다. 모든 집단의 평균값은 크기 순으로 정렬되고 쌍으로 형성되며 각 쌍의 차이는 스튜던트화범위통계량(q)이라고 하는 임곗값과 비교된다. 검정통계량은 Tukey의 HSD와 동일하며, $H_0 : \mu_i = \mu_j$의 검정통계량은 다음과 같다.

$$q = \frac{\overline{Y_i} - \overline{Y_j}}{\sqrt{\dfrac{MS_W}{n}}}$$

검정통계량에서 보는 바와 같이 집단별 사례수가 모두 동일한 경우에만 적용이 가능하다.

Newman-Keuls(중다비교) 검정은 짝비교가 포함하는 처치평균의 수에 따라 임곗값이 달라진다. 즉, 포함된 평균의 수가 감소하게 되면 임곗값도 감소하는 것이 모든 가능한 짝비교에 대하여 동일한 임곗값을 적용하는 HSD와 다른 점이다.

Newton-Raphson알고리듬(Newton-Raphson algorithm) 모수에 관한 비선형방정식의 해를 구할 때 사용하는 대표적인 수치해석(numerical analysis) 알고리듬이다. Newton-Raphson알고리듬은 어떤 특정 문제에 국한된 것이 아니라 일반적인 비선형방정식의 근사적인 해를 구하는 알고리듬이다. 예를 들어, 모수의 최대우도추정치는 우도함수(likelihood function)를 최대로 하는 추정치가 되며, 이 경우 Newton-Raphson알고리듬을 사용하면 최대우도추정치의 근사값을 구할 수 있다. 우도함수를 $L(\theta)$라 할 때 초깃값 $\theta^{(0)}$을 지정하고 $L(\theta)$를 초깃값에 관해 2차항까지 테일러급수로 전개한 후 방정식 $\partial L(\theta)/\partial\theta = 0$을 풀면 $t+1$번째 반복에서의 근삿값 $\theta^{(t+1)}$은 다음과 같이 구해진다.

$$\theta^{(t+1)} = \theta^{(t)} - (H^{(t)})^{-1}\left[\partial L(\theta)/\partial\theta\right]_{\theta=\theta^{(t)}}$$

여기서 $H^{(t)}$는 $L(\theta)$의 이차 도함수를 요소로 갖는 헤시안 행렬(Hessian matrix)이다. 이러한 과정을 반복하여 $L(\theta^{(t)})$의 변화가 매우 작아질 때의 근삿값을 θ의 최대우도추정치 $\hat{\theta}$로 한다. Newton-Raphson알고리듬의 수렴속도가 매우 빠르기 때문에 대체로 몇 번의 반복을 거치면 만족스러운 수렴결과를 얻을 수 있다.

phi상관(phi correlation) 두 변수가 모두 명목척도에 의하여 이분화된 이분변수일 때 두 변수 간의 상관이다. phi상관계수는 점이연상관계수(point-biserial correlation)의 연장으로 두 변수가 모두 질적인 이분변수인 경우에 적용되는 상관계수이다. 예를 들어, 어떤 사건에 대한 찬반 여부와 성별과의 관계라든지, 두 가지 교수법(개별화 학습과 협동학습)에 따른 과제 성공 여부의 관계를 알기 위해 phi상관계수를 사용한다. phi상관계수는 ψ로 표기하는데, 2×2 분할표에서 ψ 계수의 공식은 다음과 같다.

a	b
c	d

$$\psi = \frac{ad-bc}{\sqrt{(a+b)(c+d)(a+c)(b+d)}}$$

두 변수가 모두 질적변수로서 계수 값이 크기의 정도를 의미하지 않기 때문에 phi 상관계

수를 해석할 때 +, -의 부호는 의미가 없다. 동의어 사류상관

p값(p-value)　p값은 가설 검정에서 사용되며, 연구자가 설정한 영가설에서 검정통계치를 희소 또는 극한 값으로 얻을 확률값을 말한다. 산출된 p값이 낮을수록 표본자료에서 영가설을 기각할 증거가 강하다는 것을 의미한다. 이 경우 영가설을 기각하고, 결과가 통계적으로 유의미하다고 해석한다.

QUEMAC방법(Question, Unquestioned assumption, Evaluation, Method, Answer, Concepts method)　평가 활동을 종합적으로 분석하는 메타평가의 한 방법을 지칭한다. 미국 코넬대학교의 교육철학자인 D. Bob Gowin이 평가연구와 활동을 분석하기 위해 개념적 분석틀을 고안하였다. 이 분석틀에는 질문, 질문되지 않은 기본 가정, 평가, 방법, 답변, 개념 등의 6가지 구성요소가 포함되어 있다. 특히 평가설계에서 질문되지 않은 기본 가정을 강조하는 것이 특징이다. 여기에서 Q는 평가의 내용과 질문이 무엇인가를, U는 평가 수행과정의 기본 전제나 추구한 질문이 무엇인가를, E는 평가대상과 평가의 주된 관심이 무엇인가를, M은 사용한 주된 설계 및 방법이 무엇이며 어떻게 평가를 진행했는가를, A는 질문에 대한 주된 답변이나 결론이 무엇인가를, C는 평가에 사용된 개념이나 개념적 구조가 무엇인가를 뜻한다.

Q-행렬(Q-matrix)　검사가 측정하고자 하는 잠재적 속성 또는 인지요소와 검사를 구성하는 각 문항 간의 관계를 정의한 행렬이다. Q-행렬의 행은 검사문항들로 구성되며, 열은 검사가 측정하는 잠재적 속성이나 인지요소들로 구성된다. 행렬의 요소는 일반적으로 1과 0으로 표기되는데, 문항이 특정 인지요소를 측정하는 경우 1, 그렇지 않은 경우 0으로 표현한다.

Raju방법(Raju methods)　문항반응이론에 기초하여 차별기능문항(Differential Item Functioning: DIF)을 검증하는 방법의 하나로, 차별기능이 의심되는 문항에 대하여 참조집단과 초점집단의 문항특성함수(Item Characteristic Fuction: ICF)를 산출하고, 두 ICF 간 면적의 차이를 검정한다. 문항반응이론의 큰 특징 중 하나인 문항모수불변성은 공통 척도에서 피험자 표본에 따라 문항모수가 변하지 않음을 전제하기 때문에 원칙적으로 문항의 차별기능이 없다면 참조집단과 초점집단의 문항특성곡선은 동일해야 한다. 1988년 Namburry S. Raju는 이러한 문항반응이론의 특성을 활용하여 ICF에 대한 면적의 차이를 토대로 DIF검증방법을 고안하였다. 이후 Raju는 면적을 이용한 방법(Raju's area measures)이 모든 능력(θ)수준에서

ICF 간 차이가 동일한 영향을 미치는 한계가 있으므로 이를 극복하기 위한 더 정교한 방법들 (Differential Functioning of Items and Tests: DFIT)을 개발하였다.

ROC(Receiver Operating Characteristic)　이진분류모형의 성능을 시각화하고 정량화하기 위해 사용된다. y축에는 참 양성 비율(true positive rate, 재현율 또는 민감도), x축에는 거짓 양성 비율(false positive rate, 1-특이도)을 설정하고, 그 반응 특성을 표현한 것을 ROC 곡선이라고 한다. 이상적인 ROC 곡선은 왼쪽 하단에서 오른쪽 상단까지의 완벽한 대각선이며, 이는 완벽한 분류를 나타낸다. ROC 곡선의 아래 영역(Area Under Curve: AUC)(AUC-ROC)은 분류기의 전체 성능을 요약하는 단일 숫자 값으로, AUC-ROC 점수가 1에 가까울수록 두 클래스 간의 차별성이 우수함을 나타낸다. 　동의어　 반응자 작용 특성, 수신자 조작 특성

SABIC(sample-size adjusted Bayesian information criterion)　서로 다른 모형들의 합치도 정도를 평가하기 위해 사용하는 정보 준거(information criterion) 지수 중 하나이다. BIC에서 표본크기에 따른 패널티를 조정하기 위해 Stanley L. Sclove에 의해 제안되었으며, 다음의 식에 의해 산출된다.

$$SABIC = -2\ln(L) + k \ln\left(\frac{n+2}{24}\right)$$

L: 우도(likelihood), k: 모수의 수, n: 표본크기

Satorra-Bentler척도카이제곱(Satorra-Bentler scaled chi-square)　구조방정식 모형의 적합도 평가 시 산출되는 카이제곱 통계량은 다변량 정규성 가정에 기초하여 정의되나, 실제 데이터 분석 상황에서 다변량 정규성 가정이 위배되는 상황은 종종 발생한다. Satorra-Bentler척도카이제곱은 정규성 가정을 만족하지 않는 데이터에 대한 모형적합도를 보다 정교하게 산출하기 위해 제안된 통계량으로, 전통적인 카이제곱 통계량을 척도화 보정 상수로 나누어 산출한다. 단, Satorra-Bentler척도카이제곱 통계량 간의 차이는 카이제곱 분포를 따르지 않으므로, 위계적 관계에 있는 모형에 대한 적합도 차이를 평가하는 상황에서는 Satorra-Bentler척도카이제곱 통계량을 사용할 수 없다는 점에 있어 주의가 필요하다.

Scheffé검정(Scheffé test)　복수집단의 평균을 사후비교하는 방법으로 Henry Scheffé가 개발한 방법이다. 이 방법은 비교집단 간의 모든 가능한 짝비교와 복합비교를 수행하며 동시에 1종오류가 연구자가 설정한 기준보다 증가하는 것을 방지하는 실험군 오차율을 적용

하여 통계적 유의도를 검정한다. Scheffé검정은 모든 가능한 방법으로 비교집단 간의 평균을 비교하므로 유용하나, 집단 간의 평균을 비교하는 경우의 수가 증가함에 따라 실험군 오차율이 커져서 통계적 검정력이 가장 낮은 방법이라고 할 수도 있다.

Sobel검정(Sobel test) Michael E. Sobel이 간접효과(indirect effect)의 유의성을 판별하기 위하여 제안한 검정방법이다. 이 검정을 위한 통계치는 간접효과의 계수를 표준오차로 나누어 이를 표준화한 것이며, 이는 점근적인 표준정규분포(asymptotic standard normal distribution)를 따른다. 따라서 z검정을 통하여 간접효과의 크기가 통계적으로 유의한지를 검정할 수 있다.

Spearman-Brown공식(Spearman-Brown formula) 내적 일관성계수를 추정하는 방법의 하나로, 하나의 검사를 동형의 하위검사들로 분할하여 신뢰도를 추정할 경우 전체 검사에 대한 신뢰도가 과소추정되는 경향을 교정하여 전체 검사의 신뢰도를 추정하는 방법이다. Spearman-Brown공식은 Charles C. Spearman과 William Brown이 1910년에 개발한 것으로 다음과 같이 정의된다.

$$\rho_{XX'} = \frac{k\rho_{jj'}}{1 + (k-1)\rho_{jj'}}$$

여기서 k는 하위검사의 수, $\rho_{jj'}$는 하위검사의 신뢰도, $\rho_{XX'}$는 전체 검사의 신뢰도를 의미한다. 이때, 하위검사는 동형검사이다. 한 검사를 두 개의 하위검사로 반분하여 반분신뢰도를 산출하였을 경우 앞의 공식을 적용하여 전체 검사의 신뢰도를 추정하게 된다. 또한 바람직한 신뢰도계수를 얻기 위해서 검사의 길이를 얼마나 늘려야 하는지를 추정할 때에도 Spearman-Brown공식이 사용된다.

Spearman순위상관계수(Spearman's rank correlation coefficient) 두 변수가 모두 등위로 표시되었거나 연속자료를 등위로 변환한 서열변수인 경우, 두 변수 간의 상관관계를 나타내며, Spearman's ρ (rho) 계수로 부르기도 한다. 이 방법은 Pearson상관계수의 변형으로 등위의 차를 사용한다고 하여 등위차상관계수라 부르기도 하며, 점수의 분포가 극단적 분포일 때도 사용된다.

$$r_s = 1 - \frac{6\sum d_i^2}{n(n^2 - 1)}$$

d_i는 두 순위 사이의 차를 나타내며, n은 사례수를 의미한다. d_i가 클수록 상관계수는 1에서 멀어진다. Spearman 상관계수를 계산하기 위해서는 먼저, 두 변수에 순위를 각각 부여하고 그 다음 두 변수의 순위차를 계산한다. 만일 두 측정치의 순위가 같은 경우에는 순위를 평균한다. d_i를 제곱한 후 모두 합한 것이 $\sum d_i^2$ 이다. 두 변수가 본래 순위자료로 주어졌다면 Spearman과 Pearson상관계수는 같다. 그러나 연속자료를 순위로 변형하면 두 계수의 값은 약간의 차이가 있다. 동의어 등위차상관계수

SSCP행렬(sum of squares and cross product matrix) s개의 변량에 대한 n개 표본의 관측결과를 행렬 X, 이의 편차행렬을 D라 하면 이들은 각각 다음과 같이 표현될 수 있다.

$$X = \begin{bmatrix} x_{11} & x_{12} & \dots & x_{1s} \\ x_{21} & x_{22} & \dots & x_{2s} \\ \cdot & \cdot & \dots & \cdot \\ x_{n1} & x_{n2} & \dots & x_{ns} \end{bmatrix}$$

$$D = \begin{bmatrix} x_{11} - x_{.1} & x_{12} - x_{.2} & \dots & x_{1s} - x_{.s} \\ x_{21} - x_{.1} & x_{22} - x_{.2} & \dots & x_{2s} - x_{.s} \\ \cdot & \cdot & \dots & \cdot \\ x_{n1} - x_{.1} & x_{n2} - x_{.2} & \dots & x_{ns} - x_{.s} \end{bmatrix}$$

이 때 편차행렬의 곱인 $D'D$는 다음과 같이 표현된다.

$$D'D = \begin{bmatrix} \sum_{i=1}^{n}(x_{i1}-x_{.1})^2 & \sum_{i=1}^{n}(x_{i2}-x_{.2})(x_{i1}-x_{.1}) & \cdots & \sum_{i=1}^{n}(x_{is}-x_{.s})(x_{i1}-x_{.1}) \\ \sum_{i=1}^{n}(x_{i1}-x_{.1})(x_{i2}-x_{.2}) & \sum_{i=1}^{n}(x_{i2}-x_{.2})^2 & \cdots & \sum_{i=1}^{n}(x_{is}-x_{.s})(x_{i2}-x_{.2}) \\ \cdots & \cdots & \cdots & \cdots \\ \sum_{i=1}^{n}(x_{i1}-x_{.1})(x_{i1}-x_{.s}) & \sum_{i=1}^{n}(x_{i2}-x_{.2})(x_{is}-x_{.s}) & \cdots & \sum_{i=1}^{n}(x_{is}-x_{.s})^2 \end{bmatrix}$$

이와 같은 행렬을 SSCP행렬이라고 부르고, 행렬의 대각요소들은 각각 $SS_1 = \sum_{i=1}^{n}(x_{i1}-x_{.1})^2$, $SS_2 = \sum_{i=1}^{n}(x_{i2}-x_{.2})^2$과 같은 편차의 제곱합(sum of squares)의 형태를 가지며, 그밖의 요소들은 $SS_{12} = \sum_{i=1}^{n}(x_{i1}-x_{.1})(x_{i2}-x_{.2})$, $SS_{21} = \sum_{i=1}^{n}(x_{i2}-x_{.2})(x_{i1}-x_{.1})$과 같은 편차 간 교차곱합(sum of cross product)의 형태를 갖게 된다. 이러한 SSCP행렬은 원점수로도 표현될 수 있으나 편차점수의 사용이 계산 및 공식 이해가 쉽다는 특징이 있다.

t **검정**(*t* test)　*t* 검정은 모집단의 분산이나 표준편차를 알지 못할 때 모집단을 대표하는 표본으로부터 추정된 분산이나 표준편차를 가지고 검정하는 방법으로, '두 모집단의 평균 간의 차이는 없다.'라는 영가설과 '두 모집단의 평균 간에 차이가 있다.'라는 대립가설 중에 하나를 선택할 수 있도록 하는 통계적 검정방법이다. *t* 검정의 판단준거가 되는 *t* 분포는 일반적으로 정규분포가 아니다. *t* 분포는 정규분포의 어림치이다. *t* 분포가 얼마나 정규분포에 접근하느냐는 자유도에 의해 결정된다. 일반적으로 표본크기가 크면 클수록 자유도($n-1$) 또한 커질 것이고, *t* 분포는 정규분포에 훨씬 가까울 것이다. *t* 검정은 영가설 하에 두 모집단의 표본평균 간의 차이는 표본오차에서 기인한 것이라고 간주한다. *t* 검정통계량을 계산하여 두 표본평균 간의 차이가 영가설하에 있을 확률, 즉 표본오차로 인해 차이가 발생할 확률(유의확률)을 계산한다. 만약 계산된 확률이 영가설을 기각하기로 설정한 유의수준 미만이라면($\alpha < 0.05$) 영가설을 기각하고 대립가설을 채택하게 된다.

Tukey정직유의차검정(Tukey's Honestly Significant Difference test: Tukey's HSD test)　종속변수의 전반적인 평균 차이가 통계적으로 유의할 때, 변수에 포함된 모든 집단 간 평균 차이가 통계적으로 유의한지 짝비교를 통해 검정하는 방법이다. 분산분석(ANOVA)의 사후비교 방법으로 주로 사용되며, HSD는 두 집단 간의 평균 차이를 검정하기 위한 임곗값(critical value)이다. 두 집단 간의 평균 차이와 HSD값을 비교하여 평균 차이가 HSD보다 크면 두 집단 간 평균차이가 통계적으로 유의하다고 할 수 있다.

T점수(T score)　원점수 분포를 z점수로 변환한 후 평균이 50, 표준편차가 10인 점수분포로 변환한 점수로 $T = 10Z + 50$에 의해 산출된다. 계산이 간단하고, 음수나 소수로 표현되는 Z점수에 비해 해석이 쉽고 편리하다는 장점으로 교육 및 심리검사의 규준점수로 널리 활용되고 있다.

Wald검정(Wald test)　비제약모형의 모수추정치와 영가설상의 모수 간의 차이를 활용하여 모수추정치가 통계적으로 유의한지를 판단하는 방법이다. Wald검정은 주로 최대우도추정치의 통계적 유의성을 검정하는 데에 활용되고, Wald통계량은 점근적으로 카이제곱 분포를 따른다.

Wilcoxon검정(Wilcoxon test)　Frank Wilcoxon에 의해 제안된 비모수통계검정방법이다. 종속표본 *t* 검정이 독립적이지 않은 두 표본 자료를 이용하여 집단 간 차이를 검정하는 모수 통계검정방법이라면, Wilcoxon검정은 이에 대응하는 비모수 통계검정방법이다. n개의 쌍으로 구성된 두 변수의 관찰값 차의 절댓값에 1부터 n까지 순위를 매기고, 절댓값을 취하기 전의 값이 양수이면 '+' 음수이면 '-'를 부여한다. 이와 같이 부호화된 순위의 합을 이용하여 검정통계량을 산출하므로 Wilcoxon부호순위검정(Wilcoxon signed ranks test)이라고도 한다. 한편, Wilcoxson검정이란 용어는 Wilcoxon순위합검정(Wilcoxon rank sum test)을 의미하기도 하는데, 이 방법은 일반적으로 널리 알려진 Mann-Whitney U검정과 동등성이 확인된 방법이다.

Wilks-Box검정(Wilks-Box test)　두 개 이상의 정준변수(cannonical variable) 사이의 상관관계를 검정하는 방법이다. Samuel S. Wilks가 제시한 다집단정준상관의 검정방법을 Geroge E. P. Box가 교정한 방법으로 가설 $H_o : \Sigma_{ij} = 0 (i \neq j)$을 검정한다. 여기서 Σ_{ij}는 i번째 정준변수 집합과 j번째 정준변수 집합에 속한 정준변수 간의 모집단 공분산행렬이다. 따라서 이 검정방법은 변수의 집단이 두 개 이상인 경우에 각 집단별로 변수의 선형결합으로 생성된 정준변수가 다른 집단에서의 정준변수와 상관이 있는가를 모든 경우에서 검정하는 것이다.

Wishart분포(Wishart distribution)　John Wishart에 의해 제안된 것으로 모집단이 다변량 정규분포를 이룰 때, 표본의 분산-공분산 행렬이 따르는 확률분포를 말한다. 일변량분포에서 잘 알려진 χ^2분포의 다변량적 일반화로 Wishart분포를 이해할 수 있다. 다변량통계분석에서 매우 복잡한 추정치 행렬을 사용해야 하는 경우, 표본 추정치의 정확분포를 알아낸다는 것은 거의 불가능하므로, 많은 경우에 Wishart분포를 표본 추정치의 근사추정 분포로 사용하여 문제를 해결한다.

Wobegon호수현상(the lake Wobegon phenomenon)　연구에 참여한 피험자들의 실력이 실제로 월등해서가 아니라 오래된 규준을 사용하여 대부분의 피험자가 평균 이상의 점수를 받는 현상을 의미한다. Wobegon호수효과라고도 한다. Wobegon호수는 그곳에 사는 모든 아동이 평균적인 아동들에 비해 공부를 잘했다는 전설적인 마을의 이름으로, 이러한 현상을 가리켜 Wobegon호수현상이라고 일컫는다. 시대가 변함에 따라 아동의 수행수준은 점차 향상되는 추세를 보인다. 따라서 과거의 규준을 그대로 사용할 경우 현재 아동의 수행은 당연히 평균 이상이 될 수밖에 없다. 따라서 표준화검사를 통해 아동에 대한 능력측정을 타당하게 수행하기 위해서는 최신의 규준을 갖도록 검사를 계속해서 개정할 필요가 있다.

z점수(z score) 표준점수의 일종으로 편차점수를 표준편차로 나누어 계산된 값을 의미한다. 원점수 분포가 정규분포를 따를 때 z점수는 평균이 0, 표준편차가 1인 표준정규분포를 따른다. 따라서 어떤 피험자의 z점수를 알게 되면 능력수준의 상대적 위치를 파악할 수 있다. 예를 들어, z점수가 1인 경우 평균보다 1 표준편차 높은 점수를 나타내며 백분위가 84.13%임을 나타낸다.

국문
찾아보기

ㄹ

ㅅ

ㅇ

ㅊ

ㅋ

ㅌ

영문
찾아보기

Z

기타

집필위원 명단

2판

강태훈(성신여자대학교)	박민호(한국교육과정평가원)	이용상(인하대학교)
곽민호(한국교육과정평가원)	박세진(경기도수원교육청)	이원석(상명대학교)
구슬기(한국교육과정평가원)	박인용(한국교육과정평가원)	이현숙(건국대학교)
권순달(이화여자대학교)	박정(부산교육대학교)	임은영(한국교육과정평가원)
권승아(서일대학교)	박중규(경북대학교)	임현정(단국대학교)
길혜지(충북대학교)	박찬호(계명대학교)	임황규(인하대학교)
김경희(한국교육과정평가원)	박현정(서울대학교)	장윤선(대구교육대학교)
김나영(한국교육개발원)	반재천(충남대학교)	전경희(강남대학교)
김동일(서울대학교)	백순근(서울대학교)	정송(서울시교육청교육연구정보원)
김미림(한국교육과정평가원)	상경아(한국교육과정평가원)	정혜경(한국기술교육대학교)
김선(충남대학교)	서민희(한국교육과정평가원)	정혜원(충남대학교)
김성은(한국청소년정책연구원)	서영숙(한국교육&심리연구소)	조지민(한국교육과정평가원)
김성훈(한양대학교)	손수경(우석대학교)	지은림(경희대학교)
김소영(전남대학교)	손원숙(경북대학교)	최윤정(이화여자대학교)
김수진(한국교육과정평가원)	손윤희(한국교육개발원)	최인희(숙명여자대학교)
김용남(서울대학교)	시기자(한국교육과정평가원)	최지원(서울대학교 TEPS 센터)
김자영(경기도교육연구원)	신인수(동국대학교)	하민수(서울대학교)
김정민(수원대학교)	신택수(명지대학교)	한경택(GMAC)
김종민(경인교육대학교)	신혜숙(강원대학교)	함은혜(공주대학교)
김준엽(홍익대학교)	신효정(서강대학교)	
김진호(서울시립대학교)	양길석(가톨릭대학교)	
김한조(연세대학교)	유예림(한국교육개발원)	
김혜숙(대구대학교)	유진은(한국교원대학교)	
김희경(한국교육과정평가원)	이경희(한국교육환경보호원)	
남궁지영(한국교육개발원)	이규민(연세대학교)	
노언경(전주대학교)	이서영(Prometric)	
류지훈(연세대학교)	이성회(한국교육개발원)	
민경석(세종대학교)	이소라(공주교육대학교)	

강계남(나사렛대학교)
강상진(연세대학교)
강승호(강원대학교)
권대훈(안동대학교)
권상희(성균관대학교)
권순달(수원대학교)
권효숙(평화대학원대학교)
김경성(서울교육대학교)
김경철(한국교원대학교)
김경희(한국교육과정평가원)
김동욱(성균관대학교)
김동일(서울대학교)
김명숙(서울시립대학교)
김명화(고려대학교)
김상욱(성균관대학교)
김석우(부산대학교)
김성숙(인하대학교)
김성호(한국과학기술원)
김성훈(동국대학교)
김소희(숙명여자대학교)
김신영(한국외국어대학교)
김아영(이화여자대학교)
김양분(한국교육개발원)
김영철(충북대학교)
김정환(한국교원대학교)
김종욱(성균관대학교)
김주한(충남대학교)
김주후(한국교육개발원)
김진규(국가전문행정연수원)
김현철(성균관대학교)
나종화(충북대학교)

남명호(한국교육과정평가원)
남현우(순천향대학교)
도경수(성균관대학교)
박도순(고려대학교)
박병기(전북대학교)
박정(한국교육과정평가원)
박현정(한국교육개발원)
반재천(한국교육과정평가원)
배호순(서울여자대학교)
백순근(서울대학교)
부재율(전주교육대학교)
서민원(인제대학교)
설현수(중앙대학교)
성태제(이화여자대학교)
손민호(인하대학교)
손원숙(한국교육과정평가원)
송미영(ACT)
송인섭(숙명여자대학교)
신종호(서울대학교)
양길석(한국교육과정평가원)
양정호(성균관대학교)
염시창(전남대학교)
염지숙(건국대학교)
오성철(청주교육대학교)
오수학(인하대학교)
원효헌(부경대학교)
유재봉(성균관대학교)
유혜령(영남대학교)
윤명희(동의대학교)
윤여각(한국방송통신대학교)
윤영선(성신여자대학교)

이경숙(서울대학교)
이규민(계명대학교)
이기종(국민대학교)
이상길(연세대학교)
이순묵(성균관대학교)
이용숙(덕성여자대학교)
이종승(충남대학교)
이혁규(청주교육대학교)
이혜옥(성신여자대학교)
임시혁(공주대학교)
임충기(서원대학교)
장인실(동국대학교)
정광모(부산대학교)
정택회(한국교육개발원)
조용환(서울대학교)
조정호(서울보건대학)
조중재(충북대학교)
조지민(한국교육과정평가원)
지은림(경희대학교)
채선희(한국교육과정평가원)
최영신(한국형사정책연구원)
최호성(경남대학교)
황해익(부산대학교)

교육평가 용어사전(2판)

KOSEEV Dictionary of Educational Evaluation (2nd ed.)

2004년 5월 31일 1판 1쇄 발행
2023년 12월 31일 2판 1쇄 발행

엮은이 • 한국교육평가학회
펴낸이 • 김진환
펴낸곳 • ㈜ **학지사**

　　　　　04031 서울특별시 마포구 양화로 15길 20 마인드월드빌딩 4층
대 표 전 화 • 02)330-5114　　　　팩스 • 02)324-2345
등 록 번 호 • 제313-2006-000265호

홈 페 이 지 • http://www.hakjisa.co.kr
인스타그램 • https://www.instagram.com/hakjisabook

ISBN 978-89-997-3129-7　91370

정가 25,000원

│ 출판미디어기업 학지사

간호보건의학출판 **학지사메디컬** www.hakjisamd.co.kr
심리검사연구소 **인싸이트** www.inpsyt.co.kr
학술논문서비스 **뉴논문** www.newnonmun.com
교육연수원 **카운피아** www.counpia.com
대학교재전자책플랫폼 **캠퍼스북** www.campusbook.co.kr